**THOMSON REUTERS**
# ProView

## PARABÉNS!
## VOCÊ ACABA DE ADQUIRIR UMA OBRA
## QUE JÁ INCLUI A VERSÃO ELETRÔNICA

Baixe agora e aproveite todas as funcionalidades.

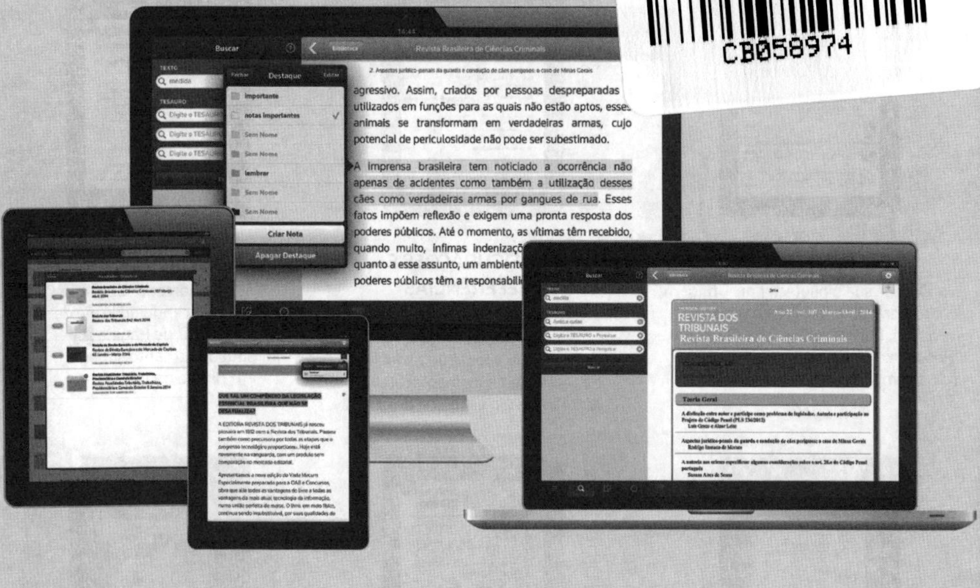

Acesso interativo para os melhores livros jurídicos no seu iPad, Android, Mac, Windows PC e na Internet – com o **NOVO aplicativo Thomson Reuters ProView™**.

# FUNCIONALIDADES DO LIVRO ELETRÔNICO **PROVIEW**

**SELECIONE E DESTAQUE TEXTOS**
Faça anotações e escolha entre uma variedade de cores para organizar suas notas e destaques.

**USE O TESAURO PARA BUSCAR INFORMAÇÕES**
Neste tipo de busca, ao começar a escrever um termo, irão aparecer diversas palavras do índice Tesauro relacionadas ao termo pesquisado.

**HISTÓRICO DE NAVEGAÇÃO**
Acompanhe as páginas navegadas.

**ORDENAR**
Ordene sua biblioteca por: Título (ordem alfabética), Tipo (livros e revistas), Editora, Lidos Recentemente, Posse (exibe apenas os livros próprios, não os emprestados de uma biblioteca).

**CONFIGURAÇÕES E PREFERÊNCIAS**
Escolha a aparência dos seus livros/periódicos no ProView mudando a fonte do texto, o tamanho do texto, o espaçamento entrelinhas e o esquema de cores.

**MARCADORES DE PÁGINA**
Crie um marcador de página no livro tocando no ícone de Marcador de Página situado no canto superior direito da página.

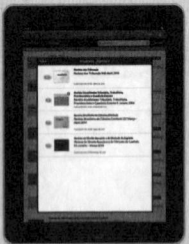

**PESQUISE EM SUA BIBLIOTECA**
Pesquise em todos seus *e-books* baixados e obtenha resultados com os nomes dos livros/periódicos onde os termos foram encontrados e o número de vezes que eles aparecem em cada livro/periódico.

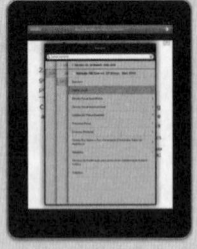

***LINKS* NO SUMÁRIO**
Sumário com *links* diretos para o conteúdo abordado.

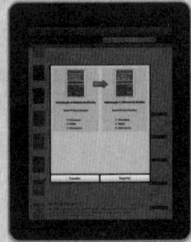

**TRANSFIRA ANOTAÇÕES PARA UMA NOVA EDIÇÃO**
Transfira todas as suas anotações e marcadores de maneira automática com a função "Importar Anotações".

## Para baixar seu livro eletrônico:

1. Acesse o link www.livrariart.com.br/proview
2. Digite seu nome, seu e-mail e o CÓDIGO DE ACESSO que se encontra na etiqueta adesiva colada neste livro.
3. Você receberá no e-mail informado a validação do código de acesso.
4. Se você já é usuário ProView, seu livro aparecerá em sua biblioteca. Caso ainda não seja, siga os passos do e-mail que recebeu para criar seu usuário OnePass, um sistema de login que permite o acesso a vários sites da Thomson Reuters com um único nome de usuário e senha.
5. Faça seu cadastro no OnePass e em seu primeiro acesso ao ProView, digite a chave que recebeu por e-mail.
6. O uso é pessoal e intransferível ao proprietário da obra, sob pena de multa.

## Aproveite seu livro eletrônico e boa leitura!

Obrigado por escolher a Thomson Reuters.

Abaixo o seu código de acesso:

E36-2SP-M70S-LNSE-L277

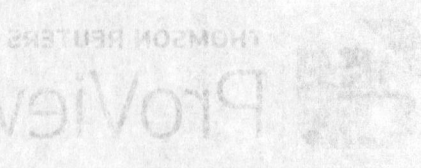

## Para baixar seu livro eletrônico:

1. Acesse o link: www.livraria.com.br/proview
2. Digite seu nome, seu e-mail e o CÓDIGO DE ACESSO que se encontra na etiqueta abaixo desta receita prova.
3. Você receberá no e-mail informação a validação da opção de acesso.
4. Se você já usou o ProView, seu livro aparecerá em sua biblioteca. Caso ainda não seja, siga os passos do e-mail que recebeu para criar seu usuário ProView. O sistema de login que permite o acesso a qualquer e-book Thomson Reuters, com atualização automática sempre.
5. Faça o cadastro no ProView e em seu primeiro acesso ao ProView digite a chave. Não receberá por e-mail.
6. O uso é pessoal e intransferível, é proibido ceder a obra, sob pena de multa.

## Aproveite seu livro eletrônico e boa leitura!

Garanta-se por escolher a Thomson Reuters.

ABAIXO O SEU CÓDIGO DE ACESSO

# Clássicos
# Jurídicos

*Diretora de Operações de Conteúdo*
JULIANA MAYUMI ONO

*Editorial:* Aline Darcy Flôr de Souza, Andréia Regina Schneider Nunes, Cristiane Gonzalez Basile de Faria, Diego Garcia Mendonça, Luciana Felix, Marcella Pâmela da Costa Silva e Thiago César Gonçalves de Souza

*Assistente Editorial:* Francisca Sena

*Produção Editorial*
*Coordenação*
IVIÊ A. M. LOUREIRO GOMES

*Líder Técnica de Qualidade Editorial:* Maria Angélica Leite

*Analistas de Operações Editoriais:* André Furtado de Oliveira, Damares Regina Felício, Danielle Castro de Morais, Felipe Augusto da Costa Souza, Gabriele Lais Sant'Anna dos Santos, Maria Eduarda Silva Rocha, Mayara Macioni Pinto, Patrícia Melhado Navarra, Rafaella Araujo Akiyama e Thaís Rodrigues Sampaio

*Analistas Editoriais:* Claudia Helena Carvalho, Daniela Medeiros Gonçalves Melo e Maria Cecilia Andreo

*Analistas de Qualidade Editorial:* Carina Xavier Silva

*Estagiários:* Angélica Andrade, Guilherme Monteiro dos Santos, Larissa Gonçalves de Moura, Miriam da Costa e Sthefany Moreira Barros

*Capa:* Brenno Stolagli Teixeira

*Diagramação:* Carla Lemos

*Equipe de Conteúdo Digital*
*Coordenação*
MARCELLO ANTONIO MASTROROSA PEDRO

*Analistas:* Ana Paula Cavalcanti, Jonatan Souza, Luciano Guimarães e Rafael Ribeiro

*Administrativo e Produção Gráfica*
*Coordenação*
MAURICIO ALVES MONTE

*Analistas de Produção Gráfica*: Aline Ferrarezi Regis e Rafael da Costa Brito

---

**Dados Internacionais de Catalogação na Publicação (CIP)**
**(Câmara Brasileira do Livro, SP, Brasil)**

---

A Luta pelo direito, Do contrato social, O príncipe, Dos delitos e das penas / José Cretella Junior ... [et al.]. – 1. ed. – São Paulo : Editora Revista dos Tribunais, 2018.

Outros autores: Agnes Cretella, Rudolf von Ihering, Jean-Jacques Rousseau, Niccolò Machiavelli, Cesare Beccaria
Bibliografia
ISBN 978-85-203-7245-6

1. Direito – Filosofia I. Cretella Junior, José. II. Cretella, Agnes. III. Von Ihering, Rudolf. IV. Rousseau, J.J. V. Machiavelli, Niccolò. VI. Beccaria, Cesare. VII. Título: Do contrato social. VIII. Título: O príncipe. IX. Título: Dos delitos e das penas. X. Título: A luta pelo direito

18-12013                                               CDU-340.12

---

**Índices para catálogo sistemático: 1.** Direito : Filosofia 340.12 2. Filosofia do direito 340.12

Tradutores
# J. CRETELLA JR. E AGNES CRETELLA

# CLÁSSICOS JURÍDICOS

### A LUTA PELO DIREITO
*Rudolf von Ihering*

### DO CONTRATO SOCIAL: PRINCÍPIOS DO DIREITO POLÍTICO
*Jean-Jacques Rousseau*

### DOS DELITOS E DAS PENAS
*Cesare Beccaria*

### O PRÍNCIPE
*Niccolò Machiavelli - Maquiavel*

**THOMSON REUTERS**
**REVISTA DOS TRIBUNAIS**

## Clássicos Jurídicos

*A Luta pelo Direito • Do Contrato Social: Princípios do direito político • Dos Delitos e das Penas • O Príncipe*

*Tradutores:*
J. Cretella Jr. e Agnes Cretella

### A Luta pelo Direito
Rudolf von Ihering

Da edição *Der Kampf um's Recht*. 13. ed. Viena: Manz'sche k.u.k. HofVerlags- und Universitäts-Buchhandlung I. Kohlmarkt 20, 1897.

1.ª edição da tradução, 1.ª tiragem: 1998 – 2.ª tiragem: 1999 – 2.ª edição revista da tradução: 2001 – 3.ª edição revista da tradução: 2003 – 4.ª edição revista da tradução: 2004 – 5.ª edição revista da tradução: 2008 – 6.ª edição revista da tradução: 2010 – 7.ª edição revista da tradução: 2013 – 8.ª edição revista da tradução: 2014.

### Do Contrato Social: Princípios do direito político
Jean-Jacques Rousseau

Texto traduzido da edição estabelecida por Pierre Burgelin – GF Flammarion, Paris, 1992.

1.ª edição – 2002; 2.ª edição – 2008; 3.ª edição: 2012, 4.ª edição: 2014.

### Dos Delitos e das Penas
Cesare Beccaria

Texto traduzido diretamente do original básico: *Dei Delitti e delle Pene*, de Cesare Beccaria, UTET, Unione Tipográfico – Editrice Torinese (Milão – Roma – Nápoles), nuovo ristampa, 1911, em XLVII

1.ª edição – 1996; 2.ª edição – 1997; 3.ª edição – 2006; 4.ª edição – 2010; 5.ª edição – 2011; 6.ª edição – 2013.

### O Príncipe
Niccolò Machiavelli – Maquiavel

Comentários, sob a forma de notas, feitos por Napoleão Bonaparte ao seu livro de cabeceira *O Príncipe*, de Maquiavel, anotações essas realizadas em diversos períodos de sua vida (General, 1.º Cônsul, Imperador e Desterrado na Ilha de Elba).

Texto original básico: *Il Principe*, a cura di Armando Michieli, Padova: Cedam, 1940.

1.ª edição – 1996; 2.ª edição – 1997; 3.ª edição – 2003; 4.ª edição – 2006; 5.ª edição – 2009; 6.ª edição: 2013.

© desta edição [2018]

**Editora Revista dos Tribunais Ltda.**
Rua do Bosque, 820 – Barra Funda
Tel. 11 3613-8400 – Fax 11 3613-8450
CEP 01136-000 – São Paulo, SP, Brasil

Todos os direitos reservados. Proibida a reprodução total ou parcial, por qualquer meio ou processo, especialmente por sistemas gráficos, microfílmicos, fotográficos, reprográficos, fonográficos, videográficos. Vedada a memorização e/ou a recuperação total ou parcial, bem como a inclusão de qualquer parte desta obra em qualquer sistema de processamento de dados. Essas proibições aplicam-se também às características gráficas da obra e à sua editoração. A violação dos direitos autorais é punível como crime (art. 184 e parágrafos, do Código Penal), com pena de prisão e multa, conjuntamente com busca e apreensão e indenizações diversas (arts. 101 a 110 da Lei 9.610, de 19.02.1998, Lei dos Direitos Autorais).

Central de Relacionamento RT
(atendimento, em dias úteis, das 8 às 17 horas)
Tel. 0800-702-2433
*e-mail* de atendimento ao consumidor: sac@rt.com.br
Visite nosso *site*: www.rt.com.br
Impresso no Brasil [01-2018]
Universitário Texto
Fechamento desta edição [29.12.2017]

ISBN 978-85-203-7245-6

## SOBRE OS TRADUTORES

J. Cretella Jr. foi Titular de Direito Administrativo da Faculdade de Direito da Universidade de São Paulo, tendo abrilhantado a cátedra ocupada anteriormente com igual notoriedade por Furtado de Mendonça (1852-1882), Rubino de Oliveira (1882-1891), Villaboim (1892-1917), Mello Neto (1917-1927) e Mário Masagão (1927-1969).

Esses Mestres do Direito Administrativo lançaram a semente, que floresceu dando origem à "Escola" de Direito Administrativo de São Paulo, da qual o Prof. Cretella Jr. é expoente. Além da sua experiência na cátedra, advogou e foi membro de inúmeras Comissões Processantes.

Agnes Cretella é bacharel em Direito pela Faculdade de Direito da USP, onde fez curso de pós-graduação em Direito Penal. Especializada em traduções dos idiomas francês, inglês, alemão, italiano e espanhol.

# SUMÁRIO

## A Luta pelo Direito
### RUDOLF VON IHERING

| | |
|---|---|
| Sumário | 21 |
| Prólogo dos tradutores à 1.ª edição | 27 |
| Rudolf von Ihering | 29 |
| Prefácio de Ihering | 31 |
| Prefácio da 11.ª edição | 39 |
| Capítulo I | 41 |
| Capítulo II | 48 |
| Capítulo III | 52 |
| Capítulo IV | 79 |
| Capítulo V | 84 |

## Do Contrato Social
### JEAN-JACQUES ROUSSEAU

| | |
|---|---|
| Sumário | 99 |
| Nota dos Tradutores | 101 |
| Introdução | 103 |
| Sobre o *Do contrato social* | 105 |
| Aviso | 107 |
| Livro I | 109 |
| Capítulo I – Assunto deste primeiro livro | 111 |
| Capítulo II – Das primeiras sociedades | 112 |
| Capítulo III – Do direito do mais forte | 115 |

Capítulo IV – Da escravidão ............................................................. 116
Capítulo V – É preciso sempre remontar a uma primeira convenção ........... 120
Capítulo VI – Do pacto social ........................................................... 121
Capítulo VII – Do soberano .............................................................. 123
Capítulo VIII – Do estado civil ......................................................... 125
Capítulo IX – Do domínio real .......................................................... 126
Livro II ........................................................................................... 129
Capítulo I – A soberania é inalienável ............................................... 131
Capítulo II – A soberania é indivisível .............................................. 132
Capítulo III – Se a vontade geral pode errar ..................................... 134
Capítulo IV – Limites do poder soberano .......................................... 136
Capítulo V – Do direito de vida e morte ............................................ 139
Capítulo VI – Da lei .......................................................................... 141
Capítulo VII – Do legislador ............................................................. 144
Capítulo VIII – Do povo .................................................................... 148
Capítulo IX – Continuação ................................................................ 151
Capítulo X – Continuação ................................................................. 153
Capítulo XI – Dos diversos sistemas de legislação ............................. 156
Capítulo XII – Divisão das leis ......................................................... 158
Livro III .......................................................................................... 161
Capítulo I – Do governo em geral ..................................................... 163
Capítulo II – Do princípio que constitui as diversas formas de governo ...... 168
Capítulo III – Divisão dos governos .................................................. 170
Capítulo IV – Da democracia ............................................................ 172
Capítulo V – Da aristocracia ............................................................. 174
Capítulo VI – Da monarquia ............................................................. 176
Capítulo VII – Dos governos mistos .................................................. 181
Capítulo VIII – Nem toda forma de governo é apropriada a cada país ...... 182
Capítulo IX – Dos sinais de um bom governo .................................... 186

Capítulo X – Do abuso do governo e de sua tendência a degenerar............... 188
Capítulo XI – Da morte do corpo político..................................................... 191
Capítulo XII – Como se mantém a autoridade soberana............................. 192
Capítulo XIII – Continuação.......................................................................... 193
Capítulo XIV – Continuação.......................................................................... 195
Capítulo XV – Dos deputados e representantes .......................................... 196
Capítulo XVI – A instituição do governo não é um contrato ....................... 199
Capítulo XVII – Da instituição do governo .................................................. 201
Capítulo XVIII – Meio de prevenir as usurpações do governo.................... 202
Livro IV ........................................................................................................... 205
Capítulo I – A vontade geral é indestrutível................................................. 207
Capítulo II – Dos sufrágios ........................................................................... 209
Capítulo III – Das eleições............................................................................ 212
Capítulo IV – Dos comícios romanos ........................................................... 214
Capítulo V – Do tribunato ............................................................................. 222
Capítulo VI – Da ditadura ............................................................................. 224
Capítulo VII – Da censura ............................................................................. 227
Capítulo VIII – Da religião civil..................................................................... 229
Capítulo IX – Conclusão ............................................................................... 238

## Dos Delitos e das Penas
### Cesare Beccaria

Sumário........................................................................................................... 241
Cesare Beccaria.............................................................................................. 245
Nota dos Tradutores....................................................................................... 247
A Quem Ler .................................................................................................... 249
Introdução...................................................................................................... 253
Capítulo I – Origem das penas...................................................................... 255
Capítulo II – Direito de punir ........................................................................ 256

Capítulo III – Consequências ................................................. 258
Capítulo IV – Interpretações das leis ...................................... 259
Capítulo V – Obscuridade das leis .......................................... 261
Capítulo VI – Proporção entre os delitos e as penas .............. 263
Capítulo VII – Erros na medida das penas ............................. 265
Capítulo VIII – Divisão dos delitos ......................................... 266
Capítulo IX – Da honra ........................................................... 268
Capítulo X – Dos duelos .......................................................... 270
Capítulo XI – Da tranquilidade pública ................................. 271
Capítulo XII – Finalidades da pena ........................................ 273
Capítulo XIII – Das testemunhas ............................................ 274
Capítulo XIV – Indícios e formas de julgamento .................. 276
Capítulo XV – Acusações secretas .......................................... 278
Capítulo XVI – Da tortura ....................................................... 280
Capítulo XVII – Do fisco ......................................................... 284
Capítulo XVIII – Dos juramentos ........................................... 286
Capítulo XIX – Rapidez da pena ............................................ 287
Capítulo XX – Violências ........................................................ 289
Capítulo XXI – Penas aplicadas aos nobres .......................... 290
Capítulo XXII – Furtos ............................................................ 291
Capítulo XXIII – Infâmia ......................................................... 292
Capítulo XXIV – Os ociosos ................................................... 293
Capítulo XXV – Banimento e confisco .................................. 294
Capítulo XXVI – Do espírito de família ................................ 295
Capítulo XXVII – Brandura das penas .................................. 297
Capítulo XXVIII – Da pena de morte .................................... 299
Capítulo XXIX – Da prisão ..................................................... 304
Capítulo XXX – Processos e prescrições ............................... 306
Capítulo XXXI – Delitos de prova difícil ............................... 308

Capítulo XXXII – Suicídio ............................................................................ 311
Capítulo XXXIII – Contrabando ................................................................. 314
Capítulo XXXIV – Dos devedores ............................................................... 316
Capítulo XXXV – Asilos .............................................................................. 318
Capítulo XXXVI – Da recompensa ............................................................. 319
Capítulo XXXVII – Tentativas, cúmplices e impunidade ........................... 320
Capítulo XXXVIII – Interrogatórios sugestivos e depoimentos ................. 322
Capítulo XXXIX – De um gênero particular de delitos .............................. 324
Capítulo XL – Falsas ideias de utilidade ...................................................... 325
Capítulo XLI – Como prevenir os delitos .................................................... 327
Capítulo XLII – Das ciências ....................................................................... 329
Capítulo XLIII – Dos magistrados ............................................................... 331
Capítulo XLIV – Prêmios ............................................................................ 332
Capítulo XLV – Educação ............................................................................ 333
Capítulo XLVI – Das graças ......................................................................... 334
Capítulo XLVII – Conclusão ....................................................................... 335
Respostas às "Notas e Observações de um Frade Dominicano" Sobre o livro *Dos Delitos e das Penas* .............................................................. 337
I – Acusações de Impiedade ........................................................................ 338
II – Acusações de Sedição ............................................................................ 342

## O Príncipe
### Niccolò Machiavelli – Maquiavel

Sumário ........................................................................................................ 347

Maquiavel ..................................................................................................... 349

A obra *O Príncipe* ...................................................................................... 351

### Niccolò Machiavelli Maquiavel

O Príncipe: Ao magnífico Lourenço de Médici (*Nicolaus Machiavellus ad Magnificum Laurentium Medicem*) – Nicolau Maquiavel ...................... 355

**Capítulo I** – De quantas espécies são os principados e de que modo se adquirem .................................................................................................... 357

**Capítulo II** – Dos principados hereditários .......................................... 359
    O ducado de Ferrara ............................................................................ 359

**Capítulo III** – Dos principados mistos .................................................. 361
    Romanos na Grécia .............................................................................. 365
    Os cinco erros de Luís XII na Itália .................................................. 366
    O sexto erro .......................................................................................... 367

**Capítulo IV** – Por que razão o reino de Dario, ocupado por Alexandre, não se rebelou contraos sucessores deste, após a morte de Alexandre ........ 369
    O império turco e o rei de França ..................................................... 370

**Capítulo V** – De que modo se deve governar as cidades ou principados, que, antes de serem ocupados, viviam com as próprias leis ............................ 372
    Esparta e Roma .................................................................................... 372

**Capítulo VI** – Dos principados novos que se conquistam com armas próprias e valorosamente ............................................................................................ 374
    Hierão de Siracusa .............................................................................. 377

**Capítulo VII** – Dos principados novos que se conquistam com armas e com sorte alheia ........................................................................................................ 378
    Francisco Sforza e César Bórgia ....................................................... 379
    Valentino conquista a Romanha ....................................................... 379
    A política de Valentino ....................................................................... 380
    O episódio de Ramiro de Orco ......................................................... 381
    Valentino e a França ........................................................................... 382

**Capítulo VIII** – Dos que chegaram ao principado pelos crimes ........ 386
    Agástocles ............................................................................................. 386
    Oliverotto de Fermo ........................................................................... 387
    Das crueldades mal usadas e bem usadas ..................................... 389

**Capítulo IX** – Do principado civil .......................................................... 391
    Nabis ...................................................................................................... 393

**Capítulo X** – De que modo devem ser medidas as forças dos principados..... 395
    As cidades da Alemanha .................................................................... 395

**Capítulo XI** – Dos principados eclesiásticos ....................................... 397

A política do equilíbrio ............................................................. 397
Alexandre VI, Júlio e Leão X .................................................. 398

**Capítulo XII** – De quantos tipos serão os exércitos dos soldados mercenários ........................................................................................... 400
    Felipe, o macedônio, os Sforza, Braccio de Montoni, Giovanni Acuto .... 401
    Os mercenários em Florença e Veneza ............................. 402
    "Origens e progressos dos exércitos mercenários" ............ 403

**Capítulo XIII** – Dos exércitos auxiliares, mistos e próprios ........ 405
    Hierão de Siracusa ............................................................ 406
    Os exércitos de França ...................................................... 407

**Capítulo XIV** – Dos deveres do príncipe para com seus soldados ........ 409
    Filopêmene ....................................................................... 410
    O exercício da guerra "com a mente" ................................ 411

**Capítulo XV** – Das coisas pelas quais os homens, especialmente os príncipes, são louvados ou censurados ..................................... 412

**Capítulo XVI** – Da liberalidade e da parcimônia ........................ 414

**Capítulo XVII** – Da crueldade e piedade e se é melhor ser amado que temido ou melhor ser temido que amado ............................................ 417
    Cipião ................................................................................ 419

**Capítulo XVIII** – De que modo devem os príncipes cumprir a palavra dada .... 421
    Alexandre VI ..................................................................... 422

**Capítulo XIX** – De como se deve evitar ser desprezado e odiado ........ 425
    Os Bentivoglio .................................................................. 427
    Marco, Pertinax, Alexandre ............................................. 429
    Outros imperadores ......................................................... 430
    Severo ............................................................................... 431
    Antonino ........................................................................... 432
    Cômodo ............................................................................ 432
    Maximino ......................................................................... 433

**Capítulo XX** – Se as fortalezas e muitas outras coisas, que todos os dias fazem os príncipes, são úteis ou não ..................................................... 436
    Veneza .............................................................................. 438

**Capítulo XXI** – O que convém ao príncipe para ser estimado ...................... 442
   Antíoco................................................................................................ 444
**Capítulo XXII** – Dos ministros que os príncipes têm junto de si.................. 447
**Capítulo XXIII** – De como se evitam os aduladores...................................... 449
   Maximiliano imperador ................................................................... 450
**Capítulo XXIV** – Por qual motivo os príncipes da Itália perderam seus Estados?................................................................................................................. 452
**Capítulo XXV** – Quanto pode o destino nas coisas humanas e de que modo se lhe pode resistir ............................................................................................. 454
   Júlio II ................................................................................................ 456
**Capítulo XXVI** – Exortação para tomar a Itália, libertando-a das mãos dos bárbaros............................................................................................................... 458
   É necessário preparar os exércitos ................................................. 460

# A Luta pelo Direito
RUDOLF VON IHERING

## Sumário

Prólogo dos tradutores à 1.ª edição ................................................................ 27
Rudolf von Ihering .............................................................................................. 29
Prefácio de Ihering .............................................................................................. 31
Prefácio da 11.ª edição – *von Ehrenberg* ....................................................... 39
Capítulo I .............................................................................................................. 41
Capítulo II ............................................................................................................. 48
Capítulo III ............................................................................................................ 52
Capítulo IV ............................................................................................................ 79
Capítulo V ............................................................................................................. 84

# SUMÁRIO

Prólogo do tradutores a 1ª edição............................................... 17
Rudolf von Ihering ....................................................................... 20
Prefácio da 3ª edição ................................................................... 27
Prefácio da 14ª edição – von Ehrenberg ................................... 30
Capítulo I ..................................................................................... 41
Capítulo II .................................................................................... 48
Capítulo III ................................................................................... 52
Capítulo IV ................................................................................... 70
Capítulo V .................................................................................... 84

*Seiner verehrten Freundin der Frau Professor*
AUGUSTE VON LITTROW-BISCHOFF als
*Erinnerungsblatt dauernder Dankbarkeit und
Anhänglichkeit bei seinem Abschiede von Wien
(1872) überreicht vom Verfasser –* À sua
venerada amiga, senhora do professor
AUGUSTE VON LITTROW-BISCHOFF, como
recordação de perene gratidão e devotamento,
por ocasião de sua despedida de Viena (1872),
dedica o Autor.

Na luta, encontrarás o teu direito.

# PRÓLOGO
## DOS TRADUTORES À 1.ª EDIÇÃO

Rudolf von Ihering nasceu em 22 de agosto de 1818, em Aurich, no antigo reino de Hanôver, às margens do Mar do Norte. Formou-se em Direito na Universidade de Berlim, tornando-se livre-docente daquela prestigiada escola aos 25 anos de idade. Dois anos depois, foi nomeado professor na Basiléia, Suíça. No ano seguinte, assumiu uma cadeira em Mecklenburg, mais tarde em Kiel e depois em Giessen, no Grão-Ducado de Hesse. Morreu em 1892.

Em 1868, foi chamado a Viena e, em 1872, começou a lecionar em Göttingen, onde se fixou, declinando ofertas de Cátedras em Berlim, Leipzig e Heidelberg, preferindo a tranquilidade daquela cidade.

Reconhecido em toda a Alemanha como um dos mais profundos pensadores e maiores juristas, sua obra ultrapassou fronteiras, tornando-lhe o nome famoso no mundo inteiro.

Ao contrário das nossas traduções anteriores, que integram esta coleção, *Dos delitos e das penas*, de Beccaria, e *O Príncipe*, de Maquiavel, a tradução do livro de Rudolf von Ihering – *A luta pelo direito* – apresentou aos tradutores reais dificuldades, a começar pela grafia, como se observa em algumas palavras arcaicas, de certos vocábulos, passando pelo vocabulário e chegando ao estilo, ora poético, ora precioso.

Tomamos aqui por base a 13.ª edição, de 1897, feita em Viena, e incluímos, também, o prefácio de von Ehrenberg para a 11.ª edição, na qual o autor anunciava a morte de von Ihering, ocorrida em 17 de setembro de 1892.

No prefácio do livro, em 1872, *A luta pelo direito*, refere-se o autor à famosa conferência que pronunciara, em Viena, na primavera do mesmo ano, na Associação Jurídica local, palestra que, ampliada e dirigida a círculo maior de leitores, foi publicada depois, no verão do mesmo ano.

Nesse prefácio, von Ihering faz menção às várias traduções de seu livro, feitas em todo o mundo, enumerando, entre as duas dezenas delas, a tradução em língua portuguesa, de João Vieira de Araújo, feita no Recife e datada de 1885.

Analisando várias dessas traduções, notamos que muitas delas se afastavam bastante do texto original, talvez para adaptá-las às peculiaridades do país em que apareceram. Como exemplo, podemos citar o nome das antigas moedas alemãs – "heller", "pfennig", "gulden" e "thaler" – que, no texto em inglês, surgem como "libras" e, no francês, como "francos". Nós optamos por conservar os nomes originais. O mesmo acontece com a expressão "quadratmeile", cuja tradução é "milha quadrada" e que simplesmente passou a ser "quilômetro quadrado" ou "légua quadrada" nas mencionadas traduções.

Nosso lema, ao encetar este trabalho, foi o de ser *so treu wie möglich, so frei wie nötig*, isto é, "tão fiel quanto possível, tão livre quanto necessário". Procuramos, sempre, em português, o vocábulo mais usual, mais conhecido, mas o mais próximo possível do pensamento do autor.

Nas citações que Ihering faz de Shakespeare, d'*O mercador de Veneza*, resolvemos traduzi-las diretamente do texto da peça inglesa, para assim manter-lhe a forma original. O mesmo fizemos em relação a trechos da *Bíblia* e da *Odisséia*, traduzidos diretamente das fontes.

Vocábulos como "Jurisprudenz", em alemão, foram traduzidos, por nós, como "direito" ou por "ciência do direito", e "Jurist", como "advogado" ou, às vezes, "advogado militante". O que o autor denomina de "direito do Estado", às vezes é "direito constitucional", e assim por diante.

# RUDOLF VON IHERING

Rudolf von Ihering (1818-1892) ocupa, ao lado de Savigny (1779-1861), lugar ímpar, de relevo, na história do direito alemão, com repercussão de sua obra em todo o mundo ocidental.

Tendo nascido na pequena cidade de Aurich, estudou Direito, primeiro na famosa cidade universitária de Heidelberg, completando-o em Göttingen e depois em Berlim, em cuja Universidade se graduou.

Distinguindo-se entre os colegas, já no curso jurídico, adquiriu tal renome que foi convidado para lecionar na Basiléia, Suíça, indo depois lecionar, sucessivamente em Kiel (1849), Giessen (1852) e, finalmente, em Viena (1862-1872), onde conheceu a famosa escritora, esposa do jurista Auguste von Littrow-Bischoff, falecida em 1889, e a quem dedicou a primeira edição do célebre opúsculo *A luta pelo direito*, que ora traduzimos.

Em Viena, ao mesmo tempo em que lecionava, continuava a redigir o livro *O espírito do direito romano nas diversas fases de sua evolução* (1852-1865), obra que, em sua maior parte, fora escrita em Giessen (1852) e que, concluída, teve decisiva influência no direito privado de todos os países da Europa. Influiu ainda, profundamente, na Escola de Jurisprudência dos Conceitos, fundada por Puchta, em 1837, dedicada principalmente a concertar e traçar os parâmetros lógicos e sistemáticos da Ciência do Direito, o que provocou, na época, um choque com os adeptos da Escola Historicista, criada por Savigny, tradicionalista e antirracionalista.

Em 1804, é publicado o Código Civil francês e neste percebe-se aqui e ali a influência deste sobre Ihering, muitos anos mais tarde.

Ihering exerceu influência marcante sobre os juristas das épocas posteriores. De cunho eminentemente dogmático, a repercussão da Escola Conceitualista se fez sentir também sobre o pensamento do notável jurista Hans Kelsen, como se observa pela leitura de sua clássica obra *A teoria pura do direito* (1881-1883).

Por isso escolhemos *A luta pelo direito*, de Ihering, para traduzir e integrar a Série RT Textos Fundamentais que estamos organizando para a Editora Revista dos Tribunais.

# PREFÁCIO DE IHERING

Na primavera de 1872, pronunciei uma conferência, na Sociedade Jurídica de Viena, publicada, logo depois, no verão do mesmo ano, bastante ampliada e dirigida a círculo maior de leitores, com o título de *A luta pelo direito*.

O objetivo que me levou à elaboração e publicação dessa obra foi menos a exposição teórica de pura teoria jurídica do que a elaboração de uma tese ético-prática, menos dirigida à divulgação científica do Direito, do que ao intuito de despertar nos espíritos a disposição moral que deve constituir a atuação firme e corajosa do sentimento jurídico.

As numerosas edições que o livrinho recebeu demonstram que o êxito inicial não foi devido ao gosto pela novidade, mas à convicção do grande público sobre a correção da concepção básica nele expressa. Isso é reforçado pelo reconhecimento do Exterior, demonstrado pelo grande número de traduções publicadas do livro.

No ano de 1874, foram publicadas as traduções:
1. uma húngara, de G. Wenzel, Budapest;
2. uma russa, numa revista jurídica publicada em Moscou, de autor desconhecido;
3. uma segunda (tradução) russa, de Wolkoff, Moscou;
4. uma em grego moderno, de M. A. Lappas, Atenas;
5. uma holandesa, de G. A. van Hamel, Leida;
6. uma rumena, no *Jornal Romanulu*, publicada em Bucareste (24 de junho e segs.);
7. uma sérvia, de Christic, Belgrado;

No ano de 1875:
8. uma francesa, de A. F. Meydieu, Viena e Paris;
9. uma italiana, de Raffaele Mariano, Milão e Nápoles;
10. uma dinamarquesa, de C. G. Graebe, Copenhague;
11. uma tcheca, de autor desconhecido, Brünn;
12. uma polonesa, de A. Matakiewicz, Lemberg;

13. uma croata, de H. Hinkovic, primeiramente na *Revista Pravo*, depois em publicação independente, Agram.

No ano de 1879:

14. uma sueca, de Ivar Afzelius, Upsala;
15. uma inglesa, de John J. Lalor, Chicago, da qual, nesse meio tempo, se providenciou segunda edição;

No ano de 1881:

16. uma espanhola, de Adolfo Posada y Biasca, Madri;

No ano de 1883:

17. uma segunda (tradução) espanhola, de Afonso de Pando y Gomes, Madri;
18. uma segunda (tradução) inglesa, de Philip A. Asworth, Londres;

No ano de 1885:

19. uma portuguesa, de João Vieira de Araújo, Recife, Brasil;

No ano de 1886:

20. uma japonesa, de Nischi, Tóquio;

No ano de 1890:

21. uma segunda (tradução) francesa, de O. de Meulenaere, Paris.

Nas edições posteriores, suprimi a introdução anterior, pois exprimia uma ideia que, pelo espaço exíguo, que lhe fora reservado, seria de difícil compreensão. Nem estou bem certo se, na divulgação do trabalho entre leigos, deveriam ser omitidos os trabalhos dirigidos especialmente aos juristas, entre os quais sobressai a parte final, referente ao direito romano e a sua moderna teoria.

Tivesse eu adivinhado a popularidade que o livro alcançaria e ter-lhe-ia dado, desde o início, forma diversa, o que não ocorreu, pois ele teve origem numa conferência destinada a juristas e eu achei que não deveria modificá-lo, em sua concepção original, mas esta determinação não impediu que se divulgasse o referido escrito entre os leigos.

Também não fiz nenhuma alteração de fundo nas edições posteriores. Considero a ideia fundamental de meu livro incontestavelmente correta e irrefutável, de modo que seria supérflua toda palavra destinada a defendê-la contra os que a combatem. Se o direito de alguém for torpemente desprezado e pisado, não sentiria essa pessoa o irresistível impulso de defendê-lo, pois não está em jogo apenas o objeto desse direito, mas também sua própria pessoa? Essa pessoa não deve ser auxiliada, nem tenho interesse algum em convencê-la.

Trata-se de um tipo que não pode ser considerado humano, mas mera matéria de fato, reconhecido apenas como filisteu do direito, como eu o considero, sendo o egoísmo e o materialismo suas características essenciais. Nem é preciso que seja um Sancho Pança do direito para ver um D. Quixote naquele que, ao defender seu direito, só tenha em vista um interesse ligado ao bolso. Para ele não tenho outras palavras senão as que aparecem nos escritos de Kant: "Aquele que rasteja como verme, não pode queixar-se de ser pisoteado".[1]

Em outra passagem, diz Kant que "jogar seu direito sob os pés de outrem, é o desprezo da humanidade por si própria" e, aludindo ao "nosso dever de dignificar a porção de humanidade que existe em nós", chega à máxima: "Não permita que seu direito seja pisoteado impunemente". É esta a ideia precisa que desenvolvi em meu trabalho; ela está gravada no coração dos indivíduos e expressa de mil maneiras pelos povos.

O único mérito que posso reivindicar consiste em que sistematizei fundamentadamente essas ideias e as desenvolvi com precisão.

Interessante contribuição ao meu trabalho foi dada pelo Dr. A. Schmiedl, *Die Lehre vom Kampf um's Recht im Verhältniss zu dem Judenthum und dem ältesten Christenthum*, Wien, 1875 (*Estudo sobre a luta pelo direito em relação ao Judaísmo e ao Cristianismo mais antigo*) Viena, 1875.

O enunciado do professor de direito hebreu, na página 15, reza: "Que diante de teus olhos o objeto do direito seja igual, quer valha ele um pfennig ou cem gulden".[2] Isto coincide inteiramente com o que desenvolvi pouco antes. Tratamento literário foi dado ao tema por Karl Emil Franzos, em seu romance: *Der Kampf um's Recht* (A luta pelo direito), sobre o qual me manifestei em minha própria obra.

As referências que meu trabalho recebeu, tanto no âmbito nacional como no Exterior, são tão extraordinariamente numerosas, que me abstenho de mencioná-las uma a uma.

Deixo ao próprio livro que convença o leitor da exatidão do pensamento que defendo, limitando-me aqui a dois pedidos àqueles que se sentem impelidos a contestar-me.

Em primeiro lugar, que não deturpem meus pontos de vista, falseando-os, com disputa e controvérsia, lendo o processo e a palavra com má vontade, já que

---

1. Kant, *Metaphysische Anfangsgründe der Tugendlehre*, Aufl 2. Kreuznach 1800, S. 133 (*Fundamentos metafísicos da moral*, 2. ed., Kreuznach, 1800, p. 133).
2. Nomes de antigas moedas da Alemanha. N. dos T.

não defendo a luta pelo direito em todos os pleitos, pedindo apenas naqueles em que a agressão ao direito implica igualmente em desprezo pela pessoa.

A transigência e a conciliação, a doçura e o espírito de paz, a comparação e a renúncia em fazer prevalecer o direito de outrem, encontram, em minha teoria, o lugar que merecem; em contrapartida, infelizmente, existe a tolerância à agressão ao direito, resultante da covardia, do comodismo e da indolência.

Em segundo lugar, desejo que aquele que quiser, seriamente, rebater minha teoria, tente contrapor à fórmula prática que desenvolvi outra fórmula positiva; logo perceberá onde deve chegar. O que deverá então fazer aquele cujo direito for pisoteado?

Vence-me quem conseguir responder a isto, e que afine com a vitoriosa ordem jurídica e com a ideia pessoal da resposta mantida: a quem isso não agradar, só tem por escolha ou me conhecer ou contentar-se com a meia-medida, que é a característica de todas as mentes confusas, que desagradam e negam, sem oferecer a própria opinião.

É possível alguém contentar-se com puras indagações científicas, apenas para refutá-las, mesmo quando não tem condições de colocá-las no lugar da verdade positiva, mas por indagações práticas, que devem ser manipuladas e que devem ser rejeitadas como inverdades e substituídas por outra. Espero que isso aconteça, pois até agora nem a mais fraca tentativa foi feita nesse sentido.

Algumas palavras ainda, por fim, sobre um assunto secundário, que nada tem a ver com minha teoria como tal, mas com o qual concordo. Trata-se de minha convicção a respeito da injustiça cometida contra Shylock.

O que declarei foi que o juiz deveria reconhecer como válido o título de Shylock, mas, uma vez reconhecido, depois de prolatada a sentença, não poderia, por desprezível subterfúgio, frustrá-la.

O juiz tinha a opção de declarar o título válido ou inválido. Essa decisão do juiz seria, conforme Shakespeare, a única possível. E por ela optou. Ninguém em Veneza duvidava da validade do título: os amigos de Antônio, o próprio Antônio, o doge, o tribunal, todos, enfim, estavam de acordo que o judeu estava em seu direito.[3] Imbuído da inabalável confiança no seu direito, por todos reconhecido,

---

3. Ato III, cena 3, Antônio: "O doge não pode impedir o progresso do direito". Ato IV, cena I, doge: "Sinto pena de ti". Antônio: – "Porque não há nenhum meio legal que possa subtrair-me a teu ódio". Pórcia: – "Que a lei de Veneza não pode atingir-te. Isso não pode ser. Não há poder em Veneza que possa alterar um decreto editado. O conteúdo e a informação do decreto coincidem totalmente com a sanção cominada claramente neste título. Uma libra de carne deste mercador te pertence. O tribunal reconhece este teu direito e a lei o entrega a ti".
Confirmava-se assim a regra de que o título era plenamente válido, isto é, que o direito em tese tinha sido reconhecido unanimemente pelo consenso real, mas, pronunciada a decisão,

é que Shylock solicita o auxílio da justiça, e o sábio Daniel, depois de tentar dissuadir o credor, que clamava por vingança, na concretização de seu direito, acaba reconhecendo esse mesmo direito.

Agora, proferida a sentença e afastada toda e qualquer dúvida sobre o direito do judeu, quando não mais se ousa formular a menor contestação contra a decisão, quando toda a Assembleia, inclusive o doge, se submete à palavra da lei, quando o vencedor, plenamente convencido do seu direito, pretende executar aquilo a que a sentença o autoriza, o próprio juiz, que solenemente proclamara esse direito, procura frustrá-la com objeção, com uma artimanha tão desprezível e tão vil que não merece sequer uma contestação séria. Por ventura existiria carne sem sangue?

Ao reconhecer a Shylock o direito de cortar do corpo de Antônio uma libra de carne, o juiz reconheceu-lhe também o direito ao sangue, sem o qual a carne não pode existir, e quem tiver o direito de cortar uma libra de carne, pode, se quiser, tirar menos.

Nega-se ao judeu tirar ambos: ele só poderá cortar uma libra de carne, sem sangue, e só poderá cortar exatamente uma libra, nem mais nem menos. Teria eu dito demais, por acaso, afirmando que o judeu aqui foi enganado em seu direito? Certamente isso acontece no interesse da humanidade, mas a injustiça deixará de ser injustiça, se for cometida em nome da humanidade? E se o fim justifica os meios, por que não decidir logo, mas somente após a sentença?

A contestação sobre o que consta aqui e no próprio livro foi defendida, que desde a primeira edição já foi amplamente manifestada, a partir do aparecimento da sexta edição de meu trabalho, em 1880, foi apoiada por dois juristas, em seus próprios opúsculos. Um deles é A. Pietscher, presidente da Corte Distrital, com o título *Jurista e poeta, ensaio sobre o estudo d'A luta pelo direito, de Ihering, e O mercador de Veneza, de Shakespeare*, Dessau, 1881.

Reproduzo, em essência, o ponto de vista do autor, com suas próprias palavras: "Contra um artifício usa-se artifício maior. O vilão cai na própria armadilha". Com a primeira parte dessa proposição ele devolve minhas próprias palavras; apenas confirmou o que eu disse: que Shylock foi lesado em seu direito por maldade, mas pode o direito usar tal recurso? Sobre isso o autor ficou devendo uma resposta e eu duvido que, como juiz, ele usasse tal expediente.

Quanto à segunda parte da proposição, pergunto: quando as leis de Veneza declararam o título válido, isso tornou o judeu um malandro, porque as invocou,

---

o vencedor vê que, na fase de execução, é enganado pelo próprio juiz, mediante pérfido sofisma. Do mesmo modo, poder-se-á condenar o devedor, e, depois, o credor, a ir buscar com as próprias mãos o dinheiro num forno quente ou ir retirá-lo do alto de uma torre, se o devedor fosse um telhadista, ou, ainda, na profundeza das águas, se fosse um mergulhador, desde que, no título, nada constasse sobre o lugar do pagamento.

e quando assim procedeu teria ele montado uma armadilha, cuja responsabilidade seria dele ou da lei? Tal dedução não muda a minha opinião, mas até a fortalece. O segundo opúsculo, que segue outro caminho, é de Joseph Kohler, professor em Würzburg, em sua obra: *Shakespeare diante do fórum da ciência do direito*, Würzburg, 1883. Segundo ele, a cena do Mercador de Veneza, no Tribunal, encerra, em si, "a quintessência da índole e da formação do direito, contendo um saber jurídico mais profundo do que o contido em dez volumes das Pandectas, proporcionando-nos uma visão mais precisa do que todas as obras sobre a história do direito de Savigny a Ihering" (p. VI). Fazemos votos para que parte do mérito fenomenal alcançado por Shakespeare, no campo jurídico, reverta a favor de Colombo, que descobriu esse novo mundo do direito, cuja existência ficara ignorada até então pelos círculos jurídicos.

De acordo com as normas que regulam a descoberta do tesouro, ao descobridor, ou inventor, caberia a metade do achado e, quando ele lhe atribui um valor inestimável, deverá contentar-se com a recompensa. Remeto o leitor ao próprio opúsculo do autor, para inteirar-se da "imensa quantidade de ideias jurídicas que Shakespeare formulou sobre o assunto", embora não ouse aconselhar ninguém a mandar a juventude dedicada ao direito frequentar a escola de Pórcia,[4] a fim de saciar-se nesse novo evangelho do direito. Além do mais, homenagem especial seja feita à bela fala de Pórcia: "O triunfo da consciência jurídica iluminada sobre a noite sombria que até então envolvia o mundo do direito, triunfo que se esconde atrás de razões ilusórias, que recorre à máscara da falsa motivação, porque isso é indispensável. É, entretanto, uma vitória, vitória imensa e gloriosa, que não fica limitada ao processo considerado isoladamente, mas atinge toda a história do direito. É o sol do progresso que, uma vez mais, lança seus raios acalentadores nas salas da justiça. É o reino de Sarastro,[5] que vence as forças das trevas".

A Pórcia e a Sarastro, cujos nomes estão ligados à nova ciência do direito, inaugurada pelo autor que acabamos de citar, devemos acrescentar o doge de Veneza, que, vinculado até então aos laços do "direito anterior" e submetido às "forças das trevas" e libertado pela palavra redentora de Pórcia, passa a tomar consciência da *missão histórica universal* da qual se acha investido, reparando, integralmente, sua omissão anterior, que o tornara culpado.

Primeiro, declara Shylock culpado de tentativa de homicídio. "Embora nisso haja ainda uma certa injustiça, essa injustiça encontra plena justificativa perante a história universal." Trata-se de uma contingência histórica mundial e, ao incluir este dado em sua obra, Shakespeare superou-se a si mesmo, como historiador do

---

4. Pórcia é personagem d'*O mercador de Veneza*, de Shakespeare. N. dos T.
5. Sarastro, no texto, é o mesmo que Zoroastro ou Zaratustra, adepto do masdeísmo, religião que mostra a luta entre o Bem e o Mal. Sarastro ensina que, no final, vence a Justiça. O nome Zaratustra faz parte do título do livro de Nietzsche: *Assim falava Zaratustra*.

direito. "Shylock deverá ser não só vencido, como também punido, o que é indispensável para enaltecer a vitória da nova ideia do direito". Em seguida, condena o judeu a converter-se ao cristianismo.

"Também essa exigência, em si, contém uma verdade histórica universal. Condenável, a nosso ver, essa exigência, contrária à ideia de liberdade de crença, mas que, entretanto, corresponde ao ciclo da história, que lançou milhares de criaturas nos campos de uma crença, não através da palavra do pregador, mas mediante a ameaça do carrasco". São esses os "raios acalentadores que o sol do progresso projeta nos pretórios".

Os judeus e os hereges aprenderam outrora a experimentar o calor desses raios nas fogueiras de Torquemada.[6] É assim que o reino de Sarastro triunfa sobre as forças das trevas.

Basta uma Pórcia para, mediante o sofrimento do erudito Daniel, derrubar o direito existente, um doge que lhe siga as pegadas, um jurista amigo da profunda ciência do direito e da quintessência do direito que lhe serve de fundamento para as decisões, servindo-se da fórmula histórica universal – e está tudo solucionado! Eis o "fórum do direito", perante o qual fui acusado pelo autor. Este, no entanto, deverá renunciar à ideia que tenho sobre esse assunto, pois ainda conservo dentro de mim muito do "velho direito das Pandectas" para poder participar dessa nova era da ciência do direito, que ele agora nos apresenta.

Não me desviarei igualmente do caminho da história do direito, que me habituei a trilhar, apesar da impressão que me causou a ideia de que, se eu tivesse a penetrante visão do mencionado autor, talvez pudesse ter extraído d'*O mercador de Veneza* conhecimento mais profundo da formação do direito do que aquele que se encontra em todas as fontes do direito positivo e na nossa literatura referente à história do direito, escritas em nosso século, de Savigny até hoje.

Uma análise, feita em artigo publicado no *Albany Law Journal*, de 27 de dezembro de 1879, no qual se comenta a tradução inglesa de minha obra, publicada em Chicago, deu-me ciência de que a opinião que eu dera a respeito da decisão de Pórcia, que defendi, já fora exposta, antes, por um colaborador do referido jornal, em número anterior, aparecido antes de minha obra.

O autor do comentário não soube explicar essa coincidência, a não ser como a de um plágio, que eu teria perpetrado ("roubado" é o vocábulo, aliás, não muito gentil, que ele emprega).

Não pretendo esconder do público alemão esta interessante descoberta. Trata-se da mais original forma de plágio existente, pois quando a realizei nunca tinha posto os olhos nessa revista e nem mesmo sabia de sua existência.

---

6. Tomás de Torquemada (1429-1498) foi o implacável Inquisidor Geral da Península Ibérica, célebre por sua intolerância e rigor. N. dos T.

Quem sabe um dia eu ainda serei informado de que nem mesmo meu trabalho foi escrito por mim, mas simplesmente vertido para o alemão, a partir da tradução inglesa, surgida na América? A redação do *Albany Journal*, na verdade, diante de meus protestos, declarou, no número seguinte (n. 9, de 28 de fevereiro de 1880), que tudo não passara de mera brincadeira. Bem estranhas as brincadeiras com que se divertem as pessoas do outro lado do oceano!

Não posso encerrar este prefácio, que continuou inalterado nas sucessivas edições, sem dizer algumas palavras em memória da mulher à qual este livro foi dedicado, na época de sua publicação.

A morte arrebatou-a quando surgiu a nona edição (1889) do livro. Perdi com isso uma pessoa que me orgulho de poder chamar de amiga. Foi uma das mulheres mais extraordinárias que encontrei em minha vida. Fez-se notar não apenas pelas qualidades de espírito, saber e cultura invulgares, como também pelas belas qualidades de coração e de caráter.

Creio que uma das providências mais generosas de meu destino residiu no fato de minha transferência para Viena, o que me permitiu estreitar relações com ela.

Oxalá este pequeno escrito, dedicado à mulher a quem acabo de me referir, conserve-lhe o nome ligado ao meu, em círculos bastante amplos, pelo tempo que ainda lhe esteja reservado.

Solene inquietação. A sobrevivência do nome dela, em círculos mais restritos da história da literatura, foi conquistada por ela mesma, mediante as valiosas notas ao ensaio que escreveu sobre Grillparzer, de quem era amiga.

Göttingen, 1.º de julho de 1891

# PREFÁCIO DA 11.ª EDIÇÃO

Exatamente um ano a partir do dia em que foram escritas as relevantes palavras, em memória da amiga que falecera, apareceram os primeiros sintomas da doença que poucos meses depois levaria o autor de *A luta pelo direito*. No dia 17 de setembro de 1892, Rudolf von Ihering veio a falecer, mas a força viva de seus escritos permanece. Isso fica patente, porque a maioria de sua obra aparece, nesse meio tempo, em novas edições, assim como este pequeno livro, que espalha seu nome por toda a terra habitada – como as inúmeras cartas dirigidas ao autor atestam – e que se manifestaram acima de tudo como um brado de alerta – iluminados por sua sensibilidade jurídica.

Não é sem fundamento que se encontra, na orgulhosa autoafirmação da personalidade, *A luta pelo direito*, tão efusivamente reafirmada, uma característica novamente encontrada, o descendente de uma vigorosa herança genética, recebida de seus antepassados. Ele próprio mal o sabia, porque o impulso da força de seu espírito e a grandeza de seu horizonte o afastaram do pequeno e fechado mundo, em que o povo frísio[1] tecia, durante séculos, os silenciosos fios de sua existência. Mas, mesmo sem sabê-lo, Ihering colocou, n'*A luta pelo direito*, o espírito de seu povo, num significativo momento jurídico.

Göttingen, novembro de 1894

VON EHRENBERG

---

1. O povo *frísio* (ou *frisão*), da Frísia, antiga província dos Países Baixos e da Alemanha, no Mar do Norte.

# CAPÍTULO I

O objetivo do direito é a paz. A luta é o meio de consegui-la. Enquanto o direito tiver de repelir o ataque causado pela injustiça – e isso durará enquanto o mundo estiver de pé – ele não será poupado.

A vida do direito é a luta, a luta de povos, de governos, de classes, de indivíduos.

Todo o direito do mundo foi assim conquistado, todo ordenamento jurídico que se lhe contrapôs teve de ser eliminado e todo direito, assim como o direito de um povo ou o de um indivíduo, teve de ser conquistado com luta.

O direito não é mero pensamento, mas sim força viva. Por isso, a Justiça segura, numa das mãos, a balança, com a qual pesa o direito, e na outra a espada, com a qual o defende. A espada sem a balança é a força bruta, a balança sem a espada é a fraqueza do direito. Ambas se completam e o verdadeiro estado de direito só existe onde a força, com a qual a Justiça empunha a espada, usa a mesma destreza com que maneja a balança.

O direito é um labor contínuo, não apenas dos governantes, mas de todo o povo. A vida inteira do direito, vista de relance, mostra-nos o mesmo espetáculo sem descanso e o trabalho de uma nação, que se baseia no que oferece a produção econômica e intelectual.

Cada um que se encontra na situação de precisar defender seu direito participa desse trabalho nacional, levando sua contribuição para a concretização da ideia de direito sobre a terra.

Naturalmente, isso não se aplica igualmente a todos. A vida de milhares de indivíduos transcorre, indubitavelmente, sem contratempos, no bom caminho do direito e, se nós lhes disséssemos "o direito é luta", não nos entenderiam, pois só conhecem o direito como condição de paz e ordem. E, do ponto de vista de sua própria experiência, todos eles têm razão, assim como o rico herdeiro, a quem o fruto do trabalho alheio caiu do céu, contesta o dito: propriedade significa trabalho. Ambos os enganos têm seu fundamento em que os dois lados, tanto a propriedade como o direito, encerram em si e podem, de maneira subjetiva, dar o prazer e a paz a um e, ao outro, o trabalho e a luta.

Tanto a propriedade como o direito possuem uma face como a de Janus,[1*] bifronte, para uns, mostrando um dos lados, para outros, o outro lado, donde a total diversidade do quadro, que engloba a ambos.

---

1. *Janus* bifronte (*bifrons*), um dos mais antigos deuses do Lácio, guardião das portas do templo, tem duas faces, a primeira, normal, a segunda, na nuca, vigiando a entrada e a saída. N. dos T.

Em relação ao direito, isso vale para cada indivíduo e para todas as idades. A vida de um é a guerra, a de outro é a paz, e os povos, por causa dessa diversidade de distribuição subjetiva, sentem a mesma decepção que os indivíduos. Um longo período de paz – a crença numa paz perpétua está no sangue –, dura até que o primeiro tiro de canhão desfaz o belo sonho e, no lugar de uma geração, que gozou a paz sem esforço, vem outra, que através do trabalho árduo da guerra terá direito de merecê-la. Assim se divide entre as propriedades, como no direito, o trabalho e o prazer, mas para um o prazer, que se desfrute, corresponde, para outro, a trabalho e luta.

A paz sem luta e o prazer sem trabalho pertencem à época do paraíso, mas a história conhece ambos apenas como resultado incessante e como penoso esforço.

As ideias, de que a luta é o labor do direito, referem-se à necessidade prática, e a valorização ética deve ser colocada na mesma linha que o trabalho ocupa em relação à propriedade, e é isso que pretendo, em seguida, desenvolver.

Não creio que com isso eu faça um trabalho vão; ao contrário, pretendo redimir um pecado de que é culpada a nossa teoria (e não quero aludir apenas à filosofia do direito, mas também ao direito positivo).

Percebe-se perfeitamente, em nossa teoria, que ela mais se preocupa com a balança do que com a espada da legitimidade; a unilateralidade do ponto de vista puramente científico do direito, em que ela se baseia e em que logo depois se resume o direito, menos sob o seu aspecto realista do que como poderosa concepção, ou muito mais como aspecto lógico, como sistema de normas jurídicas abstratas, influenciou, de algum modo, todo o meu conceito de direito, que não está condizente com a crua verdade – como reprovação para o curso de minha apresentação, que não pode faltar.

A palavra *direito* é empregada em sentido duplo, tanto objetivo como subjetivo. No sentido objetivo, é o conjunto de leis fundamentais editadas pelo Estado, ou seja, o ordenamento jurídico da vida e, no sentido subjetivo, é a atuação concreta da norma abstrata no direito específico de determinada pessoa.

Em ambas as acepções, o direito encontra oposição e, em ambas as direções, deve ser controlado, isto é, deve estar no caminho da luta para vencê-la ou para defendê-la. Como objetivo real do meu ponto de vista, tive de escolher a segunda direção, mas não posso omitir minha opinião de que a luta está na essência do direito e também na primeira direção estabelecida como certa.

Incontestável, pois, não necessitando de demonstração, esta premissa é para a realização do direito por parte do Estado; a manutenção da ordem jurídica, da parte do Estado, não é senão uma luta contínua contra as transgressões da lei.

Entretanto, o mesmo não acontece com a formação do direito, seja a formação ancestral, ocorrida no início da História, seja a renovação diária que ocorre sob as nossas vistas e que se realiza pela substituição das regras de direito existentes por outras regras, configurando, enfim, em poucas palavras, o progresso do direito.

Existe uma opinião, contrária ao meu entendimento, de que a formação do direito é submetida à mesma lei que lhe rege a existência. Essa opinião, que pode ser designada pelo nome dos seus representantes mais eminentes como teoria de Savigny e de Puchta, vem obtendo aceitação generalizada, ao menos no terreno da ciência romanística de nossos dias.

Como consequência disso, a formação do direito se faz de modo tão imperceptível e indolor quanto a da linguagem, que não precisa de nenhum esforço, de nenhuma luta, nem mesmo a busca do direito, pois é a própria força válida da verdade, que, sem esforço violento, devagar, mas com segurança, abre caminho; a força da convicção, com que se conquistam as consciências e que se exprime através de seu manejo – uma nova norma jurídica entra tão facilmente em existência quanto uma regra linguística.

Segundo essa teoria, um preceito de direito romano antigo, que permitia ao credor vender o devedor como escravo, ou a regra que permitia ao proprietário reivindicar seus bens, que estivessem na posse de outrem, deve ter ocorrido de modo semelhante à da regra pela qual a preposição *cum* regia o ablativo na antiga Roma.

Foi esta a concepção da origem do direito, com a qual saí da Universidade e com cuja influência ainda sofri durante muitos anos. Teria sido esta a concepção verdadeira?

É preciso admitir que o direito, como a linguagem, tem uma evolução involuntária e inconsciente ou, para usar a expressão tradicional, uma evolução orgânica que se processa de dentro para fora. São concernentes a essa evolução as normas jurídicas, enraizadas de modo uniforme, pela qual se realizam os atos jurídicos individuais e todas as abstrações, consequências e regras que levam ao conhecimento do direito, para chegar a fins analíticos e trazer o saber. Mas o poder de ambos esses fatores, isto é, a dos atos jurídicos e da ciência, é limitado.

Esses fatores podem regular e avançar, internamente, o movimento dos caminhos existentes, mas são incapazes de quebrar os diques que impedem o fluxo do direito de abrir nova direção. Isso só a lei pode fazê-lo, isto é, um ato do poder público voltado para esse fim.

Não foi por mero acidente que as reformas mais radicais do processo e do direito material tiveram origem na lei; na verdade, isso resulta de uma necessidade profundamente enraizada na essência do direito.

Na verdade, certas alterações do direito, feitas por lei, ficam restritas ao âmbito do próprio direito ou, em outros termos, permanecem na esfera dos limites abstratos, sem estender-lhe os efeitos para a área das relações concretas, construídas pela máquina jurídica, um prego ou cilindro inútil que pode ser substituído por outro mais perfeito.

No entanto, muito frequentemente acontece que as coisas são feitas só pelo preço de uma operação ilegal, pelo direito existente, servindo a interesses privados.

Com o direito atual, no decorrer do tempo, os interesses de milhares de indivíduos e de classes inteiras uniram-se, de certo modo, para preservá-los, a fim de que não fossem violados, sem sensível ofensa a esses interesses. Quem questiona uma norma ou instituição jurídica, declara guerra a todos esses interesses.

O trabalho equivale a quem pretenda arrancar do mar um polvo[2] que, dotado de mil tentáculos, se agarrou a algo. Toda experiência dessa natureza provoca, através de uma atuação natural do instinto de autoconservação, uma profunda resistência dos interesses ameaçados e, assim, uma luta na qual, como em toda luta, a decisão não depende da validade das razões que impelem os litigantes, mas da relação das forças contrárias, obtendo-se assim o mesmo resultado que o do paralelogramo das forças, verificando-se um afastamento da linha original, que passa para a diagonal.

Só assim se explica que certas instituições públicas há muito relegadas pela opinião pública ainda consigam conservar-se por muito tempo. Não se trata da inércia histórica que proporciona tal sobrevivência, mas da resistência resultante de seus próprios interesses, empenhados na defesa de sua tese.

Em todos os casos em que o direito existente tenha seu fundamento em interesses, o novo direito, para impor-se, terá de empenhar-se em luta que, às vezes, se prolonga por séculos e cuja intensidade aumenta quando esses interesses tomam a forma de direitos adquiridos.

Quando isso ocorre, cada uma das partes litigantes erige, em seus pendões, a divisa da majestade do direito, uma das partes invocando a divisa do direito histórico, o direito do passado, a outra, o direito que se constitui dia a dia, sempre rejuvenescido, direito antigo da humanidade que se renova constantemente.

É o exemplo típico do conflito interno, peculiar à própria ideia de direito. Esse conflito assume feições trágicas para todos aqueles que, empregando todos os seus esforços e o próprio ser na defesa dessa convicção, acabam sucumbidos pelo divino julgamento da História. Todas as grandes conquistas que a história do direito revela – a abolição da escravatura, a servidão pessoal, a liberdade de aquisição da propriedade imóvel, a liberdade de profissão e de culto, só foram conseguidas após lutas renhidas e contínuas, que duraram séculos.

Por vezes, são torrentes de sangue, derramado pelos direitos subjetivos calcados aos pés, as marcas que assinalam o caminho trilhado pelo direito, na busca dessas conquistas. "O direito é como Saturno, que devorava os próprios filhos". (Citação extraída de meu livro *O espírito do direito romano*, vol. II, 1, § 27, 4.ª ed., p. 70). Só se rejuvenesce quando se elimina o próprio passado.

---

2. "Pólipo", no original. N. dos T.

O direito concreto (ou subjetivo), uma vez concluído, exige duração ilimitada, ou seja, levanta o braço contra a própria mãe. Conspurca a ideia de direito, quando a evoca, porque a ideia de direito é um movimento ascensorial de transformação, o qual, quando desaparece, cede o lugar ou surge em seu lugar, pois

Tudo o que existe
Está fadado a voltar ao nada.

Assim também o direito, em seu movimento histórico, apresenta-nos um quadro de reflexões, de lutas e de combates, em resumo, de penosos esforços.

Ao espírito humano, que inconscientemente vai modelando a linguagem, nenhuma resistência se opõe, tendo a arte de vencer um só obstáculo, isto é, o passado, o gosto dominante.

O direito, porém, considerado como concepção teleológica, colocado no meio do mecanismo caótico dos fins, dos anseios e dos interesses humanos, deverá, sem cessar, procurar o melhor caminho e, quando o tiver encontrado, deverá quebrar as barreiras com que se deparar no percurso. Tal qual a evolução da arte e da linguagem, a do direito é, sem a menor dúvida, uniforme, e determinada pela lei, mas difere bastante da linguagem, no modo e na forma de conduta.

O paralelo traçado por Savigny entre o direito, de um lado, e a linguagem e a arte, de outro, e que, em breve tempo, conseguiu adesão geral, de maneira alguma pode ser aceito.

Falsa como concepção histórica, mas sem maiores consequências, encerra, como máxima política, um dos absurdos mais prejudiciais, já concebidos, pois, na área em que o homem deve agir, empregará todo o esforço, com plena consciência dos fins visados. Este esforço leva o homem a crer que tudo se acomodará por si mesmo e o melhor que ele pode fazer é ficar inerte, aguardando confiante aquilo que o manancial do direito, a consciência jurídica nacional, trará, pouco a pouco, à luz do dia.

Disso advém a aversão que Savigny e todos os seus discípulos nutriam contra o trabalho legislativo,[3] assim como a interpretação incorreta do verdadeiro papel desempenhado pelo costume, na teoria do direito consuetudinário de Puchta.

O costume é para Puchta mera forma de reconhecer a consciência jurídica. Não percebeu Puchta que, no direito consuetudinário, é correta a proposição que afirma que o direito representa também uma concepção de poder.

---

3. N.A. Esta aversão foi exagerada, até a caricatura, por Stahl, em uma conferência a seus discípulos, exagero a que fiz referência em meu livro *O espírito do direito romano*, vol. II, § 25, p. 14, ponto de vista compartilhado por um dos seus seguidores.

Realmente, a esse espírito privilegiado não poderia escapar o fato de que tal consciência só se plasma mediante ação e que, através desta, adquire força e se imbui da missão de reger a vida. Com essa visão nada mais fez senão pagar tributo à época em que viveu.

Era a época em que florescia a nossa poesia romântica e quem não se espantasse com a ideia de transportar a concepção romântica para a esfera da ciência do direito e quisesse fazer um esforço para comparar a direção que o direito tomou, ao evoluir, em seus dois ramos, terá de concordar com a minha asserção de que a escola histórica poderia chamar-se, perfeitamente, de escola romântica.

Concepção nitidamente romântica, ou seja, fundada em falsa idealização de circunstâncias passadas, é a ideia de que a formação do direito, analogamente a uma erva do campo, segue processo sem dor, espontâneo, sem qualquer esforço, mas a dura realidade revela um quadro contrário.

Esse quadro não se resume à pequena porção que temos sob os olhos e que por toda parte nos mostra a imagem do violento esforço dos povos de hoje.

Por mais que voltemos o olhar para o passado o quadro permanece o mesmo.

A teoria de Savigny aplicar-se-ia somente à época pré-histórica sobre a qual, entretanto, não dispomos de maiores dados. Se, porém, a respeito, me fosse permitido formular hipóteses, oporei a minha teoria à teoria de Savigny, que caracterizou essas priscas eras como cenários de formação calma e pacífica de um direito formado pela consciência popular.

Dever-se-á, então, concordar que minha concepção tem a seu lado, pelo menos, não só a analogia da evolução histórica do direito, como também um cunho de verdade psicológica. Ora, os tempos primitivos!

Outrora era costume enfeitar esses tempos com toda espécie de belos atributos: verdade, sinceridade, lealdade, inocência e fé piedosa. Sobre esse tipo de terreno, o direito, certamente, poderia desenvolver-se, sem nenhuma força, a não ser a convicção jurídica. A força da espada seria desnecessária.

Ocorre que hoje todos sabem que essa piedosa idade primitiva se distinguia por traços radicalmente opostos aos que foram apontados, como a violência, a crueldade, a desumanidade, a astúcia e a perfídia.

Assim, difícil é conseguir que alguém acredite hoje que, na época primitiva, o direito fosse exercido de modo mais perfeito do que nas épocas subsequentes.

Eu, porém, de minha parte, estou convencido de que o trabalho que nessa época se empregou para a obtenção desse objetivo foi muito mais penoso do que o do mais antigo direito romano; as mais simples regras de direito, como, por exemplo, o direito do proprietário de reivindicar seus bens das mãos do possuidor que os detenha e o direito do credor de vender como escravo o devedor insolvente, são regras que tiveram de ser conquistadas depois de renhida luta, até conseguirem aceitação geral e incontestada.

Deixando de lado a época primitiva, julgamos suficientes os dados que os documentos da era histórica revelaram sobre o nascimento do direito. Segundo esses dados, o nascimento do direito, assim como o nascimento do homem, é sempre acompanhado das violentas dores do parto.

Devemos lamentar que assim seja!

Precisamente pela circunstância de que o direito não chega aos povos por sorteio e sem esforço é que estes têm de combater, pelejar, lutar e verter o próprio sangue para conquistá-lo. E isto faz com que entre eles e o respectivo direito se forme o mesmo laço íntimo que liga o filho à mãe, a qual arriscou a própria vida para que o filho nascesse. O mesmo acontece com o povo que conquistou seu direito e suas instituições à custa de luta sangrenta.

Dir-se-ia, sobre o direito obtido sem esforço, o mesmo que se diz sobre os filhos trazidos pela cegonha: a raposa e o abutre podem arrebatá-los, mas quem arrancará o filho dos braços da mãe que o gerou? Processo idêntico se passa com o povo que conquistou seu direito e suas instituições à custa de lutas sangrentas.

Podemos, assim, afirmar, sem receio, que o amor que um povo dedica a seu direito, o qual defende com energia, é determinado pela intensidade do esforço e da luta que esse bem lhe custou. Os laços mais fortes entre um povo e seu respectivo direito não se formam pelo hábito, mas pelo sacrifício.

Quando Deus quer a prosperidade de um povo, não o presenteia com as coisas de que ele necessita, nem sequer lhe facilita o trabalho para obtê-lo, mas torna-lhe a vida mais penosa.

Não hesito, portanto, em afirmar que a luta indispensável ao nascimento de um direito não é um castigo, mas uma graça.

# CAPÍTULO II

A luta pelo direito subjetivo ou concreto, do qual agora vou tratar, tem como causa a lesão ou subtração desse direito.

Nenhum direito, quer o do indivíduo, quer o dos povos, está livre desse risco, porque ao interesse do titular do direito em defendê-lo sempre se contrapõe, na sua esfera, o interesse de outrem em desrespeitá-lo, do que decorre que a luta se repete em todas as esferas do direito, tanto nas regiões inferiores do direito privado como nas alturas do direito público e do direito das gentes.

A defesa do direito das gentes, quando violado por guerra, a resistência de um povo, sob forma de motim, de revolta, de revolução contra os atos arbitrários e as violações da Constituição, por parte do poder estatal, o exercício turbulento do direito privado, por meio da denominada lei de Lynch,[1*] a vingança privada da Idade Média e seu último remanescente nos tempos modernos, o duelo, a legítima defesa própria, que a lei admite, e, por fim, a regular efetivação do direito, através do processo civil, todos esses modos de defesa, não obstante a diversidade do objeto do litígio, das formas e das dimensões da luta, nada mais são do que formas e cenas da mesma, de uma luta pelo direito.

Quando escolhi, dentre todas estas formas, a mais singela, isto é, a luta legal pelo direito privado, sob a forma de processo, não foi porque, como jurista, me despertasse maior interesse, mas porque, neste assunto, maior é a probabilidade de interpretar o verdadeiro estado da questão, quer pelo jurista, quer pelo leigo.

Em todas as demais hipóteses, isto ocorre com frequência e, com clareza total, o objeto é o mesmo. A mais inculta das mentes compreende que o valor dos bens em questão é tão grande que justifica os maiores sacrifícios e, então, ninguém indagará: por que lutar, por que não ceder antes? Mas, em qualquer luta pelo direito privado, as coisas se passam de modo bastante diverso.

A relativa futilidade dos interesses em jogo, o problema do meu e do teu, que sempre aparece nesses litígios e o traço prosáico que sempre caracterizaram tais lutas, deslocam a questão, tão só, para o campo do interesse das concepções materialistas da vida.

---

1. Do nome do magistrado americano William Lynch (1736-1796), juiz do Tribunal de Justiça da Virgínia, que permitia a prática da morte do condenado, mediante o *linchamento* pela multidão. N. dos T.

As formas pelas quais se processa o litígio e o aspecto mecânico desse mesmo litígio, que exclui qualquer manifestação livre e firme da pessoa, não contribuem, de modo algum, para diminuir tal impressão desfavorável.

Houve época em que, para esse tipo de confronto, a luta envolvia a própria pessoa, circunstância que servia para realçar seu verdadeiro significado.

No tempo em que as questões do meu e do teu eram decididas na ponta da espada, quando o cavaleiro da Idade Média enviava um cartel de desafio ao adversário, talvez fosse imposta à pessoa não interessada no litígio a ideia de que a luta não se travava apenas pelo valor da coisa, para evitar um prejuízo em dinheiro, porque, ao lutarem, os adversários empenhavam e defendiam a própria pessoa, o direito e a honra.

Não há, todavia, necessidade de recordarmos situações desaparecidas há muito tempo para explicar o significado daquilo que hoje, embora diferente na forma, continua, porém, no fundo, a ser o mesmo que fora antes.

Uma vista de olhos sobre nossa vida atual e um pouco de auto-observação psicológica levar-nos-ão ao mesmo resultado.

Com a violação do direito, a parte prejudicada fica diante da seguinte situação: deverá defendê-lo, resistir ao agressor, ou, em outras palavras, deverá lutar? Ou deverá relegar o direito, para fugir da luta?

A resposta a essa pergunta só a ele cabe. A decisão, seja qual for, envolve sempre sacrifícios. Numa hipótese, o direito é sacrificado, em prol da paz e, em outra, a paz é sacrificada em prol do direito.

Nesta altura, a indagação reveste-se de novo aspecto. Diante do caso concreto e da pessoa interessada, qual será o sacrifício mais suportável? Poderá o rico, em juízo, desistir da cobrança para garantir a paz, deixando de cobrar a quantia devida, se a considerar pequena? Para o pobre, entretanto, a mesma quantia poderá ser relativamente alta. E, por isso, para não pagar, preferirá sacrificar sua paz.

Reduzir-se-ia, assim, a pura operação matemática, o problema da luta pelo direito, na qual se colocariam, em confronto, as vantagens e desvantagens de cada hipótese, para chegar-se a um resultado.

Todos sabem que, na vida real, nada acontece desse modo. A experiência diária, nos litígios, mostra processos em que o valor do objeto em discussão é bastante desproporcional à quantidade de energia despendida, além das emoções e custas.

Quem quer que tenha deixado cair um "thaler"[2] na água, jamais gastará dois para retirá-lo. Para esse litigante, o problema de saber quanto gastará, nesse afã, é mero cálculo aritmético.

---

2. "Thaler", nome de antiga moeda prussiana de prata. N. dos T.

Por que não se procederá do mesmo modo a respeito de um processo? Nem se diga que, contando ganhar a causa, o litigante espera ressarcir-se com o pagamento das custas pelo adversário.

Todo jurista sabe que, às vezes, nem o fato de estar a parte bem ciente de que pagará alto preço, mesmo se ganhar, irá convencê-la a não se arriscar a um processo. Inúmeras vezes, o advogado, ao alertar seu cliente sobre ângulos desfavoráveis da questão, tentando dissuadi-la de ingressar em juízo, ouvirá do cliente a resposta de que está positivamente decidida a processar o adversário, pouco lhe importando as despesas.

Como explicar essa conduta, totalmente absurda, do ponto de vista de interesses objetivamente ponderados?

A resposta que comumente se ouve é a de que estamos diante do mais clamoroso tipo de emulação, de obstinada teimosia e de discórdia, de tendência em descarregar o ódio sobre o adversário, mesmo sabendo, de antemão, que pagará preço bem alto, mais alto do que o pago pela parte contrária.

Deixemos de lado, por um momento, o litígio entre dois particulares e observemos o que se passa entre dois povos.

Suponhamos que um dos povos tenha tomado, injustamente, de outro, uma milha quadrada de terra sem valor; deverá este último povo começar uma guerra? Retomemos a pergunta, no mesmo ponto de partida em que a teoria do processo o coloca, na hipótese do camponês cujo vizinho arou alguns pés de seu campo, ou tenha atirado pedras em sua plantação. Que é uma simples milha quadrada de terra inculta diante de uma guerra, que ceifa milhares de vidas, semeando a tristeza e a miséria, tanto nas choupanas como nos palácios, devorando milhões e milhões do Erário, ameaçando talvez a própria existência do Estado?

Seria tolice fazer tão grandes sacrifícios pelo preço de uma luta audaciosa.

No entanto, esta seria a decisão tomada, se fôssemos aplicar o mesmo raciocínio ao camponês e aos povos, mas, na verdade, ninguém dará ao povo o mesmo conselho que daria ao camponês.

Todos sabem que o povo que se calasse ante tal lesão a seu direito estaria sancionando a própria sentença de morte.

O povo que não reage, quando o vizinho lhe furta uma milha quadrada de terra, verá que, em breve, toda a terra lhe será arrebatada e, assim, quando nada mais tiver a perder, terá deixado de existir como Estado – e um tal povo não merece mesmo melhor destino.

Entretanto, se um povo deve defender-se por causa de uma milha quadrada de sua terra, por que razão o camponês não deveria defender-se, do mesmo modo, por uma faixa de seu terreno? Ou deveremos responder com o adágio *quod licet Jovi, non licet bovi*[3]?

---

3. O que é permitido a Júpiter não é permitido ao boi.

Do mesmo modo que o povo, o qual, espontaneamente, não luta por sua milha quadrada, mas pela própria existência, honra e independência, o litigante que recorre ao processo para defender-se contra a ofensa a seu direito não tem em mira o mero objeto da lide, mas sim um objeto ideal, a defesa de sua própria pessoa e do sentimento de justiça.

Diante desse fim, os sacrifícios e aborrecimentos decorrentes do processo perdem todo o significado para o titular do direito: o fim justifica os meios.

Não se trata de mero interesse monetário, mas da dor moral da injustiça sofrida, que leva o prejudicado a mover a ação. O que ele tem em mente não é apenas recuperar o objeto do litígio.

Talvez, como muitas vezes acontece, ele pode, antecipadamente, tê-lo até destinado a alguma instituição de caridade, para ressaltar a verdadeira razão do processo. O que pretende é fazer valer seu direito.

Uma voz interior lhe diz que não pode recuar, que para ele não está em jogo o objeto, aliás sem valor, mas a sua personalidade, honra, sentido de justiça, amor próprio, ou, em resumo, o processo deixa de ser mera questão de interesse para transformar-se em questão de caráter, pois está em jogo a afirmação ou a renúncia da sua própria personalidade.

A experiência revela-nos, contudo, que pessoas existem que, em casos semelhantes a este, tomam atitude totalmente oposta, dando preferência à paz, ao invés do direito, cuja obtenção exigiria muito sacrifício.

Como devemos julgar tais pessoas? Deveremos dizer que se trata apenas de uma questão de gosto e de temperamento?

Poder-se-ia dizer por acaso que um é batalhador, o outro pacífico, mas do ângulo jurídico ambos os modos de pensar podem justificar-se igualmente, porque o direito objetivo dá a cada um a liberdade de fazer valer seu direito ou de abandoná-lo.

Segundo penso, este modo de ver é encontrado com frequência, na experiência diária, mas é bastante condenável e contrário à própria natureza do direito.

Se essa posição fosse aceita por todos, tal fato representaria a morte do direito, porque, se o direito só se puder impor mediante resistência férrea contra a injustiça, essa concepção reconhece a capitulação covarde da justiça.

Eu costumo contrapor a esta colocação uma afirmativa: a resistência contra a lesão ao nosso direito, que ofenda a nossa personalidade, ou seja, contra a violação do direito que assuma o caráter de desprezo consciente desse mesmo direito, de uma ofensa pessoal, constitui um dever, dever do interessado para consigo mesmo, pois representa um imperativo de autodefesa moral, dever para com a sociedade, porque somente mediante tal resistência é que o direito se realiza.

# CAPÍTULO III

A luta pelo direito é um dever do titular interessado para consigo mesmo.

A conservação da própria existência é a lei suprema de todo o Universo; na busca da autopreservação, ela está em todas as criaturas.

Mas, para o homem, não se trata apenas da vida física, mas também de sua existência moral, cuja necessidade é a conservação do direito.

O ser humano, através do direito, possui e defende sua existência moral – sem direito, ele se rebaixaria até os animais,[1] como já faziam os romanos, que, do ponto de vista do direito abstrato, nivelavam os escravos aos irracionais.

Defender o direito é, pois, dever moral de autopreservação, tarefa completa, embora hoje em dia impossível. Outrora, era verdadeiro suicídio moral.

O direito, porém, nada mais é do que a soma de seus institutos, pressupondo todos uma condição única, física ou moral, que lhe condiciona a existência.[2]

Isso acontece com a propriedade e o casamento, com o contrato e a honra. A renúncia a uma dessas condições é tão impossível quanto a renúncia do direito, globalmente, mas é concebível o ataque de um terceiro a uma dessas condições e, neste caso, particularmente. Aliás, a oportunidade da aludida defesa aparece com o ato de arbítrio que se dirige contra as condições de existência do direito.

Nem toda injustiça, porém, configura o arbítrio, ou seja, a revolta contra a ideia do direito.

Aquele que entra na posse de um objeto que me pertence e se julga proprietário desse objeto, não contesta, diante de mim, a ideia de propriedade, mas invoca essa ideia em seu benefício.

Toda a disputa, entre nós, gira, tão só, em torno do problema de saber quem é o proprietário, mas o ladrão e o assaltante colocam-se do lado de fora da propriedade, contestando simultaneamente, com a minha propriedade, a própria ideia de propriedade e, com isso, uma condição básica de existência da minha pessoa.

---

1. No romance *Michael Kohlhaas*, de Heinrich von Kleist, ao qual ainda voltarei mais tarde, assim fala o poeta: *É preferível ser um cão do que um homem pisoteado.*
2. A prova disso é encontrada em minha obra *A finalidade do direito*, vol. I, 2.ª ed., p. 434. De acordo com essa ideia, defini o direito como a garantia das condições de vida da sociedade, realizado continuamente pelo poder público, mediante força.

Generalizando-se esse modo de pensar e agir, teremos abolido a propriedade, na teoria e na prática.

Nestas condições, toda agressão atingirá não só o que é meu, o patrimônio, como também minha pessoa, e, se eu tenho o dever de defender minha pessoa, esse dever atinge também as condições sem as quais minha pessoa não poderá existir.

Ao defender o que é seu, o agredido acaba por defender a si mesmo, a sua personalidade. Apenas o choque entre o dever de defender a propriedade e o dever mais elevado de defender a vida (choque que ocorre, quando o bandido coloca o assaltado diante do dilema de escolher entre a bolsa ou a vida) poderia justificar a renúncia à propriedade.

Fazendo abstração dessa hipótese, é dever de todo homem, para consigo mesmo, o de repelir, por todos os meios de que dispuser, toda agressão ao seu direito, na qual esteja envolvida sua pessoa, pois, mantendo-se passivo diante do ataque, estará aceitando, ao menos por um momento, a ausência do direito em sua vida. Ninguém, na verdade, concorrerá para que isso ocorra.

Totalmente diferente, porém, é a situação do proprietário diante do possuidor de boa-fé, pois, neste caso, a decisão, que será escolhida, não põe em risco o sentimento de justiça, a índole e a personalidade do proprietário. Eis-nos diante de simples questão de choque de interesses, estando em jogo, tão só, o valor do objeto questionado.

Assim, entende-se plenamente que, quando alguém pensa se deverá ou não entrar em juízo, ou se deve transigir,[3] pense, antes, no que ganhará e no que gastará, e, também, na incerteza sobre o resultado da demanda.

Nesse caso, a composição dos litigantes, ponto de encontro de um cálculo de probabilidades, será não só uma solução plausível, mas a melhor das soluções possíveis. Se, muitas vezes, é difícil chegar a um acordo, apesar de todo o empenho, se os demandantes quase sempre se recusam a fazer qualquer composição, quando, em juízo, estão com seus advogados, diante do magistrado, tal conduta é

---

3. Proteger-me-á este trecho contra a pecha de defender, a todo custo, a luta pelo direito, sem levar em conta a natureza do litígio pelo qual a luta é provocada. Defendi a luta pelo direito sob a forma de autoafirmação da personalidade e com isto fiz dessa defesa ponto de honra e obrigação moral, apenas na hipótese em que a própria pessoa é pisoteada, junto a seu direito. Se alguém me atribui a absurda opinião de que a luta e a discórdia são coisas belas, e que a teimosia e a vontade obstinada de demandar devem ser consideradas como qualidades, essa pessoa finge que não entende a distinção que fiz em palavras tão claras. Explico essa conduta como um tipo de deslealdade, forma de torcer uma ideia difícil de refutar, ou, então, tanto se distancia da leitura da obra, que leva o leitor, no fim, a não se recordar do que leu no começo, tendo, para o demandante, o mesmo aspecto da hipótese anterior: a parte vê uma clara agressão consciente a seu direito.

consequência não só de que cada uma das partes está certa de vencer o pleito, como também da certeza de que a parte contrária está agindo de má-fé e que pretenda, intencionalmente, cometer uma injustiça.

Embora no estrito campo processual a questão se apresente nos limites da mera violação objetiva do direito (*reivindicatio*), sob o aspecto psicológico ela representa, para as partes, os mesmo aspectos do caso antes analisado: cada parte vê, diante de si, uma lesão intencional a seu direito.

Assim, do ângulo do respectivo sujeito do direito, a veemência com que ele repele a agressão a seu direito é idêntica ao impulso (e base moral) da pessoa que se defende de assalto.

Seria, pois, erro psicológico se, para convencer a parte a sair do processo, apontássemos para as custas e as consequências decorrentes do litígio, com a incerteza da vitória, porque não é o mero interesse, mas o sentimento de justiça lesado, que está em jogo.

O único ponto sobre o qual podemos insistir é o da suposição de que a parte contrária agiu de má-fé, o que determinava a teimosia da parte, mas, se conseguirmos convencê-la do contrário, atingiremos o cerne da resistência e, nesse caso, o demandante ficará permeável a examinar a questão do ângulo do interesse e, nesse caso, aceitará o acordo.

O advogado militante conhece a férrea resistência que os preconceitos da parte costumam opor a qualquer iniciativa a respeito.

Tal irredutibilidade psicológica, ou desconfiança teimosa, constitui, sem a menor sombra de dúvida, traço inerente ao homem e, quanto a este ponto, dificilmente se encontrará alguém que não esteja de acordo, pois deriva dos traços individuais do caráter, mas em grau de cultura ou do tipo de trabalho exercido pelos demandantes.

Essa desconfiança é mais difícil de ser vencida quando se trata do camponês. O chamado espírito de competição, de que o camponês costuma ser acusado, é a resultante de dois traços que lhe são inerentes, a saber, forte sentimento de propriedade, para não dizer, de ganância, e visível desconfiança.

Não há quem, como o camponês, cuide de seus interesses e guarde com tanto cuidado o que é dele. Por outro lado, como se sabe, não há ninguém que frequentemente arrisque tudo numa demanda.

Isso dá a impressão de incoerência, mas é bem explicável, na realidade, esse procedimento.

Precisamente o forte sentimento de propriedade é que torna mais aguda a dor resultante da lesão a esse bem e, por esse motivo, a reação é mais violenta.

O sentido de competitividade do camponês é o próprio sentimento de propriedade, misturado à desconfiança, fenômeno semelhante ao do ciúme, e, como este, voltando-se contra si mesmo, acaba destruindo aquilo que pretende proteger.

No antigo direito romano, há uma confirmação irrefutável do que acabamos de dizer. Em Roma, a desconfiança do camponês, que sempre via nos conflitos jurídicos uma intenção maldosa, acabou cristalizando-se em verdadeiras leis.

Em toda demanda, mesmo quando as duas partes estão de boa-fé, a que perde é punida pela resistência que ofereceu ao direito do oponente. O sentimento de justiça ofendido não se contenta com a mera restauração do direito violado.

Se o direito fosse elaborado pelo camponês de hoje, possivelmente seria exatamente igual ao do camponês da antiga Roma, mas, já nesta, a desconfiança, no campo jurídico, foi superada pela cultura, mediante a distinção entre dois modos de violação do direito, a lesão culposa e a inocente, ou a subjetiva e a objetiva. A *ingênua injustiça*, ou cândida injustiça, na linguagem de Hegel, é consciente, quando, na realidade, o exame objetivo da infração levaria o intérprete a desclassificar o caso como simples lesão ao direito objetivo.

A distinção entre as injustiças subjetiva e objetiva é, do ponto de vista legislativo e científico, de uma extraordinária importância. Exprime o modo pelo qual o direito considera a questão, sob o ângulo da justiça e a diferente medida que o direito aplica às consequências da injustiça, segundo a natureza desta.

Para a concepção do indivíduo, ao contrário, esta distinção tem importância secundária e nem sempre fixa o modo pelo qual o sentimento de justiça, que não caminha conforme as ideias abstratas do sistema, reage a qualquer agressão de que seja vítima.

Embora o conflito, segundo a lei, se refira a simples lesão objetiva, as circunstâncias do caso concreto podem ser de tal modo que o interessado tenha razão de partir da suposição de uma intenção maldosa, de uma justiça inconsciente, por parte do adversário e esta apreciação decidirá corretamente sobre sua atitude, diante deste último.

Terá, nesse caso, razão para adotar um comportamento futuro, baseado em sua experiência?

Se o herdeiro de pessoa que me deve (mutuário) ignorar a existência da dívida e pretender que eu prove o fato para pagar-me, o direito confere-me uma *condictio ex mutuo*, que poderei empregar contra esse herdeiro devedor, que, cinicamente, quer negar o empréstimo ou se recusa a restituí-lo, infundadamente, o que me leva a julgar a conduta de um e outro, diversamente, e de orientar-me segundo essa condição.

Nesse caso, eu coloco o herdeiro do devedor no mesmo plano que o de um ladrão, já que procura, conscientemente, privar-me do que é meu, carregando consigo a injustiça que se volta contra o direito. Por sua vez, o herdeiro do devedor equivaleria ao possuidor de boa-fé, em relação ao que me pertence, pois, por um lado, aceita a regra de que o devedor é obrigado a pagar, e, por outro lado, põe em dúvida o fato de que sou o credor e ele, o devedor.

Aplica-se-lhe, pois, tudo o que eu disse a respeito do possuidor de boa fé.

Assim, posso, sem dúvida, fazer com ele um acordo, ou então, deixar de mover-lhe uma ação, se não estiver certo de que a decisão será a meu favor, mas frente ao devedor que pretende espoliar-me do meu justo direito, que conta com o horror que tenho do processo, com meu comodismo, inércia e fraqueza, é indispensável que eu faça valer o meu direito, seja a que custo for, pois, se não agir assim, não apenas abandono o meu direito, como nego integralmente o direito.

Isso que acabo de dizer suscitará, sem dúvida, uma objeção. Indagar-se-á: que entende o povo sobre o direito de propriedade? Ou sobre o direito das obrigações, como requisito moral da pessoa? Sabê-lo-á? De modo algum, talvez, mas cumpre indagar se não sente todas essas coisas.

Afinal, que sabe o povo sobre rins, pulmões e fígado, como requisitos da vida física? No entanto, qualquer pessoa sente dores no pulmão, nos rins e no fígado, compreendendo os avisos que esses sintomas representam.

Dor física é sinal de perturbação no organismo, é presença de causa que lhe é hostil; adverte-nos do perigo e, pelo sofrimento que nos causa, alerta-nos para a necessidade de sermos previdentes.

Isso sucede exatamente com a dor moral, causada pela ofensa e pela consciente agressão ao nosso direito. De intensidade diversa, analogamente à dor física, conforme a diferença da sensibilidade subjetiva, e à forma e ao objeto da lesão ao direito, aspectos dos quais adiante nos ocuparemos, este sofrimento se nos apresenta como dor moral, no homem que ainda não perdeu, de todo, a sensibilidade, ou seja, que não está acostumado aos períodos de ilegalidade ou de ausência do direito. E, assim como a dor física faz ao homem uma advertência, não para que ele tome a providência necessária e imediata para que cesse a dor, mas para que, a longo prazo, se acautele para conservar a saúde, que seria afetada no caso de entrega passiva à dor. No primeiro caso, a advertência lembra o dever da autoconservação física, no segundo, o da autoconservação moral.

Examinemos, agora, um exemplo isento de dúvidas, como o de ofensa à honra, numa corporação em que o sentimento de honra atinge altíssimo grau de sensibilidade – a dos militares de maior hierarquia. O oficial que não reage diante de ofensa à sua honra incompatibiliza-se com toda a corporação a que pertence e não mais pode ocupar seu cargo, pela simples razão de que a defesa da honra é dever máximo de todos.

Por que razão, para o oficial, o cumprimento desse dever é levado a tal ponto? Porque, certamente, ele sente, e com razão, que a corajosa reafirmação da personalidade é, no caso dele, precisamente, condição indispensável e pertinente a esse *status*, e que uma corporação, como a militar, que, por sua natureza, deve ser a afirmação da coragem pessoal, não poderá, de modo algum, admitir a covardia de um de seus membros, sem se aviltar.[4]

Observemos, porém, o camponês. Este homem, que defende a ferro e fogo sua propriedade, demonstra insensibilidade total no que se refere à honra. Como se explica isto? Por suas condições peculiares de vida, pois a profissão do camponês não exige bravura, mas trabalho, e é este que ele defende na propriedade.

Trabalho e propriedade constituem a honra do camponês. O camponês indolente, que não cuida da propriedade ou que dissipa os bens, é tão desprezado pelos outros camponeses quanto o militar que não defende a honra.

Por outro lado, nenhum camponês despreza um igual, por não ter iniciado uma brigas ou movido uma ação, quando ofendido, o mesmo ocorrendo com o militar, que não é depreciado pelos colegas pelo fato de ser mau administrador.

Para o camponês, o cultivo da terra e a criação de gado constituem a razão de ser de sua existência e, assim, quando o vizinho passa a arar uma porção de suas terras ou quando o comprador de gado deixa de pagar-lhe o preço do boi vendido, inicia ele, como pode, um processo, conduzido por veemente paixão, lutando analogamente ao oficial ofendido na honra, que, espada em punho, defende seu direito.

Ambos, sem medir as consequências de seus atos, sacrificam-se sem reservas e, na verdade, não poderiam agir de outro modo, pois agem em obediência à lei da autopreservação moral.

Coloquemos o oficial e o camponês sentados na sala do júri e deixemos que o primeiro julgue um caso de delito contra a propriedade e o segundo, um delito contra a honra e, depois, façam o inverso. Ver-se-á a diversidade desses julgamentos.

Sabe-se que não há juízes mais severos do que os camponeses para julgar crimes contra a propriedade, e embora eu não tenha nenhuma experiência em julgamentos de casos dessa natureza, apostaria que, num suposto caso, aliás raro, em que um camponês apresentasse contra alguém uma queixa de ofensa à honra, o juiz teria muito mais facilidade de levá-lo à conciliação do que se esse camponês estivesse envolvido em questão do meu e do teu.

O camponês da Roma antiga, no caso de uma bofetada, aceitava receber a multa de 25 asses do agressor, e, se alguém lhe vazasse um olho, era permeável à conciliação, ao invés de recorrer ao "olho por olho", conforme a lei da época.

Em compensação, reclamava, em juízo, o direito de tornar seu escravo o ladrão que prendera em flagrante e até matá-lo, se resistisse, o que a lei lhe consentia.

---

4. Essa ideia foi exposta com mais desenvolvimento em meu livro *A finalidade do direito*, vol. II, p. 302.

No primeiro exemplo, tratava-se de seu corpo e honra, no segundo, de seus bens, seu patrimônio.

Mencionemos, em terceiro lugar, a situação do comerciante.

Aquilo que para o oficial é a honra, para o camponês é a propriedade, para o comerciante é o crédito.

A conservação do crédito, para o comerciante, é questão vital, e, assim, se alguém o acusar de negligência no cumprimento das obrigações, atinge-o mais sensivelmente do que aquele que o ofende pessoalmente ou lhe furta alguma coisa.

Esse é o motivo pelo qual os mais novos códigos se orientam por essa situação toda especial do comerciante, fazendo restrições cada vez maiores à sua pessoa e àqueles que se lhe assemelham, no caso das penas de falência culposa ou fraudulenta.

O objetivo de minha última afirmação não foi o de demonstrar apenas que o sentido de justiça apresenta graus diversos, conforme a classe social e a profissão consideradas, aquilatando a gravidade das lesões do direito somente sob a ótica de determinada classe, colocação que serviria meramente para ressaltar devidamente uma questão muito mais profunda, qual seja a de que aquele que defende seu direito defende princípios morais de sua vida.

Na realidade, nas três classes sociais que acabamos de mencionar, a do camponês, a do oficial e a do comerciante, manifesta-se a mais alta suscetibilidade quanto ao sentido de justiça, precisamente nas áreas que refletem as condições de existência de cada uma dessas classes, revelando que esse sentimento não é detectado, como qualquer outro fenômeno psíquico, apenas pelos traços pessoais de temperamento e de índole, mostrando-se, nele, também, um momento social, que é o sentimento da necessidade de um certo instituto jurídico para o *modus vivendi* de cada profissão.

Penso que a intensidade com que se manifesta o senso de justiça, diante de uma agressão, constitui índice preciso da importância que o direito em si e cada instituto jurídico adquirem para os fins de vida objetivados.

Esta afirmação, a meu ver, é uma verdade e tem aplicação geral, referindo-se não só ao direito público, como ao direito privado. A reação singular que as diversas profissões revelam, diante de uma ofensa a determinados institutos que lhes constituem a razão de ser da existência, repete-se nos Estados quanto a institutos que absorvem seus específicos princípios vitais.

No direito penal, por exemplo, observamos com clareza um escalonamento preciso dessas reações e, pois, da valoração que se dá a cada um de seus institutos.

As condições de existência, a que nos referimos, são responsáveis pelas desnorteantes variações encontradas nas leis penais dos diferentes países, em relação à leveza ou ao rigor das sanções.

Com maior rigor são punidos, pelos diversos Estados, os crimes que lhes contrariem os princípios fundamentais de vida, ao passo que, nos outros casos, é aplicada sanção muitíssimo mais leve.

Nos regimes teocráticos, a blasfêmia e a idolatria são delitos capitais, enquanto a desobediência de demarcações, entre duas propriedades, é simples contravenção, como no direito mosaico. No Estado agrícola, ao contrário, pena leve é aplicada a quem blasfema, julgando-se com maior rigor a invasão de terra alheia, como no direito romano antigo.

O Estado comerciante dá maior importância ao crime de moeda falsa e a outros tipos de falsidades, o Estado belicoso à insubordinação e à infração disciplinar, o Estado absolutista aos delitos de lesa-majestade, a república às tentativas de reimplantação da monarquia.

Essa exemplificação põe em relevo dois tipos de tratamentos para os crimes, um rigor muito acentuado, por um lado, que se choca, flagrantemente, por outro lado, com o modo brando pelo qual os outros delitos são punidos.

Em resumo, as condições peculiares da vida e das instituições de cada povo são determinantes das reações do sentimento de justiça dos Estados e das pessoas.[5]

Se as condições pertinentes a uma dada profissão ou classe social podem atribuir relevância maior a determinado instituto, caso em que a lesão a esse instituto incrementará a reação do sentimento de justiça, as mesmas condições podem, igualmente, ocasionar menor importância, não só no que se refere a certos institutos, como também no tocante à suscetibilidade do sentimento de justiça ofendido.

A classe dos empregados não pode cultivar o sentimento de honra do mesmo modo que as outras camadas da sociedade.

A posição de trabalhador está sujeita a humilhações contra as quais o indivíduo se revolta, em vão, ao passo que a classe dominante as aceita.

O indivíduo que possui elevado sentimento de honra e que pertença a essa classe deverá reduzir suas ambições ao nível das de seus colegas de classe, ou, então, abandonar a profissão.

Só quando o sentimento de honra maior dentro da classe se generaliza é que o indivíduo isolado adquire o poder de não empregar seu esforço numa luta inglória, mas de utilizá-lo, juntamente com seus companheiros de trabalho, no sentido de elevar o grau da honra profissional. Não me refiro, aqui, apenas ao sentido subjetivo de honra, mas ao reconhecimento objetivo desse sentimento pelas outras classes sociais e pelo legislador.

---

5. Quem quer que esteja enfronhado nestes assuntos percebe que, acima, me aproveitei, apenas, de ideias, cuja formulação constitui mérito exclusivo de Montesquieu no livro *Sobre o espírito das leis*.

Neste particular, a situação do operariado melhorou muitíssimo nestes últimos cinquenta anos.

Aplica-se também à propriedade o que eu disse sobre a honra. A suscetibilidade a respeito do direito de propriedade, a saber, o lídimo sentimento de propriedade (e, note-se, não me refiro à avidez do lucro, à perseguição ao dinheiro e à riqueza, mas ao sentimento viril do proprietário, cujo padrão mais característico delineei na pessoa do camponês, do dono que defende suas terras, não porque estas tenham valor, mas porque lhe pertencem), este lídimo sentimento de propriedade pode enfraquecer-se diante de fatores negativos.

O que tenho dito sobre a honra se aplicaria também à propriedade?, eis a pergunta que todos fazem.

O que me pertence é meu meio de vida, de trabalho, de prazer, mas, assim como não tenho nenhum dever de correr atrás do dinheiro, assim também nenhum dever moral me obriga a, por mera bagatela, ajuizar uma ação que custa nosso dinheiro, tempo e perturba o nosso conforto.

Meu interesse, tão só, é o motivo que me deverá impelir na defesa de meu patrimônio, interesse que me levou a adquiri-lo e a utilizá-lo. Ação e processo relativos a meus bens são meras questões de interesse.

Nessa concepção do direito de propriedade, vejo clara deturpação do instituto, porque só consigo ver a causa da propriedade na deformação das condições naturais da propriedade.

Nem na riqueza e nem no luxo vejo qualquer culpa, nem o menor atentado ao sentimento jurídico do povo, mas tão só no modo imoral de aquisição da propriedade.

No trabalho é que está a fonte histórica, assim como a justificação moral da propriedade e, note-se, não aludo apenas ao trabalho manual e braçal, mas também ao espiritual e artístico.

Reconheço ainda que o direito ao produto do trabalho não compete meramente ao trabalhador, mas também a seus herdeiros. Em outras palavras, o direito à herança, conforme entendo, é consequência direta do princípio do trabalho, já que o empregado não deve ser impedido de desfrutar, em vida, o resultado de seu trabalho, para transmiti-lo aos herdeiros. A propriedade forte e sadia só é mantida quando vinculada constantemente ao trabalho.

Junto a essa fonte que gera e renova sempre aquela vinculação, a propriedade surge até o cerne, em todo o seu esplendor cristalino, com todo o potencial que se apresenta para o homem.

Do mesmo modo que, descendo, a corrente líquida se afasta da nascente, e chega aos níveis mais baixos do lucro fácil e da aquisição grátis, assim também a água vai ficando mais turva, até perder os derradeiros traços de sua cristalina finalidade, na lama do jogo de bolsa e das fraudulentas operações de ações.

É evidente que, onde ficou diluído o pouco que restou da essência moral de propriedade, *ipso facto* não se poderá falar em dever de defesa desse instituto.

No coração do homem, que deve ganhar *o pão com o suor do seu rosto*, não resta mais nenhum resquício de compreensão quanto ao sentimento de propriedade.

Infelizmente, o estado de espírito e o modo de vida causados por esses fatos atingem classes sociais, as quais não lhes sofreriam a influência caso tivessem ficado impermeáveis a essas causas.[6]

A influência dos milhões ganhos nas bolsas chega até os humildes casebres. Aquele que, vivendo em outro meio, sentiria, mediante sua experiência, as bênçãos advindas do trabalho, passa a amaldiçoá-lo, sob a pressão aflitiva desse ambiente.

O comunismo, desconhecido nas fontes da propriedade, só consegue vicejar nos charcos, nos quais a ideia de propriedade enveredou por vias transversas.

A afirmação de que o conceito de propriedade das classes dominantes não se restringe a estas, mas se espalha pelas demais classes sociais, é confirmada pela vida do campo, não obstante em sentido radicalmente diverso.

Quem passa a viver no campo e estabelece vínculos com os camponeses, adquire aos poucos algo do sentimento de propriedade e dos hábitos de economizar, mesmo que sua situação econômica e sua tipologia sejam infensos a tais inclinações.

Por outro lado, o homem comum, inalterados os demais fatores, torna-se, no campo, parcimonioso como os camponeses e pródigo como os milionários, se passar a viver numa metrópole, como Viena.

Não interessa a razão dessa fraqueza de ânimo que, por amor ao comodismo, evita a luta pelo direito, quando o valor do objeto do litígio não se apresente como estímulo à resistência, importando, mais, reconhecer esta razão e descrevê-la.

A filosofia prática de vida, que adota, não passa de uma política da covardia. O covarde, que foge da luta, salva a vida que os demais sacrificam, mas salva a vida, sacrificando a honra.

O fato de outros lutarem põe-no a salvo, bem como a comunidade, das consequências que aquele covarde modo de agir sem dúvida acarretam.

Se todos agissem como ele, todos estariam perdidos.

Aplica-se o mesmo raciocínio, quando se abandona o direito covardemente. Esse absurdo, feito por um só, não produz dano, mas, se adotado como princípio geral, representaria o soçobro do direito.

---

6. Confirmação interessante desta colocação é encontrada nas pequenas cidades universitárias alemãs, habitadas por estudantes, cujos procedimentos e hábitos, no que se refere ao modo de gastar dinheiro, involuntariamente contagiam o resto da população.

A aparente inofensividade dessa conduta revela-se porque ela não atinge, em grandes proporções, a luta do direito contra a injustiça. Tal luta não depende apenas da vontade de cada pessoa.

No Estado progressista, o governo empenha-se nessa luta de modo extraordinário, punindo *sponte sua* as infrações mais graves ao direito de cada um, quer quanto à vida, quer quanto à pessoa, quer quanto ao patrimônio.

A polícia e o juiz do crime muito auxiliam o titular do direito lesado, mas mesmo no caso das lesões de direitos, cuja defesa cabe, tão só, ao indivíduo, a luta sempre continua, porque nem todos adotam a conduta do covarde e, aliás, mesmo este fica ao lado dos que lutam, quando o valor do objeto do litígio supera, de muito, o preço do comodismo.

Pensemos, entretanto, no caso em que o sujeito do direito não conta nem com a polícia, nem com o juiz criminal, lembrando, por exemplo, da Roma antiga, em que a perseguição do ladrão cabia à vítima.

Até que extremos nos conduziria o abandono do direito, em tais circunstâncias, se, nesses casos, tal conduta animasse os ladrões e assaltantes?

Aplica-se o mesmo raciocínio à vida dos povos.

Cada povo só conta consigo mesmo, não havendo poder mais alto que se encarregue de defender-lhe o direito.

Lembro-me apenas do exemplo, que dei antes, da milha quadrada de terreno, para demonstrar o que significa, na vida de um povo, a ideia que pretende medir, pelo valor do próprio objeto, o *quantum* de resistência que deve ser dirigido à agressão ao direito.

Uma máxima que, ao ser aplicada, se revele inadequada, por levar ao desfazimento e à morte do direito, não deverá ser considerada adequada, quando, por acaso, seus efeitos nocivos sejam compensados por circunstâncias benéficas.

Explicarei mais adiante o efeito nocivo que ocorre, mesmo em casos relativamente favoráveis.

Não adotemos, pois, essa moral do comodismo, que nem os povos, nem os indivíduos aceitaram, já que tal conduta revela um fraco e doentio sentimento de justiça, o que nada mais é do que o reflexo do mais absurdo tipo de materialismo, na esfera jurídica. *Mutatis mutandis*, até o materialismo poderia ser aplicado neste campo.

A aquisição de um direito e sua consequente utilização e defesa, nas hipóteses de violações indiscutivelmente objetivas, não passam de meros interesses, já que o interesse constitui o cerne prático do direito subjetivo.[7]

---

7. Explanação mais desenvolvida deste pensamento pode ser lida em meu livro *O espírito do direito romano*, vol. III, § 60.

Quando, todavia, nos deparamos com a arbitrariedade, que ergue a mão contra o direito com questões de interesse, perde toda a razão de ser, pois o golpe dado no direito pelo arbítrio atinge-o em cheio, como atinge também a própria pessoa.

Não importa qual seja o objeto do direito.

Se esse objeto tivesse sido conduzido para o rol de meus direitos, desse rol poderia ser retirado sem lesão à minha pessoa.

Ocorre que é a minha vontade, tão só, e não o acaso, que forma o vínculo jurídico entre a minha pessoa e o objeto do direito, e isso como consequência de provocação anterior, de iniciativa minha ou de terceiro. É uma porção da tradição de trabalho, meu ou de outrem, que é meu e que defendo.

Ao torná-lo meu, nele imprimi o selo de minha personalidade e, daqui por diante, quem o combate, atira-se contra a minha pessoa, sendo que a lesão que lhe é infringida me atinge, pois faço parte desse objeto no qual se integra aquela mencionada tradição do trabalho.

Nada mais é a propriedade do que a parte epidérmica da pessoa, integrada no terreno material.

A relação entre *direito* e *pessoa* confere a todos os direitos, seja qual lhes for a natureza, um incomensurável valor que, contrapondo-se ao valor material, que possa ter sob a ótica do interesse, eu denomino de *valor ideal* e é deste que decorre o devotamento e a energia na defesa do direito, que há pouco mencionei.

Esta concepção ideal do direito não é apanágio dos espíritos superiores, pois a aceita não só o mais simples dos homens, como o mais culto, o rico e o pobre, o mais primitivo dos selvagens, como os mais civilizados países.

Precisamente este característico é que nos mostra quanto esse tipo de idealismo encontra base na própria essência do direito, refletindo o estado de saúde do sentimento de justiça.

O mesmo direito, que parece atirar o homem no submundo do cálculo material e do egoísmo, é quem o alça ao cume do ideal, para onde ele relega a astúcia e o espírito interesseiro, assim como o parâmetro utilitarista, em relação ao qual costuma aferir tudo, para dedicar-se pura e totalmente à mesma ideia.

Prosa no campo material, o direito, quando atinge a esfera da personalidade, se metamorfoseia em pura poesia, em verdadeira luta pelo direito, no sentido da preservação da personalidade.

A luta pelo direito é a poesia do caráter!

Qual a razão de ser desse milagre? Não é o conhecimento, nem a cultura, mas apenas o sentimento da dor.

A dor é o grito de angústia e o pedido de auxílio da natureza combalida, o que tanto se aplica à parte física, como também à parte moral do organismo humano.

O que a patologia do corpo humano representa para o médico, a patologia do sentimento de justiça representa para o jurista e para o filósofo do direito, ou melhor, deveria representar, pois não seria certo sustentarmos que já representa. Aqui reside todo o segredo do direito.

É a dor que contém, em si, a matéria prima do direito. A dor, que a lesão do direito produz no homem, traz, em seu interior, a autoconfissão forçada e intuitiva do que o direito representa, não só para o indivíduo, como para a sociedade, este momento especial que traz, sob o aspecto da reação psicológica do sentimento humano, mais forte revelação do sentido e da essência do direito, do que a que decorre de anos contínuos de pleno gozo dos direitos subjetivos.

Mesmo que conheça perfeitamente todo o *Corpus Juris Civilis*, não percebeu ainda o que é o direito o indivíduo que nunca sentiu essa dor na própria carne ou na pele de outra pessoa.

Só a sensibilidade e não o raciocínio é que pode transmitir-nos essa compreensão e é por esse motivo que o sentimento de justiça é apontado, e com razão, como a fonte psicológica fundamental de todo direito.

Claro que o povo desconhece a consciência do direito, a convicção jurídica, verdadeiras abstrações.

A força do direito reside no sentimento, assim como a força do amor, mas quando o sentimento está ausente, impossível substituí-lo pelo conhecimento e pela inteligência.

O amor, às vezes, não se conhece a si mesmo, mas basta um momento para revelá-lo em toda sua pujança. O mesmo ocorre com o sentimento de justiça, que, ileso, não sabe, regra geral, o que contém de si, mas, lesado, provoca a dolorosa pergunta que o obriga a falar, a trazer a verdade à tona, em pleno dia, revelando-lhe a força.

Expliquei, mais acima, em que consiste esta verdade: direito é condição de vida moral da pessoa, representando sua defesa um imperativo de autoconservação moral.

Diante da lesão do direito, a forte reação do sentimento de justiça é a prova probatíssima de seu estado de saúde.

A sensibilidade, ou seja, a capacidade de sentir dor ante a lesão ao direito, e a reação, ou seja, a coragem determinada de repelir a agressão, são, a meus olhos, os dois critérios, segundo os quais se compreende a existência de um evidente sentimento de justiça.

O tema interessante e inesgotável da patologia do sentimento de justiça não comporta, nesta altura, maior explicação, mas peço vênia para fazer agora mais algumas observações.

Não é a mesma em todos os indivíduos a suscetibilidade do sentimento de justiça, que costuma enfraquecer-se ou fortalecer-se na proporção em que cada pessoa, classe ou povo, perceba a relevância do direito, não só do direito como um todo, mas determinado instituto jurídico, em especial.

Já tratei deste assunto, quando dissertei a respeito da propriedade e da honra, acrescentando agora o casamento, outra instituição jurídica.

Quantos pensamentos vêm à mente, quando observamos a ótica pela qual o adultério é visto pelos indivíduos, povos e legislações!

O segundo momento, que caracteriza o sentimento de justiça, a reação à agressão, constitui, apenas, um problema de caráter.

A reação de um homem ou de um povo diante de ofensa a seu direito constitui medida exata do caráter de um e outro.

Se divisamos no caráter a plena personalidade, que repousa em si e se sustenta a si mesma, o melhor índice para por essa personalidade à prova aparecerá, quando o ato ilícito lesar o direito e a própria pessoa.

O modo de reação, que surge, neste caso, pelo sentimento de justiça ofendido e pela personalidade lesada, reação que pode consistir em ato violento e apaixonado, oriundo do impacto psicológico ou de contínua resistência, não caracteriza jamais a reação e a força do sentimento de justiça.

É erro imperdoável atribuir a povo selvagem e inculto, no seio do qual o ato violento é a forma normal de reação, um sentimento de justiça maior do que a de um povo civilizado, no meio do qual o modo de reação é a contínua resistência. Os modos de reação dependem mais do temperamento do que da cultura.

A firmeza, a inflexibilidade e a persistência na defesa dos direitos valem mais do que a impulsividade, a violência e a paixão.

Lastimável seria se não fosse assim, pois do contrário esse fato mostraria que as pessoas e os povos iriam perdendo o senso de justiça, à medida que fossem adquirindo maior cultura. Um olhar para a História e para a vida diária desmentem cabalmente essa hipótese. Também não é fator decisivo o contraste existente entre a riqueza e a pobreza.

Embora sejam muito diversos os parâmetros valorativos, mediante os quais o rico e o pobre avaliam as coisas, esses, como já acentuamos, não são levados em conta, quando se trata de violação do direito, porque, nessa hipótese, não se trata somente do valor material do objeto, mas do valor ideal do direito, a força com que o senso de justiça incide sobre o patrimônio. Neste exemplo, a causa determinante é o caráter individual do senso de justiça e não o patrimônio.

Prova irrefutável disso está no povo inglês, pois a riqueza desse povo não influi, de nenhum modo, em seu senso de justiça. Do continente podemos observar a determinação com que esse povo se conduz em questões estritamente patrimoniais.

Basta lembrarmo-nos da típica figura do viajante inglês, cuja reação diante da trapaça que o hoteleiro ou o cocheiro lhe pretendam impingir é tão violenta que até parece estar naufragando o próprio direito da velha Albion e, se necessário for, para vingar-se, é capaz de adiar a viagem e passar vários dias no mesmo hotel, gastando dez vezes mais do que a quantia devida. Todos riem, mas não compreendem, embora fosse bom que compreendessem.

Na realidade, as poucas libras que o homem aqui defende envolvem toda a Inglaterra. Em seu país, não há quem não o compreenda, razão pela qual ninguém se aventurará a trapaceá-lo.

Examinemos, na mesma situação, um austríaco de *status* e fortuna semelhantes. O que faria ele?

Se eu levar em conta a experiência que adquiri neste particular, nem dez entre cem austríacos procederiam como o inglês, ao passo que os outros recuariam ante os aborrecimentos da luta, do escândalo causado, da falsa interpretação de sua atitude, interpretações que nem passam pela cabeça do inglês, na Inglaterra, mas que se conforma, quando está entre nós, ou seja, prefere pagar.

Ocorre, porém, que a libra a mais que o inglês se recusa a pagar e que o austríaco paga tem sentido bem mais profundo do que se pensa, pois contém, em si, algo da Inglaterra e da Áustria, séculos de desenvolvimento político e de vida social desses povos.[8]

Procurei, até aqui, explicar o primeiro dos dois juízos que formulei, ou seja, a luta pelo direito é dever do homem para consigo mesmo.

Passo, agora, a tratar do segundo juízo: a defesa do direito é dever do homem para com a sociedade.

Para demonstrar fundamentalmente esta afirmação, sou obrigado a rever, com maior profundidade, a relação entre o direito objetivo e o direito subjetivo. Em que consiste tal relação?

Creio reproduzir fielmente a ideia corrente, ao dizer que a mencionada relação reside no fato de que o direito objetivo é condição ou pressuposto do direito subje-

---

8. Esclareço que, neste particular, não se deve esquecer da conferência que pronunciei em Viena (cf. *Prefácio* desta tradução, p. 13, original escrito em 1872), onde o paralelo entre o inglês e o austríaco tinha razão de ser. Muita gente ficou chocada com a palestra e a interpretou mal (p. 16). Ao invés de entender que estas palavras me foram inspiradas pela mais profunda simpatia pelos nossos irmãos austríacos e pela vontade de contribuir dentro de minhas modestas possibilidades para reforçar, entre eles, o senso de justiça, atribuíram-me sentimentos antagônicos contra eles. Jamais poderia eu alimentar tal posição, porque os quatro anos em que vivi e lecionei na Universidade de Viena não me deram motivo algum para isso, mas, ao contrário, parti daquela cidade com sentimentos do mais profundo reconhecimento, estando, pois, certo de que meus leitores vienenses saberão melhor do que ninguém apreciar o real motivo que me levou a dar aquelas explicações e o ideal que as inspirou.

tivo. O direito concreto, ou subjetivo, só pode efetivar-se quando estão presentes os pressupostos dos quais o direito abstrato necessita para existir.

Conforme a teoria dominante, esse vínculo abrange as relações entre os dois tipos de direito, mas esse modo de ver o mundo jurídico é, sem dúvida, unilateral, pois ressalta apenas a dependência do direito concreto, ou subjetivo, em relação ao direito abstrato, ou objetivo, omitindo, além disso, o fato de que tal relação de dependência se forma com igual intensidade em sentido inverso.

O direito concreto recebe não somente vida e força do direito abstrato, como também lhe devolve esses elementos.

A essência do direito consiste na sua efetivação prática. A norma jurídica, que ficou pairando e nunca se efetivou, ou que perdeu essa efetivação, perde o caráter de norma, transformando-se em roda emperrada do mecanismo jurídico, e que, por essa inércia, em nada contribui para seu funcionamento, podendo, pois, ser suprimida, sem que isso produza qualquer prejuízo.

Esta proposição é verdadeira, sem nenhuma exceção, aplicando-se a todos os ramos do direito, quer ao direito constitucional, quer ao direito penal, quer ao direito privado, sendo que o direito romano aceita o princípio, de modo expresso, ao definir a *desuetudo* como um dos modos de revogação da lei, daí resultando a perda do direito concreto pelo não uso prolongado de seu exercício (o *non usus*).

Ao passo que a tutela do direito constitucional e do direito penal fica a cargo das autoridades governamentais, a realização do direito privado fica na esfera dos particulares, ou seja, constitui faculdade de iniciativa da atuação individual.

No primeiro exemplo, a concretização do direito depende do cumprimento do dever pelas autoridades e servidores públicos do Estado, enquanto no segundo a iniciativa dos particulares é que o faz valer.

Esvazia-se a norma de seu valor quando os particulares, por desconhecimento do seu direito, por comodismo ou por covardia, se omitem, de modo geral e permanente, em relação às normas jurídicas, pelo que sustentamos que a realidade, a força efetiva das leis de direito privado, sua real expressão no momento da consecução do direito subjetivo, assim como este, extraem sua força da lei e, logo depois, a devolvem.

A relação entre o direito objetivo, ou abstrato, e o direito subjetivo, ou concreto, pode ser comparada com a circulação do sangue no organismo, que sai do coração e para ele volta.

A efetivação das normas de direito público é função direta da noção de dever, a que estão sujeitos os funcionários públicos, em geral, mas a paralela efetivação das leis de direito privado depende do interesse e do senso de justiça do particular.

Se estas motivações eficazes, que levam o titular a defender seu direito, falham ou deixam de existir, ou seja, quando o interesse não é bastante para vencer o comodismo, o senso de justiça é débil, e, insuficiente a aversão à luta e o medo de enfrentar o processo, o efeito é a ausência de aplicação da norma jurídica.

Perguntar-se-á: que importa?

O prejudicado único, na realidade, é o titular do direito.

Relembro a imagem que, já uma vez, invoquei, a do homem que, só, foge do campo de batalha. Se mil homens estiverem lutando, não se notará a falta dele, mas se centenas de homens abandonarem a linha de fogo, a situação dos que se mantêm lutando fica cada vez mais séria, porque terão de aguentar sozinhos todo o peso da batalha. Esta imagem mostra, de modo exato, o verdadeiro cerne do problema.

Do mesmo modo, na esfera do direito privado, trava-se uma luta do direito contra a injustiça, luta comum, na qual toda a nação está empenhada, exigindo a irrestrita união de todos os cidadãos.

O desertor, nesse caso, comete ato de traição ao objetivo comum, porque fortalece o inimigo, que fica cada vez mais agressivo e audaz. Quando a arbitrariedade e a ilegalidade levantam a cabeça cinicamente e sem constrangimento, temos absoluta certeza de que se furtaram ao cumprimento do dever aqueles a quem incumbiria a defesa do direito.

No campo do direito privado, todo cidadão é convocado para ocupar seu lugar na defesa da lei, sendo cada um de nós guardião e executor da lei, na sua respectiva esfera.

O direito subjetivo, que faz parte do nosso patrimônio, pode ser entendido como o poder que nos confere o Estado, o qual habilita o titular de um direito a repelir a injustiça, dentro de sua esfera de interesses.

Estamos diante de ordem especial e vinculada, dirigida ao particular, inconfundível com a ordem geral e desvinculada, dirigida ao agente público.

O defensor do direito subjetivo defende, nesta esfera, o direito em geral, pois o interesse, perseguido pelo titular, e as consequências de sua atuação extrapolam ilimitadamente a esfera individual.

O interesse geral, ligado à atuação do particular, não é somente o interesse ideal da sociedade, para que se mantenha o princípio da autoridade e o da majestade da lei, mas sim o interesse real e prático, aspiração de todos, mesmo daqueles que não saibam o que se entende por interesse ideal, ao qual nos referimos, ou seja, interesse pelo respeito e manutenção da ordem pública que deve vigorar nas relações entre os cidadãos, interesse que diz respeito a cada indivíduo, na sua respectiva esfera.

A partir do momento em que o empregador não mais exigir do empregado o cumprimento do contrato de trabalho, o credor não penhorar os bens do devedor, o público comprador não aferir a exatidão dos pesos, medidas e preço, nesse instante estará em perigo não só a autoridade da lei, mas toda a ordem pública, sacrificada por essa inércia.

Difícil prever até onde irão as nefastas consequências desse *status quo*. Todo o sistema de crédito pode ficar abalado, pois farei o impossível para fugir desse ambiente, sempre que tiver de enfrentar a luta e o conflito para fazer valer o meu incontestável direito e, como precaução, meu capital será empregado fora do país para compra de produtos estrangeiros, aos quais darei preferência.

Prevalecendo tais condições, os homens que tiverem coragem de encetar a luta para a aplicação da lei serão sacrificados.

O enérgico senso de justiça, de que são dotados, não lhes permite ceder ao arbítrio, investindo-os em verdadeira missão, tendo de enfrentar, sozinhos, a enxurrada de infrações das normas, abandonados por seus aliados naturais e cercados por geral indolência e covardia e, nessa conjuntura, quando, depois de tão pesada e sacrificada luta, alcançam a glória de haverem permanecido fiéis consigo mesmos, são recebidos pela ironia e pelo desdém de seus pares.

O segmento da população que não se empenhou na luta pelo respeito à lei é responsável por essa situação, mas não o segmento que lutou por aquele respeito.

Quando o direito é desalojado do lugar em que deveria estar, a injustiça não é a culpada desse fato, mas sim quem se conformou com essa situação.

Se eu tivesse de classificar, pelo critério da importância prática, as duas regras "não cometas injustiças" e "não toleres injustiças", eu colocaria esta segunda regra em primeiro lugar, pois pela própria natureza humana o indivíduo se sentirá tolhido na prática da injustiça, mais pela certeza denodada por parte do titular do direito do que pela lei, porque a esta, se ignorarmos a barreira oposta à infração, não restará outra força que não a regra moral.

Erraremos se, diante de toda essa situação, dissermos que a defesa do direito concreto ameaçado não é somente um dever de seu titular para consigo mesmo, como também um dever para com toda a sociedade?

Aceita a tese que defendi, ou seja, que ao defender seu direito o interessado defende também a lei e, neste caso, a ordem indispensável à vida em sociedade, haverá quem conteste que essa defesa é também um dever para com a sociedade?

Se a sociedade pode convocar os cidadãos para a luta contra o inimigo externo, luta na qual eles expõem a própria vida, se, pois, cabe a todo cidadão o dever de defender os interesses comuns contra o inimigo externo, não deverá, porventura, esse mesmo dever prevalecer também dentro do país?

Por que os homens de coragem e de boa vontade não deveriam unir-se, somando suas forças contra o inimigo interno, se assim procedem contra o inimigo externo?

Se na luta contra o inimigo externo a covarde fuga é tida como traição à causa comum, por que deixar, então, de censurar aquele que deserta da luta interna?

Justiça e direito não vicejam num país pela simples razão de estar o juiz pronto a julgar e a polícia pronta a caçar os criminosos, pois cada um tem de cooperar, em sua esfera, para que tal aconteça. Cada um tem o dever de esmagar a cabeça da hidra do arbítrio e do desrespeito à lei, sempre que esta ponha a cabeça de fora.

Quem quer que usufrua as vantagens do direito deverá cooperar para manter a força e o prestígio da lei, ou, em outras palavras, cada um nasce como combatente pelo direito, no interesse da sociedade.

Eu não preciso ressaltar como essa colocação encobre a missão de cada um na defesa de seu direito, substituindo a visão unilateral, receptiva, do indivíduo para com o direito, defendida pela teoria contemporânea, por um inter-relacionamento, no qual o titular do direito devolve, em sua totalidade, o benefício que a lei lhe oferecera. Numa abrangente missão nacional, este é o tipo de cooperação atribuída por minha concepção, não importando se o titular do direito o compreende ou não.

O grande e sublime aspecto da ordem ética do nosso mundo está precisamente no fato de que essa mesma ordem pode contar com a cooperação dos que entendem, e têm também meios eficientes para obter inconsciente e involuntária cooperação dos que não lhes compreendem as ordens.

Para levar o homem a convolar núpcias, a sociedade desperta em um indivíduo nobres impulsos, noutro o mais deprimente apetite sexual, num terceiro, a comodidade, num quarto, a ambição, conduzindo todos esses motivos ao objetivo visado, ao casamento.

Na luta pelo direito, um homem pode também ser levado ao campo de batalha apenas pelo interesse material, outro pela dor causada pela lesão a seu direito, um terceiro, por fim, pelo senso do dever ou pela ideia mesma do direito. Finalmente, a união de todos em torno do objeto comum, na luta contra o arbítrio.

Atingimos aqui o ponto alto ideal da luta pelo direito. Saindo do banal motivo do interesse, subimos à ideia da autoconservação moral da pessoa, atingindo o conceito da participação de cada indivíduo na consecução da ideia do direito em prol da sociedade.

A lesão a meu direito é, ao mesmo tempo, lesão e negação do direito, como tal, e, nesse caso, essa defesa é a defesa do direito e de seu integral restabelecimento.

Que importância adquire, desse modo, a luta do homem em defesa de seu direito subjetivo!

E como esse interesse ideal, por ser geral, está situado na alta região do puro individualismo, do egoísmo e das paixões pessoais, aquele que desconhece o direito vê nisso os únicos determinantes das lides judiciais.

Esta altura, porém, dir-se-á, é tão elevada que não é perceptível senão pelos cultores da filosofia do direito.

Ninguém começa um processo apenas pela ideia do direito.

Para contestar essa asserção, poderíamos recorrer ao direito romano, onde a concretização deste ideal recebeu clara expressão no instituto da *ação popular*,[9] mas cometeríamos injustiça para com a nossa época, se pretendêssemos contestar-lhe esse sentimento ideal. Possui, sem a menor dúvida, esse sentimento ideal todo homem que se sinta tomado pela cólera, pela indignação moral, diante da violência contra o direito.

O sentimento despertado pela ofensa ao meu direito é dotado de um motivo egoísta, mas o sentimento provocado pela ofensa ao direito de outrem tem origem na força moral que a ideia de justiça desperta no coração do homem, representando o protesto de um forte caráter moral contra a violação ao direito e formando a mais bela e diferente manifestação do senso de justiça. Estamos, assim, em presença de fenômeno moral atraente e fecundo, não só para as reflexões do psicólogo, como também para a criatividade do poeta.

Segundo penso, não existe manifestação de sentimento psíquico que provoque, no homem, tão profunda e imediata transformação, pois é corrente que exatamente as pessoas afáveis e amistosas são por ele levadas a um estado de espírito totalmente divorciado de sua natureza, fato que demonstra terem sido atingidas no ponto crucial da essência do próprio ser.

Equipara-se isso à tempestade no mundo moral, surgindo bela e majestosa, nas suas formas, mediante a instantaneidade, a impetuosidade, poder desta força moral que, semelhante ao furacão ou aos elementos em fúria, derruba tudo que encontra pela frente, esquecido de tudo. Surge, porém, por outro lado, um fator edificante

---

9. Para esclarecimento de meus leitores leigos em direito, explicarei que este tipo de ação (*actiones populares*) facultava a todos que o desejassem a oportunidade de se tornar defensores da lei e de responsabilizar os que a infringissem, ação que não só envolvia o interesse público em geral e, pois, o interesse do demandante, como, por exemplo, o do ameaçado ou turbado de usar passagem pública, como também o que tivesse lesado o direito de um particular, que não possuía meios de fazer sua própria defesa, como é o caso da lesão de um menor, em algum negócio jurídico, ou o caso de infidelidade do tutor contra o pupilo, ou na hipótese da cobrança de juros extorsivos, assuntos estes e outros análogos que se encontram no meu livro *O espírito do direito romano*, vol. VIII, p. 112 e segs. Essas ações, como se vê, eram ajuizadas para estimular o espírito idealista, nas quais, sem ter seu autor interesse direto, protegia o direito pelo direito. Também algumas dessas ações despertavam o móvel mesquinho da ambição, pois propiciavam ao autor o valor da pena em dinheiro imposta ao réu, razão por que sobre tais ações, isto é, sobre o exercício mercantilista delas, incide a mesma pecha das denúncias feitas com o propósito de obter as correspondentes recompensas. Se enfatizo o fato de que, no último período do direito romano, não mais existiam ações dessa segunda espécie, em sua maioria, e as da primeira espécie inexistem no direito de hoje, fácil é, para o leitor, deduzir, como consequência, o desaparecimento da utilidade pública que lhe determinava a criação.

e amigável, pelos impulsos e consequências, produzindo eficiente depuração na atmosfera moral, não só para o indivíduo, como para o mundo.

Quando, entretanto, a força limitada do homem investe, sem êxito, contra algumas instituições que oferecem ao arbítrio um apoio que ao direito é negado, nesse caso volta-se a tempestade contra aquele que a desencadeia: o destino reservado a este homem é idêntico ao do criminoso que infringiu a lei, em razão do senso de justiça lesado, tema que desenvolverei mais tarde. Ou, então, terá a infelicidade de esvair-se em sangue e de perder toda a crença no direito, por causa do espinho enterrado em seu coração pela injustiça que o deixou inerte.

Admito existir o senso ideal de justiça do homem que, ante a agressão e o ultraje contra a ideia do direito, se vê imbuído de uma indignação maior que a provocada por uma ofensa pessoal e que, sem nenhum interesse direto, corre em defesa do direito lesado, talvez representando um modo de idealismo, prerrogativa das naturezas bem formadas.

O senso de justiça, entretanto, frio e desestimulante, que reage *motu proprio* ante a injustiça, mantém, no entanto, plena consciência da relação que visualizei entre o direito concreto e a lei, resumida acima por mim neste juízo: "meu direito é o direito", e assim, lesado este, aquele também estará lesado, e, defendendo este último, estou defendendo o primeiro.

Embora pareça um paradoxo, a verdade é que precisamente o jurista é o menos afeito a esta visão. Para o jurista, a luta pelo direito concreto não atinge a lei. Não é em torno da lei abstrata que gravita a lide, mas de sua encarnação no direito concreto, o qual, de certo modo, é apenas uma imagem na qual se fixou, sem que, entretanto, possa ser captada.

Reconheço a imperiosidade técnico-jurídica desta ideia, mas ela não deverá impedir-me de reconhecer a legitimidade da ideia oposta que, dispondo no mesmo plano a lei e o direito concreto, percebe, na violação deste, uma agressão àquele. A segunda ideia adapta-se muito melhor ao senso espontâneo de justiça do que a primeira. A melhor prova disto está na forma pela qual essa ideia é expressa, tanto na língua alemã como na língua latina. Entre nós, diz-se, no processo, que o demandante "invoca a lei", ao passo que o romano denominava a lide de *legis actio*. A própria lei está em questão. A própria lei é uma luta pela lei, que num único caso concreto gira em torno da lei. Isso nada mais é do que uma ideia que adquire alto relevo, em especial para a compreensão do antigo processo romano[10] das *legis actiones*.

Sob a ótica dessa concepção, a luta pelo direito é igualmente uma luta pela lei.

---

10. Esta ideia foi desenvolvida em meu livro *O espírito do direito romano*, vol. II, 2.ª parte, § 47 c.

O que está em questão é só o interesse do sujeito, a relação única em que a lei se incorpora, ou, conforme denominei, imagem na qual foi estampada e fixada uma réstia da lei, imagem que pode ser suprimida e aniquilada sem que se atinja a própria lei. Ao contrário, a própria lei foi desrespeitada e pisoteada. A lei terá de impor-se, porque, do contrário, não passará de um joguete e de uma frase vazia. Com o direito do ofendido contemplamos o desmoronamento da própria lei.

Já mostrei como esta concepção, que pode ser considerada a solidariedade entre a lei e o caso concreto, capta e fixa, em toda sua profundidade, a solidariedade entre ambos. Essas relações, no entanto, não se situam em nível tão profundo e em região tão escondida que não estejam à mercê do mais descontrolado e inatingível egoísmo, imune a uma concepção mais elevada. Possivelmente esse tipo de egoísmo disponha de um olhar penetrante, para abranger tais relações, como o aliado para vencer as lutas que está travando.

Esse próprio egoísmo, pois, involuntariamente e sem pretender superar-se e ao direito subjetivo, chega às alturas em que o titular do direito se acaba transformando em defensor da lei.

A verdade, porém, é sempre verdade, mesmo quando o sujeito a observa e defende somente sob a estreita ótica de seu interesse pessoal.

Ódio e espírito de vingança, eis o que conduz Shylock ao tribunal, para cortar do corpo de Antônio sua libra de carne, mas as palavras que o poeta o faz dizer são tão verdadeiras em sua boca como o seriam na de outro. É a linguagem que, em todos os lugares e tempos, sempre emprega o sentimento de justiça ofendido, linguagem de certeza firme e irredutível, de que o direito será sempre o direito, linguagem inflamada e enfática de um homem cônscio de que a causa que defende diz respeito não só à sua pessoa, como à própria lei.

A libra de carne leva Shakespeare a fazê-lo dizer:

"A libra de carne, que dele exijo,
Foi comprada caro; é minha e eu a terei:
Se ma negardes, envergonhe-se a vossa lei!
O direito de Veneza está sem força.
...Eu invoco a lei.
...A meu lado está o título que exibo".

E mais adiante:

"Eu exijo a lei." Com estas quatro palavras, o poeta indicou a verdadeira relação entre o direito subjetivo e o direito objetivo, assim como o real sentido da luta pelo direito, que não pode ser superada nem mesmo por um filósofo do direito.

Com estas palavras, a questão deixa de ser um problema jurídico pessoal de Shylock para colocar em cheque o próprio direito veneziano. Ao proferir estas palavras, a figura deste homem se eleva. Já não é mais o simples judeu que exige sua libra de carne. É a própria lei de Veneza que bate às portas do tribunal!

E por quê? Porque o direito *dele* e o *direito veneziano* são um só direito e, como consequência, se há lesão ao primeiro, o direito de Veneza desmorona.

Quando ele próprio cai sob o peso da sentença, que, mediante sofístico ardil lhe frustra o direito,[11] quando, perseguido com insultos, aniquilado e desalentado, curva, tremendo os joelhos, e sai trôpego, não há absolutamente ninguém que não sinta, na própria pele, que o próprio direito de Veneza foi conspurcado e que não é o judeu Shylock que se afasta, humilhado, mas é a típica figura do judeu da Idade Média, pária social, que clamava, em vão, por justiça.

A tragédia enorme de seu destino não é o de seu direito não ter sido reconhecido, mas o fato de um judeu da Idade Média acreditar no direito, quase como um cristão.

É uma fé inabalável no direito, que, neste mundo, nada quebrará, fé incentivada até pelo juiz, até que, com a força de uma tempestade, desaba-lhe sobre a cabeça a catastrófica fé que o tira do campo das ilusões e lhe traz à mente que não passa de um judeu medieval, um renegado, cujo direito é violado, na mesma hora em que é reconhecido.

A imagem de Shylock lembra-me uma outra, nem menos histórica, nem menos poética, ou seja, a de Michael Kohlhaas, que Heinrich von Kleist relatou com impressionante fidelidade no romance de igual nome.[12]

---

11. Segundo penso, neste ponto é que se baseia o interesse eminentemente trágico que a figura de Shylock nos oferece. Não há dúvida de que o direito dele foi lesado, assim devendo o jurista apreciar o tema. Claro que o poeta tem liberdade de construir seu mundo jurídico e nem podemos lamentar o fato de Shakespeare haver conservado inalterada a antiga lenda, mas se o jurista submete a história a exame crítico, forçosamente deverá concluir que o título do judeu era nulo, por conter uma condição contrária à ética e que, portanto, deveria tê-lo recusado desde o início e, se não o fez, e se o sábio Daniel, apesar de tudo, declarou válido o título, usou de miserável subterfúgio, cometendo lamentável chicana, ao recusar ao homem a quem tinha reconhecido o direito de cortar uma libra de carne de um corpo vivo, com a condição de não derramar sangue, efeito inevitável daquele ato, com a mesma razão, poderia, então, o juiz que tivesse primeiro reconhecido o direito a uma servidão de passagem, depois proibisse a mesma pessoa que deixasse vestígios de suas pegadas no chão, sob pretexto de que, no título, nada fora convencionado a respeito. Somos quase inclinados a crer que a história de Shylock se passou nos primórdios da Roma antiga, porque os redatores da Lei das XII Tábuas julgaram necessário estabelecer, expressamente, a respeito da dissecção do corpo do devedor (*in partes secare*) pelo credor, e que este teria o campo totalmente livre para fixar o tamanho dos pedaços (*si plus ve secuerint sine fraude esto*). Quanto às críticas dirigidas contra a tese que defendo acima, dever-se-á consultar o meu *Prefácio*.
12. As citações seguintes, sobre o mesmo assunto, referem-se à coletânea dos escritos do poeta, organizada por Tieck, Berlim, 1826, vol. III.

Aceitando, sem resistência, a decisão do magistrado, Shylock retira-se, de joelhos, completamente alquebrado. O mesmo não ocorreu com Michael Kohlhaas, que tem conduta diversa.

Exauridos todos os meios para fazer valer seu direito, aviltado este do modo mais indigno que se possa imaginar, depois que um ato de absurda prática de gabinete obstruiu as vias jurídicas e a justiça, até seu mais alto grau, seu representante, o senhor da terra, colocada a justiça ao lado da injustiça, sucumbe perante uma dor infinita, causada pelo crime que contra ele, a seu modo de ver, cometeram, grita: "Prefiro ser cão, quando sou pisoteado, a ser homem". E firmemente conclui: "Aquele que me nega a proteção da lei, atira-me entre selvagens, colocando-me nas mãos a arma que me protegerá".

Ato contínuo, arranca das mãos da justiça covarde a espada manchada e maneja-a de forma tão perigosa que o pavor se espalha por todos os recantos do país, o que minou o edifício carcomido do Estado, abalado em seus alicerces.

Não o move, porém, o instinto selvagem da vingança.

Não se transforma, como Karl Moor, em ladrão e assassino, para quem "o grito de revolta deveria reboar por toda a natureza, a fim de que terra, mar e ar se unam contra as hienas", e que, lesado em seu senso de justiça, deflagra a guerra contra a humanidade.

Imagina-se impulsionado pela ideia moral de que "assumiu, perante o mundo, o dever de, com todas as forças de seu ser, desagravar a ofensa de que foi vítima e proteger seus compatriotas de ofensas vindouras".

Tudo sacrifica em prol desse dever, a felicidade de sua família, o nome honrado, os bens, o corpo e a alma, a própria vida, enfim.

Não se lança, entretanto, a uma guerra de extermínio, sem finalidade, dirigindo, isso sim, a luta contra o culpado e contra aqueles que com ele fazem uma frente comum. E depõe voluntariamente as armas, quando percebe que está prestes a recuperar o direito perdido.

Parece que este homem havia sido escolhido para demonstrar, pelo exemplo, a extensão da ignomínia e da ilegalidade, pois, tornando sem efeito o salvo-conduto e a anistia que lhe tinham dado, termina a vida no cadafalso, mas, antes de morrer, vê reconhecido o seu direito, e a ideia de que não lutou em vão, de que restabeleceu o império da lei, de que manteve sua dignidade humana, eleva-lhe a alma acima do temor da morte.

Reconciliado consigo mesmo, com o mundo e com Deus, entrega-se às mãos do carrasco, tranquilo e dócil.

Quantas reflexões este drama judiciário desperta!

Homem bondoso e honrado, cheio de amor pela família, puro e piedoso como uma criança, metamorfoseia-se num Átila, que destrói, a fogo e espada, os lugares em que o inimigo se refugiou. Donde, porém, tal metamorfose? Nasce exatamente dessas qualidades que o fazem moralmente superior ao inimigo, que, no entanto, triunfa sobre ele: a alta conta em que tem o direito, a santidade que no direito vê, a força de ação do senso de justiça sadio e puro.

E nisso, portanto, é que está o lado trágico e comovedor do seu destino.

Aquilo que lhe enobrece e eleva o caráter, o arrebatamento ideal de seu senso de justiça, a heroica abnegação à ideia do direito, sacrificando tudo e tudo esquecendo, eis os atributos que, confrontados com as misérias da sociedade da época, com a petulância dos grandes e poderosos, com a corrupção e vileza dos juízes, levam-nos à destruição.

A repercussão dos crimes que cometeu recai com responsabilidade duplicada ou triplicada sobre o príncipe, seus juízes e funcionários que o obrigaram a afastar-se da via do direito, tangendo-o para o campo da anarquia, porque injustiça alguma cometida pelo homem, qualquer que seja a sua gravidade, pelo menos para o senso moral ileso, pode ser, de longe, comparada com a injustiça praticada pela autoridade investida, em suas funções, pela graça de Deus, quando ela própria viola o direito.

O "homicídio da justiça", como a nossa língua costuma chamar, de forma tão apropriada, é o verdadeiro pecado mortal do direito.

O defensor e guardião da lei transforma-se em assassino e o ato que pratica assemelha-se ao do médico que envenena o doente, ao do tutor que estrangula o pupilo. Na Roma antiga, ao juiz peitado aplicava-se a pena de morte.

Para a justiça, que violou o direito, inexiste acusação mais grave do que a encarnada na figura do homem que se transforma em criminoso pelo senso de justiça lesado, pois ele é a sombra ensanguentada dessa justiça.

A vítima de uma justiça venal ou parcial quase chega a ser expulsa, à força, da senda do direito, transformando-se em vingador e executor de seu direito pelas próprias mãos e, quase sempre, ultrapassa o fim imediato, tornando-se inimigo declarado da sociedade, um ladrão e homicida.

Entretanto, até um homem, cujo caráter de moral bem elevada o protege contra esse tipo de desvio, como Michael Kohlhaas poderá tornar-se criminoso e, quando for punido por suas ações, poderá ficar o mártir do próprio sentimento de justiça.

Nunca, como se diz, o sangue do mártir é derramado em vão, e, no caso dele, talvez isso seja verdade. Durante muito tempo a imagem dele talvez tenha servido de aviso para impedir que pratiquem novas violências contra o direito, como ocorreu com ele.

Quando evoquei esta imagem, minha intenção foi a de corroborar com um exemplo frisante: a que ponto pode chegar o senso de justiça, e, em especial, o que parece mais significativo e idealista, quando, pela imperfeição das instituições jurídicas lhe é negada a esperada satisfação.¹³ Assim, a luta pela lei transforma-se numa luta contra a lei.

O senso de justiça, deixado de lado pela força, que deveria ampará-lo, extrapola o campo do direito e procura atingir, mediante esforço próprio, aquilo que a ignorância, a má fé e a impotência lhe negaram.

A acusação e o protesto do senso nacional de justiça não se erguem contra esse estado de coisas e, no campo do direito, somente em algumas personalidades mais fortes ou afeitas à violência, porque toda a população assume essa acusação e esse protesto, por meio de cartas e determinadas posturas que, por seu objetivo ou pelo modo segundo o povo ou alguma classe social vê o problema, podem ser tidas como complementares ou auxiliares das entidades estatais.

Entre tais posturas tivemos, na Idade Média o *Vehmgerichte* e o *Fehderecht*, o tribunal secreto e o direito de querela, que usurpavam as funções estatais, bem como a vingança privada. Ambas as entidades demonstravam clara fraqueza ou parcialidade da justiça penal e da importância do poder público.

Em época mais recente, mencionarei o instituto do duelo, prova concludente de que as penas cominadas pelo Estado, no caso de ofensas à honra, não lavam a suscetibilidade de certas classes sociais, neste particular.

Entre estes institutos incluem-se ainda a *vendetta*, praticada na Córsega, e a justiça popular nos Estados Unidos, praticada segundo a denominada Lei de Lynch.

Todas essas iniciativas demonstram que as instituições oficiais não são compatíveis com o sentimento popular ou com a de determinada classe, mas envolvem uma crítica ao Estado, que as encampa ou permite.

Quando a lei as proíbe, mas não consegue dominá-las, o cidadão fica diante de sério conflito.

O homem da Córsega que, obedecendo à lei do Estado, não usa a *vendetta*, é desprezado por seus concidadãos, mas, se preferir ceder à pressão social, derivada

---

13. Karl Emil Franzos, no romance *Uma luta pelo direito*, Breslau, 1882, inspirado em meus escritos, deu a este assunto um tratamento completamente diferente, mas muito mais impressionante do que o da obra do seu antecessor, Kleist: Michael Kohlhaas é convocado à luta por causa de odioso ultraje a seu próprio direito individual. O herói do romance, que citei, defende a violação do direito da sua comuna, da qual é chefe, direito que tentei fazer prevalecer inutilmente, por todos os meios legais. O motivo desta luta, aqui, pois, está em nível mais alto do que aquele em que o colocou Michael Kohlhaas. Estamos diante do idealismo puro do direito, que nada quer para si e tudo para o próximo. A finalidade deste livro não me permite dar a devida atenção, referindo-me ao modo notável pelo qual o autor desenvolveu o trabalho a que se propôs. Não posso, entretanto, deixar de recomendar, encarecidamente, ao leitor, esse aspecto literário da obra, que nada fica a dever ao personagem Michael Kohlhaas, do livro de Kleist, pois se trata de perfil psicológico autêntico e comovente, pelo que toda pessoa que o ler ficará emocionada ao extremo.

da concepção popular, fica exposto ao braço vingativo da justiça, o que também ocorre no caso do nosso duelo. Se o cidadão se recusa a bater-se em duelo, quando as circunstâncias o obrigam a lavar a honra ofendida, fica, com isso, prejudicado, mas, se se bate, é punido pelo Estado.

A situação é embaraçosa, tanto para a pessoa atingida como para o julgado.

Na Roma antiga, não encontraremos manifestações análogas a esta, pois naquela época as instituições do Estado e o senso de justiça nacional caminhavam passo a passo.

# CAPÍTULO IV

Estou, assim, no final de minhas considerações sobre a luta do indivíduo por seu direito.

Nós a estamos acompanhando na escala dos motivos, que a orientam, desde o mais baixo dos cálculos, meramente interesseiros, até o mais alto dos ideais da declaração da personalidade e das condições éticas de vida, para, finalmente, chegar ao ponto de vista da realização da ideia de justiça – o mais alto plano, do qual um passo em falso ofende o senso de justiça e faz cair no abismo da ilegalidade o criminoso.

Mas o interesse dessa luta pelo direito não se limita, absolutamente, ao direito privado ou à vida privada. Ele se estende muito além disso. Uma nação é, na verdade, apenas a soma dos indivíduos que a integram e, como cada indivíduo sente, pensa e age, assim também sente, pensa e age a nação.

Se, nas relações de direito privado, o senso de justiça do indivíduo se mostra fraco, covarde, apático; se, por causa dos obstáculos que as leis injustas ou as más instituições lhe opõem, ele não consegue força para reagir; se encontra perseguição onde deveria encontrar apoio e progresso; se, por causa disso, se habitua a sofrer injustiça e a considerá-la como coisa que não se pode mudar, quem acreditaria que tal senso de justiça, enfraquecido, apático, de repente se elevasse a uma impressão viva e a uma ação enérgica, quando se trata de uma agressão ao direito, que não apenas atinge o indivíduo, mas todo o povo, como atentado à liberdade política, violação ou derrocada de sua constituição, como um ataque do inimigo externo?

Como esperar que o homem, que não tem o hábito de defender, corajosamente, o próprio direito vá arriscar voluntariamente sua vida e bens pela comunidade?

Quem não mostrou compreensão pelo dano ideal causado à sua honra e à sua pessoa, que, por comodismo ou covardia, abandona o bom direito, quem estiver acostumado, em coisas do direito, a cuidar apenas de seu interesse material, como esperar que tome medidas e pense de outra maneira, quando se trata do direito e da honra da nação?

Donde virá, de repente, este idealismo de sentimentos, que até esse dia não apareceu? Não! O lutador pelo direito público e internacional não é outro senão o que luta pelo direito privado; as mesmas qualidades que também o acompanham na luta pela liberdade civil e contra o inimigo externo – pois o que é semeado no direito privado frutifica no direito público e no direito internacional.

É nas regiões inferiores do direito privado, em pequena e menor proporção, nas relações mais insignificantes da vida, que se formam e se reúnem, gota a gota, todas as forças que acumulam o capital moral necessário ao Estado, para que este realize com grandeza seus objetivos.

O direito privado e não o direito público é a verdadeira escola da educação política dos povos, e, se se quiser saber como um povo irá defender, se preciso, seus direitos políticos e sua posição internacional, basta observar como um membro da vida privada defenderá seu direito.

Já citei, mais acima, o exemplo do inglês, e aqui só posso repeti-lo: na luta encarniçada, que sustenta por uma simples libra, está o desenvolvimento político da Inglaterra.

A um povo, que tenta defender seu direito, por menor que seja, ninguém tentará tirar o que ele tiver de mais valioso, de modo que não é por acaso que o mesmo povo da Antiguidade, que, no âmbito interno, teve o mais alto desenvolvimento político e, no exterior, o maior desdobramento de força, teve, ao mesmo tempo, o direito privado mais aperfeiçoado.

Direito é sinônimo de idealismo, por mais paradoxal que isso possa parecer. Não o idealismo da fantasia, mas a do caráter, isto é, o do homem que se sente como seu próprio objetivo e para quem tudo o mais significa pouco, quando estiver no aconchego do lar. De quem parte este ataque a seus direitos: se de um indivíduo, de seu próprio governo, de um povo estranho – o que lhe importa?

A resistência que opõe a estes ataques não atinge a pessoa que o ataca, mas a energia do seu senso de justiça, a força moral, com a qual costuma defender-se.

Por isso é verdadeira a afirmação de que a situação política de um povo, no interior e no exterior, corresponde sempre a sua força moral. O Reino do Meio,[1] com seus bambus, o açoite aplicado a crianças crescidas, não poderá jamais, apesar de suas centenas de milhões, ultrapassar as nações estrangeiras, usurpando o lugar internacional da pequena Suíça.

O caráter dos suíços é nada menos que o sentido da arte e da poesia como ideal, sóbrio e prático como o dos antigos romanos.

Mas, no sentido em que tomei a palavra "ideal", que esclareci em relação ao direito, o mesmo se passa tanto com os suíços como com os ingleses. Este idealismo do sadio senso de justiça terá seu próprio fundamento minado, se se limitar a defender, exclusivamente, o próprio direito e sem tomar parte na conservação do direito e da ordem.

O indivíduo só não sabe que, ao defender o direito em geral, estará defendendo, neste caso, o próprio direito. Na comunidade em que esta disposição, este

---

1. O antigo Império da China. N. dos T.

sentido de legalidade predomina, procurar-se-á alhures a manifestação, que é tão frequente que a massa do povo, quando a autoridade persegue ou pune o violador da lei, toma o partido destes últimos, isto é, vê o poder público como o adversário natural do povo.

Todos sabem, aqui, que a causa do direito é a sua própria causa. Com o assaltante só o próprio assaltante simpatiza, não o homem honrado, que com boa vontade dará uma mão à polícia e às autoridades.

Quase não terei necessidade de expressar em palavras a conclusão que deduzi do que foi dito. Está no simples dito: para um Estado, que quer ser respeitado no exterior, forte e inquebrantável no interior, não existe bem mais precioso e digno de defender e preservar do que o sentimento de justiça nacional.

Esta preocupação é dos mais altos e importantes deveres da pedagogia política. No sentimento sadio e forte de justiça de cada um, encontra o Estado a fonte mais fecunda da própria força, a garantia mais segura da própria duração, dentro e fora do país.

O senso de justiça é a raiz da grande árvore; se a raiz não vingar, se secar nas pedras e na areia árida, tudo o mais não passa de ilusão – quando vem a tempestade, a árvore inteira será desenraizada.

Mas o tronco e o topo têm a vantagem de serem vistos, enquanto as raízes se escondem no solo e se furtam ao olhar.

A influência desintegradora que as leis injustas e as más instituições jurídicas exercem sobre a força moral do povo age sob a terra, em todas as regiões, que alguns diletantes políticos não julgam dignas de sua atenção; para eles, só importa o imponente topo; do veneno que sobe da raiz ao topo não têm a menor noção.

Mas o despotismo sabe onde deve bater para derrubar a árvore; em seguida, ele deixa o topo intacto, mas destrói as raízes.

Com agressões ao direito privado, com maus tratos aos indivíduos, o despotismo começou por toda parte; assim que terminou sua tarefa, a árvore caiu por si mesma.

Por isso é que ele deve resistir e os romanos sabiam bem o que faziam; o atentado ao pudor e à honra de uma mulher serviu de motivo para por fim à realeza e ao decenvirato.

Para perturbar a livre autoestima dos camponeses através de pressão e violenta oposição, basta colocar o cidadão sob a tutela da polícia, a permissão para viajar sob a dependência de um passe, distribuir os impostos conforme o capricho – um Maquiavel não poderia ter dado melhor receita a toda a autoestima viril, matar toda a força moral do povo e assegurar a entrada do despotismo sem a menor resistência.

A mesma porta, pela qual entram o despotismo e a arbitrariedade, está aberta, muitas vezes, para o inimigo externo. Naturalmente, não será fechada, e só quando o inimigo passar por ele é que chegarão os sábios ao conhecimento tardio de que a força moral e o senso de justiça de um povo poderão formar, contra o inimigo externo, a mais eficaz defesa.

Na época em que o camponês e o cidadão foram objeto da arbitrariedade absolutista feudal, o Império Alemão perdeu a Lorena e a Alsácia. Como poderiam seus habitantes e irmãos, no Império, sentir pelo Império, quando tinham esquecido de se sentir a si mesmos?

Mas isso é nossa própria culpa, pois só entendemos as lições da História quando já é tarde demais; não está nela o fato de não entendermos a tempo, pois ela ensina isso, alto e bom som.

A força de um povo está relacionada com a força de seu senso de justiça e cultivar o senso de justiça nacional é, então, cultivar a saúde e a força do Estado.

Por cultura não entendo, naturalmente, a cultura teórica da escola e do ensino, mas a realização prática dos fundamentos da justiça, em todas as relações da vida. Somente com os mecanismos externos isso não pode ser feito.

Esse mecanismo pode ser de tal modo bem organizado e manobrado que reine o máximo de ordem e, contudo, a exigência acima pode ser ignorada da maneira mais brilhante.

Lei e ordem estavam também incorporadas na taxa de proteção aos judeus e tantas outras cláusulas e organizações, numa época passada, que estavam em contradição com as exigências de um sadio e forte senso de justiça, através do qual talvez o Estado se prejudicasse mais que os citadinos, camponeses e judeus, sobre os quais mais pesavam.

Firmeza, clareza, precisão do direito material, remoção de todas as regras, sobre as quais deve impulsionar-se todo autêntico senso de justiça, em todas as esferas do direito, não apenas do direito privado, como da polícia, da Administração, da atividade financeira; independência dos tribunais, organização o mais perfeita possível das regras processuais – este é o caminho que o Estado deve seguir para o pleno desenvolvimento do senso de justiça de seus membros e, com isso, de sua própria energia.

Toda norma que se torna injusta aos olhos do povo e toda instituição que provoque esse ódio causam dano ao senso de justiça nacional e, por isso, enfraquece as energias da nação, um pecado contra a ideia do direito, que acaba se voltando contra o próprio Estado, o qual muitas vezes terá de pagar com juros o que, nas circunstâncias, até poderá custar-lhe uma província!

Eu, é claro, não sou de opinião que o Estado deva somente anunciar tal expediente, pois creio que seu dever mais sagrado é o de realizar esta ideia, por sua própria vontade; mas isto é, talvez, idealismo doutrinário, e eu não quero culpar nem o político nem o estadista prático, se ele der de ombros.

Foi exatamente por isso que ressaltei o aspecto prático da pergunta, que eles entendem perfeitamente. A ideia do direito e o interesse do Estado andam de mãos dadas.

Nem mesmo o senso de justiça mais forte resiste, por muito tempo, a um sistema jurídico corrupto – ele acaba embotado, estiolado e degenerado.

Conforme já ressaltei várias vezes, a essência do direito está na ação. O que o ar puro representa para a chama, a liberdade de ação representa para o senso de justiça, que sufocará se a ação for impedida ou perturbada.

## CAPÍTULO V

Eu poderia terminar aqui meu texto, pois o tema já está esgotado. O leitor, porém, me permitirá que lhe solicite a atenção para uma pergunta, que está fortemente ligada à matéria desta obra: até que ponto nosso direito atual, ou, mais exatamente, o direito romano de nossos dias, o único que me sinto capaz de avaliar, corresponde às exigências até agora mencionadas?

Não hesito em responder, enfaticamente, a essa pergunta pela negativa. Ele está bem aquém das exigências legítimas de um senso de justiça sadio, não porque, aqui e ali, não encontrasse a solução, mas porque, no todo, de um ponto de vista diametralmente oposto ao que, após minhas explicações anteriores, forma a essência do sadio senso de justiça – quero dizer, com isso, que todo idealismo, no dano causado ao direito, vê não só uma agressão ao objeto, como também à própria pessoa.

O referido direito comum não dá o menor apoio a esse idealismo; à medida que reduz essas agressões ao direito, com exceção da lesão à honra, é exclusivamente de valor material – o vazio e banal materialismo, que chega, assim, à sua mais completa expressão.

Mas o que pode o direito oferecer à pessoa lesada, quando se trata do meu e do teu, senão o objeto da disputa ou o seu valor?[1]

Se isso fosse justo, poder-se-ia soltar o ladrão, desde que ele devolvesse o objeto roubado. Mas, objeta-se, ele não só agrediu a vítima, como também as leis do Estado, a ordem jurídica e a lei moral.

Será que o devedor, que discorda do preço estabelecido com o vendedor, o locador, que não cumpre o contrato, o mandatário, que trai minha confiança, enganando-me, não fazem o mesmo? Será uma satisfação para mim se, após longa luta com todas essas pessoas, eu nada mais obtiver, senão aquilo que me pertencia desde o início?

Deixando, porém, de lado essa exigência, que não hesito em reconhecer como totalmente legítima, que desordem no equilíbrio natural entre as duas partes!

O perigo que a saída desfavorável do processo lhes trouxe existe para uma perda do que lhe pertence, e para o outro apenas em ter de devolver aquilo que

---

1. Eu mesmo já pensei assim. Ver *O momento da obrigação no direito romano privado*, Giessen, 1867, p. 61 (*Vermischte Schriften – Textos miscelâneos*, Leipzig, 1879, p. 229). Se agora eu penso de modo diferente, devo-o ao fato de haver-me ocupado longamente com esse tema controvertido.

injustamente tomou. A vantagem que a saída possibilita, para um, é o fato de não perder nada, e, para o outro, o de se enriquecer às custas do adversário.

Não se estará, assim, exatamente a estimular a mentira mais desavergonhada e dar um prêmio à celebração da deslealdade? Com isso, caracterizei apenas nosso direito atual.

Podemos responsabilizar por esse fato o direito romano.

Distingo, a respeito desse direito, três fases distintas: a primeira, no direito antigo, que, em sua veemência, ainda não chegou a se autodominar; o segundo, no direito intermediário, onde sua força foi dosada; e o terceiro, no final do Império e, especialmente, no tempo do direito de Justiniano, que se tornou fraco e estiolado. Sobre este assunto, que traz em si mesmo as matérias mais baixas do desenvolvimento, já fiz experiências apresentadas e publicadas,[2] cujo resultado aqui resumi em poucas palavras.

O senso de justiça irascível dos tempos antigos considera toda lesão ou contestação do direito próprio, do ponto de vista da injustiça subjetiva, sem levar em conta a inocência ou o grau de culpa do oponente e exige uma satisfação, tanto do inocente quanto do culpado.

Aquele que contesta a culpa clara (*nexum*) ou o dano causado pelo oponente, paga o dobro, se perder, e quem, numa ação de reivindicação, como possuidor, recebeu os frutos, deve restituí-los em dobro, além da parte do *sacramentum*.

A mesma punição sofre o autor, se perder a ação, por ter-se apoderado de bens alheios; se ele se enganou, por mínimo que seja, sobre o total da dívida fundamentada, mesmo que o resto esteja absolutamente certo, perde toda a demanda.[3]

Destas instituições e regras do direito antigo, algumas foram recebidas pelo direito mais novo, mas as novas criações independentes respiram um espírito completamente diferente.[4]

Ele pode ser caracterizado por uma única frase: estabelecimento e aplicação da medida da culpa a todas as relações do direito privado. As injustiças objetiva e subjetiva estão fortemente separadas, sendo que a primeira se refere apenas à restituição simples do objeto devido e, além disso, a uma punição, às vezes pecuniária, às vezes infamante, e justamente esta aplicação das penas, dentro dos limites, é uma das mais sadias ideias do direito romano intermediário.

O depositário, que teve a deslealdade de negar que recebeu o depósito ou que o reteve; o mandatário ou tutor, que usou seu cargo de confiança em proveito próprio ou negligenciou, propositadamente, seu dever, poderia eximir-se da pu-

---

2. Em minha primeira obra, citada na nota anterior.
3. Outros exemplos, na mesma obra.
4. Disso trata a segunda parte da obra acima citada.

nição apenas com a devolução do objeto, ou, com uma simples pena pecuniária, ou, ainda, com o ressarcimento do dano – mas isto não era aceito pelos romanos, pois estes exigiam que, além disso, recebessem mais uma punição, primeiro como satisfação do senso de justiça lesado e, depois, com o objetivo de afastar outras pessoas da prática de atos criminosos semelhantes.

Entre as punições que se aplicavam, estava, em primeiro lugar, a da infâmia – entre os romanos uma das mais severas penas que se pudessem imaginar, pois, além da proscrição social, causava, também, a perda de todos os direitos políticos: a morte política. Ela se aplicava sempre que a violação do direito se caracterizava como deslealdade específica. Em seguida, vinham as penas pecuniárias, que se usavam incomparavelmente mais que entre nós.

Contra aquele a quem, por algo injusto, se movia uma ação, ou se ele próprio tomava essa iniciativa, erguia-se todo um arsenal de meios amedrontadores preparados; começavam com frações do valor do objeto em litígio, (1/10, 1/5, 1/4, 1/8), depois se elevavam até vários valores e até aumentavam, de modo ilimitado, isto é, até atingir a soma que o demandante achasse suficiente, nas circunstâncias em que não havia outro meio de quebrar a obstinação do adversário.

Havia, especialmente, duas instituições processuais, que davam ao demandado a alternativa ou de desistir da ação, sem propor outras, ou de expor-se ao risco de ser julgado culpado e, por conseguinte, punido: os interditos proibitórios dos pretores – as *actiones arbitrariae*. Se não obedecesse à ordem do magistrado ou do juiz de segunda instância, considerava-se isso desobediência ou insubordinação; não mais se tratava apenas do direito do demandante, mas, ao mesmo tempo, da questão da autoridade de seu representante e a desconsideração daquele que pagava com pena pecuniária, vantajosa para o demandante.

O objetivo de todas essas penas era o mesmo que no direito penal. Primeiramente, o fim puramente prático de assegurar os interesses da vida privada, contra lesões que não constituíam crimes e, depois, o fim ético de restaurar o senso de justiça lesado e a autoridade violada da lei.

O dinheiro não era um fim em si, mas apenas um meio para alcançar o fim.[5]

---

5. Isso é acentuado de maneira precisa pelas ações chamadas *actiones vindictam spirantes*. O ponto de vista ideal, de que se trata não de dinheiro ou de bens, mas da satisfação do direito e da personalidade lesados ("magis vindictae, quam pecuniam habet rationem", 1.2, § 4 de coll. bon. 37,6) é levado às últimas consequências. Por isso são negadas aos herdeiros e nem podem ser cedidas, e, no caso de falência, não podem ser apresentadas pelos curadores da massa falida; devido a isso, extinguem-se em tempo mais curto e não podem ser propostas, quando se percebe que não as atingirá a injustiça cometida contra eles ("ad animum suum non revocaverit", 1. 11, § 1 de injur. 47, 10).

A meu ver, este estado de coisas, no direito romano intermediário, é digno de servir de modelo.

Situando-se num plano equidistante do antigo direito, que aplicava a mesma regra no cálculo das lesões objetiva e subjetiva do direito, e o extremo oposto encontrado no direito moderno, onde a lesão subjetiva foi colocada em nível idêntico ao da objetiva, isto proporcionava a mais ampla satisfação às justas aspirações de um autêntico senso de justiça, pois fazia clara distinção entre as duas modalidades de lesões ao direito, acrescendo que no campo das lesões subjetivas demonstrava uma grande sensibilidade para estabelecer graduações, conforme a forma, o tipo e o grau da ofensa.

Ao verificar o desenvolvimento da última fase do direito romano, que se encerrou com a compilação de Justiniano, ocorre-me, involuntariamente, a observação, cujo significado é importante para o direito das sucessões, tanto para a vida dos povos como para a vida dos indivíduos.

O que teria sido o direito daquela época, moral e politicamente decadente, se ela própria o houvesse criado!

Do mesmo modo que alguns herdeiros, que por sua própria força mal poderiam subsistir, porque vivem da riqueza de seus antepassados, assim também vive, durante muito tempo, uma raça esgotada e decaída, às custas do capital acumulado em épocas mais prósperas.

Não estou dizendo isso apenas no sentido de que sem seu próprio trabalho gozem dos frutos do trabalho alheio, mas principalmente no sentido de que as obras, as criações, as instituições do passado, que se originaram de determinada época, se conservam ainda durante certo tempo, e até renascem. Possuem uma reserva de força latente, que através do contato pessoal com eles se transforma novamente em força viva.

Neste sentido, não só o direito privado da República, no qual se refletia o senso de justiça vigoroso e forte, objetivado pelo antigo povo romano, como também o do tempo do Império ainda proporcionavam uma fonte vívida e refrescante; e no grande deserto do mundo futuro, havia um oásis, em que uma fonte ainda jorrava água fresca.

Mas o abrasador vento "simum" do despotismo não poderia alimentar a duração de uma vida independente. O direito privado não poderia, por si só, cultivar e manter o estudo do espírito proscrito em toda parte – ele também percebeu, embora já no final, o espírito dos novos tempos. Este espírito dos novos tempos tem um estranho aspecto!

Poder-se-ia esperar que trouxesse em si os traços do despotismo: força, dureza, implacabilidade, mas a expressão do seu rosto é exatamente o contrário: suavidade e humanidade.

A própria bondade, porém, é despótica, pois rouba um para presentear outro – é a suavidade do arbítrio e do capricho, não do caráter – a consequência da violência, que procura reparar a injustiça, mediante a prática de outra injustiça.

Não é este o lugar apropriado para apresentar todas as provas em prol desta afirmação.[6]

Basta frisar um dos mais significativos traços, que pode ser demonstrado por muitos exemplos históricos. Trata-se da benevolência e da tolerância dispensadas ao devedor, com prejuízo do credor.[7]

Creio, então, que se pode fazer uma observação geral, isto é, a simpatia para com o devedor é um sinal de épocas de decadência. Essas mesmas épocas se denominam de humanitárias. Uma época vigorosa preocupa-se com o direito do credor e não recua, quando necessário, diante de atitudes mais rigorosas para com o devedor, se necessário, no resguardo das relações jurídicas, da confiança e do crédito.

Examinemos agora o nosso direito romano atual!

---

6. Cabe aqui citar, por exemplo, a supressão da mais rigorosa das sanções processuais, de que tratei em minha obra. O sadio rigor de tempos mais antigos não se compadeceria com a lassidão e debilidade dos tempos subsequentes.

7. Como exemplo, citemos algumas normas de Justiniano, entre as quais a que permitia ao fiador invocar o benefício da ordem, e ao devedor solidário o da divisão, que fixava o absurdo prazo de dois anos para a alienação do penhor e, transmitida a propriedade deste, ainda se concedia ao devedor o prazo de dois anos para o resgate, atribuindo-se, ainda, ao devedor, direitos sobre o saldo do preço da coisa, alienada pelo credor. Cabe-me referir, também, a excessiva amplitude do direito de compensação, a *datio in solutum*, com os privilégios de que desfrutava a Igreja em relação a este instituto, a redução das ações de interesse ao dobro, nas lides ligadas a contrato, a extensão desmedida da proibição da usura e, *supra alterum tantum*, o privilégio absurdo de que gozava o herdeiro diante do credor, mediante o *benef. inventarii*. A prorrogação do prazo para pagamento da dívida por decisão da maioria dos credores, criação devida a Justiniano, é precedente digno do instituto das moratórias, que surgiram na época de Constantino. A vantagem da criação da *querela non numeratae pecuniae* e da *cautio indiscreta*, bem como da edição da *Lex Anastasiana*, é devida a seus antecessores do Império. Sem dúvida, cabe a Napoleão III o título de ser o primeiro ocupante de trono que percebeu a extensão da crueldade da execução pessoal, banindo essa pena, inspirado por princípios humanitários. Naturalmente, ele não ficou chocado com a guilhotina seca de Cayenne, da mesma forma que os imperadores romanos da última fase daquele direito acharam natural que aos filhos inocentes das pessoas culpadas de alta traição se reservasse um destino que eles próprios caracterizavam com as seguintes palavras: "ut his perpetua egestate sordentibus sit et mors solatium et vita supplicium" (L. 5 Cod. ad leg. Jul. maj. 9,8). Que belo contraste a este rigor excessivo nos oferece o tratamento grandemente humanitário dispensado aos devedores! Não há modo mais cômodo de render a devida homenagem ao espírito humanitário do que fazê-lo a custa alheia!

Quase lamento ter feito menção a isso, pois me coloquei na posição de ter de emitir um julgamento, que não posso, neste ponto, fundamentar como o desejaria. Mas não quero, pelo menos, deixar de dar minha opinião.

Se eu quiser resumir isso em poucas palavras, atribuirei ao caráter peculiar de toda a história e da autoridade do moderno direito romano essa peculiaridade, necessária, até certo ponto, na preponderância das relações de pura erudição, sobre todos os fatores que, além disso, determinam a formação e o desenvolvimento do direito: o senso nacional de justiça, a prática e a legislação.

Trata-se de um direito estrangeiro, escrito em língua estrangeira, introduzido pelos eruditos e acessível, em sua quase totalidade, apenas a estes, e, desde o início, exposto a críticas e a variações de interesses contraditórios, a saber, o puro conhecimento histórico imparcial e a adequação prática e progressiva ao direito. A isso opõe-se a prática, à qual falta a força necessária ao completo controle espiritual da matéria e daí a duradoura dependência da teoria, ou seja, a condenação da imaturidade, o particularismo da jurisprudência, e da legislação incidentes sobre os fracos e pouco desenvolvidos impulsos de centralização.

Pode-nos surpreender que entre o senso nacional de justiça e tal direito se produza um espaço vazio, que o povo não compreenda seu direito e o direito não compreenda seu povo?

Instituições e regras, que, em Roma, eram compreendidas nas relações e costumes de lá, ficaram aqui completamente esquecidas, como se fora uma maldição, e nunca, enquanto o mundo existir, terá uma jurisprudência abalado tanto, no povo, a fé e a confiança no direito.

O que dirá a simples e sadia compreensão do leigo quando se deparar com uma sentença do juiz, na qual seu adversário reconhece ser devedor de cem *gulden*, que o juiz explica como sendo *cautio indiscreta*, ou, então, uma sentença, que expressamente chama o empréstimo de dívida, cuja expiração não pode ser provada antes de dois anos?

Não quero, porém, entrar em minúcias; do contrário, como poderia chegar ao fim?

Prefiro limitar-me a dois desvios do nosso sistema de direito comum – não posso designá-los de outro modo –, e que encerram, em si, verdadeira semente de injustiça.

O primeiro consiste no fato de que a moderna doutrina, cuja ideia geral desenvolvi acima, trata da lesão de direito, não se ocupando apenas do valor pecuniário, mas da consecução do senso de justiça lesado, totalmente perdido, o qual se mede todo pelo materialismo chão e vulgar: o mero interesse pecuniário.

Lembro-me de ter ouvido falar de um juiz que, num litígio de valor irrisório, ofereceu, para evitar um longo processo, pagar do próprio bolso ao autor, que recusou o oferecimento, o que deixou o juiz bastante indignado. Não entrava na cabeça desse cultor do direito que se tratava de direito e não de dinheiro e nós não podemos atribuir-lhe culpa por isso: ele podia rejeitar essa acusação, atribuindo-a à ciência do direito.

A condenação pecuniária, que nas mãos do juiz romano se tornou um meio suficiente para fazer justiça ao interesse ideal lesado,[8] se transformou, sob a nossa moderna teoria da prova, num dos mais ineficazes expedientes que apareceram para a justiça tentar refrear a injustiça.

Exige-se do demandante que prove seu interesse pecuniário com exatidão, desde um *heller*[9] até o último *pfennig*. A que se reduziria a proteção do direito, se não existisse nenhum interesse pecuniário.

O locador que, nos termos do contrato, possuía o direito de uso comum do jardim, veda ao locatário o acesso a ele; deverá, porém, provar o valor pecuniário da permanência no referido jardim!

Ou, então, imaginemos o caso do locador que aluga a casa a alguém e, antes que o locatário se mude, aluga-a a outro, sujeitando o primeiro a morar meio ano em casas pobres até encontrar outro imóvel.

Ou o caso do dono de hotel que não aceita o hóspede que reservara um quarto, por telegrama, e este terá de vagar durante horas, noite adentro, para encontrar modesta acomodação.

Que se converta isso em dinheiro, ou que se tente fazê-lo, e ver-se-á que justiça vai receber!

Entre nós, na Alemanha, essa compensação é nula, pois o juiz alemão não chega a considerações teóricas, mas, mesmo que estas fossem importantes, não poderiam ser calculadas em dinheiro, enquanto que ao juiz francês a conversão não causaria o menor escrúpulo.

Um professor particular que aceita contrato numa instituição privada encontra, depois, uma oferta mais vantajosa e rompe o contrato, sendo que não se poderá encontrar logo outro para ficar em seu lugar. Não é fácil calcular o valor em dinheiro, o fato de os alunos ficarem sem aulas de francês ou de desenho, durante semanas ou meses, ou o dano pecuniário sofrido pelo diretor da instituição.

Uma cozinheira abandona o serviço, sem motivo, e coloca os patrões em grande dificuldade, já que não se encontra quem a substitua. Que se calcule o equivalente pecuniário desses contratempos!

---

8. Desenvolvido, mais tarde, por mim, num ensaio em meus Anuários, v. 18, n. I. Do mesmo modo, atualmente, os tribunais franceses, com verdadeiro tato, aplicam a condenação pecuniária, em contraste com a maneira contrária com que o fazem nossos tribunais alemães.
9. Outra moeda alemã antiga. N. dos T.

Em todos esses casos, fica-se sem o auxílio do direito comum, pois a ajuda que o direito oferece à parte prejudicada exige uma prova anterior, que não pode ser fornecida regularmente. E mesmo que fosse fácil fornecê-la, o mero valor pecuniário pedido não seria suficiente para reparar o dano causado pela outra parte. Trata-se, justamente, de um estado de ausência do direito.

Não é o transtorno pelo qual se passa que pesa e fere, mas o sentimento amargo de que o bom direito pode ser pisoteado, sem que exista um remédio contra isso.

Não se pode responsabilizar o direito romano por esse defeito, embora conste em sua base que só se pode emitir o julgamento final a partir do dinheiro e, assim, a condenação pecuniária era utilizada de certo modo e não apenas o interesse pecuniário, mas também os demais interesses lesados recebiam proteção eficiente.

A condenação pecuniária era o meio de pressão do juiz civil para assegurar o cumprimento exigido de suas ordens. Um réu que se recusasse a fazer o que o juiz lhe determinara não podia, com o mero valor pecuniário, saldar sua dívida, pois a condenação pecuniária tomava aqui o caráter de punição, e mesmo esse resultado do processo assegurava algo ao autor, representando muito mais que o dinheiro, isto é, a satisfação moral pela frívola lesão ao seu direito.

A ideia da satisfação moral é totalmente estranha à moderna teoria do direito romano, pois para ele nada significa, não conhecendo este nada além do valor pecuniário da prestação não paga.

Essa insensibilidade atual do nosso direito pelo interesse ideal da lesão ao direito também está ligada à abolição, pela prática moderna, das penas privadas romanas.

O depositário ou o mandatário infiel não é mais punido com a pena de infâmia; a maior vilania, quando consegue evitar a lei penal, fica hoje em dia totalmente livre e sem punição.[10]

Ainda figuram, em certos livros didáticos, as penas pecuniárias e as penas às frívolas negações, mas na jurisprudência elas já não aparecem. O que significa isso? Nada mais, a não ser que entre nós a injustiça subjetiva foi colocada no mesmo nível que a objetiva.

Entre o devedor que, de maneira desavergonhada, nega a dívida e o herdeiro, que o faz *bona fide*, entre o mandatário, que me enganou e aquele que apenas cometeu um erro, quase entre a violação frívola ou a ignorância, o nosso direito atual não conhece a diferença – trata-se, sobretudo, de mero interesse pecuniário, em torno do qual gira o processo.

10. Lembre-se que aludo ao direito romano de hoje. Se insisto aqui neste ponto, isso acontece porque houve quem me criticasse por haver esquecido, na exposição do texto acima, do Código Penal alemão, § 246, 266. O fato de eu ter feito uma crítica ao *direito romano de hoje*, o crítico já o esqueceu ao final de cinco páginas!

A ideia de que a balança de Têmis deve pesar a injustiça, tanto no direito civil como no direito penal, e não apenas o dinheiro, está tão distante da concepção dos nossos juristas atuais que eu, embora queira exprimi-lo, devo aceitar que justamente nisso consiste a diferença entre direito penal e direito privado.

E o direito atual? Sim, eu o aceito: infelizmente! E o direito em si? Não! Ainda me deve ser provado que existe, em algum lugar, uma face do direito em que a ideia de justiça não possa ser inteiramente realizada, mas é inseparável da execução do ponto de vista da responsabilidade.

O segundo dos mencionados erros cometidos pela moderna ciência do direito consiste na teoria das provas, por ela estabelecida.[11] Poder-se-ia pensar que essa teoria só foi criada para frustrar o direito.

Se todos os devedores do mundo conspirassem para enganar aqueles que acreditaram no direito deles, relativamente a seus credores, não teriam estes meio mais eficaz para levar adiante esse objetivo do que nossa ciência do direito, através da teoria das provas.

Nenhum matemático poderia criar método mais exato das provas do que aquele empregado pela nossa ciência do direito. A moderna teoria da prova atinge o mais alto ponto do absurdo nos processos de perdas e danos e nas lides patrimoniais.

O terrível dano, para usar aqui a frase de um jurista romano,[12] "sob a aparência do direito, o próprio direito será acionado", e o contraste benéfico que com isso o direito francês elaborou, de maneira inteligente, foi tão drasticamente exposto, em várias obras recentes, que não posso continuar dispendendo mais palavras; só uma coisa não posso deixar de exprimir: pobre do autor que se envolve num processo e feliz o réu!

Se eu pudesse resumir tudo o que disse até agora, talvez eu escolhesse esse lema como divisa de nossa doutrina e prática modernas.

Ambas estão no caminho vigoroso e avançado, traçado por Justiniano; o devedor e não o credor é quem mereceria proteção, pois é melhor cometer flagrante injustiça contra cem credores do que correr o risco de ser rigoroso com um só devedor.

O leigo dificilmente acreditaria que esta tendência, contrária ao próprio direito, causada pela falsa teoria dos civilistas e dos processualistas, ainda pudesse estar em vigor. Ela continua pelo desvio de alguns penalistas mais antigos, desvio que

---

11. É preciso lembrar que a explicação seguinte se refere ao nosso processo de direito comum, que, à época em que esse trabalho foi publicado pela primeira vez (1872), ainda estava em vigor e do qual só nos redimiu o Código de Processo Civil do Império Alemão (em vigor desde 1.º de outubro de 1879).
12. Paulo, em I, 91, § 3 de V.O. (45, 1): "in quo genere plerumque sub auctoritate juris scientiae perniciose erratur", o jurista teve aqui outro erro em vista.

poderia ser um atentado à ideia do direito, constituindo terrível afronta ao senso de justiça jamais praticado. Refiro-me ao vergonhoso enfraquecimento do antigo direito de legítima defesa, direito fundamental do homem, que, como diz Cícero, é uma lei de natureza inata e sobre o qual os juristas romanos foram bastante ingênuos para acreditar que nenhum direito do mundo poderia desconhecê-la ("Vim vi repellere omnes leges omniaque jura permittunt").

Nos últimos séculos e até mesmo em nosso século poderiam convencer-se do contrário! É verdade que, em princípio, os donos do saber reconheceram esses direitos, mas, animados de simpatia pelo assaltante, assim como os civilistas e processualistas pelo devedor, procuraram, de certo modo, restringi-los e até suprimi-los, de modo que, na maioria dos casos, o assaltante era protegido e a vítima ficava sem proteção.

Que abismos de decadência do sentimento da personalidade, da falta de virilidade, da atrofia e do embotamento total do senso de justiça simples e sadio, quando mergulhamos na literatura que expõe essa doutrina[13] – a gente acreditaria estar numa sociedade de castrados morais!

O homem que se depara com um perigo ou com uma ofensa à sua honra deverá retirar-se ou fugir.[14]

Assim, também, é dever do direito abandonar o campo da injustiça.

Discordam os sábios apenas num ponto: se os oficiais, os nobres e os membros das classes sociais mais elevadas teriam também o dever de fugir.[15] Um pobre soldado que, atacado, começou a recuar duas vezes, em obediência a uma ordem, mas, na terceira vez, como o inimigo continuasse a persegui-lo, resistiu e o matou, foi condenado à morte "para servir de exemplo edificante a si mesmo e de lição aos demais".

Entretanto, às pessoas de classe alta ou de posição mais elevada e de nobre nascimento, bem como aos oficiais, é permitido recorrer à legítima defesa diante de um ataque à honra;[16] mas alguém se apressa em acrescentar que, no caso de injúrias, apenas verbais, não podem ir ao ponto de matar o agressor.

Ao contrário, a outras pessoas e mesmo a funcionários do Estado não se pode permitir o mesmo; os funcionários da justiça civil se contentarão em ser "meros homens da lei, com todos os direitos do país, e não poderão ter nenhuma pretensão além disso".

O pior de tudo são os comerciantes. "Comerciantes, mesmo os mais ricos", diz-se, "não constituem exceção, sendo a honra seu crédito, e eles só terão honra

---

13. Ela se encontra reunida na obra de K. Levita: *O direito de legítima defesa*, Giessen, 1856, p. 158 e segs.
14. Levita, idem, ibidem, p. 237.
15. Idem, p. 240.
16. Idem, p. 205 e 206.

enquanto tiverem dinheiro; podem, sem perigo, perder a honra e a reputação, sofrer injúrias, e, se pertencerem a classes mais baixas, receber pancadas e socos no nariz, desde que não muito dolorosas".

Se o infeliz for um camponês comum ou judeu, deverá receber, ao desobedecer a essas normas, as penas destinadas a quem fez justiça com as próprias mãos, enquanto outras pessoas só serão punidas "da maneira mais branda possível".

Edificante é o modo como se procurou excluir a legítima defesa no caso de defesa da propriedade. A propriedade, segundo alguns, é exatamente como a honra, um bem reparável, aquela mediante a *reivindicatio*, esta mediante a *actio injuriarum*. Mas como, se o ladrão fugiu para as montanhas com a coisa furtada e não se sabe onde está?

A resposta tranquilizadora é a seguinte: o proprietário sempre tem, *de jure*, a *reivindicatio*, "e só por acaso, pela natureza do próprio direito de propriedade, por circunstâncias totalmente fortuitas, a demanda não conseguirá atingir seu objetivo".[17]

Aquele que perdeu toda a fortuna, em valores mobiliários, deverá consolar-se, pois conservará sempre a propriedade e a *reivindicatio*, enquanto o ladrão nada tem, senão a posse de fato!

Isso lembra o caso da pessoa roubada e até a consola, se o ladrão não tem em mãos as instruções sobre o uso do objeto roubado.

Outros, em certos casos, quando se trata de um valor considerável, premidos pela necessidade de empregar a violência, sentem-se no dever, como vítimas, apesar da forte emoção, de calcular quanta força será necessária para rechaçar a agressão.

Se alguém quebrar o crânio de uma pessoa, quando poderia ter calculado, antecipadamente, a consistência desse crânio, poderá tornar-se responsável, porque poderia o agredido ser reduzido à inatividade por um golpe menos violento, da parte de alguém que, antes da agressão, estivesse em condições de calcular o grau de resistência do crânio e de graduar a força dos golpes. Para ele, a posição do agredido é semelhante à de Ulisses, que se preparou para o duelo com Iros (*Odisséia*, XVIII, 90):

"Pensa agora o maravilhoso e sofredor Ulisses:
Se deverá agredi-lo com força, para que logo caia inerte,
Ou se deverá bater suavemente, para que só se estenda no chão.
Este pensamento me pareceu, entre os dois, o melhor".

Ao contrário, tratando-se de objeto de menor valor, isto é, de um relógio de ouro ou de uma carteira com alguns *gulden*, ou até de algumas centenas de *gulden*,

---
17. Idem, p. 210.

o ameaçado não deve causar ao adversário nenhum mal físico. O que é um relógio comparado com a vida e com membros sãos?

O primeiro é um bem facilmente substituível, o outro é um bem totalmente insubstituível. É uma verdade incontestável! – pela qual só as pequenas coisas são esquecidas, uma vez que o relógio do assaltado e os membros pertencem ao ladrão e para este último têm um valor muito alto; para o primeiro não têm valor algum e, assim, em relação à total e incontestável reparabilidade do relógio, uma pergunta: ele será substituído? Até que ponto o juiz condenará o ladrão?

Mas basta de estupidez e de absurdo dos sábios!

Que profunda vergonha sentirmos ao tomar conhecimento de que cada simples pensamento do salutar senso de justiça vê, em toda a lesão do direito, mesmo que se trate apenas de um relógio, a própria pessoa, com todos os seus direitos e toda a sua personalidade, sendo agredida e vulnerada.

A ciência do direito dos nossos dias não poderá ficar totalmente estranha a essas lesões, que erigem em dever jurídico o abandono do direito e a fuga covarde diante da injustiça!

Poderá ser surpreendente que, em certa época, em que a ciência ousou aparecer à luz do dia, o espírito da covardia e da tolerância apática da injustiça tenha determinado o destino da nação?

Sorte a nossa por viver agora, quando os tempos mudaram – tais pontos de vista se tornaram impossíveis, podendo apenas prosperar no pântano de uma vida nacional, política e juridicamente decadente.

Com a teoria da covardia, desenvolvida neste momento, a obrigação com o abandono do direito ameaçado, tive eu a visão do contraste, cientificamente mais remoto, que elevou, ao contrário, a luta pelo direito a um dever.

Não tão profundo, mas ainda bastante profundamente se encontra, sob a altura do senso de justiça sadio, o nível de visão de um filósofo moderno, Herbart, a respeito da última fase do direito. Ele vê no direito, por assim dizer, um só motivo estético: o desagrado pela luta.

Aqui não é lugar para mencionar a total indefensabilidade desta opinião, mas encontro-me na feliz situação de poder citar as conclusões de um amigo.[18]

Fosse o ponto de vista estético, pelo valor do direito, uma justificativa, eu não saberia se a beleza estética ficaria no lugar do direito, excluindo a luta, ou, precisamente, encerraria a luta em si mesma.

Aquele que achar a luta antiestética, deixando de lado completamente o título estético, deverá também deixar de lado toda a literatura e arte desde a *Ilíada* de

---

18. Jul. Glaser, *Coletânea de obras menores sobre direito penal, civil e processo penal*, Viena, 1868, vol. I, p. 202 e segs.

Homero e as esculturas dos gregos até as pinturas dos nossos dias, pois não existe nada que, por si mesmo, tenha exercido tal atração quanto a luta, em suas diversas formas. Deveremos ainda procurar alguém para quem o espetáculo de maior impacto nas artes humanas, que a pintura e a poesia já exaltaram, desperte não o sentimento estético que agrada, mas que tenha produzido um desagrado estético.

O mais alto e expressivo problema para a arte e para a literatura é o da aceitação, pelo homem, da ideia de direito, de pátria, de fé e de verdade. E essa aceitação será sempre uma luta.

Não somente a estética, mas a ética, nos deve dar uma explicação, quando a essência do direito está de acordo ou em oposição a ela.

Mas a ética, longe de repudiar a luta pelo direito, apresenta-a como o direito do indivíduo ou dos povos e eu desenvolvi, neste trabalho, essas condições existentes, como um dever.

O elemento luta, que Herbart quer excluir da concepção do direito, faz parte dele para sempre – a luta é o eterno labor do direito. Sem luta não há direito, assim como sem trabalho não há propriedade.

O ditado "com o suor do teu rosto hás – de comer o teu pão" é tão verdadeiro quanto o que lhe opomos: "na luta, hás de encontrar o teu direito".

No momento em que o direito desiste de sua capacidade de luta, está desistindo de si mesmo – e também vale para o direito o dito do Poeta:

"Esta é a conclusão final da sabedoria:
Só merece a liberdade e a vida
Aquele que tem de conquistá-las diariamente".

# Do contrato social
Jean-Jacques Rousseau

## Sumário

Nota dos Tradutores .................................................................................... 101
Introdução .................................................................................................. 103
Aviso ........................................................................................................... 107
Livro I ......................................................................................................... 109
Livro II ........................................................................................................ 129
Livro III ...................................................................................................... 161
Livro IV ...................................................................................................... 205

## Nota dos Tradutores

As notas sob o texto (no rodapé das páginas), precedidas de asteriscos (*), são de Rousseau. As notas com números sobrescritos, reunidos nos Comentários, rematando a obra, são dos tradutores, que as conferiram com as observações de outros comentadores franceses e, em especial, com as de Robert Derathé (1964), as de Pierre Burgelin (1992) e as de Jean-Pierre Siméon (1977).

# INTRODUÇÃO

Desde a infância, Jean Jacques Rousseau era entusiasta dos heróis de Plutarco, por influência do pai. Ele próprio diz que se sentia ora grego ora romano.

Nasceu em Genebra, na Suíça, em 28 de junho de 1712, de pais huguenotes, cujos antepassados eram originários da França, desde 1550. Por essa razão, Rousseau considerava-se filósofo francês. Órfão de mãe, desde muito cedo, foi educado pelo pai e por uma tia, Susana Goncerut. Em 1722, o pai mudou-se para Nyon, deixando o filho com um primo, em Bossey.

Seu espírito irrequieto e aventureiro faz com que, ainda jovem, parta para a Saboia, que, na época, pertencia ao reino da Sardenha. Lá, sob a influência de Louise Eleonore Delatour Depil, converte-se ao catolicismo, indo a Turim, onde abjura, de vez, o calvinismo.

Mais tarde, de volta a Genebra, aprende o ofício de escrivão e de gravador. Sua vida de aventuras, porém, continua: procura iniciar-se na vida eclesiástica, mas o amor pela música afasta-o deste intento. Em 1736, recebe uma modesta herança da mãe, e muda-se para Paris.

Lá, aos 31 anos, é nomeado Secretário do Embaixador da França em Veneza, passando a viver nesta cidade. Os costumes livres e o governo corrupto impressionam-no profundamente e ele começa a interessar-se pela política, pensando em escrever as *Instituições políticas*.

De volta a Paris, participa, juntamente com Diderot, do grupo dos Enciclopedistas, que tanto influiu sobre a Revolução Francesa, escrevendo o *Discurso sobre a desigualdade* e, em seguida, o artigo intitulado Economia política. Em 1750, recebe um prêmio, pelo *Discurso sobre as ciências e as artes*. Três anos mais tarde, escreve a Carta sobre a música francesa, artigo de crítica que o impedirá de entrar na Ópera de Paris.

Em 1754, volta a Genebra, retorna ao calvinismo e se torna, novamente, cidadão suíço, passando a integrar o Conselho Soberano, formado de mil e duzentos membros. Dois anos depois, instala-se na tranquilidade de Montmorency, onde resume e comenta os trabalhos do abade de Saint-Pierre.

Depois das *Instituições políticas*, escreve a *Moral sensível*, e, a seguir, reúne as ideias sobre educação, em *Emílio*, em que trata, também, de política. Simultaneamente, publica os Princípios de direito político, sob o título de *Do contrato social* (1762), influenciado pela *República*, de Platão, assinalando estreita ligação entre política e educação.

Estuda o *Espírito das leis,* de Montesquieu, mas enquanto este é jurista e sociólogo, Rousseau, como filósofo, preocupa-se com a natureza e com a felicidade do homem, chegando até a política, uma vez que o homem é, como dizia Aristóteles, um animal político.

Hobbes, Grotius, Pufendorf, Barbeyrac – cada qual, à sua maneira, influenciou profundamente o pensamento de Rousseau.

Existem duas versões *Do contrato social.* A primeira, que só foi publicada no final do século XIX, parece ter sido redigida por volta de 1758. Não se encontram nelas diferenças doutrinárias importantes. A primeira parte trata da "sociedade geral do gênero humano", que faz a ligação entre o *Discurso* e o *Do contrato social.* Este capítulo, depois eliminado, deixa lugar, na versão definitiva, a uma polêmica contra as doutrinas adversas. No segundo livro, suprime a questão da soberania e refaz o capítulo sobre a religião civil, também muito polêmica na primeira versão. Numa parte posterior, introduz os capítulos sobre Política romana, para mostrar como funcionava "um conselho de duzentos mil homens".

Este livro, proibido na França e condenado em Genebra, difundiu-se, lentamente, pois foi considerado difícil. Só com a aproximação da Revolução Francesa é que começou a ser lido. Robespierre e Saint-Just inspiraram-se nele.

Após a morte, Rousseau foi transformado em mito e em símbolo da reconstrução política. Sua estátua, em Paris, a transferência de seus restos ao Panteon e o decreto de 7 de maio de 1794, que instituiu os dogmas da religião do Vigário de Saboia, elevam-no aos píncaros. Sua obra participa dos julgamentos e sentimentos contraditórios da época da Revolução Francesa.

Rousseau pode ser qualificado de utopista, pois se atém a princípios e abstrações. Para uns, o *Do contrato social* é uma apologia da democracia direta e, para outros, ao contrário, uma antecipação dos regimes totalitários.

A política, segundo Rousseau, implica, primeiramente, educação do cidadão. Homens esclarecidos não se deixarão enganar por propagandas insidiosas, pois colocarão o amor à pátria acima de tudo e só eles poderão estabelecer uma sociedade justa.

O *Do contrato social* não possui interesse histórico; é a condição implícita de todo julgamento político. Não podemos nos deixar seduzir por demagogos ou tecnocratas. Platão ensinou que, num Estado bem instituído, os filósofos são reis e os reis filósofos, isto é, também educadores.

Rousseau era bastante cético em relação aos contemporâneos, principalmente compatriotas, ao presenciar a decadência das instituições e dos costumes. Convencido de que a ação dos homens de boa vontade não podia estender-se além da família, escreve *Emílio,* um verdadeiro tratado sobre educação.

Falecido em 1778, em Emeronville, sua bibliografia compreende: *Ensaio sobre a origem das línguas; Discursos sobre as ciências e as artes; Discursos sobre a origem e os fundamentos da desigualdade entre os homens; Carta a d'Alembert,* sobre os espetáculos; *Do contrato social,* com o subtítulo de "Princípios do direito político"; *Emílio; Júlia ou a nova Heloísa; Sonhos do viajante solitário* e *Confissões.*

O que torna o filósofo tão atual, em nossos dias, é sua análise penetrante de assuntos que sempre interessaram e interessam ao gênero humano, pois sendo o homem, como é, um animal político, sua natureza é a mesma, desde as origens.

## Sobre o *Do contrato social*

Desde os tempos do curso secundário, quando o professor de História explicava a época da Revolução Francesa (1789-1799) e o papel dos Enciclopedistas (1751-1772), o nome de Jean Jacques Rousseau era indissoluvelmente associado à sua obra principal (1762), ensinando-se que esse ilustre autor pretendia demonstrar que os homens, vivendo no estado da natureza, onde predominava *a lei do mais forte, resolveram, tacitamente, abdicar da ilimitada liberdade de que dispunham, para, daí por diante, viver em sociedade, sob a direção de um poder que distribuía justiça, punindo os excessos de violência e garantindo a paz.*

Na verdade, Rousseau, nesse livro, adotava a ideia de que "o abandono recíproco e simultâneo de seus direitos naturais, pelos indivíduos, é o fundamento único, concebível, da liberdade civil e coloca a noção de vontade geral no cerne de sua concepção de democracia" (Larousse).

O *Do contrato social*, ou, como diz o subtítulo, Princípios do direito político, é mais uma exposição de Direito Constitucional, de Direito Político e Teoria do Direito, do que propriamente uma exposição do *Contrato social*, limitando-se este tema, repetimos, o *Contrato social*, apenas ao primeiro título, a dois capítulos do Livro I, o capítulo VIII, dedicado ao *estado civil* e o capítulo IX, relativo ao *domínio real.*

Procedendo-se a uma releitura da obra, a ideia dominante parece ser a que considera que *o homem no estado de natureza, não é nada, a não ser um animal estúpido e limitado.* Talvez, na época em que escreveu o *Discours,* Rousseau não tivesse medido plenamente o alcance de sua própria análise, mas o texto básico Do contrato social (I, VIII) é de uma nitidez perfeita e coloca em foco o conjunto da discussão: "a passagem do estado de natureza ao estado civil, produz no homem uma mudança muito característica. Embora o homem se prive, neste segundo estado, de várias vantagens que teve no estado de natureza, por outro lado, obtém outras enormes vantagens, pois suas faculdades se apuram e se desenvolvem, as ideias se alargam, os sentimentos se enobrecem, e a alma se eleva a tal ponto que, se os abusos desta nova condição não o degradassem, muitas vezes abaixo daquela da qual saiu, deveria abençoar, sem cessar, o feliz instante em que abandonou para sempre o estado anterior, transformando-se, de animal estúpido e limitado, em um ser inteligente, um homem".

Por este texto, percebemos que o homem deve à sociedade o que propriamente o caracteriza como ser humano. Não se pode dizer, pois, que a sociedade "o torna depravado".

Vê-se também que as sociedades abusivas, injustas, mal instituídas, ou seja, a maior parte das sociedades existentes, podem ter esse resultado.

O problema *Do contrato social* acha-se assim definido: fornecer a fórmula de uma sociedade não abusiva, que permita a existência social de usufruir de todos os benefícios concernentes à sua essência.

O homem não socializado seria, então, um "animal estúpido e limitado".

Ainda no capítulo VIII, dedicado ao estado civil, ressalta Rousseau que "a passagem do estado da natureza ao estado civil produz, no homem, uma alteração notável, já que substitui o instinto pela justiça, dando à sua conduta a moralidade que antes lhe faltava".

No mesmo capítulo, Rousseau explica que "o homem perde, pelo contrato social, sua liberdade natural e direito ilimitado a tudo que tentava e podia atingir, ao passo que o que ganha é a liberdade civil e a propriedade de todos os bens que possui".

Acrescenta ainda Rousseau que "para não se enganar nessas compensações, é preciso distinguir a liberdade natural, que só tem por limites as forças do indivíduo, a liberdade civil, limitada pela vontade geral e a posse, que constitui o efeito da força ou o direito do primeiro ocupante, e a propriedade, que só pode ser fundamentada em um título positivo". No capítulo IX, intitulado *O domínio real*, o autor conclui seu pensamento a respeito das consequências do contrato social, mostrando que, ao invés de destruir a igualdade natural, o pacto fundamental substitui a desigualdade física entre os homens, dada pela natureza, por uma igualdade moral e legítima.

Fica, assim, bem clara, a posição do homem, no estado da natureza, no qual vive isolado e inseguro. Só depende de si mesmo, sendo que a terra não pertence a ninguém. Estes os dois princípios sobre os quais repousa o *Do contrato social*.

Enfim, nos capítulos VIII e IX do Livro I, tão só, como já dissemos, é que Rousseau trata, realmente, do *Contrato social*, não mais voltando a ele, no restante do volume, o qual é dedicado aos princípios do Direito Político.

Não obstante se esperasse do filósofo um estudo mais profundo e completo do tema, ele nos oferece, entretanto, nos demais capítulos, um amplo estudo desses princípios, com a exata colocação filosófica em vigor no final do século XVIII.

Os Tradutores

# AVISO

Este pequeno tratado é extraído de uma obra mais extensa, empreendida outrora sem ter consultado minhas forças, e abandonado há muito tempo. Diversas partes que se poderiam tirar do que foi feito, e estas mais consideráveis, me pareceram as menos indignas de ser oferecidas ao público. O resto não mais interessa.

J.-J. Rousseau

# LIVRO I

Gostaria de pesquisar se, na ordem civil, pode existir alguma regra de administração legítima e segura, tomando os homens como são e as leis como poderiam ser. Procurarei aliar sempre, nessa pesquisa, o que o direito permite ao que o interesse prescreve, para que a justiça e a utilidade não se encontrem divididas.

Entro na matéria sem provar a importância do assunto. Perguntar-me-ão se sou príncipe ou legislador para escrever sobre Política. Respondo que não, e é por isso que escrevo sobre Política. Se fosse príncipe ou legislador, não perderia tempo em dizer o que é preciso fazer; eu o faria ou me calaria.

Nascido cidadão de um Estado livre[1] e membro do soberano,[2] qualquer fraca influência que minha voz possa ter nos negócios públicos, o direito de neles votar basta para me impor o dever de neles me enfronhar. Feliz, todas as vezes que medito sobre governos, de encontrar sempre em minhas pesquisas novas razões de amar o do meu país!

---

1. Trata-se da Suíça, lugar em que Rousseau nasceu.
2. É o denominado *Conselho Soberano*, composto por 1.200 membros, "cidadãos e burgueses", do qual Rousseau foi convidado a participar, em 1754, quando regressou da França para Genebra. Opunha-se ao *Pequeno Conselho*.

# Capítulo I
## ASSUNTO DESTE PRIMEIRO LIVRO

O homem nasceu livre e, no entanto, em toda parte, está sob ferros. Embora se creia senhor dos outros, não deixa de ser mais escravo que eles. Como se faz essa modificação? Ignoro-o. O que pode torná-la legítima? Creio poder resolver esta questão.

Se eu não considerasse senão a força e o efeito que dela deriva, diria: Enquanto um povo é forçado a obedecer e obedece, faz bem; assim que puder sacudir o jugo, faz melhor ainda, pois, recobrando a liberdade pelo mesmo direito que dele a arrebatou, ou ele procura retomá-la, ou não se importa que lha suprimam. Mas a ordem social é um direito sagrado, que serve de base a todos os outros. Entretanto, este direito não vem apenas da natureza; baseia-se, pois, nas convenções. Trata-se de saber quais são essas convenções. Antes de chegar a isso, devo estabelecer o que acabo de adiantar.

## Capítulo II
## DAS PRIMEIRAS SOCIEDADES

A mais antiga de todas as sociedades e a única natural é a da família, ainda que os filhos não permaneçam ligados ao pai senão enquanto necessitam dele para se sustentar. Assim que essa necessidade cessa, o laço natural se dissolve. Os filhos, livres da obediência devida ao pai, o pai livre dos cuidados devidos aos filhos, voltam todos, igualmente, à independência. Se continuam a permanecer unidos, isso não se dá mais naturalmente, mas voluntariamente e a própria família não se mantém senão por convenção.

Esta liberdade comum é uma consequência da natureza do homem. Sua primeira lei é a de zelar por sua própria conservação, os primeiros cuidados são consigo mesmo, e, assim que atinge a idade da razão, e sendo somente ele juiz de meios próprios de conservação, torna-se, por isso, seu próprio senhor.

A família é, pois, o primeiro modelo das sociedades políticas; o chefe é a imagem do pai, o povo é a imagem dos filhos, e sendo todos nascidos iguais e livres não alienam a liberdade senão para sua utilidade. A diferença toda é que, na família, o amor do pai pelos filhos compensa os cuidados que lhes dedica, e que no Estado o prazer de comandar supre o amor que o chefe não tem por seu povo.

Grotius[1] nega que todo poder humano seja estabelecido em favor dos governados: ele cita a escravidão como exemplo. Sua mais constante maneira de raciocinar é a de estabelecer sempre o direito pelo fato.* Poder-se-ia empregar um método mais consequente, mas não mais favorável aos tiranos.

É, pois, duvidoso, segundo Grotius, que o gênero humano pertença a uma centena de homens, ou se esta centena de homens pertençam ao gênero humano,

---

1. Hugo Groot, ou Grotius, jurista, consultor e diplomata holandês (1583-1645), um dos principais doutrinadores do Direito Natural do século XVII, cujas obras principais são o *De jure belli ac pacis* (Sobre o direito da guerra e da paz), na qual combate a escravidão e se empenha em prevenir contra as guerras, regulamentando-as, e o *De jure praedae* (Sobre o direito de aprisionamento). Recebeu o cognome de "Pai do Direito das Gentes".

\* "As sábias pesquisas sobre direito público não são muitas vezes senão a história de antigos abusos, e ficamos aborrecidos, sem razão, quando nos propomos estudá-los melhor". *Tratado manuscrito dos interesses da Fr. com seus vizinhos; por M.L.M. d'A* – na edição de 1782 a referência é dada da seguinte maneira: "*Tratado dos interesses da Fr. com seus vizinhos, pelo Sr. Marquês d'Argenson* (impresso por Rey, em Amsterdam)". Eis precisamente o que Grotius fez.

e ele parece, em todo o seu livro, inclinar-se para a primeira ideia: esse é também o sentimento de Hobbes.² Eis assim a espécie humana, dividida em rebanhos de gado, em que cada um tem seu chefe, que ele guarda para devorá-lo.

Como um pastor é de natureza superior à de suas reses, os pastores de homens, que são seus chefes, são também de natureza superior a de seus povos. Assim raciocinava, em relação a Filon,³ o imperador Calígula;⁴ concluindo, muito bem, desta analogia, que os reis eram deuses ou que os povos eram animais.

O raciocínio de Calígula chega ao de Hobbes e de Grotius. Aristóteles,⁵ antes de todos eles, tinha dito também que os homens não são naturalmente iguais, mas que uns nascem para a escravidão e outros para a dominação.

Aristóteles tinha razão, mas tomava o efeito pela causa. Todo homem nascido na escravidão nasce para a escravidão, nada é mais certo. Os escravos perdem tudo em seus grilhões, até mesmo o desejo de deles se livrarem; amam sua servidão como os companheiros de Ulisses⁶ amavam seu embrutecimento.\*\* Se há, pois, escravos por natureza, é porque houve escravos contra a natureza. A força fez os primeiros escravos e sua covardia os perpetuou.

Eu nada disse do rei Adão, nem do imperador Noé, pai de três grandes monarcas que dividiram o universo entre si, como o fizeram os filhos de Saturno,⁷ que imaginou reconhecer-se neles.⁸ Espero que me seja de bom grado esta moderação;

---

2. Filósofo inglês (1588-1679), um dos maiores pensadores do século XVII, no campo da filosofia política, autor de *De cive* (Sobre o cidadão), de 1642, e Leviatã, de 1651. Partidário do materialismo mecanicista, ele entende o homem como naturalmente amadurecido pelo desejo e pelo medo ("O homem é lobo do homem"). Para viver em sociedade, o homem deve renunciar a todos os seus direitos, em proveito de um soberano absoluto, que faz imperar a ordem (Leviatã).
3. Rousseau faz referência aqui ao filósofo judeu de expressão grega, Filon de Alexandria, do século I da era cristã (19 ou 20 a.C. a 50 a.D.) cuja obra tentou mostrar a complementaridade da Lei Mosaica, ao ensinamento filosófico helênico, principalmente o platônico.
4. Calígula, ou seja, Gaio César Augusto Germânico, filho de Julius Caesar Germanicus, general romano, nasceu no ano 12 d.C., foi Imperador romano (37-41 d.C.); desequilibrado mental, nomeou seu cavalo *Incitatus* senador romano.
5. Alusão à clássica obra *Política, Livro I*, de Aristóteles.
6. Herói da Guerra de Tróia, descrito na *Odisseia* de Homero. Preso na caverna do gigante, Ciclope conseguiu, graças a um ardil, libertar-se e a seus companheiros.
\*\* Veja um pequeno tratado de Plutarco, intitulado: *Que os animais usem a razão*.
7. Divindade da mitologia itálica e romana, identificada com Cronos, dos gregos. Expulso dos céus por Júpiter, Saturno fugiu para o Lácio, onde ressuscitou a Idade do Ouro. Seus filhos dividiram o Universo entre si. É representado como um velho, carregando a foice.
8. Referência ao escritor inglês Robert Filmer, autor do livro *O Patriarca* ou *O poder natural dos reis*, de 1680, criticado por Locke.

pois, descendendo diretamente de um desses príncipes, e talvez do ramo mais velho, quem sabe se pela verificação dos títulos eu não me achasse o legítimo rei do gênero humano? Seja quem for, não se pode negar que Adão tenha sido soberano do mundo, como Robinson de sua ilha, enquanto foi seu único habitante; e o que havia de cômodo neste império era que o monarca, seguro no trono, não tinha de temer nem rebeliões, nem guerras, nem conspiradores.

## Capítulo III
## DO DIREITO DO MAIS FORTE

O mais forte nem sempre é suficientemente forte para ser o senhor, se não transformar sua força em direito e sua obediência em dever. Daí o direito do mais forte; direito tomado, ironicamente, na aparência e estabelecido, realmente, em princípio. Mas não nos explicarão jamais essa palavra? A força é um poder físico; não vejo que moralidade pode resultar de seus efeitos. Ceder à força é um ato de necessidade, não de vontade; é, quando muito, um ato de prudência. Em que sentido poderia isso ser um dever?

Admitamos, por um momento, esse pretenso direito. Digo que não resulta disso senão um inexplicável discurso confuso. Pois assim que a força faz o direito, o efeito muda conforme a causa; toda força que supera a primeira, sucede ao seu direito. Assim como se pode desobedecer impunemente, pode-se fazê-lo legitimamente, e embora o mais forte tenha sempre razão, só se trata de fazer de modo que se seja o mais forte. Ora, o que é um direito que perece quando a força cessa? Se é preciso obedecer à força, não há necessidade de obedecer por dever, e se não se é forçado a obedecer, não se é mais obrigado. Vê-se, portanto, que a palavra direito nada acrescenta à força; ela nada significa aqui.

Obedecei aos poderosos. Se isso quer dizer cedei à força, o preceito é bom, mas supérfluo e eu respondo que não será jamais violado. Todo poder vem de Deus,[1] confesso-o; mas toda doença também vem dele. Isso significa que é proibido chamar o médico? Quando um malfeitor me surpreende no canto de um bosque, forçosamente preciso entregar-lhe a bolsa, mas se eu pudesse preservá-la, seria, em sã consciência, obrigado a entregá-la? Pois, afinal, a pistola que ele carrega também é um poder.

Convenhamos, pois, que a força não faz o direito e que não se é obrigado a obedecer senão a poderes legítimos. Assim, minha primitiva pergunta volta sempre.

---

1. Referência ao poder de Deus, no Novo Testamento, em São Paulo, Epístola aos Romanos, XIII, I, *Non est potestas nisi a Deo* (Não há poder algum que não venha de Deus).

# Capítulo IV
## DA ESCRAVIDÃO

Já que nenhum homem possui uma autoridade natural em seu semblante e já que a força não produz direito algum, permanecem, pois, as convenções, como base de toda autoridade legítima entre os homens.

Se um particular, diz Grotius, pode alienar a liberdade e se tornar escravo de um amo, porque todo um povo não poderia alienar a sua e se tornar súdito de um rei? Existem palavras equívocas que necessitariam de explicação, mas atenhamo-nos à de *alienar*. Alienar é dar ou vender. Ora, um homem que se torna escravo de outro não se dá, mas se vende, ao menos para sua subsistência: mas um povo, por que se vende? Longe de um rei fornecer aos súditos a subsistência, ele tira deles a sua, e segundo Rabelais,[1] um rei não vive de pouco. Os súditos oferecem, pois, sua pessoa, com a condição de que se lhes tomem também os bens? Não vejo o que lhes resta para conservar.

Diz-se que o déspota assegura aos súditos a tranquilidade civil. Seja; mas o que ganham eles, se as guerras que sua ambição causa, se sua insaciável avidez, se os vexames de seu ministério os entristecem mais do que o fariam suas desavenças? O que ganham eles, se essa própria tranquilidade é uma de suas misérias? Vive-se tranquilo também nos calabouços; isso é bastante para que se sintam bem? Os gregos, presos no antro do Ciclope,[2] lá viviam tranquilos, esperando a vez de serem devorados.

Dizer que um homem se dê gratuitamente é dizer algo absurdo e inconcebível; tal ato é ilegítimo e nulo, porque o que o praticou não está em sã consciência. Dizer o mesmo de todo um povo é supor um povo de loucos: a loucura não faz o direito.

Mesmo se cada um pudesse alienar-se a si mesmo, não pode alienar os filhos; eles nascem homens e livres; sua liberdade lhes pertence, ninguém tem o direito de dispor dela, a não ser eles mesmos. Antes que cheguem à idade da razão, o pai pode, em nome deles, estipular condições para sua conservação e bem-estar; mas

---

1. François Rabelais (1494-1513), famoso escritor francês, modelo perfeito de humanista do Renascimento, que lutou com entusiasmo para renovar a cultura, à luz do pensamento antigo. Autor de *Gargântua* e *Pantagruel*.
2. Trata-se dos companheiros de Ulisses, presos na caverna do gigante Polifemo e que estavam sendo devorados por este, um a um, até serem libertados pelo intrépido navegador, quando voltava de Tróia.

não aliená-los irrevogavelmente e sem condição; pois tal alienação é contrária aos fins da natureza e ultrapassa os direitos de paternidade. Seria necessário, portanto, para que um governo arbitrário fosse legítimo, que a cada geração o povo fosse quem o admitisse ou rejeitasse: mas então o governo não mais seria arbitrário.

Renunciar à liberdade é renunciar à qualidade de homem, aos direitos da humanidade, até mesmo a seus deveres. Não existe nenhuma compensação para quem renuncia a tudo. Tal renúncia é incompatível com a natureza do homem e é eliminar toda moralidade de suas ações, assim como eliminar toda liberdade de sua vontade. Enfim, é uma convenção vã e contraditória a de estipular, de um lado, uma autoridade absoluta e, de outro, uma obediência sem limites. Não está claro que não se está envolvido em nada, em relação a quem tem o direito de tudo exigir, e esta única condição, sem equivalente, sem retorno, não leva à nulidade do ato? Pois que direito o meu escravo teria contra mim, uma vez que tudo o que ele possui me pertence, e sendo meu o seu direito, este direito meu contra mim mesmo é uma palavra sem nenhum sentido?

Grotius e os outros extraem da guerra uma outra origem do pretenso direito de escravidão. Tendo o vencedor, segundo eles, o direito de matar o vencido, este pode resgatar a vida a expensas de sua liberdade; convenção tanto mais legítima quanto traz proveito a ambos.

Mas está claro que esse pretenso direito de matar os vencidos não provém, de maneira alguma, do estado de guerra. Apenas porque os homens que vivem em primitiva independência não mantêm entre eles relações bastante constantes para constituir nem estado de paz, nem estado de guerra, não são naturalmente inimigos. É a relação das coisas e não dos homens que constitui a guerra e o estado de guerra não pode nascer de simples relações pessoais, mas somente de relações reais a guerra particular ou de homem a homem não pode existir, nem no estado de natureza em que não há propriedade constante, nem no estado social, onde tudo está sob a autoridade das leis.

Os combates particulares, os duelos, os encontros são atos que não constituem um Estado; e, em relação a guerras privadas, autorizadas pelas leis de Luís IX, rei de França[3] e suspensas pela paz de Deus, são abusos do governo feudal, sistema absurdo, que jamais houve, contrário aos princípios do direito natural e a toda boa política.[4] A guerra não é, pois, uma relação de homem para homem, mas

---

3. O rei Luís IX ou São Luís (1215-1270), da dinastia dos Capetíngios, foi um dos mais cultos reis da França, mandando erguer a Santa Capela e a Sorbonne. Pelas Ordenações, autorizou várias campanhas militares.

4. No texto, Rousseau emprega o vocábulo *"politie"*, que os dicionários franceses não registram. Em grego, *"polis"* significa cidade. E *"politeia"*, da mesma raiz, é transcrito como *"política"*, que quer dizer governo, república, regime político, status do cidadão.

uma relação de Estado para Estado, na qual os particulares não são inimigos senão acidentalmente, não como homens e nem mesmo como cidadãos,* mas como soldados; não como membros da pátria, mas como seus defensores. Enfim, cada Estado não pode ter por inimigos senão outros Estados e não homens, uma vez que entre coisas de diversas naturezas não se pode estabelecer nenhuma relação verdadeira.

Este princípio é mesmo conforme as máximas estabelecidas em todos os tempos e na prática constante de todos os povos civilizados. As declarações de guerra são menos avisos às autoridades do que a seus súditos. O estrangeiro, seja rei, seja particular ou, seja povo, que rouba, mata ou detém os súditos, sem declarar guerra ao príncipe, não é um inimigo, mas bandido. Mesmo em plena guerra, um príncipe justo apodera-se, em país inimigo, de tudo o que pertence ao público, mas respeita a pessoa e os bens dos particulares; respeita os direitos sobre os quais se fundam os seus. Sendo o fim da guerra a destruição do Estado inimigo, tem-se o direito de lhes matar os defensores, enquanto tenham armas nas mãos; mas assim que as depõem e se rendem, cessando de ser inimigos ou instrumentos do inimigo, voltam a ser simplesmente homens e não se tem mais direito sobre suas vidas. Às vezes pode-se matar o Estado sem matar um só de seus membros, pois a guerra não dá nenhum direito que não seja necessário a esse fim. Estes princípios não são os de Grotius; não se baseiam nas autoridades de poetas, mas são derivados da natureza das coisas e se baseiam na razão.

Com referência ao direito de conquista, não há outro fundamento senão a lei do mais forte. Se a guerra não dá ao vencedor o direito de massacrar os povos vencidos, este direito que ele não tem não pode fundamentar o de subjugá-los. Não se tem o direito de matar o inimigo, senão quando não se pode fazê-lo escravo; o direito de fazê-lo escravo não vem, pois, do direito de matá-lo: é, portanto, uma

---

Parece que o vocábulo lembrava a Rousseau a Cidade antiga, a *Polis*, sendo título, em grego, do *Diálogo de Platão*, designado pelo termo *República*. Ver, mais adiante, os comentários 91 e 92.

* Nota acrescentada à edição de 1782: "Os romanos, que (melhor) entenderam e mais respeitaram o direito de guerra do que qualquer outra nação do mundo, levaram tão longe o escrúpulo a esse respeito, que não era permitido a um cidadão servir como voluntário, sem estar expressamente engajado contra o inimigo e, principalmente, contra determinado inimigo. Uma legião, em que Catão, filho, serviu, pela primeira vez, sob as ordens de Popílio, tendo este sido reformado, Catão, Pai, escreveu a Popílio, dizendo que se ele quisesse que seu filho continuasse a servir sob as ordens dele, seria preciso fazê-lo prestar novo juramento militar, já que, tendo sido o primeiro anulado, não poderia mais pegar em armas contra o inimigo. E o mesmo Catão escreveu ao filho que não se apresentasse em combate, pois não tinha prestado o novo juramento. Sei que me poderiam opor o cerco de Clusius e outros fatos particulares, mas eu cito leis e não usos. Os romanos são os que menos vezes agrediram suas leis e são os únicos que as possuíram tão belas".

troca iníqua a de fazê-lo adquirir, ao preço de sua liberdade, a vida sobre a qual não se tem nenhum direito. Estabelecendo o direito de vida e morte sobre o direito de escravidão, e o direito de escravidão sobre o direito de vida e morte, não está claro que se cai num círculo vicioso?

Admitindo mesmo este terrível direito de matar tudo, digo que um escravo, feito na guerra ou um povo conquistado, não é absolutamente obrigado a obedecer a seu senhor, a não ser quando forçado. Tomando o equivalente a sua vida, o vencedor não lhe concede nenhuma graça: em lugar de matá-lo sem motivo, mata-o utilmente. Longe, pois, de adquirir sobre ele qualquer autoridade, unida à força, o estado de guerra subsiste entre eles como antes, sua relação mútua tendo o mesmo efeito, e o uso do direito da guerra não pressupõe nenhum tratado de paz. Fizeram uma convenção; seja: mas esta convenção, longe de destruir o estado de guerra, pressupõe-lhe a continuidade.

Assim, em qualquer sentido em que se encarem as coisas, o direito do escravo é nulo, não somente porque é ilegítimo, mas porque é absurdo e não significa nada. Estas palavras, *escravidão* e *direito*, são contraditórias; excluem-se mutuamente. Seja de homem para homem, seja de homem para um povo, este discurso será igualmente insensato.[5] *Faço contigo uma convenção toda com encargos para ti e proveitos para mim, que observarei enquanto me agradar e que observarás enquanto me agradar.*

---

5. O termo "insensato" não significa "demente", falho de senso, louco, mas, sim, algo que não corresponde à exigência de reciprocidade de um contrato ou acordo firmado.

## Capítulo V
## É PRECISO SEMPRE REMONTAR A UMA PRIMEIRA CONVENÇÃO

Quando eu aceitar tudo o que refutei até agora, os partidários do despotismo não estarão mais adiantados nisso. Haverá sempre uma grande diferença entre sujeitar uma multidão e governar uma sociedade. Que os homens esparsos sejam sucessivamente subjugados por um só, não vejo senão um senhor e escravos e não um povo e seu chefe; se se vê uma agregação, mas não uma associação, não existe ali nem bem público, nem corpo político. Este homem, embora tendo subjugado meio mundo, não deixa de ser sempre um particular; seu interesse, separado do dos outros, não deixa de ser sempre um interesse privado. Se este mesmo homem vier a perecer, seu império, depois dele, ficará disperso e sem ligação, como um carvalho que se dissolve e tomba num monte de cinzas, depois que o fogo o consumiu.

Um povo, diz Grotius, pode-se sujeitar a um rei. Segundo Grotius, um povo é pois um povo, antes de se sujeitar a um rei. Esta própria sujeição é um ato civil e pressupõe uma deliberação pública. Antes, porém, de examinar um ato pelo qual um povo elege um rei, será conveniente examinar o ato pelo qual um povo é um povo. Pois este ato, sendo necessariamente anterior a outro, é o verdadeiro fundamento da sociedade.

Realmente, se não houve convenção anterior, a menos que a eleição fosse unânime, onde haveria a obrigação, para um pequeno número, de submeter-se à escolha de um grande, e de cem que querem um senhor, teriam eles o direito de votar por dez que não o querem? A própria lei da pluralidade dos sufrágios é um estabelecimento[1] de convenções e pressupõe, ao menos, uma vez, a unanimidade.

---

1. No *Discurso sobre a economia política*, Rousseau já sustentava que "a vida de ambos, a saber, do corpo político e do corpo organizado, é o *eu* comum ao todo, à recíproca sensibilidade mútua e à correspondência interior de suas partes".

## Capítulo VI
## DO PACTO SOCIAL

Suponho que os homens que chegam a este ponto, em que os obstáculos que impedem sua conservação no estado de natureza, levam, por sua resistência, para as forças que cada indivíduo pode empregar para se manter nesse estado. Esse estado positivo, então, não pode subsistir e o gênero humano pereceria se não mudasse sua maneira de ser.

Portanto, como os homens não podem engendrar novas forças, mas apenas unir e dirigir as que existem, não possuem outros meios para se conservar senão formar, por agregação, um conjunto de forças, que possa levar à resistência, empregar um único móvel e fazê-los agir em conformidade com eles.

Esta soma de forças não pode nascer senão do concurso de várias: mas sendo a força e a liberdade de cada homem os primeiros instrumentos de sua conservação, como se comprometer sem se prejudicar e sem negligenciar os cuidados que deve a si? Esta dificuldade, trazida ao meu assunto, pode ser enunciada nestes termos:

"Encontrar uma forma de associação, que defenda e proteja com toda força comum a pessoa e os bens de cada associado e pela qual cada um se uniria a todos, obedecendo, entretanto só a si mesmo e permanecendo tão livre quanto antes".[1] Tal é o problema fundamental ao qual o contrato social fornece a solução.

As cláusulas deste contrato são de tal modo determinadas pela natureza do ato, que a menor modificação as tornaria vãs e de efeito nulo; de modo que, embora não possam ser jamais enunciadas formalmente, são as mesmas em toda parte,[2] tacitamente admitidas e reconhecidas em toda parte; até que o pacto social seja violado, cada um volveria, então, a seus primeiros direitos e retomaria sua liberdade natural, perdendo a liberdade convencional à qual renunciou.

Estas cláusulas, bem compreendidas, reduzem-se todas a uma só, saber a alienação total de cada associado, com todos os seus direitos, a toda a comunidade. Pois, primeiramente, se cada um se der por inteiro, as condições são iguais para todos, e, sendo as condições iguais para todos, ninguém tem interesse em torná-las onerosas para os outros.

---

1. É o elemento originário e básico da teoria de Rousseau, pois para ele "a essência do corpo político está na harmonia entre a liberdade e a obediência".
2. Rousseau faz aqui referência às cláusulas, universais e necessárias, impostas pela razão, regendo o destino dos homens.

Além do mais, a alienação se faz sem reservas e a união é tão perfeita quanto possível e nenhum associado tem algo a reclamar: pois se restam alguns direitos aos particulares, como não haveria nenhum superior comum que se possa pronunciar entre eles e o público, sendo cada qual, em algum ponto, seu próprio juiz e pretenderia logo sê-lo em todos; o estado de natureza subsistiria e a associação se tornaria necessariamente tirânica ou vã.

Enfim, se cada um se der a todos, não se dá a ninguém e como não há um associado sobre o qual não se adquira o mesmo direito que se lhe cede sobre si, e mais força para conservar a que se tem.

Se, pois, se descarta do pacto social o que não é de sua essência, perceber-se-á que se reduz aos seguintes termos: *Cada um de nós reúne sua pessoa e todo o seu poder sob a suprema direção da vontade geral; e nós recebemos num corpo cada membro, como parte indivisível do todo.*

No mesmo instante, em lugar da pessoa particular de cada contratante, este ato de associação produz um corpo moral e coletivo, composto de tantos membros quantas vozes a assembleia possui, a qual recebe deste mesmo ato sua unidade, seu *eu* comum,³ sua vida e sua vontade. Esta pessoa pública, que se forma assim pela união de todas as outras, tomava outrora o nome de *Cidade*,* e toma agora o de *República* ou de corpo político, que é chamado, por seus membros, de *Estado*, quando é passivo, *Soberano*, quando é ativo e *Poder*, quando comparado a seus semelhantes. Em relação a seus associados, estes tomam, coletivamente, o nome de *Povo*, e se chamam, particularmente, de *cidadãos*, como participantes da autoridade soberana e *súditos*, quando submetidos às leis do Estado. Mas estes termos se confundem, muitas vezes e são tomados uns pelos outros; basta saber distingui-los quando são empregados em toda a sua precisão.

---

3. O ato de associação representa o voto de tantos membros quantos os integrantes da assembleia, sendo isso que lhe dá unidade, formando como que um todo homogêneo.

\* O verdadeiro sentido desta palavra está quase inteiramente esquecido pelos modernos; a maior parte toma um burgo por cidade e um burguês por cidadão. Não sabem que as casas fazem o burgo, e os cidadãos fazem a cidade. Este mesmo erro custou caro, outrora, aos cartagineses. Não li que o título de *cives* tenha sido jamais dado aos súditos de algum príncipe, nem mesmo, antigamente, aos macedônios, nem, em nossos dias, aos ingleses, embora mais próximos da liberdade que todos os outros. Apenas os franceses tomam, muito familiarmente, o nome de cidadãos, porque não têm disso nenhuma ideia verdadeira, como se pode ver em seus dicionários, sem o que cairiam na usurpação do crime de lesa-majestade: este nome, entre eles, exprime uma virtude e não um direito. Quando Bodin quis falar de nossos cidadãos e burgueses, cometeu um erro grosseiro, tomando uns pelos outros. O Sr. D'Alembert não se enganou e distinguiu muito bem, em seu artigo *Genebra*, as quatro ordens de homens (mesmo cinco, se se contar os simples estrangeiros) que estão em nosso burgo, e dos quais apenas dois compõem a República. Nenhum outro autor francês, que eu saiba, compreendeu o verdadeiro sentido da palavra *cidadão*.

# Capítulo VII
# DO SOBERANO[1]

Percebe-se por esta fórmula que o ato de associação encerra um compromisso recíproco do público com os particulares, e que cada indivíduo, contratando, por assim dizer, consigo mesmo, acha-se empenhado sob duplo respeito; a saber, como membro do soberano, em relação aos particulares, e como membro do Estado, em relação ao soberano. Mas não se pode aplicar aqui a máxima do direito civil de que ninguém é obrigado aos compromissos assumidos consigo mesmo; pois há bastante diferença entre obrigar-se consigo mesmo ou com um todo do qual se faz parte.

É preciso observar ainda que a deliberação pública, que pode obrigar todos os súditos em relação ao soberano, por causa de dois diferentes aspectos sob os quais cada qual é encarado, não pode, pela razão contrária, obrigar o soberano em relação a si mesmo, e que, por conseguinte, é contra a natureza do corpo político que o soberano se imponha uma lei que não possa infringir. Não se pode considerar senão sob um único e mesmo aspecto o caso de um particular que contrata consigo mesmo: por onde se vê que não há nem pode haver nenhuma espécie de lei fundamental obrigatória para o corpo do povo, nem mesmo o contrato social. O que não significa que este corpo não possa muito bem comprometer-se em relação a outrem, o que em nada derroga este contrato; pois em relação ao estrangeiro, torna-se um ser simples, um indivíduo.

Mas o corpo político ou o soberano que não obtém seu ser senão da santidade do contrato, não podem jamais se obrigar, mesmo em relação a outrem, a nada que derrogue este ato primitivo, como o de alienar uma porção de si mesmo ou de se submeter a outro soberano. Violar o ato pelo qual existe seria aniquilar-se, e o que não é nada, nada produz.

Assim que esta multidão é reunida em um corpo, não se pode ofender um de seus membros, sem atacar o corpo; ainda menos ofender o corpo, sem que os membros se ressintam. Desse modo, o dever e o interesse obrigam, igualmente, as duas partes contratantes a se auxiliar mutuamente, e os mesmos homens devem procurar reunir, sob esta dupla relação, todas as vantagens que dela dependem.

Portanto, o soberano não é formado senão por particulares que o compõem, nem podendo haver interesse contrário ao deles; por conseguinte, o poder sobe-

---

1. O vocábulo tem aqui o mesmo sentido que se acha expresso na nota 2 destes Comentários, isto é, Conselho Soberano. Não se trata, pois, de *monarca, chefe de Estado*.

rano não tem nenhuma necessidade de fiador, em relação aos súditos, porque é impossível que o corpo queira causar dano a todos os seus membros, e veremos, logo depois, que ele não pode causar dano a ninguém em particular. O soberano, por aquilo que é, é sempre tudo o que deve ser.

Mas não é bem assim, pois os súditos, em relação ao soberano, o qual, apesar do interesse comum, nada responderá por seus atos, se não achar meios de se assegurar da fidelidade deles.

Realmente, cada indivíduo pode, como homem, ter uma vontade particular contrária ou diferente da vontade geral que possui como cidadão. Seu interesse particular pode falar-lhe de maneira diversa do interesse comum; sua existência absoluta e naturalmente independente pode fazê-lo encarar o que deve à causa comum como uma contribuição gratuita, cuja perda será menos danosa aos outros que o pagamento que lhe é oneroso, e considerando a pessoa moral que constitui o Estado como um ser de razão, porque não é um homem, ele desprezará os direitos do cidadão, sem querer cumprir os direitos do súdito; injustiça cujo progresso causaria a ruína do corpo político.

Afim de que, pois, o pacto social não seja um vão formulário, ele encerra tacitamente este ato, que só pode dar força aos outros, recusando-se a obedecer à vontade geral e será contrário por todo o corpo: o que não significa outra coisa senão que será forçado a ser livre;[2] pois tal é a condição que, dando cada cidadão à Pátria, garante-lhe toda a dependência pessoal; condição que faz o artifício e o jogo da máquina política e que só torna legítimos os atos civis, os quais, sem isso, seriam absurdos, tirânicos e sujeitos aos maiores abusos.

---

2. O pensamento aqui é paradoxal, deixando dúvidas em muitos comentaristas, dando a impressão de que Rousseau adota o totalitarismo, colocação criticável, que gerou polêmicas, até hoje existentes.

## Capítulo VIII
## DO ESTADO CIVIL

Esta passagem do estado da natureza para o estado civil[1] produz no homem uma mudança muito marcante, substituindo, em sua conduta, o instinto pela justiça, e dando-lhe às ações a moralidade que lhes faltava antes. É só então que a voz do dever, sucedendo ao impulso físico e ao direito ao apetite, faz o homem, que até então não tinha olhado senão para si mesmo, ver-se forçado a agir por outros princípios, e consultar a razão antes de escutar suas inclinações. Embora se prive, nesse estado, de várias vantagens, que lhe provêm da natureza, ele as ganha tão grandes, suas faculdades se exercem e se desenvolvem, as ideias se alargam, os sentimentos enobrecem, toda a sua alma se eleva a tal ponto que, se os abusos desta nova condição não o degradarem, muitas vezes, abaixo da que saiu, deveria bendizer, sem cessar, o feliz instante que dela o arrancou para sempre, e que, de um animal estúpido e limitado, fez dele um ser inteligente e um homem.

Reduzamos todo esse paralelo a termos fáceis de comparar. O que o homem perde pelo contrato social, é sua liberdade natural e um direito ilimitado a tudo o que o tenta e que pode atingir; o que ganha é a liberdade civil e a propriedade de tudo que possui. Para não se enganar nessas compensações, é preciso distinguir muito bem a liberdade natural, que não tem por limites senão as forças do indivíduo, da liberdade civil, que é limitada pela vontade geral, e da posse, que não passa do efeito da força ou o direito do primeiro ocupante, da propriedade que não pode ser fundada senão num título positivo.

Poder-se-ia acrescentar, ao que precede a aquisição do estado civil, a liberdade moral, que por si só torna o homem senhor de si; pois o impulso do único apetite é a escravidão, e a obediência à lei que se prescreveu é liberdade. Mas eu não tenho dito mais sobre esse artigo, e o sentido filosófico da palavra *liberdade* não é aqui o meu assunto.

---

1. O termo *civil*, na expressão *estado civil*, significa a sociedade tranquila, em oposição ao estado natural ou selvagem.

## Capítulo IX
## DO DOMÍNIO REAL[1]

Cada membro da comunidade se dá a ela, no momento em que ela se forma, tal como se encontra atualmente, com todas as suas forças, das quais os bens que possui fazem parte. Não é senão por este ato que a posse muda de natureza, mudando de mãos e se torna propriedade nas do soberano: mas como as forças da cidade são incomparavelmente maiores que as de um particular, a posse pública é também, de fato, mais forte e mais irrevogável, sem ser mais legítima, ao menos para os estrangeiros. Pois o Estado, em relação a seus membros, é senhor de todos os seus bens, pelo contrato social, que no Estado serve de base a todos os direitos; mas não o é, em relação a outros poderes, que pelo direito do primeiro ocupante possuem os particulares.

O direito do primeiro ocupante, por vezes mais real que o do mais forte, não se torna um verdadeiro direito senão após o estabelecimento do de propriedade. Todo homem tem, naturalmente, direito a tudo o que lhe é necessário; mas o ato positivo que o torna proprietário de algum bem, o exclui de todo o resto. Tendo feito sua parte, deve limitar-se aí e não tem mais nenhum direito à comunidade. Eis porque o direito de primeiro ocupante, tão fraco no direito da natureza, diz respeito a todo homem civil. Respeita-se menos nesse direito o que é dos outros, do que aquilo que não é seu.

Em geral, para outorgar, sobre um terreno qualquer, o direito de primeiro ocupante, são necessárias as seguintes condições: primeiramente, que o terreno não seja ainda habitado por ninguém; em segundo lugar, que só se ocupe a quantidade de que se precisa para subsistir; em terceiro lugar, que se tome posse, não por uma vã cerimônia, mas pelo trabalho e cultura, único sinal de propriedade que, na falta de títulos legais, deve ser respeitado por outros.

Com efeito, conceder à necessidade e ao trabalho o direito de primeiro ocupante, não será estendê-lo tão longe quanto se pode ir? Pode-se não por limites a este direito? Bastará colocar o pé num terreno comum, para se pretender ser-lhe o dono? Bastará ter a força de afastar, num momento, outros homens, para lhes

---

1. O vocábulo *real*, do latim *realis*, que se refere a *res*, coisa, contrapõe-se a *pessoal*; no título comentado, *domínio real* significa *propriedade real*, *propriedade de coisas e bens*, vocábulos estes da terminologia do Direito Civil, no capítulo do Direito das Coisas.

impedir o direito de jamais voltarem para lá? Como pode um homem ou um povo apoderar-se de um território imenso e privar disso todo o gênero humano, a não ser por uma usurpação punível, já que ela impede o resto dos homens à habitação e aos alimentos que a natureza lhes fornece em comum? Quando Nuñez Balboa[2] tomou posse, na margem, do mar do Sul e de toda a América meridional, em nome da coroa de Castela, seria isso para espoliar todos os habitantes e deles excluir todos os príncipes do mundo? Nesse pé, as cerimônias se multiplicavam de modo tão vão e o Rei católico não precisava mais do que de um golpe de seu gabinete para tomar posse de todo o universo, salvo eliminar, em seguida, de seu império, o que fora outrora possuído por outros príncipes.

Sabe-se como as terras dos particulares, reunidas e contíguas, se tornaram território público, e como o direito de soberania se estendia dos súditos ao terreno que ocupavam se tornava, ao mesmo tempo, real e pessoal, o que coloca os possuidores numa dependência maior e faz de suas próprias forças as garantias de sua fidelidade. Vantagem que não parecia ter sido bem sentida pelos antigos monarcas, que, não se chamando senão rei dos Persas, dos Sitas, dos Macedônios, pareciam considerar-se chefes dos homens, mais do que senhores do país. Os de hoje se denominam mais habilmente reis de França, de Espanha, da Inglaterra etc. Tendo assim o terreno, sentem-se seguros de ter-lhe os habitantes.

O que há de singular nesta alienação, é que, longe de aceitar os bens dos particulares, a comunidade se apodera deles, não fazendo senão assegurar-se de sua legítima posse, transformar a usurpação em direito verdadeiro e o usufruto em propriedade. Sendo, então, os possuidores considerados depositários do bem público, seus direitos respeitados por todos os membros do Estado e mantidos, com todas as forças, contra o estranho, por uma cessão vantajosa para o público e mais ainda para si mesmo, adquiriram, por assim dizer, tudo o que deram. Paradoxo que se explica, facilmente, pela distinção dos direitos que o soberano e os proprietários têm sobre o mesmo terreno, como se verá mais adiante.

Pode suceder também que os homens comecem a unir-se antes de possuir algo, e que, apoderando-se, em seguida, de um terreno suficiente para todos, eles o usufruam em comum, ou que o partilhem entre si, seja de maneira igual, seja de acordo com as proporções estabelecidas pelo soberano. De qualquer maneira que se faça essa aquisição, o direito que cada particular tem sobre o próprio terreno é sempre subordinado ao direito que a comunidade tem sobre todos, sem o que não haveria nem solidez no vínculo social, nem força real no exercício da soberania.

---

2. Conquistador espanhol, Vasco Nuñez de Balboa (1475-1517) é o navegador que descobriu o Oceano Pacífico, em 1513, depois de haver atravessado o istmo do Panamá.

Terminarei o capítulo deste livro com uma observação que deve servir de base a todo sistema social; é que, em vez de destruir a igualdade natural, pelo pacto fundamental substitui, ao contrário, uma igualdade moral e legítima, à qual a natureza pode atribuir a desigualdade física entre os homens, e que, podendo ser desigual em força ou gênio, torna-os todos iguais por convenção e por direito.\*

FIM DO LIVRO PRIMEIRO

---

\* Sob maus governos esta igualdade não é senão aparente e ilusória; só serve para manter o pobre na miséria e o rico em sua usurpação. De fato, todas as leis são sempre úteis aos que possuem e prejudiciais aos que nada têm. Donde se segue que o estado social não é vantajoso aos homens, senão enquanto todos possuem alguma coisa e algum deles nada tem demais.

# LIVRO II

# Capítulo I
# A SOBERANIA É INALIENÁVEL

A primeira e mais importante consequência dos princípios acima estabelecidos é que a vontade geral apenas pode dirigir as forças do Estado, segundo a finalidade de sua instituição, que é o bem comum: pois, se a oposição dos interesses particulares tornou necessário o estabelecimento das sociedades, é o acordo desses mesmos interesses que o tornou possível. É o que há de comum nessas diferenças de interesses, que forma o vínculo social e, se não houver nenhum ponto no qual todos esses interesses concordem, nenhuma sociedade poderá existir. Portanto, é unicamente nesse interesse comum que a sociedade deve ser governada.

Digo, pois, que a soberania,[1] não sendo senão o exercício da vontade geral, não pode jamais alienar-se e que o soberano, que é um ser coletivo, não pode ser representado senão por si mesmo; o poder bem pode transmitir-se, mas não a vontade.

Com efeito, não é impossível que uma vontade particular concorde, em qualquer ponto, com a vontade geral; é impossível, ao menos, que este acordo seja duradouro e constante, pois a vontade particular tende, por sua natureza, às preferências, e a vontade geral à igualdade. É ainda mais impossível que se tenha garantia deste acordo, mesmo que ele devesse existir sempre; isso não seria efeito de habilidade, mas do acaso. O soberano pode dizer: Quero, atualmente, o que tal homem quer ou, ao menos, o que ele diz querer. Mas ele não pode dizer: o que este homem quererá amanhã, eu o quereria ainda, pois é absurdo que a vontade se acorrente ao futuro, e já que não depende de nenhuma vontade de consentir nada contrário ao bem do ser que quer. Se, entretanto, o povo promete, simplesmente, obedecer, dissolve-se por este ato, perde sua qualidade de povo; no instante em que há um senhor, não há mais soberano e desde então o corpo político é destruído.

Não é preciso dizer que as ordens dos chefes não possam passar para vontades gerais, enquanto o soberano, livre de se lhes opor, não o faz. Em caso semelhante, do silêncio universal dever-se-á presumir o consentimento do povo. Isso será explicado mais adiante.

---

1. Rousseau não é claro, nem preciso, ao definir os vocábulos *soberano* e *soberania*. Na Introdução, antes do Capítulo I, do Livro I, *soberano* é o *Soberano Conselho*, composto por 1.200 membros (nota 2). *Soberania* Rousseau a define como *"o exercício da vontade geral"*.

## Capítulo II
## A SOBERANIA É INDIVISÍVEL

Pela mesma razão pela qual a soberania é inalienável, ela é indivisível. Pois a vontade ou é geral,* ou não o é; é a de todo o povo ou apenas de uma parte. No primeiro caso, esta vontade declarada é um ato de soberania e faz lei. No segundo, não passa de uma vontade particular ou de um ato de magistratura; é um decreto, não mais.

Mas, nossos políticos, não podendo dividir a soberania em seu princípio, dividem-na em seu objeto; dividem-na em força e vontade, em poder legislativo e poder executivo, em direito tributário, de justiça e de guerra, em administração interior e em poder de tratar com o estrangeiro; ora confundem todas as partes, ora as separam; fazem do soberano um ser fantástico, formado de peças conexas; é como se compusessem o homem de vários corpos, em que um teria olhos, outro, braços, outro pés, e nada mais. Os charlatães[1] do Japão, dizem, despedaçam uma criança, diante dos olhos dos espectadores, jogando-lhe depois todos os membros no ar, um após outro, fazendo-a voltar viva e toda reajuntada. Tais são, mais ou menos, as trapaças de nossos políticos; depois de desmembrar o corpo social, por um artifício digno de feira, reajuntam as peças, não se sabe como.

Este erro provém de não se ter noções exatas da autoridade soberana, e de ter tomado por partes desta autoridade o que não eram senão emanações dela. Assim, por exemplo, encarou-se o ato de declarar guerra e o de fazer a paz como atos de soberania, o que não são; uma vez que cada um desses atos não é uma lei, mas somente uma aplicação da lei, um ato particular que determina o caso da lei, como se verá, claramente, quando a ideia atribuída à palavra *lei* será fixada.

Seguindo, do mesmo modo, as outras divisões, perceberemos que todas as vezes que se crê ver a soberania partilhada, enganamo-nos, pois os direitos que se tomam por partes desta soberania, são-lhe todos subordinados e supõem sempre vontades supremas, cujos direitos só lhe dão execução.

Não se saberia dizer quanto este defeito de exatidão projetou obscuridade sobre as decisões dos autores, em matéria de direito político, quando quiseram

---

\* Para que uma vontade seja geral, nem sempre é necessário que seja unânime, mas é necessário que todas as vozes sejam contadas; toda exclusão formal quebra a generalidade.

1. Os charlatães eram, na verdade, ilusionistas ou prestidigitadores, que se exibiam nos palcos do Japão.

julgar os respectivos direitos de reis e de povos, de acordo com princípios que tinham estabelecido. Pode-se ver nos capítulos III e IV do primeiro livro de Grotius, como esse homem sábio e seu tradutor Barbeyrac[2] se enredam e se embaraçam em sofismas, temendo dizer muito ou de não falar de seus pontos de vista, e de chocar os interesses que tinham conciliado. Grotius, refugiado na França, descontente com sua pátria, e querendo agradar Luís XIII,[3] a quem seu livro é dedicado, nada economiza para despojar os povos de todos os seus direitos e para, com isso, revestir os reis com toda a habilidade possível. Isso pode bem ter sido o gosto de Barbeyrac, que dedicou sua tradução ao rei da Inglaterra, Jorge I.[4] Mas, infelizmente, a expulsão de Jaime II,[5] que ele chama de abdicação, forçou-o a manter-se reservado, a esquivar-se, a tergiversar, para não fazer de Guilherme[6] um usurpador. Se esses dois escritores tivessem adotado os verdadeiros princípios, todas as dificuldades teriam sido resolvidas e teriam sido sempre consequentes; mas teriam dito tristemente a verdade e não teriam agradado senão ao povo. Pois a verdade não leva à fortuna e o povo não distribui nem embaixadas, nem cargos, nem pensões.

---

2. Tradutor e comentarista dos livros de Grotius e Pufendorf.
3. Também chamado o "Justo", Luís XIII (1601-1643) pertencia à dinastia dos Bourbons, sendo filho de Henrique IV e de Maria de Médicis.
4. Jorge I, da Inglaterra (1660-1727). Barbeyrac dedicou sua tradução de Grotius a esse monarca inglês.
5. Jaime II fugiu para a França, quando Guilherme de Orange desembarcou na Inglaterra. O Parlamento declarou que Jaime II abdicara e elegeu Guilherme rei.
6. Guilherme de Orange, que desembarcou na Inglaterra, em 1628.

## Capítulo III
## SE A VONTADE GERAL PODE ERRAR

Segue-se ao que precede que a vontade geral é sempre certa e tende sempre à utilidade pública, mas não se segue que as deliberações do povo sejam sempre da mesma retidão. Deseja-se sempre o bem, mas nem sempre é visto. Nunca se corrompe o povo, mas muitas vezes ele é enganado, e é somente então que ele parece querer o que é mau.

Muitas vezes há diferenças entre a vontade de todos e a vontade geral; isso só se refere ao interesse comum, o outro ao interesse privado e não passa de uma soma de vontades particulares: mas elimine-se dessas mesmas vontades o mais e o menos, que se destruirão entre si,* restando, para a soma das diferenças, a vontade geral.

Se, quando o povo suficientemente informado deliberava, e os cidadãos não tinham nenhuma comunicação entre si, de grande número de pequenas diferenças resultaria sempre a vontade geral, e a deliberação seria sempre boa. Mas quando se fazem tramas, associações parciais com grandes despesas, a vontade de cada uma dessas associações se torna geral, em relação a seus membros, e, particularmente, em relação ao Estado; pode-se dizer então que não há mais tantos votantes quantos homens, mas apenas tantas associações. As diferenças tornam-se menos numerosas e fornecem um resultado menos geral. Enfim, quando uma dessas associações é tão grande que se torna maior que todas as outras, não se tem mais como resultado uma soma de pequenas diferenças, mas uma diferença única; então não há mais vontade geral e a opinião que vale não é mais que uma opinião particular.

Importa, pois, para ter bem enunciada a vontade geral, que não exista sociedade parcial no Estado e que cada cidadão não opine senão depois dele.**

---

\* *Cada interesse,* diz o M(arquês) de A(rgenson), *tem princípios diversos. O acordo de dois interesses particulares se forma por oposição ao de um terceiro.* Ele acrescentou que o acordo de todos os interesses se forma por oposição ao de cada um. Se não houver interesses diferentes, dificilmente se sentirá o interesse comum, que não encontrará obstáculo jamais: tudo irá por si mesmo, e a política cessará de ser uma arte.

\*\* "Vera cosa è, dit Maquiavel, 'che alcune divisioni nuocono alle Republiche, e alcune giovano: quelle nuocono che sono dalle sette e da partigiani accompagnate: quelle giovano che senza sette, senza partigiani si mantengono. Non potendo adunque provedere un fondatore d'una Reppublica che non siano nimicizie in quella, hà da proveder almeno che non vi siano sette'." Hist. Fiorent., L VII. ("Na verdade, diz Maquiavel, 'há

Tal foi a única e sublime instituição do grande Licurgo.¹ Pois se há sociedades parciais, é preciso multiplicar-lhes o número e prevenir-lhes a desigualdade, como fizeram Sólon,² Numa,³ Servius.⁴ Estas precauções são as únicas boas para que a vontade geral seja sempre esclarecida e que o povo não se engane mais.

---

divisões que prejudicam uma República e outras que lhe são vantajosas: aquelas que a prejudicam suscitam seitas e partidos; estas lhe são vantajosas, pois não acompanham seitas, nem partidos. Pois embora o fundador de uma República não possa impedir que nela existam inimizades, precisa, ao menos, impedir que possua seitas'.")

1. Organizador e legislador de Esparta, que, dividindo as terras em partes iguais, aboliu as profundas desigualdades sociais que então havia. Ver Livro II, Capítulo VII.
2. Legislador ateniense, Solon (640-548 a.C.) dividiu os cidadãos em 4 classes, conforme a fortuna de cada um.
3. Lendário rei de Roma, sucessor de Rômulo, Numa Pompílio dividiu o povo por associações de ofícios, para restituir a unidade de Roma, cindida em duas ligas, a dos romanos e a dos sabinos.
4. Sérvio Túlio foi, igualmente, rei lendário, o sexto de Roma. Introduziu as *centúrias* na organização a cidade.

## Capítulo IV
## LIMITES DO PODER SOBERANO

Se o Estado ou a Cidade não é senão uma pessoa moral, cuja vida consiste na união de seus membros, e se o mais importante de seus cuidados é o da sua própria conservação, necessita de uma força universal e compulsiva para mover e dispor de cada parte, da maneira mais conveniente a todos. Assim como a natureza dá a cada homem um poder absoluto sobre todos os seus membros, o pacto social dá ao corpo político um poder absoluto sobre todos os seus, e é este mesmo poder que, dirigido pela vontade geral, traz, como já disse, o nome de soberania.

Mas além da pessoa pública, temos de considerar as pessoas privadas que a compõem, e cuja vida e liberdade são naturalmente independentes dela. Trata-se, pois, de distinguir muito bem os respectivos direitos dos cidadãos e do soberano,* e os deveres que os primeiros devem desempenhar, na qualidade de súditos, do direito natural do qual devem usufruir, na qualidade de homens.

Convém que tudo o que cada um aliena pelo pacto social de poder, de seus bens, de liberdade, é somente a parte de tudo aquilo que o uso oferece à comunidade, mas é preciso convir, também, que somente o soberano é o juiz desta importância.

Todos os serviços que um cidadão pode prestar ao Estado, ele os deve assim que o soberano lho solicite; mas o soberano, por seu lado, não pode encarregar os súditos de nenhum jugo inútil à comunidade; não pode nem mesmo desejá-lo: pois sob a lei da razão nada se faz sem causa, não mais que sob a lei da natureza.

Os compromissos que nos ligam ao corpo social não são obrigatórios, porque são mútuos, e sua natureza é tal que, cumprindo-os, não se pode trabalhar para outrem, sem trabalhar também para si próprio. Por que a vontade geral é sempre certa, e por que todos querem constantemente a felicidade de cada um deles, se isso é porque não há pessoa que não se aproprie das palavras *cada um*, e que não pense em si mesmo, ao votar para todos? O que prova que a igualdade de direito e a noção de justiça que produz derivam da preferência que cada um se dá e, por conseguinte, da natureza do homem, pois a vontade geral, para ser verdadeiramente tal, deve o ser ao seu objeto, assim como a sua essência, e deve partir de todos, para se aplicar a todos, perdendo a retidão natural quando tende a algum objeto

---

* Leitores atentos, não se apressem, por favor, em acusar-me aqui de contradição. Não pude evitá-la nos termos, dada a pobreza da língua; mas aguardem.

individual e determinado; porque então, julgando o que nos é estranho, não temos nenhum princípio verdadeiro de equidade que nos oriente.

Com efeito, assim que se tratar de um fato ou de um direito particular, sobre um ponto que não foi regulado por uma convenção geral e anterior, o caso se torna contencioso. É um processo em que os particulares interessados são uma das partes e o público a outra, mas em que não vejo nem a lei que se deve seguir, nem o juiz que deve julgar. Será ridículo querer então se ater a uma expressa decisão da vontade geral, que só pode ser a conclusão de uma das partes, e que, por conseguinte, não é outra senão uma vontade estranha, particular, levada, nessa ocasião, à injustiça e sujeita a erro. Assim, do mesmo modo que uma vontade particular não pode representar a vontade geral, a vontade geral, por sua vez, muda de natureza, tendo um objeto particular e não pode, por ser geral, pronunciar-se nem sobre um homem, nem sobre um fato. Quando o povo de Atenas, por exemplo, nomeava ou cassava seus chefes, concedia honras a um, impunha penas a outro, e, por multidões de decretos particulares praticava, indistintamente, todos os atos de governo, não tendo então o povo vontade geral propriamente dita; não agia mais como soberano, mas como magistrado. Isso parecerá contrário às ideias comuns, mas é preciso que me deem tempo para expor as minhas.

Deve-se conceber, nesse sentido, que o que generaliza a vontade é menos o número de vozes do que o interesse comum que as une: pois nesta instituição cada um se submete, necessariamente, às condições que ele impõe aos outros; acordo admirável do interesse e da justiça, que dá às deliberações comuns um caráter de equidade, que se vê desaparecer na discussão de todo negócio particular, exceto de um interesse comum que una e identifique a lei do juiz com a da parte.

Por qualquer ângulo que se remonte ao princípio, chega-se, sempre, à mesma conclusão: saber que o pacto social estabelecido entre os cidadãos tem tal igualdade, que eles se encontram todos nas mesmas condições, e todos devem gozar dos mesmos direitos. Assim, pela natureza do pacto, todo ato de soberania, isto é, todo ato autêntico da vontade geral, obriga ou favorece igualmente todos os cidadãos, de modo que o soberano conhece somente o corpo da nação e não distingue nenhum dos que a compõem. O que é então propriamente um ato de soberania? Não é uma convenção do superior com o inferior, mas uma convenção do corpo com cada um de seus membros: convenção legítima, porque tem por base o contrato social, equitativo, porque é comum a todos, útil, porque não pode ter outro objeto senão o bem geral, e sólido, porque tem como garantia a força pública e o poder supremo. Enquanto os súditos não estão submetidos senão a tais convenções, eles não obedecem a ninguém, mas apenas à própria vontade; e perguntar até onde se estendem os respectivos direitos do soberano e dos cidadãos é perguntar até que ponto eles podem engajar-se consigo mesmos, cada um para todos e todos para cada um.

Vê-se por aqui que o poder soberano, que é absoluto, sagrado, inviolável, não passa e nem pode passar dos limites das convenções gerais, e que todo homem pode dispor plenamente daquilo que lhe foi deixado de seus bens e de liberdade, por estas convenções; de modo que o soberano jamais tem o direito de sobrecarregar mais a um súdito que outro, porque então, se o caso se tornar particular, seu poder já não é competente.

Uma vez admitidas tais distinções, é tão errado que no contrato social haja, da parte dos particulares, alguma renúncia verdadeira, ou que sua situação, por efeito desse contrato, seja realmente preferível a que tinham anteriormente, e que, em lugar de uma alienação, não tenham feito senão uma troca vantajosa de uma maneira de ser incerta e precária, contra outra melhor e mais segura, da independência natural pela liberdade, do poder de prejudicar outrem pela sua própria segurança, e de sua força, que outros podiam superar, por um direito que a união social torna invencível. A própria vida, que dedicaram ao Estado, lhes é continuamente protegida, e quando a expõem, em sua defesa, o que fazem senão lhe devolver o que dele receberam? O que fazem que não fariam mais frequentemente e com mais perigo no estado de natureza, quando, entregando-se a combates inevitáveis, defenderiam, com perigo da própria vida, o que lhes vale conservar? Todos têm de combater, necessariamente, pela pátria, é verdade; mas também ninguém jamais deve combater para si mesmo. Não se ganha ainda em correr para o que faz da nossa segurança parte dos riscos que se deveria correr por nós mesmos, antes que ela nos seja tirada?

## Capítulo V
## DO DIREITO DE VIDA E MORTE

Pergunta-se:[1] como é que os particulares, que não têm o direito de dispor da própria vida, podem transmitir ao soberano esse mesmo direito que não possuem? Esta questão não parece difícil de resolver; apenas está mal colocada. Todo homem tem o direito de arriscar a própria vida para conservá-la. Alguma vez foi dito que aquele que se joga de uma janela para escapar de um incêndio seja culpável de suicídio? Imputou-se mesmo este crime a alguém que pereceu numa tempestade, se, ao embarcar, ignorava o perigo?

O tratado social tem por objetivo a conservação dos contratantes. Quem deseja o fim deseja também os meios e estes meios são inseparáveis de alguns riscos e mesmo de algumas perdas. Quem quiser conservar a vida a expensas de outros deve também dá-la a eles quando necessário. Ora, o cidadão não é mais o juiz do perigo ao qual a lei quer que ele se exponha e quando o Príncipe[2] lhe diz: É conveniente ao Estado que morras, ele deve morrer; uma vez que não é senão na condição de que viveu em segurança até então, e que sua vida não é mais somente um benefício da natureza, mas um dom condicional do Estado.

A pena de morte infligida aos criminosos pode ser encarada mais ou menos sob o mesmo ponto de vista: é para não ser a vítima de um assassino que se consente em morrer se se deve fazê-lo. Neste tratado, longe de dispor da própria vida, só se pensa em garanti-la, e não se deve presumir que algum dos contratantes premedite então fazer-se enforcar.

Aliás, todo malfeitor que ataca o direito social torna-se por seus atos rebelde e traidor da pátria, cessa de ser membro dela ao violar-lhe as leis e até lhe faz guerra. Então a conservação do Estado é incompatível com a sua, sendo necessário que um dos dois pereça, e quando se faz morrer o culpado, é menos como cidadão do que

---

1. Rousseau refere-se aqui a Locke, que, no seu livro *Ensaio sobre o governo civil* (Livro III, § 2.º), escreveu: "Não tendo o homem direito nem sobre a própria vida, não pode, por nenhum tratado, nem por vontade própria, tornar-se escravo de outrem, nem submeter-se ao poder absoluto e arbitrário de outro homem, que lhe possa tirar a vida quando quiser. Ninguém pode dar mais autoridade do que tem e aquele, que não pode tirar a própria vida, não pode também transferir a terceiros direito algum sobre ela".
2. O vocábulo *Príncipe,* refere-se aqui a *magistrado,* distribuidor da Justiça ou *governante* (ver Livro III, Capítulo I).

como inimigo. O processo, o julgamento, são as provas e a declaração que rompeu o tratado social, e, por conseguinte, não é mais membro do Estado. Ora, como ele se reconheceu como tal, ao menos por sua morada, deve ser afastado pelo exílio, como infrator do pacto, ou pela morte, como inimigo público; pois tal inimigo não é uma pessoa moral, é um homem e é direito de guerra matar o vencido.

Mas, dir-se-á, a condenação de um criminoso é um ato particular. Está certo; também esta condenação não pertence ao soberano; é um direito que pode conferir, sem que ele próprio o exerça. Todas as minhas ideias se mantêm, mas não saberia expô-las todas ao mesmo tempo.

Contudo, a frequência dos suplícios é sempre sinal de fraqueza ou de preguiça no governo. Nada há de mau que não possa se tornar bom de qualquer modo. Não se tem o direito de fazer morrer, nem mesmo como exemplo, nem aquele que não se pode conservar sem perigo.

Com referência ao direito de graça, ou de eximir um culpado da pena definida em lei e pronunciada pelo juiz, isso só cabe a quem está acima do juiz e da lei, ou seja, ao soberano. Mesmo o seu direito a isso não está bem claro, e os casos de aplicá-lo são muito raros. Num Estado bem governado há poucas punições, não porque se concedem muitas graças, mas porque há poucos criminosos: a quantidade de crimes assegura a impunidade quando o Estado se enfraquece. Sob a República romana jamais o Senado ou os cônsules tentaram conceder graça; nem mesmo o povo o queria, embora revogasse, algumas vezes, o próprio julgamento. As frequentes graças anunciam que logo os atos delituosos não terão mais necessidade disso, e cada qual percebe onde isso conduz. Sinto, porém, que meu coração murmura e retém minha pena; deixemos que o homem justo, que não errou, discuta essas questões, e que ele próprio jamais tenha necessidade de graça.

## Capítulo VI
## DA LEI

Pelo pacto social demos existência e vida ao corpo político: trata-se agora de dar-lhe movimento e vontade pela legislação. Pois o ato primitivo pelo qual este corpo se forma e se une não determina ainda o que deve fazer para conservar-se.

O que é bom e conforme à ordem é assim pela natureza das coisas e independentemente das convenções humanas. Toda justiça vem de Deus, somente Ele é sua fonte; mas se nós soubéssemos recebê-la de tão alto, não teríamos necessidade nem de governo, nem de leis. Sem dúvida, é uma justiça universal, emanada somente da razão; mas esta justiça, para ser admitida entre nós, deve ser recíproca. Considerando-se humanamente as coisas, salvo sanção natural, as leis da justiça são vãs entre os homens; não fazem senão o bem do malvado e o mal do justo, quando este os observa com todo mundo, sem que ninguém os observe com ele. São necessárias, pois, convenções e leis para unir os direitos aos deveres e reconduzir a justiça a seu objeto. No estado da natureza, onde tudo é comum, nada devo a quem nada prometi e não reconheço a outrem o que me é inútil. Não é assim no estado civil, em que todos os direitos são fixados pela lei.

Mas o que é, afinal, uma lei? Enquanto nos contentarmos em atribuir a esta palavra somente ideias metafísicas, continuaremos a raciocinar sem nos entendermos, e quando se disser que é uma lei da natureza, não se saberá melhor o que é uma lei do Estado.[1]

Eu já disse que não há vontade geral sobre um objeto particular. Realmente, este objeto particular está no Estado ou fora do Estado. Se está fora do Estado, uma vontade que lhe é estranha não é geral em relação a ele; e se este objeto está no Estado, faz parte dele. Forma-se, então, entre o todo e a parte uma relação que torna dois seres separados, em que a parte é um deles e o todo, menos esta parte, é o outro. Mas o todo menos uma parte não é o todo e enquanto esta relação subsiste não há mais um todo, mas duas partes desiguais; donde se segue que a vontade de uma não é menos geral em relação à outra.

Mas quando todo o povo estatui para todo o povo, ele não considera senão a si mesmo, e, se se forma então uma relação, é do objeto inteiro sob o ponto de vista do objeto inteiro, sob um outro ponto de vista, sem nenhuma divisão do todo.

---

1. Alusão ao famoso pensador Montesquieu, autor de *O espírito das leis*.

Então a matéria sobre a qual se estatui é geral como a vontade que estatui. É este ato que chamo de lei.

Quando digo que o objeto das leis é sempre geral, entendo que a lei considera os súditos como corpos e as ações como abstratas, jamais um homem como indivíduo, nem uma ação particular. Assim, a lei pode muito bem estatuir que haverá privilégios, mas não pode concedê-los, especificamente, a ninguém; a lei pode criar várias classes de cidadãos, designar mesmo as qualidades que darão direito a essas classes, mas não pode designar tais e tais para serem aí admitidos; ela pode estabelecer um governo real e uma sucessão hereditária, mas não pode indicar um rei, nem designar uma família real; em uma palavra: toda função que se refere a um objeto individual não pertence ao poder legislativo.

Por esta ideia, vê-se, no mesmo instante, que não é mais necessário perguntar a quem incumbe fazer leis, já que são atos da vontade geral; nem se o Príncipe está acima das leis, uma vez que é membro do Estado; nem se a lei pode ser injusta, já que nada é injusto em relação a si mesmo; nem como se é livre e submetido às leis, desde que elas não são mais que registros de nossas vontades.

Vê-se ainda que a lei que reúne a universalidade da vontade e a do objeto, e o que a um homem, seja ele quem possa ser, seja ordenado por seu chefe, não é lei; mesmo o que um soberano ordene a respeito de um objeto particular também não é lei, mas decreto, nem um ato de soberania, mas de magistratura.

Chamo, pois, de República todo Estado regido por leis, sob qualquer forma de administração que possa haver: pois então somente o interesse público governa, e a coisa pública é qualquer coisa. Todo governo legítimo é republicano:* explicarei logo a seguir o que é governo.

As leis não são propriamente senão condições de associação civil. O Povo submetido às leis deve ser-lhes o autor; ele não pertence senão aos que se associam para regular as condições da sociedade: mas como as regularão? Será por um comum acordo ou por uma inspiração súbita? O corpo político possui um órgão para enunciar essas vontades? Quem lhe dará a previsão necessária para formar-lhe os atos e publicá-los antecipadamente, ou como irá pronunciá-los no momento de necessidade? Como é que uma multidão cega, que não sabe o que quer, porque raramente sabe o que lhe é bom, executará por si mesma uma empresa tão grande, tão difícil quanto um sistema legislativo? Por si mesmo, o povo sempre quer o bem, mas por si mesmo não o percebe sempre. A vontade geral é sempre correta, mas o julgamento que a dirige nem sempre é esclarecido. É preciso fazê-la ver os objetos

---

* Não entendo apenas por governo uma aristocracia ou democracia, mas em geral todo governo dirigido pela vontade geral, que é a lei. Para ser legítimo não é preciso que o governo se confunda com o soberano, mas que dele seja ministro: então a própria monarquia é república. Isso se esclarecerá no livro seguinte.

tais como são e às vezes tais como lhe devem parecer, mostrar-lhe o bom caminho que procura, garanti-la contra a sedução das vontades particulares, aproximar a seus olhos lugares e tempos, ponderar o atrativo das vantagens presentes e sensíveis, pelo perigo dos males distantes e ocultos. Os particulares veem o bem que rejeitam: o público quer o bem que não vê. Todos têm necessidade, igualmente, de dirigentes. É preciso obrigar alguns a conformar suas vontades à razão; é preciso ensinar outros a conhecer o que querem. Então, das luzes públicas resulta a união do entendimento e da vontade no corpo social; daí o exato concurso das partes, e enfim, a maior força do todo. Eis de onde nasce a necessidade de um legislador.

# Capítulo VII
# DO LEGISLADOR

Para descobrir as melhores regras da sociedade[1] que convêm às nações, será preciso uma inteligência superior, que veja todas as paixões dos homens e que não experimente nenhuma, que não tenha nenhuma relação com nossa natureza e que a conheça a fundo, cuja felicidade seja independente de nós e que, entretanto, queira ocupar-se da nossa; enfim, que no progresso dos tempos, valendo-se de uma glória longínqua, possa trabalhar num século e desfrutar em outro.* Serão necessários deuses para dar leis aos homens.

O mesmo raciocínio que Calígula fazia quanto ao fato, Platão fazia quanto ao direito, para definir o homem civil ou real que procura em seu livro[2] sobre o reinado; mas se é verdade que um grande príncipe é um homem raro, o que será um grande legislador? O primeiro não tem de seguir senão o modelo que outro deve propor. Este é o mecânico que inventa a máquina, aquele não passa de um operário que a monta e a faz funcionar. No nascimento das sociedades, diz Montesquieu, são os chefes das repúblicas que fazem a instituição, e é, em seguida, a instituição que forma os chefes das repúblicas.

Aquele que ousa empreender a instituição de um povo deve sentir-se em condições de mudar, por assim dizer, a natureza humana; de transformar cada indivíduo, que por si mesmo é um todo perfeito e solitário, em parte de um todo maior, em que este indivíduo receba, de algum modo, sua vida e seu ser; de alterar a constituição do homem para reforçá-la; de substituir uma existência física e independente, que recebemos da natureza, por uma existência parcial e moral. É preciso, em uma palavra, que se eliminem do homem suas forças próprias, para lhe dar as que lhe são estranhas e das quais não poderia utilizar-se sem o socorro de outrem. Quanto mais

---

1. Este capítulo, destinado ao legislador e às leis, alude à antiga Grécia, quando Licurgo legislava para os lacedemônios e Solon para os atenienses.
* Um povo não se torna célebre senão quando sua legislação começa a declinar. Ignora-se durante quantos séculos a instituição de Licurgo fez a felicidade dos espartanos, antes que se falasse deles no resto da Grécia.
2. O livro de Platão é o Diálogo intitulado *Politico*. Nele, o filósofo grego definiu os *reis* como pastores de homens, mas critica essa definição, examinando os atributos exigidos pela função real, e concluindo, no fim do Diálogo, que essas atribuições se resumem ao domínio da ciência, acessível a pouquíssimos homens.

essas forças naturais estão mortas e aniquiladas, tanto mais duráveis as aquisições e tanto mais sólida e perfeita a instituição. De modo que se cada cidadão não é nada, não pode nada, senão por todos os outros, e que a força adquirida por todos seja igual ou superior à soma das forças naturais de todos os indivíduos, pode-se dizer que a legislação está no ponto mais alto que possa alcançar.

O legislador é, sob todos os aspectos, um homem extraordinário no Estado. Se deve sê-lo por seu gênio, não o é menos por seu emprego. Isso não é magistratura, nem soberania. Este emprego, que constitui a república, não entra em sua constituição. É uma função particular e superior, que nada tem em comum com o império humano, pois se aquele que comanda os homens não deve comandar as leis, aquele que comanda as leis não deve mais comandar os homens; senão suas leis, ministros e paixões só perpetuarão, muitas vezes as injustiças e jamais poderá evitar que pontos de vista particulares alterem a santidade de sua obra.

Quando Licurgo deu leis à sua pátria, começou por abdicar da realeza. Era costume na maior parte das cidades gregas confiar a estrangeiros o estabelecimento das deles. As repúblicas modernas da Itália imitaram muitas vezes este uso; a de Genebra fez o mesmo e isso foi bom para ela.** Roma, em sua mais bela fase, viu renascer em seu seio todos os crimes da tirania e se viu prestes a perecer, por ter reunido, nas mesmas cabeças, a autoridade legislativa e o poder soberano.

Entretanto, os próprios decênviros jamais se arrogaram o direito de fazer passar alguma lei de sua própria autoridade. *Nada do que vos propomos*, diziam ao povo, *pode passar como lei, sem o vosso consentimento. Romanos, sede vós mesmos os autores das leis que devem fazer a vossa felicidade.*

Aquele que redige as leis não tem, pois, ou não deve ter, nenhum direito legislativo e o próprio povo não pode, quando o quiser, despojar-se deste direito incomunicável, porque, segundo o pacto fundamental, não existe senão a vontade geral que obriga os particulares, e da qual não se pode assegurar senão que uma vontade particular está conforme a vontade geral, após havê-la submetido aos sufrágios livres do povo: eu já disse isso, mas não é inútil repeti-lo.

Assim, encontram-se, ao mesmo tempo, na obra da legislação, duas coisas que parecem incompatíveis: uma empresa acima da força humana e, para executá-la, uma autoridade que não o é.

Outra dificuldade que merece atenção: os sábios que querem falar com o vulgo a linguagem deles, em lugar da sua, não poderão ser compreendidos. Ora, há mil

---

** Os que não consideram Calvino senão um teólogo, conhecem mal a extensão de seu gênio. A redação de nossos sábios editos, na qual ele teve muita parte, honra-o tanto quanto sua instituição. Seja qual for a revolução que o tempo possa trazer ao nosso culto, enquanto o amor à pátria e à liberdade não for extinto entre nós, jamais a memória deste grande homem cessará de ser uma bênção.

espécies de ideias impossíveis de traduzir para a língua do povo. Os pontos de vista mais gerais e os objetos mais afastados estão igualmente fora de seu alcance; cada indivíduo, não gostando de outro plano de governo senão o que se refere a seu interesse particular, dificilmente percebe as vantagens que deve auferir das contínuas privações que as boas leis impõem. Para que um povo que nasce possa usufruir das máximas salutares da política e seguir as regras fundamentais da razão de Estado,[3] será necessário que o efeito possa tornar-se causa, que o espírito social que deve ser obra da instituição presidisse à própria instituição, e que os homens fossem, antes das leis, o que deveriam tornar-se para elas. Assim, pois, não podendo o legislador empregar nem a força, nem o raciocínio, é necessário que recorra a uma autoridade de outra ordem,[4] que possa conduzir sem violência e persuadir sem convencer.

Eis o que forçou sempre os pais das nações a recorrer à intervenção do céu e de honrar os deuses de sua própria sabedoria, para que os povos, submetidos às leis do Estado como às da natureza, reconhecessem o mesmo poder na formação do homem e no da cidade, obedecendo com liberdade e carregando docilmente o jugo da felicidade pública.

Esta é a razão sublime, que se eleva acima do suportado por homens vulgares e aquela em que o legislador põe as decisões na boca dos imortais, para arrebatar pela autoridade divina aqueles a quem não poderia abalar a prudência humana.[***] Mas não cabe a nenhum homem fazer os deuses falarem, nem de ser áspero quando se anuncia ser intérprete deles. A grande alma do legislador é o verdadeiro milagre que deve provar sua missão. Todo homem pode gravar em tábuas de pedra, ou comprar um oráculo, ou fingir um acordo secreto com alguma divindade, ou erguer um pássaro, para falar-lhe ao ouvido, ou de encontrar outros meios grosseiros de impor-se ao povo. Aquele que não souber que isso possa reunir, por acaso, uma

---

3. O conceito discutível da expressão *razão de Estado (raison d'État)* é o interesse superior que o político invoca, em favor de suas decisões, consideradas, porém, condenáveis, quando analisadas sob o prisma da moral privada. Essa noção entrou para a linguagem filosófica e jurídica, a partir dos escritos de Maquiavel, ou seja, quando surgiram os grandes Estados modernos. Neste trecho, Rousseau não emprega a expressão exatamente com este sentido, achando ele que a razão é a adotada pelo Estado quando interessa ao governante determinada colocação.
4. Rousseau refere-se aqui à ordem religiosa.
*** *E veramente*, diz Maquiavel, *mai non fu alcuno ordinatore di leggi straordinarie in un popolo, che non ricorrese a Dio, perchè altrimenti non sarebbero accettate; perchè sono molti beni conosciuti da uno prudente, i quali non hanno in se raggioni evidenti da potergli persuadere ad altrui*. Discorso sopra Tito Livio, L.I, c.XI. (E realmente, diz Maquiavel, nunca houve nenhum ordenador de leis extraordinárias em um povo, que não recorresse a Deus, porque de outro modo não saberia aceitar; porque são muito bem conhecidos de um prudente, que não têm em si razão evidente para persuadir a outro. Discurso sobre Tito Lívio, L.I, c.XI).

turma de insensatos, não fundará, jamais, um império, e sua extravagante obra perecerá logo com ele. Vãos prestígios formam um laço passageiro e não há como a sabedoria para torná-lo duradouro. A lei judaica[5] sempre subsistente, a do filho de Ismael,[6] que há dez séculos rege a metade do mundo, anuncia ainda hoje os grandes homens que a ditaram; e enquanto a orgulhosa filosofia[7] ou o espírito cego de partido[8] não vê neles senão felizes impostores, o verdadeiro político admira em suas instituições este grande e poderoso gênio que preside aos estabelecimentos duradouros.

Não é preciso concluir, de tudo isso, com Warburton,[9] que a política e a religião têm, entre nós, um objeto comum, mas que na origem das nações um serve de instrumento ao outro.

---

5. A lei judaica, ou seja, o Velho Testamento, a Torá, é, em grande parte, obra de Moisés, um dos grandes legisladores do mundo antigo, ao lado dos gregos Solon e Licurgo.
6. Ismael é o personagem bíblico, filho de Abrão e Agar, considerado pelas tradições bíblicas e alcorânicas, como o antepassado dos judeus e dos muçulmanos. Segundo o Alcorão, seu filho era o profeta Maomé.
7. Rousseau alude à "orgulhosa filosofia", expressão empregada na tragédia de Voltaire, *Maomé*, que nela é criticado.
8. Alusão à Igreja Católica Apostólica Romana.
9. Bispo inglês, Warburton (1698-1779) é um clássico autor de obras famosas, em que analisa as relações entre a política e a religião.

## CAPÍTULO VIII
## DO POVO[1]

Assim como antes de erguer um grande edifício o arquiteto observa e sonda o solo, para ver se pode sustentar-lhe o peso, assim também o sábio instituidor não começa a redigir boas leis em si mesmas, mas examina antes se o povo ao qual se destinam está apto a recebê-las. É por isso que Platão recusou dar leis aos Arcadianos e Cirineus,[2] sabendo que esses dois povo eram ricos e não podiam sofrer a igualdade: é por isso que se viram em Creta[3] boas leis e maus homens, porque Minos[4] não tinha disciplinado senão um povo carregado de vícios.

Mil nações brilharam na terra, que não puderam jamais suportar boas leis, e mesmo as que não o puderam nunca tiveram duração por um tempo muito curto para isso. Os povos, assim como os homens,\* só são dóceis na juventude e se tornam incorrigíveis ao envelhecer; quando, uma vez que os costumes são estabelecidos e os privilégios enraizados, é um empreendimento perigoso e vão querer reformá-los; o povo não pode mesmo sofrer que se toque em seus males para destruí-los, semelhante aos enfermos estúpidos e sem coragem, que tremem à vista do médico.

Não é que, como algumas doenças que transtornam a cabeça dos homens e lhes apagam a lembrança do passado, não se encontrem, às vezes, na duração dos Estados, épocas violentas, em que as revoluções produzem nos povos o que certas crises produzem nos indivíduos, em que o horror do passado toma o lugar do es-

---

1. Na primeira versão do *Contrato Social*, os Capítulos VIII, IX e X estavam fundidos num só capítulo, sob o título *Do povo para instituir*. O título atual, *Do povo*, é mais feliz que o anterior, pois Rousseau explica, nesta passagem, os requisitos que um povo deve preencher, quando chega a época de legislar.
2. Estas considerações do texto foram extraídas da obra de Plutarco, a saber, que Platão fora convidado, pelos habitantes de Cirene, a redigir-lhes as leis que deveriam regulamentar-lhes a administração da República, mas o filósofo não concordou, alegando que era difícil, no estado de riqueza em que viviam os cirinenses, redigir leis para eles.
3. Creta é a famosa ilha grega do Mediterrâneo, em que floresceu a civilização minoana.
4. Lendário rei de Creta, cujo espírito de justiça e de sabedoria lhe valeu, depois da morte, tornar-se juiz no Hades, a região das sombras. Os historiadores veem em Minos um título real ou dinástico genérico de vários soberanos cretenses, donde a clássica expressão *civilização minoana*.
\* O texto da edição de 1782 está assim redigido: "A maior parte dos povos, assim como os homens...".

quecimento, e em que o Estado, incendiado pelas guerras civis, renasce, por assim dizer, das cinzas e retoma o vigor da juventude, saindo dos braços da morte. Tal foi Esparta, no tempo de Licurgo, tal foi Roma, após os Tarquinios;[5] e tais foram entre nós a Holanda e a Suíça,[6] após a expulsão dos tiranos.

Mas estes acontecimentos são raros; são as exceções, cuja razão se encontra sempre na constituição particular do Estado excetuado. Não teriam mesmo lugar duas vezes para o mesmo povo, pois ele se torna livre enquanto não é senão bárbaro, mas não pode mais sê-lo quando a força civil é usada. Então as perturbações podem destruí-lo, sem que as revoluções possam restabelecê-lo, mas assim que seus grilhões são quebrados, ele cai disperso e não existe mais. Torna-se-lhe necessário, daí por diante, não um senhor, mas um libertador. Povos livres, lembrai-vos desta máxima: *Pode-se conquistar a liberdade, mas não se pode recuperá-la jamais.*

Há para as nações, assim como para os homens, um tempo de maturidade que é preciso esperar,** antes de submetê-las a leis; mas a maturidade de um povo nem sempre é fácil de conhecer, e se for prevenido a obra é falha. Um povo é disciplinável ao nascer, outro não o é, nem em dez séculos. Os russos não serão jamais verdadeiramente civilizados, porque o foram muito cedo. Pedro[7] tinha o gênio imitador, mas não tinha o verdadeiro gênio, aquele que cria e do nada faz tudo. Algumas das coisas que fez foram boas, mas a maioria inoportuna. Percebeu que seu povo era bárbaro, mas não viu que não estava maduro para a politização; quis civilizá-lo, quando só precisava torná-lo aguerrido. Primeiramente, quis fazer alemães e ingleses, quando deveria fazer russos; impediu os súditos de tornar-se o que poderiam ser, persuadindo-os de que eram o que não eram. É assim que um preceptor francês forma seu discípulo, para brilhar por um momento na infância, e depois nunca ser mais nada. O Império da Rússia quererá subjugar a Europa[8]

---

5. Entre os primeiros governantes de Roma, estão dois Tarquínios: Tarquínio, o Antigo e Tarquínio, o Soberbo. No reinado deste último, os etruscos foram expulsos de Roma.
6. Referência às lutas travadas nos Países Baixos, por Guilherme de Orange e Egmont, contra os espanhóis e às batalhas travadas por Guilherme Tell, na Suíça, contra o tirano Gessler, no século XIV. Guilherme foi o patriota que desafiou o tirano, quando este lhe ordenou que com a flecha acertasse a maçã colocada sobre a cabeça da criança.
** Texto da edição de 1782: "A juventude não é a infância. Ela é para as nações, assim como para os homens, um tempo de juventude, ou, se se quiser, de maturidade, que é preciso esperar...".
7. Trata-se de Pedro I, o Grande (1672-1725), Imperador da Rússia, pertencente à dinastia dos Romanoff, o qual deu grande impulso ao país, trazendo, da Europa Ocidental, especialistas em vários campos da arte e das ciências.
8. De certo modo, Rousseau acertou em sua previsão, porque, não no Império, mas mais tarde, durante o regime comunista, a Rússia, então chamada de União Soviética, dominou, politicamente, a Polônia, a Tchecoslováquia, a Hungria, a Romênia, além da Estônia, Letônia e Lituânia, até que, após a Perestroika, todos os países do Leste se libertaram dessa influência, renegando o comunismo.

e ele próprio será subjugado.⁹ Os tártaros,¹⁰ seus súditos e vizinhos tornar-se-ão senhores deles e nossos. Esta revolução parece inevitável. Todos os reis da Europa trabalham em conjunto, para acelerá-la.¹¹

---

9. Na verdade, o Império Russo, como tal, nunca chegou a ser subjugado.
10. Da região asiática denominada Tartária, os tártaros nunca se tornaram, como Rousseau profetizara, senhores da Rússia, nem dos países da Europa.
11. Nesta passagem, Rousseau imita Voltaire, entendendo que "todo povo deve ter um caráter nacional". Voltaire criticou Rousseau, escrevendo: "A Corte de São Petersburgo nos considerará grandes astrólogos, se souber que um de nossos jovens relojoeiros regulou a hora em que o Império Russo deverá ser destruído".

## Capítulo IX
## CONTINUAÇÃO

Assim como a natureza deu prazos à estatura de um homem bem formado, passados os quais ela não faz mais senão gigantes ou anões, deu, do mesmo modo, em relação à melhor constituição de um Estado, limites à extensão que ele pode ter, para que não seja nem muito grande para ser bem governado, nem muito pequeno para manter-se por si mesmo. Há em todo corpo político um *maximum* de força que ele não poderia ultrapassar e do qual muitas vezes se afasta, à força de engrandecer-se. Quanto mais o laço social se estende, mais ele se enfraquece e, em geral, um pequeno Estado é proporcionalmente mais forte que um grande.

Mil razões demonstram essa máxima. Primeiramente, a administração torna-se mais penosa nas grandes distâncias, assim como um peso se torna maior na extremidade de uma grande alavanca. Torna-se assim mais onerosa à medida que os graus de importância se multiplicam, pois cada cidade tem, em primeiro lugar, a sua administração, que o povo paga, e cada distrito também, ainda paga pelo povo; em seguida, cada província, pois os grandes governos, as satrápias,[1] os vice-reinados, que é preciso pagar sempre mais caro, à medida que se sobe e sempre às expensas do infeliz povo; enfim, chega a administração suprema, que esmaga tudo, tantas as sobrecargas que esgotam continuamente os súditos; longe de serem mais bem governados por essas diferentes ordens, eles o são de modo pior do que se tivessem um único chefe acima deles. Entretanto, dificilmente restam recursos para os casos extraordinários, e quando é preciso recorrer ao Estado é sempre às vésperas de sua ruína.

Isso não é tudo; não só o governo tem menos vigor e celeridade para fazer observar as leis, impedir vexames, corrigir abusos, prevenir empreendimentos sediciosos, que se possam fazer em lugares distantes, como também o povo tem menos afeição por seus chefes que jamais vê, pela pátria, que é aos olhos dele como o mundo, e por seus concidadãos, cuja maior parte lhe é estranha. As mesmas leis não podem convir a tantas províncias diversas, que têm costumes diferentes, que vivem em climas opostos, e que não podem aceitar a mesma forma de governo. Leis diferentes não engendram senão perturbação e confusão entre os povos que, vivendo sob os mesmos chefes, em comunicação contínua, passam ou se casam uns com os outros, e, submetidos a ou-

---

[1] A Pérsia antiga era dividida em regiões, as *satrápias*, e cada região era administrada por um *sátrapa*, na época dos *aquemênidas*.

tros costumes, não sabem jamais se seu patrimônio lhes pertence. Os talentos não são aproveitados, as virtudes ignoradas, os vícios impunes, nesta multidão de homens desconhecidos uns dos outros, que a sede da administração suprema reúne num mesmo lugar. Os chefes, sobrecarregados de trabalho, nada veem por si mesmos, enquanto amanuenses governam o Estado. Enfim, as medidas que é preciso tomar para manter a autoridade geral, às quais tantos funcionários afastados querem subtrair-se ou impô-las, absorve todas as atenções públicas, nada mais restando aí para a felicidade do povo, a não ser para sua defesa, numa emergência, e é assim que um corpo muito grande para sua constituição se abate e perece, esmagado sob o próprio peso.

Por outro lado, o Estado deve proporcionar-se certa base, para ter solidez, para resistir aos abalos que não deixará de experimentar e aos esforços que será obrigado a fazer para sustentar-se: pois todos os povos têm uma espécie de força centrífuga, pela qual agem continuamente, uns contra os outros, e tendem a engrandecer-se às expensas de seus vizinhos, como os *turbilhões* de Descartes.[2] Assim, os fracos se arriscam de ser logo engolidos, e quase ninguém pode conservar-se senão colocando-se com todos numa espécie de equilíbrio, que torna a compressão igual quase em toda parte.

Vê-se por aí que há razões para expandir-se e razões para apertar-se, e não é talento menor do político o de encontrar, entre unas e outras, a proporção mais vantajosa à conservação do Estado. Pode-se dizer, em geral, que as primeiras, não sendo senão exteriores e relativas devem ser subordinadas às outras, que são internas e absolutas; uma constituição sã e forte é a primeira coisa que é preciso procurar, e deve-se contar mais com o vigor que nasce de um bom governo do que com os recursos fornecidos por um grande território.

De resto, viram-se Estados de tal modo constituídos que a necessidade das conquistas integrava-lhes a própria constituição, e que para se manter eram forçados a crescer sem cessar. Pode ser que se felicitassem muito por essa ditosa necessidade, que lhes mostrava, entretanto, com o termo de sua grandeza, o momento inevitável de sua queda.[3]

---

2. Descartes, explicando o mundo, distinguia dois elementos – matéria e movimento –, entendendo que a matéria, acelerada pelo *moto perpetuo*, movimento perpétuo, desloca-se em pedaços, e que o movimento que a impulsiona, deverá fragmentar-se aos poucos, em correntes refratárias, em linha reta e, por isso, em *turbilhões* ou *vórtices*. O Universo seria formado por esses enormes turbilhões em movimento, que arrastavam blocos de matéria. Até o século XVIII, esta era a doutrina aceita.
3. Este trecho reflete influência direta de Montesquieu, no livro *Grandeza e decadência dos romanos*, e de Maquiavel, no *Discurso sobre a primeira década de Tito Lívio*.

## Capítulo X
## CONTINUAÇÃO

Pode-se medir um corpo político de duas maneiras, a saber, pela extensão do território, e pelo número de pessoas, e há, entre uma e outra dessas medidas, uma relação conveniente para dar ao Estado a verdadeira grandeza. São os homens que fazem o Estado, e é o terreno que nutre os homens; esta relação é, de tal modo, que a terra baste para prover os habitantes, e que haja tantos habitantes quantos a terra possa alimentar. É nesta proporção que se encontra o *maximum* de força de determinado número de pessoas; pois se há terreno demais, sua guarda é onerosa, a cultura insuficiente, o produto supérfluo; é a causa próxima das guerras defensivas; se isso não existe, o Estado se encontra, para obter o suplemento, à discrição de seus vizinhos; é a causa próxima das guerras ofensivas. Todo povo que tem, como posição, apenas a alternativa entre o comércio e a guerra é fraco em si mesmo; depende dos vizinhos e depende dos acontecimentos; não tem jamais senão uma existência incerta e curta. Subjuga e muda de situação ou é subjugado e não é nada. Não pode conservar-se livre senão à força de pequenez ou de grandeza.

Não se pode calcular uma relação fixa entre a extensão da terra e o número de homens que se bastam uns aos outros; tanto por causa das diferenças que se acham na qualidade do terreno, em seus graus de fertilidade, na natureza de suas produções, na influência dos climas, como nas que se notam nos temperamentos dos homens que as habitam, em que uns consomem pouco num país fértil, outros consomem muito num solo ingrato. É preciso considerar ainda a maior ou menor fecundidade das mulheres, ao fato do que o país pode ter de mais o de menos favorável à população, à quantidade a que o legislador pode esperar de concorrer aí por suas leis; de modo que não deve basear seu julgamento no que ele vê, mas no que prevê, nem se fixar tanto no estado atual da população, quanto àquele em que ela deve naturalmente chegar. Enfim há mil ocasiões em que os acidentes particulares do lugar exigem ou permitem que se ocupe mais terreno do que parece necessário. Assim, expandir-se-á mais num país montanhoso, onde as produções naturais, a saber, os bosques e as pastagens, exigem menos trabalho, onde a experiência ensina que as mulheres são mais fecundas que nas planícies, e onde um grande solo inclinado não dá senão uma pequena base horizontal, a única com que se pode contar para a vegetação. Ao contrário, pode-se assentar às bordas do mar, mesmo entre as rochas e as areias quase estéreis; porque a pesca pode aí suplementar em grande parte as produções da terra, em que os homens devem ser mais unidos para repelir os piratas, e em que haja, além disso, mais facilidade para livrar o país, através de colônias, dos habitantes que o sobrecarregam.

A essas condições para instituir-se um povo é preciso acrescentar uma que não pode substituir nenhuma outra, mas sem a qual todas elas são inúteis: é que se desfrute da abundância da paz, pois o tempo em que se ordena um Estado é, como aquele em que se forma um batalhão, o instante em que o corpo é menos capaz de resistência e mais fácil de destruir. Resistir-se-á melhor numa desordem absoluta do que num momento de fermentação, em que cada qual se ocupa de sua posição e não do perigo. Se uma guerra, uma fome, uma sedição sobrevenham neste tempo de crise, o Estado estará infalivelmente destruído.

Não é que não haja muitos governos estabelecidos durante esses tumultos; mas então são esses próprios governos que destroem o Estado. Os usurpadores trazem ou escolhem sempre esses tempos de perturbações para fazer passar, graças ao terror público, leis destrutivas, que o povo jamais adotará a sangue frio. A escolha do momento da instituição é uma das características mais seguras pelas quais se pode distinguir a obra do legislador da obra do tirano.

Que povo está, pois, afeito à legislação? Aquele que, achando-se já ligado, por alguma união de origem, de interesse ou de convenção, ainda não suportou o jugo das leis; aquele que não tem nem costumes, nem superstições bem enraizadas; aquele que não teme ser derrotado por uma invasão súbita, que, sem entrar nas disputas dos vizinhos, pode resistir sozinho a cada uma delas, ou valer-se de um para rechaçar o outro; aquele cujo membro pode ser conhecido de todos, e em que não se é forçado de sobrecarregar um homem com fardo maior que possa carregar; aquele que pode passar sem outros povos e sem o qual todos os outros povos podem passar;[*] aquele que não é rico nem pobre e pode bastar-se a si mesmo; enfim, aquele que reúne a consistência de um povo antigo à docilidade de um povo novo. O que torna penosa a obra da legislação é menos o que é preciso estabelecer do que o que é necessário destruir; e o que torna o sucesso tão raro é a impossibilidade de encontrar a simplicidade da natureza unida às necessidades da sociedade. Todas essas condições, é verdade, dificilmente se encontram reunidas. Veem-se também poucos Estados bem constituídos.

Há ainda na Europa um país capaz de legislar: é a ilha da Córsega.[1] O valor e a constância com que esse bravo povo soube recuperar e defender sua liberdade

---

[*] Se, de dois povos vizinhos, um não pode passar sem o outro, isso será uma situação muito dura para o primeiro e muito perigosa para o segundo. Toda nação sábia, num caso semelhante, esforçar-se-á, bem depressa, a livrar a outra dessa dependência. A República de Tlascala, encravada no império do México, preferiu passar sem sal a comprá-lo dos mexicanos, e mesmo a aceitá-lo gratuitamente. Os sábios tlascalanos perceberam a armadilha oculta sob esta liberalidade. Conservaram-se livres e este pequeno Estado, encerrado naquele grande império, foi finalmente o instrumento de sua ruína.

1. Até o ano 2000, embora os habitantes da Córsega tenham feito várias tentativas de libertar-se da França, até agora não o conseguiram. Ao contrário do que, em geral, se pensa,

bem mereceria que qualquer homem sábio o ensinasse a conservá-la. Tenho o pressentimento de que um dia esta pequena ilha surpreenderá a Europa.

---

Rousseau não profetizou, neste trecho, a vinda de Napoleão, mas a resistência que os corsos sempre tiveram, em relação à Itália e à França. Revoltaram-se contra a República de Gênova, sob a liderança de Paoli, herói exaltado pela maioria dos filósofos da época, entre os quais Voltaire. Para a opinião pública daquele tempo, o povo corso era o símbolo da coragem, pois, embora sempre subjugado, sempre se demonstrou entusiasta da liberdade, impressionando, grandemente, a imaginação de Rousseau.

## Capítulo XI
## DOS DIVERSOS SISTEMAS DE LEGISLAÇÃO

Se se pesquisa em que consiste precisamente o maior bem de todos, que deve ser o fim de todo sistema legislativo, ver-se-á que ele se reduz a estes dois objetos principais, a *liberdade* e a *igualdade*. A liberdade, porque toda dependência particular é um tanto de força eliminada do corpo do Estado; a igualdade, porque a liberdade não pode subsistir sem ela.

Eu já disse o que é a liberdade civil; em relação à igualdade, não se deve entender por essa palavra senão os graus de poder e de riqueza sejam absolutamente os mesmos, mas que, quanto ao poder, ela fique abaixo de qualquer violência e que não se exerça jamais senão em virtude da posição e das leis, e, quanto à riqueza, que nenhum cidadão seja tão opulento que possa comprar outro, e nenhum tão pobre que seja constrangido a vender-se. Isso supõe, do lado dos grandes, moderação de bens e de crédito, e do lado dos pequenos, moderação da avareza e da cobiça.*

Esta igualdade, dizem eles, é uma quimera de especulação, que não pode existir na prática. Mas se o abuso for inevitável, segue-se que não lhe falte, ao menos, ser regulado? É precisamente porque a força das coisas tende sempre a destruir a igualdade que a força da legislação deve sempre tender a mantê-la.

Mas estes objetos gerais de todas as boas instituições devem ser modificados em cada país, pelas relações que nascem, tanto da situação local quanto do caráter dos habitantes, e é sobre estas relações que é preciso atribuir a cada povo um sistema particular de instituição, que seja o melhor, talvez não em si mesmo, mas para o Estado ao qual é destinado. Por exemplo, o solo é ingrato e estéril, ou o país muito apertado para seus habitantes? Voltai-vos para o lado da indústria e das artes, em que trocareis as produções pelos gêneros que vos faltam.

Ao contrário, cultivais ricas planícies e encostas férteis? Num bom terreno, faltam-vos habitantes? Dedicai todo o cuidado à agricultura que multiplica os homens, e expulsai as artes que não fariam senão acabar de despovoar o país,

---

\* Quereis, pois, dar consistência ao Estado? Aproximai os graus extremos tanto quanto possível: não aceiteis nem pessoas ricas, nem indigentes. Esses dois estados, naturalmente inseparáveis, são igualmente funestos para o bem comum; de um, saem os fatores da tirania e, de outro, os tiranos; é sempre entre eles que se faz o tráfico da liberdade pública; um a compra e outro a vende.

agrupando em alguns pontos do território o pouco de habitantes que possui.** Trabalhais margens extensas e cômodas? Cobri os mares de navios, cultivai o comércio e a navegação; tereis uma existência brilhante e curta. O mar não banha em vossas costas senão rochedos quase inacessíveis? Permanecei bárbaros e ictiófagos;[1] vivereis mais tranquilos, talvez melhor, e certamente mais felizes. Em uma palavra, além das máximas comuns a todos, todo povo encerra em si alguma causa que o regulamenta de maneira particular e torna sua legislação adequada somente para ele. É assim que, outrora, os hebreus e recentemente os árabes tiveram por principal objeto a religião, os atenienses, as letras, Cartago e Tiro, o comércio, Rodes, a marinha, Esparta, a guerra e Roma, a virtude. O autor d'*O Espírito das leis* mostrou, numa multidão de exemplos, através de que arte o legislador dirige a instituição para cada um desses objetos.

O que torna a constituição de um Estado verdadeiramente sólida e durável, é quando as conveniências são de tal modo observadas que as relações naturais e as leis recaem sempre, em conjunto, nos mesmos pontos, e que elas não fazem, por assim dizer, senão assegurar, acompanhar e retificar as outras. Mas se o legislador, errando o objeto, toma um princípio diferente daquele que nasce da natureza das coisas, de modo que um tende para a escravidão e o outro para a liberdade, um para as riquezas, outro para a população para a paz, outro para as conquistas, ver-se-ão as leis enfraquecer-se insensivelmente, a constituição alterar-se e o Estado não cessará de ser agitado até ser destruído ou mudado, e que a invencível natureza tenha retomado seu império.

---

** Algum ramo do comércio exterior, diz o M(arquês) de A(rgenson), não atribui senão uma falsa utilidade para um reino em geral; ele pode enriquecer alguns particulares, até mesmo algumas cidades, mas a nação inteira nada ganha e o povo não estará melhor por isso.

1. O vocábulo *ictiófago*, composto de *icti* = peixe e de *fagus* = devora, refere-se aos povos litorâneos, que se alimentam, principalmente, de peixes.

## Capítulo XII
## DIVISÃO DAS LEIS

Para ordenar o todo, ou dar a melhor forma possível à coisa pública, há diversas relações a considerar-se. Primeiramente, a ação do corpo inteiro, agindo sobre si mesmo, isto é, a relação do todo com o todo, ou do soberano com o Estado, e esta relação é composta dos termos intermediários, como veremos em seguida.

As leis, que regem esta relação, têm o nome de leis políticas, denominando-se também leis fundamentais, não sem razão, já que essas leis são sábias. Pois se não há em cada Estado senão uma maneira boa de regulamentá-lo, o povo que a encontrou deve ater-se a ela: mas se a ordem estabelecida é má, porque se tomarão como fundamentais as leis que o impedem de ser bom? Além disso, em todo estado de causa, um povo é sempre senhor para mudar as leis, mesmo as melhores; pois se lhe agrada fazer mal a si mesmo, quem tem o direito de impedi-lo?

A segunda relação é a dos membros entre si ou com o grupo inteiro, e esta relação deve ser, à primeira vista, tão pequena e, à segunda, tão grande quanto possível: de modo que cada cidadão seja perfeitamente independente de todos os outros, e de excessiva dependência da Cidade, o que se faz sempre pelos mesmos meios; pois não há senão a força do Estado para dar liberdade a seus membros. É dessa segunda relação que nascem as leis civis.

Pode-se considerar uma terceira espécie de relação entre o homem e a lei, a saber, aquela da desobediência à pena e essa dá lugar ao estabelecimento das leis criminais, que, no fundo, são menos uma espécie particular de leis do que a sanção de todas as outras.

A essas três espécies de leis, acrescenta-se uma quarta, a mais importante de todas, que não se grava nem no mármore, nem no bronze, mas no coração dos cidadãos; que faz a verdadeira constituição do Estado, que toma todos os dias novas forças e que, enquanto as outras leis envelhecem e se extinguem, reanima-as ou as supre, conservando um povo no espírito de sua instituição, e substitui, insensivelmente, a força do hábito pela da autoridade. Falo dos usos, dos costumes, e sobretudo da opinião; parte desconhecida por nossos políticos,[1] mas da qual

---

1. Os críticos de vários países comentam esta passagem. Entendem alguns que a referência é a Montesquieu, outros, que é aos filósofos antigos. A expressão "sobretudo da opinião" aproxima esta passagem do livro de Rousseau, *Considerações sobre o governo da Polônia*, no qual o pensador francês afirma que a educação, modelando gostos e opiniões,

depende o sucesso de todas as outras: parte da qual o grande legislador se ocupa em segredo, enquanto parece limitar-se a regulamentos particulares, que não são senão o arco da abóbada, cujos usos, mais lentos para nascer, formam, enfim, a chave inabalável.

Entre essas diversas classes, as leis políticas, que constituem a forma do governo, são as únicas relativas ao meu assunto.

FIM DO LIVRO SEGUNDO

---

constitui o fundamento mais poderoso da ordem pública e social. Aqui, Rousseau se sente discípulo dos filósofos gregos, Platão e Xenofonte, que, respectivamente, nos livros *A República* e *As leis*, do primeiro e na *República dos Lacedemônios*, do segundo, não separavam a política da pedagogia. O adjetivo possessivo *nossos*, talvez signifique, aqui, *modernos*, criticando Rousseau seus contemporâneos, menos pela ignorância dos costumes, do que pelo desconhecimento da importância, reconhecida pelos autores antigos.

# LIVRO III

Antes de falar das diversas formas de governo, tratemos de fixar o sentido preciso desta palavra, que ainda não foi suficientemente bem explicada.

# Capítulo I
# DO GOVERNO EM GERAL

Avisei o leitor que este capítulo deve ser lido pausadamente, e que eu não conheço a arte de ser claro para quem não quer ser atento.

Toda ação livre tem duas causas que concorrem para produzir uma moral, a saber, a vontade que determina o ato, a outra física, a saber, o poder que a executa. Quando caminho em direção a um objeto, é preciso, primeiramente, que eu queira ir lá; em segundo lugar, que meus pés me levem lá. O paralítico que queira correr, o homem ágil que não o queira, ambos permanecerão parados. O corpo político tem os mesmos móveis; distingue-se aí, igualmente, a força e a vontade, uma sob o nome de *poder legislativo*, a outra sob a denominação de *poder executivo*.[1] Nada se faz ou se deve fazer sem o concurso de ambos.

Já vimos que o poder legislativo pertence ao povo e não pode pertencer senão a ele. É fácil ver o contrário, pelos princípios antes estabelecidos, que o poder executivo não pode pertencer à generalidade como legislador ou soberano, porque esse poder não consiste senão em atos particulares, que não têm a elasticidade da lei, nem, por consequência, a do soberano, cujos atos, todos, não podem ser senão leis.

É preciso, pois, para a força política ter um agente próprio, que a reúna e a empregue conforme as diretrizes da vontade geral, que serve para a comunicação entre o Estado e o soberano,[2] que faça, de algum modo, à pessoa pública o que faz ao homem a união da alma e do corpo.[3] Eis o que é no Estado a razão do governo, confundido, erradamente, com o soberano, do qual não é senão ministro.

O que é, pois, o governo? Um corpo intermediário, estabelecido entre os súditos e o soberano, para sua mútua correspondência encarregado da execução das leis e da manutenção da liberdade, tanto civil quanto política.

---

1. No livro *O espírito das leis*, Montesquieu distingue também esses dois poderes, o Legislativo e o Executivo, colocando-os, entretanto, no mesmo nível, dividindo, assim, a soberania que, conforme Rousseau, é indivisível (Livro II, cap. II): "A soberania é indivisível, porque a vontade ou é geral ou não é". Rousseau foi o primeiro pensador a estabelecer, entre o executivo e o legislativo, uma separação tão rígida, que ele desenvolveu com coerência, mas que suscitou várias dúvidas entre seus intérpretes.
2. Na concepção de Rousseau, o Estado é o corpo político quando passivo, portanto, o conjunto dos súditos, ao passo que o soberano é o mesmo corpo político quando ativo, ou o conjunto dos cidadãos, enquanto legislam.
3. A mesma ideia é expressa por Descartes, em seu livro *Discurso sobre o método*.

Os membros deste corpo denominam-se magistrados ou reis,⁴ isto é, *governadores*, e o corpo inteiro traz o nome de *príncipe*.* Assim, aqueles que pretendem que o ato pelo qual um povo se submete a chefes não é um contrato, têm toda a razão. Isso não é, absolutamente, senão uma comissão,⁵ um emprego, no qual simples oficiais do soberano exercem, em seu nome, o poder do qual ele os fez depositários e que ele pode limitar, modificar e retomar quando lhe agradar, sendo a alienação de tal direito incompatível com a natureza do corpo social e contrária ao objetivo da associação.

Chamo, pois, de *governo* ou suprema administração o exercício legítimo do poder executivo e de príncipe ou magistrado o homem ou o corpo encarregado desta administração.

É no governo que se encontram as forças intermediárias, cujas relações compõem a do todo com o todo ou do soberano com o Estado.⁶ Pode-se representar esta última relação pela dos extremos de uma proporção contínua, cujo meio proporcional é o governo. O governo recebe do soberano as ordens que ele dá ao povo, e para que o Estado tenha um bom equilíbrio é preciso, compensado tudo, que haja igualdade entre o produto ou o poder do governo tomado em si mesmo e o produto ou o poder dos cidadãos, que são soberanos por um lado e súditos por outro.

Além disso, não se poderia alterar nenhum dos três termos, sem quebrar, no mesmo instante, a proporção. Se o soberano quer governar ou se o magistrado quer outorgar leis, ou se os súditos se recusam a obedecer, a desordem sucede à regra, a força e a vontade não mais agem de acordo e o Estado desagregado cai assim no despotismo ou na anarquia. Enfim, como não há senão um meio proporcional entre cada relação, não há também senão um bom governo possível num Estado. Mas como mil acontecimentos podem mudar as relações de um povo, não somente diferentes governos podem ser bons para diversos povos, mas para o mesmo povo, em diferentes épocas.

Para tentar dar uma ideia das diversas relações que podem reinar entre esses dois extremos, tomarei como exemplo o número de pessoas, como uma relação mais fácil de exprimir.

---

4. O vocábulo "rei" deixa o intérprete em dúvida, pois é derivado do latim *rex, regis*, cognato do verbo *regere*, que significa *governar, reger*. Rousseau salienta que há uma distinção entre *rei* e *soberano*. O mesmo ocorre com o vocábulo *príncipe*, empregado logo a seguir, e comentado na nota 73, para designar o corpo de magistrados.

* É assim que em Veneza se dá ao colégio o nome de *sereníssimo Príncipe*, mesmo quando o Doge não assiste à reunião.

5. O vocábulo *comissão* é um termo que surpreende o intérprete, assim como as palavras *emprego* e *oficiais*, observando-se que *oficial* é relacionado a *ofício*, que também significa *cargo*.

6. O período deve ser interpretado do seguinte modo: "do conjunto de cidadãos, considerados *ativos*, com o conjunto de cidadãos, considerados *passivos*".

Suponhamos que o Estado seja composto por dez mil cidadãos. O soberano não pode ser considerado senão coletivamente e como corpo. Mas cada particular, na qualidade de súdito é considerado como indivíduo. Assim, o soberano está para o súdito como dez mil para um. Isso quer dizer que cada membro do Estado não tem como sua parte senão a décima milésima parte da autoridade soberana, embora lhe seja submetido por inteiro. Se o povo for composto de cem mil homens, o estado dos súditos não muda e cada um é sujeito, igualmente, a todo o império das leis, enquanto seu sufrágio, reduzido a um centésimo milésimo, tem dez vezes menos influência na redação dessas leis. Então, restando sempre um súdito, a relação do soberano aumenta em razão do número dos cidadãos. Donde se segue que quanto mais o Estado cresce, mais a liberdade diminui.

Quando digo que a relação aumenta, entendo que ela se afasta da igualdade. Assim, quanto maior a relação na acepção dos geômetras, menos relações há na acepção comum; na primeira, a relação considerada segundo a quantidade mede-se expondo-o, e na outra, considerada segundo a identidade, ela é avaliada pela semelhança.

Portanto, quanto menos as vontades particulares se relacionam com a vontade geral, isto é, os costumes com as leis, mais a força repressora deve aumentar. O governo, pois, para ser bom, deve ser relativamente mais forte à medida que o povo for mais numeroso.

Por outro lado, o engrandecimento do Estado, dando aos depositários da autoridade pública mais tentações e meios de abusar do seu poder, quanto mais o governo deve ter força para conter o povo, mais o soberano deve tê-la, por seu lado, para conter o governo. Não falo aqui de uma força absoluta, mas da força relativa das diversas partes do Estado.

Segue-se, dessa dupla relação, que a proporção contínua entre o soberano, o príncipe e o povo não é uma ideia arbitrária, mas uma consequência necessária da natureza do corpo político. Segue-se ainda que um desses extremos, a saber, o povo como súdito, sendo fixo e representado pela unidade, todas as vezes que a razão dupla aumenta ou diminui de modo igual e, por consequência, o meio termo é mudado. O que mostra que não há uma constituição de governo única e absoluta, mas que pode haver aí tanto governos diferentes em natureza, quanto Estados diferentes em grandeza.

Se, pondo esse sistema em ridículo, dizia-se que para encontrar este meio proporcional e formar o corpo do governo não é preciso, na minha opinião, senão tirar a raiz quadrada do número de pessoas, eu responderia que só tomo esse número aqui como exemplo, que as relações a que me refiro não se medem somente pelo número de homens, mas em geral pela quantidade de ação, à qual se combina a multidão de causas, e que de resto se, para me exprimir em poucas palavras, peço emprestado, por um momento, termos de geometria, não ignoro, entretanto, que a precisão geométrica não tem lugar nas quantidades morais.

O governo é, em grau menor, o que o corpo político que o encerra é, em grau maior. É uma pessoa moral dotada de certas faculdades, ativa como o soberano, passiva como o Estado e que se pode decompor em outras relações semelhantes, donde nasce, por consequência, uma nova proporção, outra ainda nesta, segundo a ordem dos tribunais, até onde se chega a um meio termo indivisível, isto é, a um único chefe ou magistrado supremo, que se pode representar em meio a esta progressão, como a unidade entre a série das frações e a dos números.

Sem nos embaraçarmos nesta multiplicação de termos, contentemo-nos em considerar o governo como um novo corpo no Estado, distinto do povo e do soberano e intermediário entre um e outro.

Há esta diferença essencial entre os dois corpos, já que o Estado existe por si mesmo e o governo não existe senão pelo soberano. Assim, a vontade dominante do príncipe não é ou não deve ser a vontade geral ou a lei e sua força é a força pública concentrada em si, e já que quer tirar de si mesmo algum ato absoluto e independente, a ligação do todo começa a se afrouxar. Se acontecer, enfim, que o príncipe tenha uma vontade particular mais ativa que a do soberano, e que a tivesse usado para obedecer a essa vontade particular de força pública, que tem nas mãos, de modo que tenha, por assim dizer, dois soberanos, um de direito e outro de fato, no mesmo instante a união social desapareceria e o corpo político seria dissolvido.

Entretanto, para que o corpo do governo tenha existência, uma vida real que o distinga do corpo do Estado, para que todos os seus membros possam agir de acordo e responder para o fim ao qual é instituído, é preciso um *eu* particular, uma sensibilidade comum a seus membros, uma força, uma vontade própria que tende a sua conservação. Esta existência particular pressupõe assembleias, conselhos, um poder de deliberar, de resolver direitos, títulos, privilégios, que pertencem exclusivamente ao príncipe e que tornam a condição do magistrado mais honrosa à proporção que se torna mais penosa. As dificuldades estão na maneira de ordenar no todo esse todo subalterno, de modo que não altere a constituição geral, fortalecendo-a, que distinga sempre sua força particular, destinada a sua própria conservação da força pública, destinada, por sua vez, à conservação do Estado, e que, em uma palavra, esteja sempre pronta a sacrificar o governo ao povo e não o povo ao governo.[7]

Além disso, embora o corpo artificial do governo seja a obra de outro corpo artificial, e que não tenha, de algum modo, senão uma vida emprestada e subordinada, isso não impede que não possa agir com mais ou menos vigor ou presteza e gozar, por assim dizer, de uma saúde mais ou menos robusta. Enfim, sem afastar-se diretamente do objetivo de sua instituição, pode desviar-se dela mais ou menos, conforme a maneira pela qual é constituída.

---

7. Rousseau despreza o despotismo, mas não é partidário da anarquia, nem de um chefe do executivo fraco.

É de todas essas diferenças que nascem as diversas relações que o governo deve ter com o corpo do Estado, de acordo com as relações acidentais e particulares pelas quais este mesmo Estado é modificado. Pois muitas vezes o governo, por melhor que seja, tornar-se-á mais corrupto, se suas relações não forem alteradas conforme os defeitos do corpo político ao qual pertence.

## Capítulo II
## DO PRINCÍPIO QUE CONSTITUI AS DIVERSAS FORMAS DE GOVERNO

Para expor a causa geral dessas diferenças, é preciso distinguir aqui o príncipe do governo, como distingui acima o Estado do soberano.[1]

O corpo de magistrados[2] pode ser composto de maior ou menor número de membros. Já dissemos que a relação do soberano com os súditos era tanto maior quanto mais numeroso o povo, e por uma analogia evidente podemos dizer isso do governo em relação aos magistrados.[3]

Portanto, a força total do governo, sendo sempre a do Estado, não varia; donde se segue que quanto mais ele usa essa força em seus próprios membros, menos lhe resta para agir sobre todo o povo.

Quanto mais numerosos os magistrados, mais fraco é o governo. Como essa máxima é fundamental, apliquemo-nos em melhor esclarecê-la.

Podemos distinguir na pessoa do magistrado três vontades essencialmente diferentes. Primeiramente, a vontade própria do indivíduo, que só tende para sua vantagem particular; em segundo lugar, a vontade comum dos magistrados, que se refere unicamente à vantagem do príncipe e que se pode denominar de vontade do colegiado, que é geral em relação ao governo, e particular em relação ao Estado, do qual o governo faz parte; em terceiro lugar, a vontade do povo ou a vontade soberana, que é geral, tanto em relação ao Estado, considerado como um todo, quanto em relação ao governo, considerado como parte do todo.

Numa legislação perfeita, a vontade particular ou individual deve ser nula, a vontade do colegiado, próprio ao governo, muito subordinada, e por consequência, a vontade geral ou soberana sempre dominante e regra única de todas as outras.

Segundo a ordem natural, ao contrário, essas diferentes vontades se tornam mais ativas à medida que se concentram. Assim, a vontade geral é sempre a mais fraca, a

---

1. Rousseau pretende dizer que o *príncipe* é o todo coletivo, sendo *governo* o conjunto de indivíduos. O governo corresponde ao *Estado*, o príncipe corresponde ao *soberano*. Pretende, ainda, demonstrar que a forma de governo depende do número de magistrados que o constitui.
2. *Soberano* é aqui tomado coletivamente, ou seja, o Conselho Soberano, conforme consta da nota 2.
3. *Magistrado* significa, neste trecho, os membros do governo.

vontade do colegiado está em segundo lugar e a vontade particular é a primeira de todas: de modo que no governo cada membro é primeiramente ele mesmo, depois magistrado e depois cidadão. Graduação diretamente oposta à que a ordem social exige.

Posto isso, que todo governo esteja nas mãos de um único homem. Eis a vontade particular e a vontade do colegiado perfeitamente reunidas, e, por consequência, essa no mais alto grau que possa ter. Pois como é do grau da vontade que depende o uso da força, e que a força absoluta do governo não varia, segue-se que o mais ativo dos governos é o de um só.

Ao contrário, unamos o governo à autoridade legislativa, façamos do soberano o príncipe e, de todos os cidadãos, outros tantos magistrados. A vontade do colegiado, então, confundida com a vontade geral, não terá mais atividade do que ela e dará à vontade geral toda a força. Assim o governo, sempre com a mesma força absoluta, estará em seu *minimum* de força relativa ou de atividade.

Essas relações são incontestáveis e outras considerações servem ainda para confirmá-las. Vê-se, por exemplo, que cada magistrado é mais ativo em sua corporação do que cada cidadão na sua, e, por consequência, a vontade particular tem mais influência nos atos do governo do que nos do soberano, pois cada magistrado é quase sempre encarregado de alguma função governamental, enquanto o cidadão não toma parte em nenhuma função da soberania. Além disso, quanto mais o Estado se estende, mais sua força real aumenta, embora não aumente em razão de sua extensão: mas o Estado permanecendo o mesmo, os magistrados multiplicam-se em vão e o governo não adquire grande força real, porque essa força é a do Estado, cuja medida é sempre igual. Assim, a força relativa ou a atividade do governo diminui, sem que sua força absoluta ou real possa aumentar.

É certo ainda que a expedição dos negócios se torna mais lenta à medida que mais pessoas são deles encarregados, pois, confiando-se mais na prudência, não se confia muito na fortuna, deixando-se escapar a ocasião e, à força de deliberar, perde-se muitas vezes o fruto da deliberação.

Acabo de provar que o governo se enfraquece à medida que os magistrados se multiplicam e provei, acima, que quanto mais numeroso o povo, tanto mais a força repressora deve aumentar. Donde se segue que a relação dos magistrados com o governo deve ser inversa da relação dos súditos com o soberano. Isso significa que, quanto mais o Estado cresce, mais o governo deve restringir-se, de tal modo que o número de chefes diminua em razão do aumento do povo.

De resto, não falo aqui senão da força relativa do governo e não de sua retidão. Pois, ao contrário, quanto mais numerosos os magistrados, mais a vontade da corporação se aproxima da vontade geral, enquanto que sob um magistrado único esta mesma vontade de corporação não é, como já o disse, senão uma vontade particular. Perde-se, assim, por um lado, o que se pode ganhar, por outro e a arte do legislador é a de saber fixar o ponto em que a força e a vontade do governo, sempre em proporção recíproca, se combinam na relação mais vantajosa para o Estado.

## Capítulo III
## DIVISÃO DOS GOVERNOS

Vimos no capítulo anterior porque se distinguem as diversas espécies ou formas de governo, pelo número dos membros que os compõem, restando ver neste como se faz esta divisão.

O soberano pode, em primeiro lugar, delegar a função de governo a todo o povo ou à maior parte do povo, de modo que haja mais magistrados que simples cidadãos particulares. Denomina-se esta forma de governo de *Democracia*.

Ou então pode restringir o governo às mãos de um pequeno número, de modo que haja mais simples cidadãos do que magistrados e esta forma tem o nome de *Aristocracia*.

Finalmente, pode concentrar todo o governo nas mãos de um único magistrado, no qual todos os demais tenham poder. Esta terceira forma é a mais comum e se denomina *Monarquia* ou governo real.

Deve-se observar que todas as formas de governo ou ao menos as duas primeiras são suscetíveis de mais ou de menos e possuem mesmo grande latitude; pois a Democracia pode abranger todo o povo ou restringir-se até a metade. A Aristocracia, por sua vez, pode, da metade do povo, restringir-se até o menor número indeterminadamente. A própria Realeza é suscetível de alguma partilha. Esparta tinha constantemente dois reis pela constituição e viram-se no Império romano até oito imperadores ao mesmo tempo, sem que se pudesse dizer que o Império fora dividido. Assim, há um ponto em que cada forma de governo se confunde com a seguinte e onde se vê que sob três únicas denominações o governo é realmente suscetível de tantas formas diversas quanto o Estado possui de cidadãos.

Há mais ainda; esse mesmo governo, podendo, sob certos aspectos, subdividir-se em outras partes, uma administrada de uma maneira e a outra de outra, pode resultar dessas três formas combinadas uma multidão de formas mistas, nas quais cada uma é multiplicável por todas as formas simples.

Em todos os tempos, discutiu-se muito sobre a melhor forma de governo, sem considerar que cada uma delas é a melhor em certos casos e a pior em outros.[1]

---

1. Diz aqui Rousseau que, se as formas de governo que distingue, são todas aceitáveis, existe só um regime político legítimo, a saber, o regime democrático, que se baseia na soberania do povo.

Se em diferentes Estados o número de magistrados supremos deve ser na razão inversa da dos cidadãos, segue-se daí que em geral o governo democrático convém aos pequenos Estados, o aristocrático aos médios e a monarquia aos grandes. Esta regra decorre imediatamente do princípio; mas como contar a multidão de circunstâncias que podem fornecer exceções?

# Capítulo IV
## DA DEMOCRACIA

Aquele que faz a lei sabe melhor que ninguém como ela deve ser executada e interpretada. Parece, pois, que não se poderia ter melhor constituição que aquela em que o poder executivo é unido ao legislativo. Mas é isso mesmo que torna este governo insuficiente sob certos aspectos, porque as coisas que devem ser distinguidas não o são e sendo o príncipe e o soberano a mesma pessoa, não formam, por assim dizer, senão um governo sem governo.

Não é bom que aquele que faz as leis as execute, nem que o corpo do povo desvie a atenção dos problemas gerais, para dá-la a objetos particulares. Nada é mais perigoso que a influência dos interesses privados nos negócios públicos e o abuso das leis pelo governo é um mal menor que a corrupção do legislador, consequência infalível dos problemas particulares. Sendo então o Estado alterado na sua substância, toda reforma se torna impossível. Um povo que não abusaria jamais do governo, também não abusaria da independência; um povo que governaria sempre bem não teria necessidade de ser governado.

Tomando-se o termo rigorosamente em sua acepção, jamais existiu democracia verdadeira e não existirá jamais. É contra a ordem natural que um grande número governe e que um número pequeno seja governado.

Não se pode imaginar que o povo permaneça incessantemente reunido para cuidar dos negócios públicos e vê-se facilmente que não poderia estabelecer para isso comunicações, sem mudar a forma da administração.

Com efeito, creio poder colocar um princípio que, quando as funções do governo são partilhadas entre vários tribunais, os menos numerosos adquirem cedo ou tarde a maior autoridade; não fosse isso senão causa da facilidade de expedir os negócios, que os leva aí naturalmente.

Aliás, quantas coisas difíceis de concordar esse governo não supõe? Primeiramente, um Estado muito pequeno, em que o povo seja fácil de reunir e em que cada cidadão possa facilmente conhecer todos os demais; em segundo lugar, uma grande simplicidade de costumes, que previna a multidão de negócios e de discussões espinhosas; em seguida, muita igualdade nas posições e nas fortunas, sem o que a igualdade não poderia subsistir por muito tempo nos direitos e na autoridade; enfim, pouco ou nada de luxo, pois, ou o luxo é efeito de riquezas ou as torna necessárias;¹ ele corrompe, ao mesmo tempo, o rico e o pobre, um pela posse, o outro, pela cobiça; vende a pátria à moleza e à vaidade; tira do Estado todos os cidadãos, para sujeitar uns aos outros e todos à opinião.

Eis porque um autor célebre² deu a virtude como princípio à República, pois todas essas condições não poderiam subsistir sem a virtude; mas, a não ser por ter feito as distinções necessárias, a este grande gênio faltou muitas vezes a precisão, algumas vezes a clareza e não percebeu que, sendo a autoridade soberana a mesma em toda parte, o mesmo princípio deve ter lugar em todo Estado bem constituído, mais ou menos, é verdade, segundo a forma de governo.

Acrescentemos que não há governo tão sujeito às guerras civis e às agitações intestinas quanto o democrático ou popular, porque não há nenhum que tenda tão fortemente e continuamente a mudar de forma, nem que exija mais vigilância e coragem para ser mantido nessa forma. É sobretudo nessa constituição que o cidadão deve armar-se de força e constância e dizer, a cada dia, sobre sua vida, do fundo do coração, o que dizia um virtuoso Palatino,* na Dieta da Polônia: *Malo periculosam libertatem quam quietum servitium.*³

Se houvesse um povo de deuses, ele se governaria democraticamente. Um governo tão perfeito não convém aos homens.

---

1. No século XVIII, o elogio do luxo é comum, em vários autores, como, por exemplo, em Voltaire, Melon e Maneville. Rousseau, entretanto, critica essa apologia, opondo-se aos pensadores contemporâneos e adotando o tom moralista dos antigos.
2. Rousseau refere-se a Montesquieu, que, em seu livro *O espírito das leis* (Livro III, cap. 3), defende a mesma opinião.
\* O Palatino de Posnânia, pai do rei da Polônia, duque de Lorena.
3. "Prefiro a liberdade perigosa à escravidão tranquila".

## Capítulo V
## DA ARISTOCRACIA

Temos aqui duas pessoas morais muito distintas, a saber, o governo e o soberano, e, por consequência, duas vontades gerais, uma em relação a todos os cidadãos, a outra somente para os membros da administração. Assim, embora o governo possa regulamentar sua política interna como quiser, não pode jamais falar ao povo senão em nome do soberano, isto é, em nome do próprio povo; o que não se deve esquecer nunca.

As primeiras sociedades governaram-se aristocraticamente. Os chefes de família deliberavam entre si sobre negócios públicos. Os jovens cediam sem pena à autoridade da experiência. Daí os nomes de *padres, anciãos, senado, gerontes*.[1] Os selvagens da América setentrional governam-se assim ainda em nossos dias e são muito bem governados.

Mas na medida em que a desigualdade da instituição[2] a leva à desigualdade natural, à riqueza ou ao poder,* ela foi preferida à idade e a aristocracia se tornou eletiva. Enfim, o poder transmitido com os bens do pai aos filhos, produzindo as famílias patrícias, produziu o governo hereditário, e viram-se senadores de vinte anos de idade.

Há, pois, três espécies de aristocracia: natural, eletiva e hereditária. A primeira não convém senão a povos simples; a terceira é a pior de todos os governos; a segunda é a melhor; é a aristocracia propriamente dita.

Além da vantagem da distinção dos dois poderes, existe a da escolha de seus membros, pois no governo popular todos os cidadãos nascem magistrados, mas isso os limita a um pequeno número e eles não se tornam assim senão por eleição,**

---

1. Vocábulo derivado do grego, significando *velho*. É da mesma raiz que *gerontocracia, geriatria, geriatra*.
2. Esta noção é desenvolvida pelo mesmo Rousseau, no *Discurso sobre a desigualdade*.
* É claro que a palavra *Optimates*, entre os Anciãos, não quer dizer os melhores, mas os mais poderosos.
** É muito importante regular, por meio de leis, a forma da eleição dos magistrados: pois abandonando à vontade do príncipe não se pode evitar cair na aristocracia hereditária, como aconteceu às repúblicas de Veneza e de Berna. A primeira tornou-se também, há muito tempo, um Estado arruinado, mas o segundo se mantém pela extrema sabedoria de seu Senado; é uma exceção bem honrosa e bem perigosa.

meio este pelo qual a probidade, as luzes, a experiência e todas as outras razões de preferência e de estima pública são outras tantas garantias de que se será sabiamente governado.

Além do mais, as assembleias se fazem mais comodamente, os negócios se discutem melhor, expedem-se com mais ordem e diligência, o crédito do Estado é melhor sustentado no estrangeiro por veneráveis senadores do que por uma multidão desconhecida ou desprezada.

Em uma palavra, é a ordem melhor e mais natural que os mais sábios governem a multidão, quando se sabe que a governam em proveito dela e não para seu próprio; não é preciso multiplicar em vão os recursos, nem fazer com vinte mil homens o que cem homens escolhidos podem fazer ainda melhor. Mas é preciso observar que o interesse do colegiado começa a dirigir aqui menos a força pública – pela regra da vontade geral e que outro pendor inevitável tire às leis uma parte do poder executivo.

Com referência a conveniências particulares, não é preciso nem um Estado tão pequeno, nem um povo tão simples e tão correto para que a execução das leis siga imediatamente a vontade pública, como numa boa democracia. Também não é preciso uma nação tão grande para que os chefes, dispersos para governá-la, possam passar-se pelo soberano, cada um em seu departamento e começar por fazer-se independentes, tornando-se, enfim, os senhores.

Mas se a aristocracia exige algumas virtudes de menos que o governo popular, ela exige isso também dos outros que lhe são próprios, como a moderação nos ricos e o contentamento nos pobres; pois parece que uma igualdade rigorosa aí estaria deslocada; ela não foi nem mesmo observada em Esparta.

De resto, se esta forma comporta certa desigualdade de fortuna, é porque, em geral, a administração dos negócios públicos é confiada aos que podem melhor fazê-lo todo o tempo, mas não, como pretende Aristóteles, para que os ricos sejam sempre preferidos Ao contrário, é importante que uma escolha oposta ensine, às vezes, ao povo, que há no mérito dos homens razões de preferência mais importantes que a riqueza.

## Capítulo VI
## DA MONARQUIA[1]

Até aqui consideramos o príncipe como uma pessoa moral e coletiva, unida pela força das leis e depositária, no Estado, do poder executivo. Temos de considerar agora este poder reunido nas mãos de uma pessoa natural, de um homem real, que só tenha direito de dele dispor de acordo com a lei. É o que se chama um monarca ou rei.

Bem ao contrário das outras administrações, em que um ente coletivo representa um indivíduo, nesta um indivíduo representa um ente coletivo, de modo que a unidade moral que constitui o príncipe é, ao mesmo tempo, uma unidade física, na qual todas as faculdades que a lei reúne na outra com tanto esforço, encontram-se naturalmente reunidas.

Assim, a vontade do povo e a vontade do príncipe e a força pública do Estado, além da força particular do governo, todas respondem ao mesmo móvel, todos os recursos da máquina estão nas mesmas mãos, tudo caminha para o mesmo objetivo, não há movimentos opostos que se destroem entre si e não se pode imaginar nenhuma espécie de constituição na qual o menor esforço produza uma ação mais considerável. Arquimedes, sentado tranquilamente na margem e puxando sem esforço, das ondas, um grande navio, parece-me um monarca hábil, governando, de seu gabinete, os vastos Estados e fazendo tudo se mover, parecendo imóvel.

Mas se não há governo que tenha mais vigor, não o há também em que a vontade particular tenha mais autoridade e domine mais facilmente os outros; tudo caminha para o mesmo fim, é verdade; mas esse fim não é o da felicidade pública e a própria força da administração gira sem cessar em detrimento do Estado.

Os reis querem ser absolutos e de longe se crê que o melhor meio de sê-lo é de se fazer amar por seus povos. Esta máxima é muito bela e mesmo muito verdadeira sob certos aspectos. Infelizmente, serão sempre escarnecidos nas cortes.

O poder que vem do amor dos povos é sem dúvida o maior, mas é precário e condicional; jamais os príncipes se contentariam com ele. Os melhores reis querem poder ser maus se isso lhes aprouver, sem cessar de ser senhores. Um pregador político

---

1. Este capítulo precisa ser lido com cuidado, porque a monarquia, de que trata Rousseau no início, é, sem dúvida, a monarquia republicana, cuja possibilidade teórica é mencionada no livro II, cap. VI, já visto. A monarquia do fim do capítulo é referida às monarquias de fato e, em especial, à monarquia francesa.

fará bem em lhes dizer que se a força do povo lhes pertencer, seu maior interesse é que o povo esteja florescente, numeroso, temível; e eles sabem muito bem que isso não é verdade. Seu interesse pessoal é, primeiramente, que o povo seja fraco, miserável e que não possa resistir-lhes jamais. Confesso que, pressupondo os súditos sempre perfeitamente submissos, o interesse do príncipe seria então que o povo fosse poderoso, para que este poder sendo o dele, o torne temido pelos vizinhos, mas como este interesse não é senão secundário e subordinado, e que as duas suposições são incompatíveis, é natural que os príncipes deem sempre preferência à máxima que lhes é mais imediatamente útil. É o que Samuel[2] apresentava com vigor aos hebreus e o que Maquiavel fazia ver com clareza.[3] Fingindo dar lições aos reis, deu-as, grandes, aos povos. *O Príncipe*, de Maquiavel, é o livro dos republicanos.*

Achamos, pelas relações gerais, que a monarquia não é conveniente senão a grandes Estados e o achamos ainda, ao examina-la. Quanto mais a administração pública for numerosa, mais a relação do príncipe com os súditos diminui e se aproxima da igualdade, de modo que esta relação é uma ou é a própria igualdade na democracia. Esta mesma relação aumenta à medida que o governo a restringe e está em seu *maximum* quando o governo está nas mãos de um só. Encontra-se então uma distância muito grande entre o príncipe e o povo e falta ligação ao Estado. Para formá-lo é preciso, pois, haver ordens intermediárias: são precisos príncipes, nobres, grandes, para preenchê-las. Mas nada disso convém ao Estado pequeno, que arruína todos esses graus.

Mas se é difícil que um grande Estado seja bem governado, e bem mais difícil que o seja por um único homem, todos sabem o que acontece quando o Rei designa substitutos.[4]

Um defeito essencial e inevitável, que colocará sempre o governo monárquico abaixo do republicano, é que neste a voz pública não eleva quase nunca aos primeiros postos senão homens esclarecidos e capazes, que os preenchem com honra: ao

---

2. No Velho Testamento, no Livro de Samuel, cap. 8.º, versículo 1 a 8 e 10 a 18, Samuel dirige-se aos hebreus e lhes explica seu ponto de vista sobre o assunto relativo a este capítulo do Contrato Social.
3. Rousseau interpreta Maquiavel, do mesmo modo que o fazem os pensadores Diderot, na *Enciclopédia* e Spinoza, no *Tratado político*.
* Nota acrescentada na edição de 1782: "Maquiavel era um homem honesto e bom cidadão: mas, agregado à casa dos Medici, foi forçado, na opressão de sua pátria, a disfarçar seu amor pela liberdade. A escolha única de seu execrável herói manifesta bem sua intenção secreta e a oposição das máximas do livro *O Príncipe* às de seu discurso sobre Tito Lívio e a história de Florença demonstra que este político profundo não teve até aqui senão leitores superficiais ou corruptos. A corte de Roma, creio, defendeu severamente seu livro: é ela que o descreve mais claramente".
4. Rousseau refere-se aqui aos ministros, que, detentores do poder, exageraram suas atuações, atraindo o ódio da nobreza e do terceiro Estado.

contrário daqueles que chegam às monarquias que, no mais das vezes são pequenos trapalhões, pequenos patifes, pequenos intrigantes, a que os pequenos talentos, que nas cortes se fazem chegar aos postos importantes, só servem para mostrar ao público sua inépcia, logo que os alcançam. O povo erra bem menos na escolha que o príncipe e um homem de mérito verdadeiro é quase tão raro no ministério quanto um tolo à testa de um governo republicano.[5] Quando, por um feliz acaso, um desses homens nascidos para governar toma o timão dos negócios numa monarquia quase afundada por esse bando de belos administradores, surpreende com os recursos que encontra e isso faz época num país.[6]

Para que um Estado monárquico possa ser bem governado, será preciso que sua grandeza ou sua extensão seja na medida das faculdades daquele que o governa. É mais fácil conquistá-lo do que administrá-lo. Usando uma alavanca suficiente, com um dedo pode-se abalar o mundo, mas para sustentá-lo são necessárias as espáduas de Hércules. Mesmo que um Estado seja grande, o príncipe é quase sempre muito pequeno. Quando, ao contrário, acontece que o Estado é muito pequeno para seu chefe, o que é muito raro, ainda é mal governado, porque o chefe, seguindo sempre a grandeza de seus pontos de vista, esquece os interesses dos povos e não os torna menos infelizes pelo abuso dos talentos que ele tem de sobra, do que um chefe limitado pelo defeito daqueles que lhe faltam. Será necessário, por assim dizer, que um reino se estenda ou se restrinja a cada reinado, conforme a capacidade do príncipe; ao contrário dos talentos do Senado, que têm medidas mais fixas, o Estado pode ter limites constantes e a administração não estar menos bem.

O inconveniente mais perceptível do governo de um só é o defeito desta sucessão contínua que forma nos dois outros uma ligação ininterrupta. Se um rei morre, é necessário vir outro; as eleições deixam intervalos perigosos, são agitadas, e, a menos que os cidadãos não sejam de um desinteresse e de uma integridade que este governo não comporte, o suborno e a corrupção se misturam nele. É difícil que aquele a quem o Estado é vendido não o venda, por sua vez, e não se ressarça nas fraquezas do dinheiro que os poderosos lhe extorquiram. Cedo ou tarde, tudo se torna venal sob semelhante administração, e a paz que se desfruta então sob os reis é pior que a desordem dos interregnos.

---

5. No livro *Ideias republicanas*, Voltaire, interpretando essa passagem, critica Rousseau, dizendo: "Esse conjunto de pequenas antíteses cínicas, não deveria figurar em um livro sobre o governo, que deve ser escrito com sabedoria e dignidade. Quando um homem, quem quer que ele seja, tenha a presunção de dar lições sobre administração pública, deverá adotar tom prudente e objetivo, como as próprias leis que recomenda".

6. Este parágrafo não constava do original, mas foi acrescentado ao texto, por ocasião da revisão das provas, em 1762. O trecho *um desses homens nascidos para* governar é endereçado a Étienne François, Duque de Choiseul (1719-1785), homem de Estado francês, protegido por Madame de Pompadour.

O que se deve fazer para prevenir esses males? Entregaram-se as coroas hereditárias a certas famílias e estabeleceu-se uma ordem de sucessão que previne todas as disputas no caso da morte dos reis. Isso quer dizer que, substituindo o inconveniente das regências pela das eleições, preferiu-se uma aparente tranquilidade a uma administração sábia e que se achou melhor arriscar de ter por chefes crianças, monstros, imbecis, do que ter de discutir sobre a escolha de bons reis; não se levou em consideração que, ao se expor assim aos riscos da alternativa, quase todas as oportunidades ficavam contra si. Era uma palavra muito sensata a do jovem Denis, que dizia a seu pai, que lhe reprovava uma ação vergonhosa: *Eu te dei este exemplo? Ah!* respondeu o filho, *vosso pai não era rei!*[7]

Tudo concorre para privar de justiça e de razão um homem guindado a comandar outros. Trabalha-se muito, ao que se diz, para ensinar aos jovens príncipes a arte de reinar; não parece que esta educação lhes aproveite. Far-se-ia melhor em começar a ensinar-lhes a arte de obedecer. Os maiores reis que a história celebrou não foram educados para reinar; é uma ciência que não se possui nunca menos do que depois de ter aprendido muito e que se adquire melhor obedecendo do que comandando. *Nam utilissimus idem ac brevissimus bonarum malarumque rerum delectus, cogitare quid aut nolueris sub alio Principe aut volueris.*\*

Uma consequência deste defeito de coerência é a inconstância do governo real que, orientando-se ora por um plano, ora por outro, segundo o caráter do príncipe que reina ou das pessoas que reinam por ele, não pode ter por muito tempo um objeto fixo, nem uma conduta consequente: variação que faz sempre o Estado flutuar de máxima em máxima, de projeto em projeto e que não tem lugar nos outros governos em que o príncipe é sempre o mesmo. Vê-se também que, em geral, se há mais astúcia numa Corte, há mais sabedoria num Senado e que as repúblicas chegam a seus fins por vias mais constantes e melhor seguidas, em vez de cada revolução no ministério produzir uma no Estado, sendo a máxima comum a todos os ministros e a quase todos os reis a de tomar em todas as coisas o caminho oposto ao de seu predecessor.

Desta mesma incoerência extrai-se ainda a solução de um sofisma muito familiar aos políticos reais: é o de não apenas comparar o governo civil ao governo doméstico e o príncipe ao pai de família, erro já refutado, como o de atribuir liberalmente a este magistrado todas as virtudes de que necessitar e de pressupor sempre que o príncipe é o que deveria ser: pressuposto a cujo auxílio o governo real é evidentemente

---

7. A ideia de que *o poder corrompe* era tradicional entre os gregos, como se pode ver em Aristóteles, na *Política*, em Platão, no livro *As leis* e, em especial, em Plutarco, nos *Ditos notáveis de reis e grandes chefes*.

\*\* Tácito, Hist., L.I.: "O mais útil para se fazer e o mais breve para distinguir o que é bom do que é mau, é perguntar o que se teria desejado ou não, se a ordem tivesse vindo de outro Príncipe".

preferível a qualquer outro, porque é incontestavelmente o mais forte e que por ser também o melhor, não lhe falta senão uma vontade corporativa mais de acordo com a vontade geral.

Mas, se segundo Platão,*** o Rei é, por natureza, um personagem tão raro, quantas vezes a natureza e a sorte concorreram para coroá-lo, e se a educação real corrompe, necessariamente, aqueles que a recebem, o que se pode esperar de uma série de homens educados para reinar? É pois querer enganar-se ao confundir o governo real com o de um bom rei. Para ver o que é este governo em si mesmo, é preciso considerá-lo sob o prisma dos príncipes limitados ou maus, pois eles chegarão como tais ao trono ou o trono os tornará tais.

Estas dificuldades não escaparam aos nossos autores,[8] mas não os deixaram embaraçados. O remédio é, dizem eles, obedecer, sem reclamar. Deus dá os maus reis, em sua cólera, e é preciso suportá-los como castigos do Céu. Este discurso é edificante, sem dúvida; mas não sei se não conviria melhor num púlpito do que num livro de política. O que dizer de um médico que promete milagres, e cuja arte é a de exortar o doente a ter paciência? Sabe-se bem que é preciso sofrer um mau governo quando se o tem; a questão será de encontrar um bom.

---

*** *In Civili* – Esta última forma é má, porque não possui unidade no governo e falta ligação ao Estado.

8. Refere-se Rousseau a Bossuet, na *Política extraída das Santas Escrituras,* IV, I.

## Capítulo VII
## DOS GOVERNOS MISTOS

Para falar a verdade, não existe governo simples. É necessário que um chefe único tenha magistrados subalternos; é preciso que um governo popular tenha um chefe. Assim, na divisão do poder executivo há sempre uma graduação do número maior para o menor, com a diferença que tanto o número maior depende do pequeno, quanto o pequeno do grande.

Às vezes há divisão igual, seja quando as partes constitutivas estão em dependência mútua, como no governo da Inglaterra, seja quando a autoridade de cada parte é independente, mas imperfeita, como na Polônia.

Qual vale mais, a de um governo simples ou de um governo misto? Questão muito discutida entre os políticos e à qual é preciso dar a mesma resposta que dei acima, quanto a toda forma de governo.

O governo simples é o melhor em si, somente pelo fato de ser simples. Mas quando o poder executivo não depende muitas vezes do legislativo, quer dizer, quando há mais relação do príncipe com o soberano do que do povo com o príncipe, é preciso remediar este defeito de proporção, dividindo o governo; pois então todas essas partes não têm menos autoridade sobre os súditos e sua divisão as torna todas juntas menos fortes contra o soberano.

Prevê-se ainda o mesmo inconveniente, estabelecendo magistrados intermediários, que, deixando o governo em sua plenitude, servem apenas para equilibrar os dois poderes e manter seus respectivos direitos. O governo, então, não é misto: é moderado.

Pode-se remediar por meios semelhantes o inconveniente oposto, e quando o governo é muito frouxo, erigir tribunais para concentrá-lo. Isso se pratica em todas as democracias. No primeiro caso, divide-se o governo para enfraquecê-lo, e, no segundo, para reforçá-lo; pois os *maximum* de força e de fraqueza encontram-se igualmente nos governos simples, enquanto que as formas mistas dão uma força média.

## Capítulo VIII
## NEM TODA FORMA DE GOVERNO É APROPRIADA A CADA PAÍS

Não sendo a liberdade fruto de todos os climas, não é indicada para todos os povos. Quanto mais se medita sobre esse princípio estabelecido por Montesquieu, mais se lhe percebe a verdade. Quanto mais é contestado, mais se oferece ocasião de estabelecê-lo por novas provas.[1]

Em todos os governos do mundo a pessoa pública consome e nada produz. De onde lhe vem, pois, a substância consumida? Do trabalho de seus membros. É o supérfluo dos particulares que produz o necessário ao público. Donde se segue que o estado civil não pode subsistir enquanto o trabalho dos homens não render além de suas necessidades.

Portanto, esse excedente não é o mesmo em todos os países do mundo. Em alguns é considerável, em outros, médio, em outros, nulo e em outros ainda, negativo. Esta relação depende da fertilidade do clima, da espécie de trabalho que a terra exige, da natureza de suas produções, da força de seus habitantes, da maior ou menor consumação que lhes é necessária e de várias outras relações semelhantes das quais é composto.

Por outro lado, nem todos os governos são da mesma natureza; existem os mais ou menos devoradores e as diferenças são fundadas neste outro princípio que, quanto mais as contribuições públicas se afastam de sua fonte, mais se tornam onerosas. Não é sobre a quantidade das imposições que é preciso medir este encargo, mas sobre o caminho que têm a fazer para voltar às mãos de onde saíram; quando esta circulação é pronta e bem estabelecida, pague-se pouco ou muito, não importa; o povo é sempre rico e as finanças sempre vão bem. Ao contrário, por pouco que o povo dê, se esse pouco não volve para ele, se der sempre prontamente, isso desaparece; o Estado nunca é rico e o povo é sempre indigente.

Segue-se daí que quanto mais aumenta a distância do povo para o governo, tanto mais onerosos se tornam os tributos; assim, na democracia, o povo é o menos sobrecarregado, na aristocracia está em vantagem, na monarquia carrega o peso maior. A monarquia não convém, pois senão às nações opulentas, a aristocracia aos

---

1. Citação do livro de Montesquieu, *O espírito das leis* (Livro XVII, 2).

Estados médios em riqueza e em grandeza e a democracia aos Estados pequenos e pobres.

Com efeito, quanto mais se reflete sobre isso, mais se encontra aí diferença entre os Estados livres e os monárquicos; nos primeiros, tudo é feito para a utilidade comum; nos outros, as forças públicas e particulares são recíprocas e uma aumenta pelo enfraquecimento da outra. Enfim, em lugar de governar os súditos, para torná-los felizes, o despotismo os torna miseráveis para governá-los.

Eis, pois, em cada clima causas naturais sobre as quais se pode estabelecer a forma de governo à qual a força do clima o conduz e dizer mesmo que espécie de habitantes deve ter. Os lugares ingratos e estéreis, onde o produto não vale o trabalho, devem permanecer incultos e desertos, ou apenas povoados de selvagens. Os lugares em que o trabalho dos homens não rende senão exatamente o necessário devem ser habitados por povos bárbaros, pois toda a política[2] será aí impossível; os lugares onde o excesso de produto sobre o trabalho é médio convém aos povos livres; aqueles em que o terreno abundante e fértil fornece muito produto para pouco trabalho, querem ser governados monarquicamente, para consumir, pelo luxo do príncipe o excesso do supérfluo dos súditos; pois é melhor que esse excesso seja absorvido pelo governo do que dissipado pelos particulares. Existem exceções, eu o sei: mas essas próprias exceções confirmam a regra, no que produzem, cedo ou tarde, revoluções que levam as coisas à ordem da natureza.

Devemos distinguir sempre as leis gerais das causas particulares que podem modificar-lhes o efeito. Quando todo o sul estiver coberto de Repúblicas e todo o norte de Estados despóticos, não será mais verdade que por efeito do clima o despotismo convenha aos países quentes, a barbárie aos países frios e a boa política[3] às regiões intermediárias. Vejo ainda que conciliando o princípio poder-se-á discutir sobre a aplicação: poder-se-á dizer que há países frios muito férteis e países meridionais muito ingratos. Mas esta dificuldade não serve senão para os que examinam a coisa sob todos os aspectos. É preciso, como já o disse antes, contar os dos trabalhos, das forças, da consumação etc.

Suponhamos que de dois terrenos iguais, um produza cinco, outro dez. Se os habitantes do primeiro consomem quatro e os do último consomem nove, o excesso do primeiro produto será 1/5 e o do segundo 1/10. A produção dos dois excessos sendo, pois, inverso dos produtos, o terreno que só produzir cinco dará um supérfluo em dobro daquele do terreno que produzir dez.

---

2. No texto, Rousseau emprega o vocábulo *politie*, que já comentamos em nota anterior (nota 15) destes Comentários.
3. No texto, Rousseau emprega o vocábulo *politie*, que já comentamos em nota anterior (nota 15) destes Comentários.

Mas não é questão de um produto em dobro e não creio que ninguém ouse por, em geral, a fertilidade dos países frios, em igualdade, mesmo com a dos países quentes. De todo modo, suponhamos esta igualdade; deixemos, se se quiser, a Inglaterra em paralelo com a Sicília e a Polônia com o Egito. Mais para o sul teremos a África e a Índia e mais ao norte não teremos nada. Para esta igualdade de produto, qual a diferença na cultura? Na Sicília, basta raspar a terra; na Inglaterra, bastam cuidados para trabalhá-la! Portanto, lá onde são precisos braços para conseguir o mesmo produto, o supérfluo deve ser, necessariamente, menos.

Considere-se, além disso, que a mesma quantidade de homens consome muito menos nos países quentes. O clima exige que se esteja sóbrio para se passar bem: os europeus que querem viver como em seus próprios países perecem todos de disenteria e de indigestão. *Somos*, diz Chardin,[4] *animais carnívoros, lobos, em comparação com os asiáticos. Alguns atribuem a sobriedade dos persas ao fato de que seu país é menos cultivado, e eu creio, ao contrário, que o país deles possui menos víveres porque seus habitantes precisam de menos. Se sua frugalidade,* continua ele, *era efeito da penúria do país, não haveria senão pobres que comessem pouco, em lugar de ser, geralmente todo mundo e se comeria mais ou menos em cada província, conforme a fertilidade do país, enquanto a mesma sobriedade se encontra por todo o reino. Eles se vangloriam muito de sua maneira de viver, dizendo que basta olhar-lhes a tez para se reconhecer como é bem melhor que a dos cristãos. Com efeito, a tez dos persas é uniforme; têm a pele bonita, fina e lustrosa, ao contrário dos armênios, súditos deles, que vivem à europeia, e que é rude, avermelhada e seus corpos gordos e pesados.*

Quanto mais se aproximam da linha,[5] mais os povos vivem de pouco. Não comem quase nada de carne; o arroz, o milho, o cuscuz, o milho miúdo, a bolacha de mandioca, são seus alimentos comuns. Existem na Índia milhões de homens cuja alimentação não custa nem um centavo por dia. Vemos mesmo na Europa diferenças sensíveis de apetite entre povos do norte e os do sul. Um espanhol viverá oito dias com o jantar de um alemão. Nos países em que os homens são mais vorazes, o luxo se volta também para os bens de consumo. Na Inglaterra, o luxo mostra-se numa mesa carregada de carnes; na Índia regalam-nos com açúcar e flores.

O luxo das vestimentas oferece ainda diferenças semelhantes. Nos climas em que as mudanças de estação são rápidas e violentas, existem hábitos melhores e mais simples; naqueles em que as pessoas se vestem apenas para se enfeitar, procura-se mais brilho do que utilidade; os próprios hábitos são aí de luxo. Em Nápoles, pode-

---

4. Jean Chardin (1643-1713), viajante francês, autor da obra *Viagens à Pérsia e às Índias Orientais* (1686), é uma das fontes de Voltaire e de Montesquieu, sendo muito lido na época.
5. Trata-se da linha do Equador.

-se ver todos os dias, passeando no Posilipo,⁶ homens em vestes douradas e sem meias. O mesmo ocorre com os edifícios; faz-se tudo pela magnificência quando não há nada a temer das intempéries. Em Paris, em Londres, procura-se morar com calor e comodidade. Em Madri, há salões soberbos, mas não há janelas que fecham e dorme-se em ninhos de ratos.

Os alimentos são muito mais substanciosos e suculentos nos países quentes; é uma terceira diferença que não pode deixar de influir na segunda. Por que se comem tantos legumes na Itália? Porque lá são bons, nutritivos, de gosto excelente. Na França, onde só são cultivados com água, eles não alimentam e são quase inexistentes nas mesas. Não ocupam, entretanto, menos terreno e custam menos trabalho para cultivar. É uma experiência já feita que o trigo de Barbária, aliás, inferior ao da França, rende mais farinha e que o da França, por sua vez, rende mais que o trigo do norte. Donde se pode inferir que semelhante graduação é geralmente observada na mesma direção da linha ao polo. Ou não é uma desvantagem visível ter num produto igual menor quantidade de alimento?

A todas essas diferentes considerações posso acrescentar a que decorre e que as fortalece: é que os países quentes têm menos necessidade de habitantes que os países frios, e podem alimentá-los melhor, o que produz sempre um duplo supérfluo, para vantagem do despotismo. Quanto mais o mesmo número de habitantes ocupar uma grande superfície, mais as revoltas se tornam difíceis, já que não podem concordar, nem rápida, nem secretamente, e por ser fácil ao governo expor os projetos e cortar as comunicações; mas quanto mais um povo se aproxima, menos o governo pode sobrepor-se ao soberano; os chefes deliberam também com tanta segurança em seus aposentos quanto o príncipe em seu conselho; quanto à multidão, ela se reúne nos lugares e as tropas em seus quartéis. A vantagem, pois, de um governo tirano é o de agir em grandes distâncias. Com o auxílio de pontos de apoio que se lhe dá, sua força aumenta ao longe, como a das alavancas.* A do povo, ao contrário, só opera quando concentrada, evapora-se e perde-se ao estender-se, como o efeito de um pó esparso na terra e que não se incendeia senão grão por grão. Os países menos populosos são assim os mais propícios à tirania: os animais ferozes só reinam nos desertos.

---

6. Bairro de Nápoles, próximo ao porto.

\*   Isso não contradiz o que foi dito acima, L.II, cap. IX, sobre o inconveniente dos grandes Estados: tratava-se, pois, ali, da autoridade do governo sobre seus membros e aqui trata-se de sua força contra os súditos. Seus membros esparsos servem-lhe de pontos de apoio para agir, de longe, sobre o povo, mas não há nenhum ponto de apoio para agir diretamente sobre os próprios membros. Assim, num dos casos, o comprimento da alavanca lhe traz a fraqueza, e, no outro caso, a força.

## Capítulo IX
## DOS SINAIS DE UM BOM GOVERNO

Quando se indaga, pois, qual é, absolutamente, o melhor governo, faz-se uma pergunta insolúvel e indeterminada; ou, se se quiser, existem tantas boas soluções quanto combinações possíveis nas posições absolutas e relativas dos povos.

Mas se se indagar por que sinal se pode saber se determinado povo é bem ou mal governado, isso será outra coisa e a questão de fato poderia ser resolvida.

Entretanto, não é resolvida, porque cada qual quer resolvê-la à sua maneira. Os súditos gabam a tranquilidade pública, os cidadãos a liberdade dos particulares; um prefere a segurança das posses, o outro a das pessoas; um quer que o melhor governo seja o mais severo, outro sustenta que é o mais brando; aquele quer que se punam os crimes e este quer que os previnam; um gosta de se cercar de vizinhos, outro prefere ser ignorado por eles; um está contente quando o dinheiro circula, outro exige que o povo tenha pão. Ainda que concordem nesses pontos e em outros semelhantes, seriam mais avançados neles? Faltando quantidades morais de medida precisa, estariam de acordo com o sinal, como o ser na avaliação?

Quanto a mim, sempre me admiro que se desconheça um sinal tão simples, ou que se tenha a má-fé de não concordar com ele. Qual a finalidade da associação política? É a conservação e a prosperidade de seus membros. E qual é o sinal mais seguro de que eles se conservam e prosperam? É seu número e sua população. Não se deve, pois, procurar alhures, este sinal tão disputado. Estando todas as coisas iguais alhures, o governo sob o qual, sem meios estrangeiros, sem naturalizações, sem colônias, os cidadãos povoam e se multiplicam mais é infalivelmente o melhor; aquele sob o qual um povo diminui e se enfraquece é o pior. Calculadores, agora é convosco: contai, medi, comparai.*

Não veremos jamais nas máximas dos livros o interesse grosseiro que faz os autores falarem? Não, embora o possam dizer, quando, apesar de seu brilho, um país se despovoa, não é verdade que tudo vá bem e não basta que um poeta tenha cem mil libras de renda para que seu século seja o melhor de todos. É preciso ver

---

\* Deve-se julgar sob o mesmo princípio séculos que merecem a preferência para a prosperidade do gênero humano. Muito se admiraram aqueles em que se viu florescer as letras e as artes, sem penetrar o objeto secreto de sua cultura, mas considerando-lhe o funesto efeito, *idque apud imperitos humanitas vocabatur, cum pars servitutis esset* (e aquilo que entre os tolos era denominado cultura, na verdade é um começo de escravidão).

menos o repouso aparente, e a tranquilidade dos chefes, que o bem-estar das nações inteiras e sobretudo dos Estados mais numerosos. O granizo destrói alguns cantões, mas raramente traz penúria. Os tumultos populares, as guerras civis, amedrontam muito os chefes, mas não causam a verdadeira infelicidade dos povos, que podem mesmo descansar enquanto se discute a quem se tiranizará. É de seu estado permanente que nascem suas prosperidades ou suas reais calamidades; quando tudo fica esmagado sob o jugo, então tudo perece; é então que os chefes, destruindo-os à vontade, *ubi solitudinem faciunt, pacem appellant* (onde eles fazem um deserto, eles pretendem fazer a paz). Quando as intrigas dos grandes agitavam o reino de França e o coadjutor de Paris levava ao parlamento um punhal no bolso, isso não impedia que o povo francês vivesse feliz e numeroso num honesto e livre bem-estar. Outrora, a Grécia florescia no meio das guerras mais cruéis; o sangue corria ali em ondas, e todo o país estava coberto de homens. Parecia, diz Maquiavel, que em meio aos assassinatos, às proscrições, às guerras civis, nossa república se torna mais poderosa; a virtude de seus cidadãos, os costumes, sua independência, tinham mais efeito para reforçá-la do que todas as dissensões a tinham feito para enfraquecê-la. Um pouco de agitação traz energia às almas, e o que faz verdadeiramente prosperar a espécie é menos a paz que a liberdade.

## Capítulo X
## DO ABUSO DO GOVERNO E DE SUA TENDÊNCIA A DEGENERAR

Como a vontade particular luta sem cessar contra a vontade geral, assim o governo faz um esforço contínuo contra a soberania. Quanto mais esse esforço aumenta, mais a constituição se altera, e como não há aqui outra vontade de colegiado que, resistindo à do príncipe, consiga equilibrar-se com ela, deve acontecer cedo ou tarde que o príncipe oprima, enfim, o soberano e rompa o tratado social. Lá está o vício inerente e inevitável que, desde o nascimento da corporação política tende, sem descanso, a destruí-lo, do mesmo modo que a velhice e a morte destroem o corpo do homem.

Há dois vícios gerais pelos quais um governo degenera, a saber, quando ele se restringe ou quando o Estado se dissolve. O governo se restringe quando passa do grande número ao pequeno, isto é, da democracia à aristocracia e da aristocracia à realeza.* Se retrocede do pequeno número ao grande, pode-se dizer que se abranda, mas o progresso[1] inverso é impossível.

Não faltará quem me objete que a República romana que seguiu, dirão, um progresso todo contrário, passou da monarquia à aristocracia e da aristocracia à democracia. Eu estou bem longe de pensar assim.

O primeiro estabelecimento de Rômulo foi um governo misto, que degenerou prontamente em despotismo. Por causas particulares, o Estado pereceu antes do tempo, como se vê morrer um recém-nascido, antes de atingir a idade adulta. A expulsão dos Tarquínios foi a verdadeira época do nascimento da República. Mas ela não tomou, no início, uma forma constante, porque não se fez senão metade da obra, por não abolir o patriciado. Pois desta maneira a aristocracia hereditária, que é a pior das administrações legítimas, estando em conflito com a democracia, sem fixar a forma de governo, sempre incerta e flutuante, como o provou Maquiavel, foi até o estabelecimento dos tribunos; somente então houve um verdadeiro governo e

---

\* A formação lenta e o progresso da República de Veneza em suas lagunas oferecem exemplo notável desta sucessão; e é bem surpreendente que há mais de doze anos os venezianos não estarem ainda senão no segundo termo, que começou no *Serrar di Consiglio*, em 1198. Quanto aos antigos duques que se lhes reprovam, embora se possa dizer deles o *squitinio della libertà veneta*, foi provado que não foram seus soberanos.

1. No texto, *progresso* significa *movimento*.

uma verdadeira democracia. Com efeito, o povo então não era somente soberano, mas também magistrado e juiz, o Senado não era senão um tribunal subordinado, para temperar ou concentrar o governo e os próprios cônsules, embora patrícios, embora primeiros magistrados, embora generais absolutos na guerra, em Roma eram apenas presidentes do povo. Desde então se viu também o governo tomar sua inclinação natural e tender fortemente para a aristocracia. O patriciado, abolindo-se a si mesmo, a aristocracia não estava mais no colegiado dos patrícios, como acontece em Veneza e Gênova, mas no corpo do Senado, composto de patrícios e plebeus, mesmo no colegiado dos tribunos, quando começaram a usurpar um poder ativo; pois as palavras nada fazem às coisas, e quando o povo tem chefes que governam por ele, qualquer que seja o nome que esses chefes tenham, é sempre uma aristocracia. Do abuso da aristocracia nasceram as guerras civis e o triunvirato Sila, Júlio César e Augusto se tornaram de fato os verdadeiros monarcas; e, enfim, sob o despotismo de Tibério, o Estado foi dissolvido. A história romana não desmente, pois, meu princípio: ela o confirma.

Com efeito, jamais o governo muda a forma, a não ser quando o poder usado o deixa muito enfraquecido para conservá-la. Portanto, se ela se enfraquecer ainda ao se estender, sua força se tornará completamente nula e ele subsistirá ainda menos. É preciso, pois, restabelecê-la e aumentar a força à medida que cede, senão o Estado ao qual sustenta, cairá em ruínas.

O caso da dissolução do Estado pode acontecer de duas maneiras: primeiramente, quando o príncipe não administra mais o Estado conforme as leis e usurpa o poder soberano. Produz-se então uma mudança notável; é que, não o governo, mas o Estado se restringe; quero dizer que o grande Estado se dissolve e que nele se forma outro, composto somente dos membros do governo e que nada mais é, para o resto do povo, senão seu senhor e tirano. De modo que no instante em que o governo usurpa a soberania, o pacto social é rompido e todos os simples cidadãos, voltando, por direito, à sua liberdade natural, são forçados mas não obrigados a obedecer.

O mesmo ocorre também quando os membros do governo usurpem, separadamente, o poder que não devem exercer senão em colegiado; o que não é uma infração menor das leis, produzindo ainda uma desordem maior. Tem-se, então, por assim dizer, tantos príncipes quantos magistrados, e o Estado, não menos dividido que o governo, perece ou muda de forma.

Quando o Estado se dissolve, o abuso do governo, seja qual for, toma o nome comum de *anarquia*. Distinguindo, a democracia degenera em *oclocracia*,[2] e a aristocracia em *oligarquia*; acrescentaria ainda que a realeza degenera em *tirania*, mas esta última palavra é equívoca e exige explicação.

---

2. O vocábulo significa *governo do populacho*.

Em sentido vulgar tirano³ é um rei que governa com violência e sem respeito à justiça e às leis. Em sentido preciso, tirano é um particular que se arroga a autoridade real, sem ter direito a ela. É assim que os gregos entendiam a palavra *tirano*. Davam-na, indiferentemente, aos bons e maus príncipes, cuja autoridade não era legítima.\*\* Assim, *tirano* e *usurpador* são duas palavras perfeitamente sinônimas.

Para dar nomes diferentes a diversas coisas, chamo de tirano ao usurpador da autoridade real, e déspota ao usurpador do poder soberano. Tirano é aquele que se revolta contra as leis, para governar conforme as leis; déspota é o que se coloca acima das próprias leis. Assim, o tirano pode não ser déspota, mas o déspota é sempre tirano.

---

3. Na língua grega, *tirano* não tem o sentido de *déspota* ou *ditador*, mas de *rei*. Na tragédia de Sófocles, o título é bem significativo: O *rei* Édipo, o *tirano* Édipo, sendo Édipo um rei e não um déspota.

\*\* *Omnes enim et habentur et dicuntur Tyranni Qui potestate perpetua, in ea Civitate quae libertate usa est. Corn. Nep., in Miltiad.* (Entende-se como tiranos aqueles que dispõem perpetuamente do poder em uma cidade que foi livre.) É verdade que Aristóteles. *Mor. de Nicom.*, L.VIII, c.10 distingue o tirano do rei, no que o primeiro governa em seu próprio benefício e o segundo somente em benefício de seus súditos; mas além de que geralmente todos os autores gregos tomaram a palavra *tirano* em outro sentido, como parece, sobretudo, pelo *Hiéron*, de Xenofonte, seguir-se-á da distinção de Aristóteles que no começo do mundo ainda não teria existido um só rei.

# Capítulo XI
## DA MORTE DO CORPO POLÍTICO

Tal é a inclinação natural e inevitável dos governos melhor constituídos. Se Esparta e Roma pereceram, qual Estado pode esperar durar para sempre? Se quisermos formar um estabelecimento durável, não sonhemos, pois, em torná-lo eterno. Para ter sucesso não é preciso tentar o impossível, nem se gabar de dar à obra dos homens uma solidez que as coisas humanas não comportam.

O corpo político, como também o corpo do homem, começa a morrer desde o nascimento e traz em si mesmo as causas de sua destruição. Mas um e outro podem ter uma constituição mais ou menos robusta e própria a conservá-lo por tempo mais ou menos longo. A constituição do homem é obra da natureza, a do Estado é obra da arte. Não depende dos homens prolongar sua vida, mas depende deles prolongar a do Estado, tão longamente quanto possível, dando-lhe a melhor constituição que se possa ter. O melhor constituído terminará, mas mais tarde que outro, se nenhum acidente imprevisto lhe causar a perda, antes do tempo.

O princípio da vida política está na autoridade soberana. O poder legislativo é o coração do Estado e o poder executivo é seu cérebro, que dá movimento a todas as partes. O cérebro pode ficar com paralisia e o indivíduo viver ainda assim. Um homem se torna imbecil e vive: mas assim que o coração cessa suas funções, o animal está morto.

Não é por causa das leis que o Estado subsiste, é pelo poder legislativo. A lei de ontem não obriga hoje, mas o consentimento tácito se presume pelo silêncio, e do soberano se espera que confirme incessantemente as leis que não derrogar, podendo fazê-lo. Tudo o que declarou querer uma vez, ainda o quer sempre, a menos que o revogue.

Porque então se tem tanto respeito pelas antigas leis? É por isso mesmo. Deve-se crer que não há como a excelência das vontades antigas, que as tenha podido conservar por tanto tempo; se o soberano não as reconheceu constantemente salutares, revogou-as mil vezes. Eis porque, longe de se enfraquecerem, as leis adquirem, sem cessar, uma nova força em todo Estado bem constituído; o preconceito da antiguidade torna-as cada dia mais veneráveis; enquanto por toda parte em que as leis se enfraquecem ao envelhecer, isso prova que não existe mais poder legislativo e que o Estado não vive mais.

## Capítulo XII
## COMO SE MANTÉM A AUTORIDADE SOBERANA

O soberano, não tendo outra força senão o poder legislativo, só atua através das leis e não sendo as leis senão atos autênticos da vontade geral, o soberano só saberá agir quando o povo estiver reunido. Ora, dir-se-á, o povo reunido! Que ilusão! É uma ilusão hoje em dia, mas não o era há dois mil anos. Teriam os homens mudado de natureza?

Os limites do possível nas coisas morais são menos estreitos do que pensamos. São nossas fraquezas, nossos vícios, nossos preconceitos que os reduzem. As almas baixas não creem nos grandes homens; vis escravos sorriem com ar zombeteiro à palavra liberdade.

Para aquilo que se faz, consideremos o que se pode fazer; não falarei das antigas repúblicas da Grécia, mas a República romana era, ao que me parece, um grande Estado, e a cidade de Roma uma grande cidade. O último censo atribuiu a Roma quatrocentos mil cidadãos portadores de armas, e o último recenseamento do Império mais de quatro milhões de cidadãos, sem contar os súditos, os estrangeiros, as mulheres, as crianças e os escravos.

Que dificuldade se imaginaria de reunir, frequentemente, o povo imenso desta capital e seus arredores? Entretanto, poucas semanas se passavam sem que o povo romano fosse reunido e mesmo várias vezes não só exercia os direitos da soberania, mas até uma parte dos do governo. Tratava de certos negócios, julgava certas causas e todo esse povo estava na praça pública, muitas vezes quase tão magistrado quanto cidadão.

Remontando-se aos primeiros tempos das nações, percebe-se que a maior parte dos antigos governos, mesmo monárquicos, tais como os dos macedônios e dos francos, possuíam conselhos semelhantes. Seja como for, este próprio fato incontestável responde a todas as dificuldades. Do existente ao possível, a consequência me parece boa.

## Capítulo XIII
## CONTINUAÇÃO

Não basta que o povo reunido tenha certa vez fixado a Constituição do Estado, dando sanção a um corpo de leis: não basta que tenha estabelecido um governo perpétuo ou que tenha provido, uma vez por todas, à eleição dos magistrados. Além das assembleias extraordinárias que casos imprevistos possam exigir, é preciso que as haja fixas e periódicas, que nada possa abolir ou prorrogar, de tal modo que no dia marcado o povo seja legitimamente convocado por lei, sem que seja necessário para isso nenhuma outra convocação formal.

Mas fora dessas assembleias jurídicas por sua única data, toda assembleia do povo que não tenha sido convocada pelos magistrados nomeados para esse efeito e segundo as formas prescritas, deve ser tida como ilegítima e tudo que nela tenha sido feito, como nulo, porque a própria ordem de reunião deve emanar da lei.

Quanto às repetições mais ou menos frequentes das assembleias legítimas, elas dependem de tantas considerações que não se poderia dar-lhes regras precisas. Somente se pode dizer, em geral, que quanto mais força o governo tiver, mais frequentemente o soberano deve-se mostrar.

Isso, dir-me-ão, pode ser bom para uma única cidade; mas que fazer quando o Estado compreende várias delas? Dever-se-á partilhar a autoridade soberana ou deve-se concentrá-la numa única cidade e sujeitar todo o resto?

Respondo que não se deve fazer nem uma coisa, nem outra. Primeiramente, a autoridade soberana é simples e una, e não se pode dividi-la, sem destruí-la. Em segundo lugar, uma cidade, não mais que uma nação, não pode ser legitimamente sujeita a outra, porque a essência do corpo político está no acordo da obediência e da liberdade, e que as palavras *súdito* e *soberano* são correlações idênticas, cuja ideia se reúne sob a palavra única *cidadão*.

Respondo ainda que é sempre um mal o de unir várias cidades numa única cidade, e que, querendo fazer esta união, não se deve gabar de evitar-lhe os inconvenientes naturais. Não é preciso objetar para o abuso dos grandes Estados ao que não se deseja dos pequenos: mas como dar aos pequenos Estados força suficiente para resistir aos grandes? Como outrora as cidades gregas resistiram ao grande Rei, e como, mais recentemente, a Holanda e a Suíça resistiram à casa de Áustria.

Todavia, se não se pode reduzir o Estado a justos limites, resta ainda um recurso; é o de não ter só uma capital, de fazer a sede do governo, alternativamente, em cada cidade, e de aí reunir também, alternadamente, os Estados do país.

Povoar igualmente o território, estender, por toda parte, os mesmos direitos, levar a toda parte a abundância e a vida, é assim que o Estado se tornará, ao mesmo tempo, o mais forte e o mais bem governado possível. Lembremo-nos de que os muros das cidades não se formam senão dos restos das casas dos campos. A cada palácio que vejo erguer na capital, creio ver colocar todo o país em casebres.

# Capítulo XIV
## CONTINUAÇÃO

No momento em que o povo é legitimamente reunido num corpo soberano, toda a jurisdição do governo cessa, o poder executivo é suspenso, e a pessoa do último cidadão é tão sagrada e inviolável quanto a do primeiro magistrado, porque onde se encontra o representado, não há representante. A maior parte dos tumultos que se formavam em Roma nos comícios teve de ignorar ou negligenciar essa regra. Os cônsules, então, não eram senão os presidentes dos povos, tribunos de simples oradores* e o Senado não era nada.

Esses intervalos de suspensão, em que o príncipe reconhece ou deve reconhecer um superior atual, sempre lhe foram perigosos, e essas assembleias do povo, que são a égide do corpo político e o freio do governo, foram, em todos os tempos, o horror dos chefes; também jamais pouparam cuidados, nem objeções, nem dificuldades, nem promessas, para com eles desgostar os cidadãos. Quando estes são avarentos, relaxados, pusilânimes, mais amantes do repouso do que da liberdade, não têm muito tempo contra os esforços dobrados do governo; é assim que a força resistente aumentando sem cessar, a autoridade soberana se evapora no fim e a maior parte das cidades cai e perece antes do tempo.

Mas entre a autoridade soberana e o governo arbitrário, introduziu-se algumas vezes um poder médio, do qual se deve falar.

---

\* Quase, segundo o sentido que se dá a este nome no Parlamento da Inglaterra. A semelhança destas funções pôs em conflito os cônsules e os tribunos, embora toda jurisdição tenha sido suspensa.

## Capítulo XV
## DOS DEPUTADOS E REPRESENTANTES

Assim que o serviço público cessa de ser a principal ocupação dos cidadãos e que eles preferem servir sua própria bolsa a servir com sua pessoa, o Estado já se acha perto da ruína. Se for preciso ir a combate, eles pagam as tropas e ficam em casa. Se for preciso ir ao conselho, eles nomeiam deputados e ficam em casa. À força de preguiça e de dinheiro eles conseguem, enfim, soldados para servir à pátria e representantes para vendê-la.

É a confusão do comércio e das artes, é o interesse ávido do ganho, é a languidez e o amor às comodidades, que trocam os serviços pessoais por dinheiro. Cede-se uma parte do lucro para aumentá-lo à vontade. Distribuam dinheiro e logo terão os grilhões. A palavra *finança* é uma palavra de escravo, desconhecida na cidade. Num Estado verdadeiramente livre, os cidadãos fazem tudo com os braços e nada com o dinheiro. Longe de pagar para eximir-se de seus direitos, eles pagariam para cumpri-los eles próprios. Eu estou bem longe das ideias comuns; acho as corveias menos contrárias à liberdade que os impostos.[1]

Quanto melhor constituído é o Estado, mais os negócios públicos prevalecem sobre os particulares no espírito dos cidadãos. Há mesmo muito menos negócios particulares, porque a soma de felicidade comum fornecendo uma soma mais considerável do que a de cada indivíduo, resta-lhe procurar menos nos encargos particulares. Numa cidade bem dirigida, todos correm para as assembleias; sob um mau governo, ninguém gosta de dar um passo para se dirigir para lá, porque ninguém se interessa pelo que lá se faz, prevendo-se que a vontade geral não dominará e que, enfim, os afazeres domésticos absorvem tudo. As boas leis fazem com que se façam outras melhores, as más levam às piores. Quando alguém diz dos negócios do Estado que me importa? deve-se entender que o Estado está perdido.

O esmorecimento do amor à pátria, a atividade do interesse privado, a imensidade dos Estados, as conquistas, o abuso do governo fizeram imaginar a conduta dos deputados ou representantes do povo nas assembleias da nação. É o que em certos países ousa-se chamar de terceiro Estado. Assim, o interesse particular de duas ordens é levado ao primeiro e segundo graus e o interesse público só ao terceiro.

---

1. Rousseau é o único pensador que defende este tipo de imposto, a *corveia* da Idade Média, que era condenado pela opinião credenciada da época e que Turgot tentou abolir.

A soberania não pode ser representada, pela mesma razão por que não pode ser alienada; ela consiste, essencialmente, na vontade geral, e a vontade não se representa; ela é a mesma ou é outra; não há meio termo. Os deputados do povo não são, pois, nem podem ser, seus representantes, já que não passam de comissários; nada podem concluir definitivamente. Toda lei que o povo não ratificou em pessoa é nula; não é uma lei. O povo inglês pensa ser livre; ele se engana muito, pois só o é durante a eleição dos membros do Parlamento; assim que são eleitos, o povo torna-se escravo, não é nada. No curto momento de sua liberdade, o uso que dela faz bem merece que a perca.

A ideia dos representantes é moderna: ela nos vem do governo feudal, daquele iníquo e absurdo governo, no qual a espécie humana é degradada, e onde o nome do homem está desonrado. Nas antigas repúblicas e mesmo nas monarquias, jamais o povo teve representantes; não se conhecia essa palavra. É muito estranho que, em Roma, onde os tribunos eram tão sagrados, não se tenha nem imaginado que pudessem usurpar as funções do povo, e que no meio de uma tão grande multidão jamais tivessem tentado passar seu chefe num só plebiscito. Entretanto, julgue-se o embaraço que às vezes causava a multidão, pelo que acontecia ao tempo dos Gracos, onde uma parte dos cidadãos dava seu sufrágio em cima dos telhados.

Onde o direito e a liberdade são tudo, os inconvenientes não são nada. Com o povo sábio tudo era posto na medida justa; ele deixava os lictores[2] fazerem o que seus tribunos não ousavam fazer; não temiam que os lictores quisessem representá-lo.

Para explicar, entretanto, como os tribunos o representavam, às vezes, bastava conceber como o governo representa o soberano. Não sendo a lei senão a declaração da vontade geral, é claro que no poder legislativo o povo não pode ser representado, mas pode e deve sê-lo no poder executivo, que é apenas a força aplicada à lei. Isso mostra que, examinando-se bem as coisas, ver-se-á que muito poucas nações possuem leis. Seja como for, é certo que os tribunos, não tendo nenhuma parte do poder executivo, não poderiam jamais representar o povo romano nos direitos de seus encargos, mas somente usurpando o do Senado.

Entre os gregos, tudo o que o povo tinha de fazer, fazia-o por si mesmo; ele era reunido sem cessar ali mesmo. Habitava num clima ameno, não era ambicioso, escravos executavam os trabalhos e seu grande desejo era a liberdade. Não tendo mais as mesmas vantagens, como conservar os mesmos direitos? Os climas mais inóspitos trazem mais necessidades,* pois seis meses por ano a praça pública não é frequentável, as línguas surdas não podem fazer-se ouvir ao ar livre, há mais interesse em ganhos do que em liberdade e teme-se bem menos a escravidão que a miséria.

---

2. Guardas que, em Roma, acompanhavam os altos magistrados.
* Adotar nos países frios o luxo e a languidez dos orientais é querer adquirir suas correntes; é submeter-se ainda mais necessariamente que eles.

Como! A liberdade não se mantém senão com o apoio da servidão? Pode ser. Os dois excessos se tocam. Tudo o que não está na natureza tem inconvenientes, e a sociedade civil mais que todo o resto. Há certas posições infelizes, em que não se pode conservar a liberdade, senão às custas da de outrem, e em que o cidadão não pode ser perfeitamente livre, como o escravo não pode ser totalmente escravo. Tal era a posição de Esparta. Vós, povos modernos, vós não possuís escravos, mas vós o sois; pagais a liberdade deles com a vossa. Por mais que louveis essa preferência, eu encontro nela mais covardia do que humanidade.

Não entendo, por tudo isso, que seja preciso ter escravos, nem que o direito de escravidão seja legítimo, uma vez que já provei o contrário. Digo apenas as razões pelas quais os povos modernos que se creem livres possuem representantes, e por que os povos antigos não os possuíam. Seja como for, no momento em que o povo adquire representantes, não é mais livre; não o é mais.

Examinando-se tudo muito bem, não vejo que seja possível, daqui por diante, ao soberano, de conservar entre nós o exercício de seus direitos, se a cidade não for muito pequena. Mas se for muito pequena, será subjugada? Não. Mostrarei logo adiante[**] como se pode harmonizar o poder exterior de um grande povo com a política fácil e a boa ordem de um pequeno Estado.

---

[**] É o que me propus fazer na continuação desta obra, quando, tratando das relações externas, chegarei às confederações, matéria toda nova, em que os princípios estão ainda para ser estabelecidos.

## Capítulo XVI
## A INSTITUIÇÃO DO GOVERNO NÃO É UM CONTRATO

Uma vez estabelecido o poder legislativo, trata-se de estabelecer também o poder executivo, pois este último, que só opera por atos particulares, não sendo da essência do outro, é naturalmente separado dele. Se fosse possível que o soberano, considerado como tal, tivesse o poder executivo, o direito e o fato seriam de tal modo confundidos que não se saberia mais o que é lei e o que não o é, e o corpo político assim desnaturado[1] seria logo exposto à violência contra a qual foi instituída.

Sendo os cidadãos todos iguais pelo contrato social, o que todos devem fazer, todos podem prescrever, de modo que ninguém tem o direito de exigir que outrem faça o que ele mesmo não faria. Portanto, é propriamente esse direito, indispensável para fazer viver e mover o corpo político, que o soberano dá ao príncipe, ao instituir o governo.[2]

Várias pessoas acharam que o ato deste estabelecimento era um contrato entre o povo e os chefes que ele se concede, contrato pelo qual se estipulava entre as duas partes as condições sob as quais uma se obrigaria a comandar e a outra a obedecer. Convenhamos, eu me asseguro, que esta é uma estranha maneira de contratar! Mas vejamos se esta opinião é sustentável.

Primeiramente, a autoridade suprema não pode modificar-se, nem alienar-se; limitá-la é destruí-la. É absurdo e contraditório que o soberano se conceda um superior; obrigar-se a obedecer a um senhor é retroceder, em plena liberdade.

No mais, é evidente que este contrato do povo com tais ou tais pessoas seria um ato particular. Donde se segue que este contrato não poderia ser nem uma lei, nem um ato de soberania, e que, por consequência, seria um ato ilegítimo.

Vê-se ainda que as partes contratantes estariam, entre si, sob a única lei natural e sem nenhuma garantia de seus compromissos recíprocos, o que repugna, de qualquer maneira, ao estado civil. Aquele que tem a força em mãos, sendo sempre o senhor da execução, tanto desejaria dar o nome de contrato ao ato de um homem,

---

1. O termo não tem aqui o sentido positivo que, regra geral, Rousseau lhe atribui, mas a acepção negativa de alterado, viciado.
2. Na verdade, todo cidadão é, de certo modo, legislador, mas só o governo, em decorrência de um mandado, tem o poder de exigir (poder executivo).

que diria a outro: Dou-te todos os meus bens, com a condição de que me devolvas o que te agradar.

Não há senão um contrato no Estado, o da associação; e este, por si só, exclui todos os outros. Não se poderia imaginar nenhum contrato público que não fosse uma violação do primeiro.

# Capítulo XVII
## DA INSTITUIÇÃO DO GOVERNO

Com base em que ideia é preciso, pois, conceber o ato pelo qual o governo é instituído? Observarei, primeiro, que este ato é complexo ou composto de dois outros, a saber, o estabelecimento da lei e a execução da lei.

Pelo primeiro, o soberano estatui que haverá um corpo de governo estabelecido sob tal ou tal forma; e é claro que tal ato é uma lei.

Pelo segundo, o povo escolhe os chefes que serão encarregados do governo estabelecido. Portanto, sendo essa escolha um ato particular, não é uma segunda lei, mas apenas uma continuação da primeira e uma função do governo.

A dificuldade é de entender como se pode ter um ato de governo, antes que o governo exista, e como o povo, que não é soberano ou súdito, pode tornar-se príncipe ou magistrado, em certas circunstâncias.

É ainda aqui que se descobre uma dessas propriedades surpreendentes do corpo político, pelas quais ele concilia operações contraditórias na aparência. Pois essa se faz por uma conversão súbita da soberania em democracia, de modo que, sem nenhuma mudança sensível, e somente por uma nova relação de todos com todos, os cidadãos tornados magistrados passam dos atos gerais aos atos particulares, e da lei à execução.

Esta mudança de relação não é uma sutileza de especulação sem exemplo na prática: ocorre todos os dias no Parlamento da Inglaterra, em que a Câmara Baixa, em certas ocasiões, se transforma em grande comissão, para melhor discutir os assuntos, e se torna assim simples comissão, de corte soberana que era no momento anterior, de tal modo que se refere a si mesma como Câmara dos Comuns, pois acaba de legislar em grande comissão, deliberando, de novo, sob um título que já havia resolvido sob outro.

Tal é a vantagem própria do governo democrático de poder ser estabelecido de fato por um simples ato da vontade geral. Após o que, este governo interino toma posse, se tal é a forma adotada, ou estabelece em nome do soberano o governo prescrito em lei, e tudo se acha assim dentro das regras. Não é possível instituir o governo de nenhuma outra forma legítima, sem renunciar aos princípios acima estabelecidos.

# Capítulo XVIII
# MEIO DE PREVENIR AS USURPAÇÕES DO GOVERNO

Destes esclarecimentos resulta, como confirmação do Capítulo XVI, que o ato que institui o governo não é um contrato, mas uma lei, que os depositários do poder executivo não são os senhores do povo, mas seus agentes, que ele pode estabelecê-los e destituí-los quando lhe agradar, que não se trata para eles contratar, mas sim, obedecer e que, encarregando-se de funções que o Estado lhes impõe, nada mais fazem senão cumprir o dever de cidadãos, sem ter, de maneira alguma, o direito de discutir as condições.

Quando acontece, pois, que o povo institui um governo hereditário, seja monárquico, de uma família, seja aristocrático, numa classe de cidadãos, isso não é um compromisso que assume; é uma forma provisória que dá à administração, até que lhe agrade ordenar de outro modo.

É verdade que essas mudanças são sempre perigosas e que jamais se deve mexer no governo estabelecido, a não ser quando se torna incompatível com o bem público; mas esta circunspeção é uma máxima de política e não uma regra de direito, e o Estado não é mais obrigado nem a deixar a autoridade civil a seus chefes, nem a autoridade militar aos generais.

É verdade ainda que não se poderia, em caso semelhante, observar com muito cuidado todas as formalidades requeridas para distinguir um ato regular e legítimo de um tumulto sedicioso, e a vontade de todo o povo, dos clamores de uma facção. É aqui, sobretudo, que não se deve dar ao caso odioso o que não se lhe pode recusar, em todo o rigor do direito, e é também desta obrigação que o príncipe tira grande vantagem para conservar o poder, apesar do povo, sem que se possa dizer que o tenha usurpado. Pois, comparecendo, não usa senão seu direito e lhe é muito fácil estendê-lo e impedir, sob o pretexto do repouso público, as assembleias destinadas a restabelecer a boa ordem; de tal modo que ele se prevalece de um silêncio que impede de romper ou de irregularidades que faz cometer, por pressupor, em seu favor, de uma confissão dos que a temem fazer calar e para punir os que ousam falar. É assim que os decênviros, tendo sido primeiro eleitos por um ano, depois por mais um ano, tentaram reter o poder perpetuamente, não permitindo mais aos comícios se reunirem; e é por esse meio fácil que todos os governos do mundo, uma vez revestidos da força pública, usurpem, cedo ou tarde, a autoridade soberana. As assembleias periódicas, das quais falei acima, servem para prevenir ou prorrogar esta infelicidade, principalmente quando não precisam de convocação formal: pois então o príncipe não poderia impedi-las sem declarar-se abertamente infrator das leis e inimigo do Estado.

A abertura dessas assembleias, que não tem por objeto senão a manutenção do tratado social deve sempre se fazer por duas proposições, que não se podem suprimir jamais e que passam, separadamente, pelos sufrágios.

A primeira: *Se agrada ao soberano conservar a presente forma de governo*. A segunda: *Se agrada ao povo deixar a administração aos que dela são atualmente encarregados*.[1]

Suponho aqui o que creio ter demonstrado, a saber, que não há no Estado nenhuma lei fundamental que não se possa revogar, nem mesmo o pacto social; pois se todos os cidadãos se reuniam para romper esse pacto de comum acordo, não se pode duvidar que não tenha sido legitimamente rompido. Grotius pensa mesmo que cada um pode renunciar ao Estado do qual é membro, e retomar a liberdade natural e seus bens, saindo do país.[*] Portanto, seria absurdo que todos os cidadãos reunidos não pudessem fazer o que pode separadamente cada um deles.[2]

FIM DO LIVRO TERCEIRO

---

1. Este período foi muito criticado na época, a ponto de ter causado a condenação da obra, tendo sido Rousseau censurado por pretender destruir todas as formas de governo.
* Entende-se que não se foge para fugir ao dever e dispensar-se de servir à pátria no momento em que ela precisa de nós. A fuga, então, seria criminosa e punível, pois não seria mais uma retirada, mas uma deserção.
2. No livro *De jure belli ac pacis*, (Livro II, cap. 5), Grotius defende esta mesma ideia, afirmada por Rousseau.

# LIVRO IV

LIVRO IV

# Capítulo I
## A VONTADE GERAL É INDESTRUTÍVEL

Enquanto vários homens reunidos se consideram como um só corpo, eles têm uma só vontade, que se refere à conservação comum e ao bem-estar geral. Então, todos os recursos do Estado são vigorosos e simples, suas máximas claras e luminosas; não há interesses confusos e contraditórios, o bem comum se mostra por toda parte em evidência e não exige senão bom senso para ser percebido. A paz, a união, a igualdade são inimigos das sutilezas políticas. Os homens honestos e simples são difíceis de enganar, por causa de sua simplicidade e sua astúcia, os pretextos requintados não se lhes impõem; nem são mesmo suficientemente finos para serem simplórios. Quando se vê, entre os povos mais felizes do mundo,[1] grupos de camponeses resolver os negócios do Estado sob um carvalho[2] e conduzir-se sempre com sabedoria, pode-se impedir de desprezar os requintes das outras nações, que se tornam ilustres e miseráveis com tanta arte e mistérios?

Um Estado, assim governado, necessita de muito poucas leis,[3] e à medida que se torna necessário promulgar novas, essa necessidade se percebe universalmente. O primeiro que as propõe não faz senão dizer o que todos já sentiram, e não é questão nem de ardis nem de eloquência fazer passar como lei o que cada um já resolveu fazer, assim que for certo que os outros o farão como ele.

O que engana os raciocínios é que, não vendo senão Estados mal constituídos desde a origem, ficam impressionados com a impossibilidade de manter aí uma política[4] semelhante. Eles riem ao imaginar todas as tolices com que um patife hábil ou um tagarela insinuante poderiam persuadir o povo de Paris ou de Londres. Eles

---

1. Para Rousseau, que era genebrino, "o mais feliz dos povos do mundo" era o povo suíço.
2. Nos cantões rurais da Suíça, onde os camponeses dirigiam os negócios públicos, no campo, à sombra das árvores.
3. Entende Rousseau, que "ao Estado bastam poucas leis, mas "bem digeridas e, principalmente, bem observadas" (ver *Considerações sobre o governo da Polônia*, cap. X e *Fragmentos*, Seção 4).
4. No texto, *police* não se traduz por *polícia*, mas por *governo, administração política, política* ou *organização política*.

não sabem que Cromwell[5] foi colocado em guizos pelo povo de Berna e o duque de Beaufort[6] foi posto na casa de correição pelos genebrinos.

Mas quando o nó social começa a afrouxar e o Estado a se enfraquecer, quando os interesses particulares começam a se fazer sentir e as pequenas sociedades a influir sobre a grande, o interesse comum se altera e encontra oponentes, a unanimidade não reina mais na voz, a vontade geral não é mais a vontade de todos, elevam-se contradições, debates e o melhor conselho não é aprovado sem disputas.

Enfim, quando o Estado próximo da ruína não subsiste mais senão por uma forma ilusória e vã, quando o laço social é rompido em todos os corações, quando o interesse mais vil se desvia afrontosamente do sagrado nome do bem público, então a vontade geral se torna muda todos os guiados pelos motivos secretos não opinam mais como cidadãos, como se o Estado jamais tivesse existido e se fazem passar, falsamente, sob o nome de leis, decretos iníquos que só têm por objetivo o interesse particular.

Seguir-se-á daí que a vontade geral esteja aniquilada ou corrompida? Não, ela é sempre constante, inalterável e pura, mas é subordinada a outras, que a levam para ela. Cada um, afastando seu interesse do interesse comum, percebe bem que não pode separá-lo completamente, mas sua parte do mal público não lhe parece certa, ao lado do bem exclusivo de que pretende apropriar-se. Excetuado esse bem particular, ele deseja o bem geral para seu próprio interesse tão fortemente também quanto qualquer outro. Mesmo vendendo o voto a preço de ouro, não extingue nele a vontade geral: ele a ilude. O erro que comete é o de mudar o estado da questão e de responder coisa diferente do que lhe perguntam; de modo que, em vez de dizer, pelo voto: *é vantajoso para o Estado*, ele diz: *é vantajoso a tal homem ou a tal partido que tal opinião passe*. Assim, a lei da ordem pública nas assembleias não é tanto de aí manter a vontade geral, como de fazer que seja sempre interpelada e que responda sempre.

Eu teria muitas reflexões a fazer aqui sobre o simples direito de votar em todo ato de soberania, direito que ninguém pode tirar dos cidadãos; e sobre o direito de opinar, de dividir, de discutir, que o governo tem sempre muito cuidado de deixar apenas para seus membros; mas esta importante matéria exigiria um tratado à parte e eu não posso dizer tudo neste.

---

5. Referência irônica ao hábil político inglês Oliver Cromwell (1599-1668) que, se morasse em Berna, na Suíça, e se tivesse sofrido pena grave, teria sido ridicularizado pelos habitantes da cidade, que lhe colocariam guizos (*sonnettes*) no pescoço.
6. A expressão "posto na disciplina" (*à la discipline*), significa ser posto numa casa de correição, ou seja, num instituto correcional, o que se usava fazer em Genebra.

## Capítulo II
## DOS SUFRÁGIOS

Percebe-se pelo capítulo anterior que a maneira pela qual se trata dos negócios gerais pode fornecer um índice assaz certo do estado atual dos costumes e da saúde do corpo político. Quanto mais acordo reina nas assembleias, significa que mais as opiniões se aproximam da unanimidade e mais dominante também é a vontade geral; mas os longos debates, as discordâncias, o tumulto, anunciam a ascendência dos interesses particulares e o declínio do Estado.

Isso parece menos evidente quando duas ou várias ordens entram em sua constituição, como em Roma os patrícios e os plebeus, cujas querelas tumultuaram muitas vezes os comícios,[1] mesmo nos mais belos tempos da República; mas essa exceção é mais aparente que real, pois, então, pelo vício inerente ao corpo político, há, por assim dizer, dois Estados em um; o que não é verdade sobre cada um em conjunto, é verdade sobre os dois separadamente. E, com efeito, mesmo nos tempos mais agitados, os plebiscitos do povo, quando o Senado não se imiscuía, eram sempre aprovados tranquilamente, com grande pluralidade de votos. Não tendo os cidadãos senão um interesse, o povo não possuía senão uma vontade.

Na outra extremidade do círculo, a unanimidade volta. É quando os cidadãos que caíram na escravidão não possuem mais nem liberdade, nem vontade. Então, o temor e a lisonja se transformam em aclamações aos sufrágios; não se delibera mais, ou se adora ou se maldiz. Tal era a maneira vil de opinar do Senado, ao tempo dos Imperadores. Algumas vezes, isso se fazia com precauções ridículas: Tácito[2] observa que, no tempo de Otão,[3] os senadores, enchendo Vitélio[4] de imprecações, fingiam

---

1. Eram as assembleias eleitorais, em Roma. Ver mais adiante cap. IV, intitulado Dos Comícios Romanos.
2. Rousseau refere-se ao livro intitulado *História, I, 85*.
3. Marcus Salvius Otho foi Imperador (32-69 a.D.), após a morte de Galba, suicidando-se, ao ser vencido pelas legiões de Vitélio.
4. Os senadores, reunidos, acusavam Vitélio, censurando-lhe os erros, mas, ao mesmo tempo, faziam enorme ruído, para que, mais tarde, caso ele subisse ao poder, não pudesse vingar-se deles, pois não saberia identificar seus críticos. Aulus Vitelius (15-69 a.D.) foi realmente, mais tarde, proclamado Imperador, pelas legiões de Germânico. Venceu Otão, ou Otho, em 69 a.D., mas, derrotado pelos partidários de Vespasiano (Imperador, de 69 a 79 a.D.), em Cremona, foi massacrado pelo povo.

fazer, ao mesmo tempo, um ruído espantoso, para que, se por acaso, ele se tornasse o chefe, não pudesse saber o que cada um deles tinha dito.

Dessas diversas considerações nascem as máximas nas quais se deve reger a maneira de contar os votos e de comparar opiniões, conforme a vontade geral é mais ou menos fácil de conhecer e o Estado mais ou menos decadente.

Não existe senão uma única lei que, por natureza, exige um consentimento unânime. É o pacto social: pois a associação civil é o ato do mundo mais voluntário; tendo todo homem nascido livre e senhor de si próprio, ninguém pode, sob qualquer pretexto que possa haver, sujeitá-lo sem sua aprovação.[5] Decidir que o filho de uma escrava nasce escravo é decidir que não nasce homem.

Se, porém, quando do pacto social se encontram opositores, sua oposição não invalida o contrato, mas impede somente que não seja cumprido; são os estranhos entre os cidadãos. Quando o Estado é instituído, o consentimento está na residência; habitar o território é sujeitar-se à soberania.\*

Afora esse primitivo contrato, o voto do maior número obriga sempre os demais; é uma sequência do próprio contrato. Mas pergunta-se como um homem pode ser livre e forçado a se conformar com vontades que não são as dele. Como é que os opositores são livres e submetidos a leis às quais não deram consentimento?

Respondo que a questão está mal colocada. Os cidadãos concordam com todas as leis, mesmo as que passam sem que as aceite e mesmo as que o punem quando ousa violar alguma. A vontade constante de todos os membros do Estado é a vontade geral; é por ela que são cidadãos e livres.\*\* Quando se propõe uma lei na assembleia do povo, o que se lhes pergunta não é precisamente se aprovam a proposta ou se a rejeitam, mas se ela está conforme ou não à vontade geral, que é a deles; cada um que dá seu voto exprime sua opinião lá em cima e do cálculo dos votos se tira a declaração da vontade geral. Quando, pois, a opinião contrária à minha vence, isso não prova outra coisa senão que me enganei e que o que eu achava que fosse a vontade geral não o era. Se minha opinião particular venceu, eu terei feito coisa diferente do que quis, e então eu não teria sido livre.

---

5. Este é o princípio individualista essencial na *Teoria do Contrato*, admitido também por Locke e Pufendorf.

\* Isso se deve entender sempre de um Estado livre, pois, além disso, a família, os bens, a falta de asilo, a necessidade, a violência, podem reter um habitante no país, contra a vontade, e então sua permanência apenas não pressupõe mais um consentimento ao contrato ou à violação do contrato.

\*\* Em Gênova, lê-se na fachada das prisões e sobre os grilhões dos condenados a palavra *Libertas*. Esta aplicação do emblema é bela e justa. Com efeito, somente os malfeitores de todos os estados é que impedem o cidadão de ser livre. Num país em que toda essa gente estivesse nas prisões, gozar-se-ia da mais perfeita liberdade.

Isso supõe, é verdade, que todos os caracteres da vontade geral estão ainda na pluralidade: quando cessam de existir aí, qualquer partido que se tome não possui mais liberdade.

Ao mostrar, acima, como se substituía a vontade geral por vontades particulares nas deliberações públicas, indiquei suficientemente os meios praticáveis de prevenir esse abuso; falarei disso ainda mais adiante. Com referência ao número proporcional dos votos para declarar essa vontade, mencionei também os princípios sobre os quais se pode determiná-los. A diferença de um único voto rompe a igualdade, um único oponente rompe a unanimidade; mas entre a unanimidade e a igualdade há várias partes desiguais, e a cada um dos quais se pode fixar este número, conforme o estado e as necessidades do corpo político.

Duas máximas gerais podem servir para regular essas relações:[6] uma, é que quanto mais importantes e graves as deliberações, mais a opinião que as fundamenta deve aproximar-se da unanimidade; a outra, que quanto mais o negócio discutido exige celeridade, mais se deve diminuir a diferença prescrita na divisão das opiniões; nas deliberações que é preciso encerrar imediatamente, o excedente de um só voto deve bastar. A primeira dessas máximas parece mais conveniente para as leis e a segunda para os negócios. Seja como for, é na combinação delas que se estabelecem as melhores relações dadas à pluralidade para pronunciar-se.

---

6. Rousseau mostra a relação entre a vontade geral e a liberdade. Em outras palavras, isto supõe um Estado sadio, incorrupto, ou seja, no qual a vontade geral se exprime ainda com bastante vigor, para que a maioria a aceite. Só neste caso, o fato de estar em minoria significa que esta incorreu em erro, inclinando-se diante da opinião da maioria e, pois, aderindo à vontade geral, o indivíduo encontra a liberdade.

## Capítulo III
## DAS ELEIÇÕES

Com relação às eleições do Príncipe e dos magistrados, que são, como já o disse, atos complexos, há dois caminhos para se proceder nelas, a saber, a escolha e o sorteio. Uma e outra foram empregadas em várias repúblicas e ainda se vê atualmente uma mistura muito complicada das duas, na eleição do Doge de Veneza.[1]

*O sufrágio por sorteio*, diz Montesquieu, *é da natureza da democracia*.[2] Eu concordo, mas como? *O sorteio* continua ele, *é uma maneira de eleger que não aflige ninguém; deixa a cada cidadão uma esperança razoável de servir a pátria*. Isso não são razões.

Se se atentar para o fato de que a eleição dos chefes é função do governo e não da soberania, ver-se-á que o caminho do destino está mais na natureza da democracia, em que a administração é tanto melhor quanto menos múltiplos os atos.

Em toda democracia verdadeira, a magistratura não é vantagem, mas oneroso encargo, que não se pode impor, com justiça, mais a um particular, do que a outro. Somente a lei pode impor este encargo àquele sobre quem recai a escolha. Embora a condição seja igual para todos, e a escolha não dependa de nenhuma vontade humana, não há aplicação particular que altere a universalidade da lei.

Na aristocracia, o Príncipe escolhe o Príncipe, o governo se conserva por si mesmo e é lá que os votos são bem colocados.

O exemplo da eleição do Doge de Veneza confirma essa distinção, longe de destruí-la. Esta forma mista convém num governo misto, pois é um erro considerar o governo de Veneza uma verdadeira aristocracia. Se o povo não tem nenhuma parte no governo, a própria nobreza é o povo. Uma multidão de Barnabotes[3] não

---

1. Antes da unificação da Itália, por Cavour, em 1870, Veneza era uma república independente, governada pelo *Doge* (*Dux, Ducis*, isto é, Duque), o chefe eleito mediante complicadíssimo procedimento, que compreendia nada menos que 8 operações de escrutínio ou sorteio. Eleito, o Doge, todos os anos, participava de tradicional e famosa cerimônia, em que ele, acompanhado dos Conselheiros, a bordo da nave Bucentauro, atirava no Mar Adriático o anel ducal, simbolizando as núpcias da República com o mar.
2. Em seu livro *O espírito das leis* (II, 2), Montesquieu defende, como diz Rousseau, o sufrágio por sorteio, que, a seu ver, é da essência da democracia, posição com a qual Rousseau concorda, mas não pelos motivos apresentados por Montesquieu.
3. Em Veneza, os *Barnabotes* eram os pobres, que moravam no bairro de São Barnabé.

chega jamais à magistratura e não é de sua nobreza o vão título de Excelência e o direito de assistir ao Grande Conselho. Sendo esse Grande Conselho tão numeroso quanto nosso Conselho Geral de Genebra, seus ilustres membros não têm mais privilégios que os nossos simples cidadãos. É certo que, eliminando a extrema disparidade das duas repúblicas, a burguesia de Genebra representa exatamente o patriciado veneziano, nossos nativos e habitantes representam os citadinos e o povo de Veneza e nossos camponeses representam os súditos de terra firme; enfim, de qualquer maneira que se considere essa república, abstração feita de sua grandeza, o governo não é mais aristocrático que o nosso. Toda a diferença está em que, não tendo nenhum chefe vitalício, não temos a mesma necessidade do sorteio.

As eleições por sorteio teriam poucos inconvenientes numa verdadeira democracia, onde tudo é igual, tanto pelos costumes como pelos talentos, quanto pela máxima pela fortuna, tornando a escolha quase indiferente. Mas eu já disse que não havia nenhuma democracia verdadeira.

Quando a escolha e o sorteio se acham misturados, a primeira deve suprir os cargos que exigem talentos especiais, tais como os cargos militares; o outro convém àqueles em que o bom senso, a justiça, a integridade são suficientes e que são os cargos de judicatura, pois num Estado bem constituído essas qualidades são comuns a todos os cidadãos.

O sorteio e os sufrágios não têm lugar algum no governo monárquico. Sendo o monarca, somente por direito, príncipe e magistrado único, a escolha de seus lugares tenentes não pertence senão a ele. Quando o abade de Saint-Pierre[4] propôs multiplicar o Conselho do Rei de França e de eleger seus membros por escrutínio, não percebeu que propunha mudar a forma de governo.

Restar-me-ia falar da maneira de dar e recolher votos na assembleia do povo, mas pode ser o histórico da política romana que, a esse respeito, explicará mais sensivelmente todas as máximas que eu pudesse estabelecer. Não é indigno de um leitor judicioso verificar, em detalhes, como se tratavam os negócios públicos e particulares num Conselho de duzentos mil homens.

---

4. O abade, autor do livro *Polysynodie et jugement*, preconizava, nessa obra, a criação de Conselhos eleitos, que substituiriam os ministros já nomeados, o que, na verdade, era uma proposta de mudança de governo.

# Capítulo IV
## DOS COMÍCIOS ROMANOS[1]

Não possuímos nenhum monumento bem preciso dos primeiros tempos de Roma; existe mesmo grande indício de que a maioria das coisas que se lhes atribui são fábulas;* e, em geral, a parte mais instrutiva dos anais dos povos, que é a história de seu estabelecimento, é a que mais nos falta. A experiência nos ensina todos os dias de que causas nascem as revoluções dos impérios; mas como não se formam mais povos, não temos conjectura alguma para explicar como se formaram.

Os usos que se encontram estabelecidos atestam ao menos que houve uma origem para esses costumes. Tradições que remontam a essas origens, aquelas que as maiores autoridades apoiam e que as mais fortes razões confirmam, devem ser aceitas como as mais certas. Eis as máximas que me esforcei a seguir, ao pesquisar como o mais livre e mais poderoso povo da terra exerce seu poder supremo.

Após a fundação de Roma, a República nascente, isto é, o exército do fundador, composto por Albanos, Sabinos e estrangeiros, foi dividido em três classes, que desta divisão tomaram o nome de *tribus*. Cada uma dessas três tribos foi subdividida em dez cúrias, e cada cúria em decúrias, na frente das quais se puseram chefes, chamados *decuriões*.

Além disso, separou-se de cada tribo um corpo de cem cavaleiros ou cavalheiros, denominado centúria: por onde se vê que essas divisões, pouco necessárias num burgo, não eram, primeiramente, senão militares. Mas parece que um instinto de grandeza fez a pequena cidade de Roma ter, antes, uma política conveniente à capital do mundo.

Desta primeira divisão resultou logo um inconveniente: é que a tribo dos Albanos** e a dos Sabinos,*** permanecendo sempre no mesmo estado, enquanto que a dos

---

1. O intérprete Dreyfus-Brisac, falando sobre comícios romanos, indica os dois autores nos quais se baseou Rousseau, isto é, o latino Carolus Sigonius (*Sobre o antigo direito dos cidadãos romanos*) e Maquiavel (*Discurso sobre a primeira década de Tito Lívio*).

* O nome Roma, que se pretende vir de *Rômulo*, é grego e significa força; o nome *Numa* também é grego e significa *Lei*. Que coincidência que os dois primeiros reis dessa cidade tivessem tido, antes, nomes tão relacionados com o que fizeram?

** Ramnenses.

*** Tatienses.

estrangeiros**** cruzava, sem cessar, pelo perpétuo concurso daqueles, este último não tardou a ultrapassar os outros dois. O remédio que Sérvio² encontrou para este perigoso abuso foi o de trocar a divisão, e a das raças, que ele aboliu, de substituir-lhe por outra parte da cidade, ocupada por cada tribo. Em lugar de três tribos, fez delas quatro, e cada uma que ocupava uma das colinas de Roma trazia-lhe o nome. Assim, remediando a desigualdade presente, ele a previne ainda para o futuro, e, para que esta divisão não fosse somente de lugares, mas de homens, proibiu os habitantes de um bairro de passar para outro, o que impediu as raças de se confundirem.

Dobrou também as três antigas centúrias de cavalaria e acrescentou-lhes outras doze, mas sempre sob os antigos nomes; meio simples e judicioso pelo qual acabou de distinguir o corpo de cavaleiros do corpo do povo, sem fazer com que este reclamasse.

A essas quatro tribos urbanas Sérvio acrescentou quinze outras, denominadas tribos rústicas, porque eram formadas dos habitantes do campo, divididas em outros tantos cantões. Em seguida, criaram-se outras novas, e o povo romano encontrou-se, enfim, dividido em trinta e cinco tribos; número ao qual permaneceram fixadas até o fim da República.

Da distinção entre as tribos da cidade e as tribos do campo resultou um efeito digno de ser observado, porque não há dele outro exemplo, sendo que Roma lhe deveu, por sua vez, a conservação dos costumes e o aumento de seu império. Seria de crer que as tribos urbanas se arrogaram logo poder e honras, e não tardaram em humilhar as tribos rústicas; até aconteceu o contrário. Conhece-se o gosto dos primeiros romanos pela vida campestre. Esse gosto lhes vinha do sábio instituidor³ que uniu à liberdade os trabalhos rústicos e militares, e relegou à cidade, por assim dizer, as artes, as profissões, a intriga, a sorte e a escravidão.

Assim, os que Roma tinha de mais ilustres, vivendo no campo e cultivando a terra, acostumou-se a procurá-los como sustentáculos da República. Sendo esse o estado dos mais dignos patrícios, foi honrado por todo mundo: a vida simples e laboriosa dos citadinos foi preferida à vida ociosa e frouxa dos burgueses⁴ da República, e tal não teria sido senão um infeliz proletário na cidade, que, trabalhando no campo, tornou-se um cidadão respeitável. Não é sem razão, dizia Varrão,⁵ que nossos magnânimos antepassados estabeleceram na aldeia o viveiro desses homens robustos e valentes, que os defendiam em tempos de guerra e os alimentavam em

---

**** Lúceres.
2. Servius Tullius, segundo a lenda, teria dado a Roma sua primeira Constituição política.
3. Rousseau refere-se novamente a Rômulo, o fundador de Roma.
4. Burgueses nada mais são que os habitantes das cidades.
5. Varrão (116-27 a.C.), famoso erudito romano, autor de divulgado livro sobre agricultura. Observe-se neste trecho o cuidado que Rousseau dedica às coisas do campo.

tempos de paz. Plínio[6] dizia positivamente que as tribos dos campos eram honradas por causa dos homens que as compunham, enquanto se transferia, por ignomínia, aos das cidades, a frouxidão que se queria aviltar. O sabino Ápio Cláudio,[7] vindo a se estabelecer em Roma, lá foi coberto de honrarias e inscrito numa tribo rústica, que tomou, em seguida, o nome de sua família. Enfim, os libertos entravam todos nas tribos urbanas, jamais nas rurais; e não há, durante toda a República, um único exemplo de qualquer desses libertos chegados à magistratura, embora tornado cidadão.

Esta máxima era excelente, mas foi levada tão longe, que dela resultou, por fim, uma mudança e certamente um abuso na política.

Primeiramente, os censores, após lhes terem permitido, por longo tempo, o direito de transferir, arbitrariamente, cidadãos de uma tribo à outra, permitiram para a maioria que se inscrevesse na que lhes agradasse, permissão essa que certamente não era boa para ninguém e suprimia um dos grandes recursos da censura. Além do mais, fazendo-se todos os grandes e poderosos inscrever-se nas tribos do campo, e os libertos tornados cidadãos permanecendo com a populaça nas tribos da cidade, essas tribos, em geral, não tinham mais lugar, nem território; mas todas se encontraram de tal modo misturadas que não se podia mais discernir os membros de cada uma senão pelos registros, de modo que a ideia da palavra *tribo* passou, assim, do real[8] ao pessoal, ou antes, tornou-se quase uma quimera.

Aconteceu, ainda, que as tribos da cidade, tendo mais pendor, acharam-se, muitas vezes, mais fortes nos comícios e venderam o Estado aos que se dignavam comprar os votos da canalha que os compunha.

Em relação às cúrias, o instituidor, tendo feito dez em cada tribo, todo o povo romano então fechado nos muros da cidade, achou-se composto de trinta cúrias, em que cada uma possuía seus templos, deuses, oficiais, sacerdotes, e as festas denominadas *compitalia*, semelhantes aos *paganalia*, que as tribos rústicas tiveram em seguida.

Na nova divisão de Sérvio, esse número de trinta, não podendo repartir-se igualmente nas quatro tribos, e ele não querendo mudá-las, as cúrias independentes tornaram-se outra divisão dos habitantes de Roma. Mas não se cogitou de cúrias,

---

6. Há, na História Romana, dois Plínios: Plínio, o Velho ou o Antigo, cujo nome completo é Caius Plinius Secundus (23-79 a.D.), autor do célebre e muito citado livro *História Natural*, em 37 volumes e Plínio, o Moço, seu sobrinho, Caius Plinius Caecilius Secundus, autor das *Cartas*, onde conta, em minúcias, a morte do tio, atingido pelas lavas do Vesúvio, que observava como cientista.
7. Appius Claudius Caecus, estadista e escritor romano.
8. Do latim *res*, real significa, no texto, relativo aos bens materiais.

nem nas tribos rústicas, nem nas do povo que as compunham, pois as tribos se tornaram estabelecimentos puramente civis, com outra política introduzida para o recrutamento das tropas, as divisões militares de Rômulo se tornaram supérfluas. Assim, embora todo cidadão fosse inscrito numa tribo, não se fazia muito necessário que o fosse numa cúria.

Sérvio fez ainda uma terceira divisão, que não tinha relação alguma com as duas precedentes e que se tornou, por seus efeitos, a mais importante de todas. Distribuiu todo o povo romano em seis classes, que não distinguia nem pelo lugar, nem pelos homens, mas pelos bens. De modo que as primeiras classes eram completadas pelos ricos, as últimas pelos pobres e as do meio pelas que gozavam de uma fortuna média. Essas seis classes estavam divididas em cento e noventa e três outros corpos, denominados centúrias, e estes corpos eram de tal modo distribuídos que a primeira classe sozinha compreendia mais da metade deles e a última só formava uma única. Desse modo, acontecia que a classe menos numerosa em homens era a que tinha mais centúrias e que a última classe inteira não era considerada senão uma subdivisão, embora ela só, contivesse mais da metade dos habitantes de Roma.

Afim de que o povo sentisse menos as consequências desta última forma, Sérvio fingiu dar-lhe um ar militar; inseriu na segunda classe duas centúrias de armeiros e duas de instrumentos de guerra na quarta. Em cada classe, exceto na última, separou os jovens dos velhos, isto é, os que eram obrigados a portar armas e os que pela idade eram isentos disso por lei, distinção essa que, mais do que a dos bens, produziu a necessidade de recomeçar muitas vezes o censo ou recenseamento. Enfim, quis que a assembleia se mantivesse ao campo de Marte e que todos os que estavam em idade militar viessem aí com armas.

A razão pela qual não estendeu à última classe essa mesma divisão entre jovens e velhos, é que não se permitia à populaça que a compunha a honra de portar armas pela pátria; era necessário ter casas para obter o direito de defendê-las e destas inumeráveis tropas de indigentes das quais hoje em dia brilham os exércitos dos reis, não existe nenhum, talvez, que tenha sido expulso com desdém de uma corte romana, quando os soldados eram os defensores da liberdade.

Distinguem-se, entretanto, ainda na última classe, os *proletários* daqueles que se denominavam *capite censi*.[9] Os primeiros, não completamente reduzidos a nada, davam ao menos cidadãos ao Estado, algumas vezes até mesmo soldados, em necessidades prementes. Os que não possuíam nada e que só se podiam contar por cabeças, eram encarados como totalmente nulos e Mário foi o primeiro que se dignou alistá-los.

Sem decidir aqui se este terceiro recenseamento era bom ou mau em si mesmo, creio poder afirmar que não há nada como os costumes simples dos primeiros

---

9. São todos os romanos, que só podem ser recenseados por cabeça (*capite*).

romanos, seu desinteresse, gosto pela agricultura, desprezo pelo comércio e para o ardor do ganho, que possam torná-lo praticável. Onde está o povo moderno em que a devoradora avidez, o espírito inquieto, a intriga, as contínuas mudanças, as perpétuas revoluções das fortunas possam deixar durar por vinte anos um estabelecimento semelhante, sem transtornar todo o Estado? É preciso mesmo observar bem que os costumes e a censura mais fortes do que essa instituição corrigiram-lhe o vício em Roma e que algum rico se viu relegado à classe dos pobres, por ter ostentado demais sua riqueza.

De tudo isso pode-se compreender facilmente porque não se fez quase nunca menção a não ser a cinco classes, embora houvesse realmente seis. A sexta, não fornecendo nem soldados ao exército, nem eleitores ao campo de Marte***** e não sendo quase de nenhum valor para a República, não era levada em conta para nada.

Tais foram as diferentes divisões do povo romano. Vejamos, agora, os efeitos que produziram nas assembleias. Essas assembleias, legitimamente convocadas, denominavam-se *comícios*; aconteciam, normalmente, na praça de Roma ou no campo de Marte. E dividiam-se em comícios por cúrias, comícios por centúrias e comícios por tribos, conforme uma das três formas sob as quais eram ordenadas: os comícios por cúrias eram da instituição de Rômulo, os por centúrias, de Sérvio, os por tribos, por tribunos do povo. Nenhuma lei recebia sanção, nenhum magistrado era eleito sem ser nesses comícios, e como não havia nenhum cidadão que não fosse inscrito numa cúria, numa centúria ou numa tribo, segue-se que nenhum cidadão era excluído do direito de votar, e que o povo romano era verdadeiramente soberano de direito e de fato.

Para que os comícios fossem legitimamente reunidos e para que o que se fizesse aí tivesse força de lei, era preciso que houvesse três condições: a primeira, que o colegiado ou o magistrado que os convocasse fosse revestido para isso da autoridade necessária; a segunda, que a assembleia se reunisse em dia permitido por lei; a terceira que os augúrios fossem favoráveis.

A razão da primeira regra não precisa ser explicada. A segunda, é um caso de política; assim, não era permitido fazer comícios nos dias feriados ou de feira, em que as pessoas do campo, vindas a Roma para negócios, não tinham tempo para passar o dia na praça pública. A terceira, é que o Senado mantinha, sob controle, um povo orgulhoso e inquieto e temperava, com esse propósito, o ardor dos tribunos sediciosos; mas esses encontravam mais de um meio de se livrar desse aborrecimento.

---

***** Eu digo ao *campo de Marte,* porque era lá que se reuniam os comícios por centúrias; nas duas outras formas o povo se reunia no *forum* ou em outro lugar, e então os *capite censi* tinham tanta influência e autoridade quanto os primeiros cidadãos.

As leis e a eleição dos chefes não eram os únicos pontos submetidos ao julgamento dos comícios. Tendo o povo romano usurpado[10] as mais importantes funções do governo, pode-se dizer que o destino da Europa era regulamentado em suas assembleias. Esta variedade de objetos deu lugar a diversas formas, que ocupavam essas assembleias conforme as matérias sobre as quais devia pronunciar-se.

Para julgar essas diversas formas, basta compará-las. Rômulo, ao instituir as cúrias, tinha em vista controlar o Senado pelo povo e o povo pelo Senado, dominando igualmente a todos. Deu, então, ao povo, desta forma, toda a autoridade do número, para equilibrar a do poder e a das riquezas, que deixou aos patrícios. Mas segundo o espírito da monarquia, deixou, entretanto, mais vantagens aos patrícios por influência de seus clientes sobre a pluralidade dos sufrágios. Essa admirável instituição dos patronos e dos clientes foi uma obra-prima de política e de humanidade, sem a qual o patriciado, tão contrário ao espírito da República, não teria podido subsistir. Somente Roma teve a honra de dar ao mundo este belo exemplo, do qual jamais resultou um abuso e que, entretanto, jamais foi seguido.

Essa mesma forma das cúrias, tendo subsistido sob os reis, até Sérvio, e o reinado do último Tarquínio não sendo considerado legítimo, isso fez distinguir geralmente as leis reais pelo nome de *leges curiatae*.

Sob a República, as *cúrias*, sempre limitadas às quatro tribos urbanas, e não conseguindo conter mais o populacho de Roma, não podia convir nem ao Senado, que estava à testa dos patrícios, nem aos tribunos que, embora plebeus, estavam à testa dos cidadãos livres. Eles caíram, pois, em descrédito, e sua humilhação foi tal que seus trinta lictores reunidos faziam o que os comícios por cúrias deveriam ter feito.

A divisão por centúrias era tão favorável à aristocracia, que não se entendia, em primeiro lugar, como o Senado não a levava sempre aos comícios que traziam esse nome, e pelos quais se elegiam os cônsules, os censores e outros *magistrados curuis*. Com efeito, das cento e noventa e três centúrias que formavam as seis classes de todo o povo romano, compreendendo-lhe a primeira classe noventa e oito, e não se contando os votos senão por centúrias, esta única primeira classe ganhava em número de votos de todas as outras. Quando todas essas centúrias estavam de acordo, não se continuava nem mesmo a recolher os votos; o que o menor número tinha decidido valia por uma decisão da multidão e pode-se dizer que nos comícios por centúrias os negócios regulavam-se pela pluralidade dos escudos, mais que pela dos votos.

---

10. O intérprete fica na dúvida, diante deste texto, que pode significar: o povo "apoderou-se" do governo, que pertencia aos patrícios ou o povo "usurpou" funções que não lhe cabia desempenhar, parecendo esta segunda interpretação a melhor (ver teoria exposta no Livro III).

Mas essa autoridade extrema era abrandada por dois modos. Em primeiro lugar, pertencendo os tribunos e um grande número de plebeus, geralmente à classe dos ricos, contrabalançavam eles o crédito dos patrícios, nesta primeira classe.

O segundo meio consistia em que, em lugar de fazer primeiro votar as centúrias conforme sua ordem, o que teria sempre feito começar pela primeira, tirava-se lhe uma em sorteio e essa****** procedia sozinha à eleição; após o que, todas as centúrias chamadas num outro dia, conforme seu grau, repetiam a mesma eleição e a confirmavam normalmente.

Tirava-se, assim, a autoridade do exemplo de grau, para sorteá-la segundo o princípio da democracia.

Deste costume resultou ainda outra vantagem: a de que os cidadãos do campo tinham tempo, entre as duas eleições, para se informar sobre o mérito do candidato, nomeado provisoriamente, para não dar o voto sem conhecimento de causa. Mas, sob o pretexto da pressa, chegou-se a acabar este costume e as duas eleições se fizeram no mesmo dia.

Os comícios por tribos eram o próprio conselho do povo romano; só eram convocados pelos tribunos e estes eram eleitos ali mesmo e ali mesmo faziam os plebiscitos. Não somente o Senado não possuía grau, não possuía nem mesmo o direito de assisti-los, e forçados a obedecer a leis nas quais não tinham podido votar, os senadores, nesse caso, eram menos livres que os últimos cidadãos. Essa injustiça era totalmente mal compreendida e bastava apenas para invalidar os decretos de um colegiado em que seus membros não eram admitidos. Quando todos os patrícios tivessem assistido a esses comícios, conforme o direito que lhes assistia como cidadãos, tornados então simples particulares não teriam influído numa forma de votos que se recolhiam por cabeça e em que o menor proletário podia tanto quanto o príncipe.

Vê-se, pois, que além da ordem que resultava dessas diversas distribuições para o recolhimento dos votos de tão grande povo, essas distribuições não se reduziam a formas indiferentes em si mesmas, mas em que cada uma possuía efeitos relativos aos pontos de vista que as faziam preferidas.

Sem entrar acima em longos detalhes, resulta dos esclarecimentos precedentes que os comícios por tribos eram os mais favoráveis ao governo popular, e os comícios por centúrias à aristocracia. Com referência aos comícios por cúrias, onde unicamente a populaça de Roma formava a pluralidade, como não serviam senão para favorecer a tirania e os maus desígnios, caíam em descrédito, e os próprios sediciosos abstinham-se de um meio que punha seus projetos muito a descoberto. É certo que toda a majestade do povo romano só se achava nos comícios por centúrias, que eram os únicos completos, visto que nos comícios por cúrias faltavam as tribos rústicas e nos comícios por tribos, o Senado e os patrícios.

---

****** A centúria, assim sorteada, chamava-se *prae rogativa*, por ser a primeira a quem se pedia o voto, vindo daí a palavra *prerrogativa*.

Quanto à maneira de recolher os votos, era tão simples entre os primeiros romanos, quanto seus costumes, embora mais simples ainda que os de Esparta. Cada um dava seu voto em voz alta e um escrivão o anotava em seguida; pluralidade de votos em cada tribo determinava o voto do povo e também das cúrias e centúrias. Este costume era bom, enquanto reinava a honestidade entre os cidadãos, já que cada um tinha vergonha de dar publicamente o voto a uma proposta injusta ou a um sujeito indigno, mas quando o povo se corrompeu e se compravam os votos, era preciso denunciá-lo em segredo, para conter os compradores pela desconfiança e fornecer aos malandros o meio de não serem traidores.

Sei que Cícero[11] censura essa mudança e lhe atribui, em parte, a ruína da República. Mas embora eu sinta o peso que deve ter aqui a autoridade de Cícero, não posso ser-lhe da mesma opinião. Penso, ao contrário, que por não ter feito muitas mudanças semelhantes, acelerou-se a perda do Estado. Como o regime das pessoas sadias não é apropriado aos enfermos, não é preciso governar um povo corrupto com as mesmas leis que convém a um povo bom. Nada prova melhor essa máxima do que a duração da República de Veneza, cujo simulacro existe ainda, unicamente porque as leis não convinham senão a homens maus.

Distribuíam-se, pois, aos cidadãos, pequenas tábuas, nas quais cada um podia votar sem que se soubesse em quem. Estabeleceram-se também novas formalidades para o recolhimento das tabuinhas, a contagem de votos, a comparação dos números etc. O que não impedia que a fidelidade dos funcionários encarregados dessas funções******* não fosse muitas vezes suspeita. Fizeram-se enfim, para impedir o suborno e a compra de votos, editos cujo grande número lhe mostra a inutilidade.

Por volta dos últimos tempos, muitas vezes se era constrangido a recorrer a expedientes extraordinários para suprir a insuficiência das leis. Logo se esperavam prodígios, mas esse meio, que podia impor-se ao povo, não se impunha aos que o governavam; convoca-se de repente, uma assembleia, antes que os candidatos tivessem tempo de fazer os subornos; falava-se uma sessão inteira, quando se percebia que o povo estava prestes a tomar um mau partido. Mas enfim, a ambição iludiu a todos; e o que é inacreditável é que, no meio de tanto abuso, este povo imenso, aproveitando seus antigos regulamentos, não deixou de eleger os magistrados, de promulgar as leis, de julgar as causas, de expedir os negócios particulares e públicos, quase com tanta facilidade quanto o próprio Senado poderia fazê-lo.

---

11. O político e orador romano Marcus Tullius Cicero, em seu livro *De legibus* (XII, 15), escreve: "quem não percebe que a lei, que estabelece o escrutínio secreto, usurpou da elite toda autoridade que esta podia ter? Nunca um povo livre necessitou desta lei, reclamando-a este com persistência, sempre que é oprimido pelo poder e pelo domínio dos grandes". Montesquieu, em seu livro *O espírito das leis* (II, 2), também trata deste tema.

******* *Custodes, Distributores* (edição de 1782: *Diribitores*), *Rogatores suffragiorum*.

## Capítulo V
## DO TRIBUNATO

Quando não se pode estabelecer uma proporção exata entre as partes constitutivas do Estado, ou que causas indestrutíveis lhe alterem, sem cessar, as relações, institui-se então uma magistratura particular, que não faz parte do colegiado dos outros, que recoloca cada termo em sua verdadeira relação, e que faz uma ligação ou um meio termo, seja entre o príncipe e o povo, seja entre o príncipe e o soberano, seja, ao mesmo tempo, dos dois lados, se necessário.

Este colegiado, que denominarei tribunato,[1] é o conservador das leis e do poder legislativo. Serve, às vezes, para proteger o soberano contra o governo, como faziam em Roma os tribunos do povo, às vezes para apoiar o governo contra o povo, como faz atualmente, em Veneza, o Conselho dos Dez e, às vezes, para manter o equilíbrio de uma parte e de outra, como faziam os *éforos*[2] em Esparta.

O tribunato não é uma parte constitutiva da cidade, e não deve ter nenhuma porção do poder legislativo, nem do executivo, mas é nisso mesmo que o seu poder é maior: pois não podendo fazer nada, pode impedir tudo. É mais sagrado e mais acatado como defensor das leis que o príncipe que as executa e que o soberano que as promulga. É o que se vê claramente em Roma, quando os orgulhosos patrícios, que sempre desprezaram o povo inteiro, foram forçados a curvar-se diante de um simples funcionário do povo, que não possuía nem auspícios,[3] nem jurisdição.

O tribunato, sabiamente conduzido, é o mais firme apoio de uma boa constituição; mas, por pouca força a mais que tenha, reverte tudo. Em relação à fraqueza, não é de sua natureza, e desde que seja qualquer coisa, jamais é menos do que deve sê-lo.

---

1. Os tribunos da plebe tinham a função de defender a plebe contra a prepotência dos patrícios e dos magistrados; contra os magistrados tinham não só o direito de veto, como também o emprego da *intercessio*. Os tribunos da plebe eram sagrados e foram adquirindo, cada vez mais, muita força entre os romanos.
2. Os *éforos*, magistrados encarregados da manutenção da ordem em Esparta, foram aumentando, cada vez mais, seu poder, até tornar-se verdadeiros donos da cidade.
3. *Auspícios* eram presságios, tirados dos voos, do canto ou do comportamento das aves. A expressão "sob os auspícios de alguém" significa "sob a proteção" ou "com o apoio de alguém". O vocábulo *auspicium* vem do latim *avis* e *specio*, ou seja, *observação das aves*. O texto diz que os funcionários do povo não tinham a faculdade de analisar os *auspícios*.

Degenera em tirania quando usurpa o poder executivo, do qual não é mais que o moderador, e quando quer dispensar as leis que deve proteger. O enorme poder dos éforos, que foi sem perigo, pois Esparta conservou os costumes, acelerou-lhe a corrupção começada. O sangue de Agis,[4] massacrado por esses tiranos, foi vingado por seu sucessor: o crime e o castigo dos éforos apressaram, igualmente, a perda da República, e após Cleómene,[5] Esparta não foi mais nada. Roma pereceu ainda pelo mesmo caminho, e o poder excessivo dos tribunos, usurpado gradativamente, serviu enfim, com a ajuda das leis promulgadas para a liberdade, de salvaguarda aos imperadores que a destruíram.[6] Quanto ao Conselho dos Dez, em Veneza, é um tribunal de sangue, horrível igualmente para os patrícios e para o povo, e que, longe de proteger corajosamente as leis, não serviu mais, após seu aviltamento, senão desferir, nas trevas, golpes que não se ousa perceber.

O tribunato se enfraqueceu como governo, pela multiplicação de seus membros. Quando os tribunos do povo romano, primeiramente em número de dois, depois de cinco, quiseram dobrar esse número, o Senado deixou que o fizessem, certo de uns conterem os outros, o que nunca aconteceu.

O melhor meio de prevenir as usurpações de um colegiado tão temível, meio do qual nenhum governo se utilizou até agora, seria não tornar esse colegiado permanente, mas de regulamentar os intervalos durante os quais ele estiver suprimido. Esses intervalos, que não devem ser muito grandes, para não deixar que abusem do tempo de se consolidar, podem ser fixados por lei, de maneira que sejam livres para diminui-los, conforme a necessidade, pelas comissões extraordinárias.

Esse meio me parece sem inconvenientes, porque, como já o disse, o tribunato, não fazendo parte da constituição, pode ser suprimido, sem que sofra por isso; e me parece eficaz, porque um magistrado, restabelecido há pouco, não se afasta do poder que seu predecessor possuía, mas daquele que a lei lhe dá.

---

4. Rei de Esparta (244-241 a.C.) implantou a reforma agrária, que lhe custou o trono e a vida.
5. Cleómenes III (235-222 a.C.) rei de Esparta, referido, assim como Agis, por Plutarco, pretendeu restaurar o poder de Esparta, mas foi vencido por uma coalizão macedônia e aquiana.
6. Poder excessivo dos tribunos. Referência velada a César e a Otávio, que enfeixavam nas mãos o poder tribunício.

## Capítulo VI
## DA DITADURA

A inflexibilidade das leis, que as impede de se adaptarem aos acontecimentos, pode, em certos casos, torná-las perigosas, e causar, através delas, a perda do Estado, numa crise. A ordem e a lentidão das formas exigem um espaço de tempo que as circunstâncias recusam algumas vezes. Podem-se apresentar mil casos aos quais o legislador não previu e é uma previsão muito necessária sentir que não se pode prever tudo.

Não é preciso, pois, querer fortalecer as instituições políticas até eliminar-se o poder de suspender-lhes o efeito. A própria Esparta deixou adormecer suas leis.

Mas não há senão os maiores perigos para compensar o de alterar a ordem pública e jamais se deve suspender o poder sagrado das leis, a não ser que se trate da salvação da pátria. Nesses casos raros e manifestos, prevê-se a segurança pública por um ato particular, que lhe remete o encargo ao mais digno. Essa comissão pode dar-se de duas maneiras, conforme a espécie de perigo.

Se para remediar isso basta aumentar a atividade do governo, concentrando-o em um ou dois de seus membros. Assim, não é a autoridade das leis que se altera, mas apenas a forma de sua administração. Se o perigo é tal que o aparelho das leis se torna um obstáculo para garanti-las, nomeia-se então um chefe supremo, que faça silenciar todas as leis e suspenda por um momento a autoridade soberana; em caso semelhante, a vontade geral não é incerta, e é evidente que a primeira intenção do povo é que o Estado não pereça. Desta maneira, a suspensão da autoridade legislativa não a suprime; o magistrado que a faz silenciar, não pode fazê-la falar e a domina, sem poder representá-la; pode fazer tudo, exceto leis.

O primeiro meio empregado pelo Senado romano, quando encarregava os cônsules de uma fórmula consagrada[1] de poder para a salvação da República; o segundo tinha lugar quando um dos dois cônsules nomeava um ditador,[*] costume esse do qual Alba deu o exemplo em Roma.

---

1. A fórmula consagrada era a seguinte: "Zelem os cônsules para que a pátria não sofra nenhum dano" (*Caveant consules ne quid detrimenti respublica capiat*).

* Esta nomeação se fazia à noite e em segredo, como se se tivesse vergonha de colocar um homem acima das leis.

Nos primórdios da República, muitas vezes recorreu-se à ditadura,[2] porque o Estado ainda não possuía uma situação bastante fixa para poder sustentar-se pela força da constituição. Os costumes, tornando-se supérfluos, apesar das precauções que foram necessárias em outros tempos, não se temia nem que um ditador abusasse de sua autoridade, nem que tentasse guardá-la além do limite. Parecia, ao contrário, que se tão grande poder fora dado a quem nele foi revestido, tanto se apressava de desfazer-se dele, como se fosse um posto muito penoso e muito perigoso o de substituir as leis! Não é também o perigo do abuso, mas o da humilhação que faz reprovar o uso indiscreto dessa suprema magistratura, nos primeiros tempos, pois embora tenha sido prodigalizada nas eleições, nas consagrações, nas coisas de pura formalidade, temia-se que se tornasse menos perigosa numa necessidade, e que não se acostumaria a encará-la como um título vão, que se usa em cerimônias vãs.

Mais para o fim da República, os romanos, tornados mais circunspectos, administraram a ditadura com tão pouca inteligência, quanto tinham prodigalizado nela outrora. Era fácil de ver-se que seu temor era infundado, que a fraqueza da capital dava então segurança contra os magistrados que tinha em seu seio, que um ditador podia, em certos casos, defender a liberdade pública sem jamais poder atentar contra ela, e que os grilhões de Roma não seriam forjados na própria Roma, mas em seus exércitos: O pouco de resistência que fizeram Mário a Sila e Pompeu a César, mostra bem o que só se pode esperar da autoridade interna, contra a força externa.

Esse erro fez com que cometessem grandes erros. Tal foi, por exemplo, o de não ter nomeado um ditador no caso de Catilina,[3] pois não se tratava senão de questão interna da cidade, e, quando muito, de alguma província da Itália, com a autoridade sem limites que as leis davam ao ditador, ele poderia facilmente ter

---

2. *Ditadura* não tem aqui o sentido moderno de governo forte, ditatorial. Em Roma, havendo guerra ou revolução, eram nomeados, provisoriamente, ditadores, para a prática de certos atos civis ou religiosos, mas cumpridas essas missões, eram desvestidos desses poderes. Só em casos extremos é que se davam poderes para a salvação da pátria.
3. Lucius Cesar Catilina (108-62 a.C.), membro de tradicional família patrícia, partidário de Sila, desempenhou importante papel político, mas depois fez parte de uma conjuração contra o Senado, fato denunciado por Cícero, em quatro discursos, as *Catilinárias*, pronunciadas perante os senadores. Nesse caso, os senadores deixaram de nomear um ditador, por se tratar de caso interno da cidade. Depois da quarta Catilinária, Catilina foge de Roma, unindo-se aos rebeldes, tendo morrido em luta, num desfiladeiro da Etrúria, próximo a Pistoia. Se, por um lado, a conduta de Cícero salvou Roma, e levou a população ao maior apogeu, por outro lado, ele passou por cima do Senado, que não o perdoou, exilando-o, fato que não teria ocorrido, caso tivesse sido nomeado *dictator*. Relembre-se que havia em Roma a autoridade "de dentro" e a "de fora" e a pequena resistência oposta por Mário a Sila e por Pompeu a César, revela o que se poderia esperar da primeira dessas autoridades contra a outra. Tratando-se de caso interno da cidade, o Senado não deu plenos poderes a Cícero e, depois, o condenou.

desfeito a conjuração, que só foi sufocada por um concurso de felizes acasos, que a prudência humana jamais deveria esperar.

Em lugar disso, o Senado se contentou de entregar todo o seu poder aos cônsules, de modo que Cícero, para agir eficientemente, foi obrigado a passar esse poder num ponto capital, e que, se no primeiro entusiasmo lhe aprovaram a conduta, foi com justiça que, logo depois, pediram-lhe contas do sangue dos cidadãos vertido contra as leis, censura que não se pode fazer a um ditador. Mas a eloquência do cônsul arrebatou a todos; e, embora romano, amando mais sua glória do que a pátria, não procurou tanto o meio mais legítimo e mais seguro de salvar o Estado, do que o de receber toda a honraria neste caso.** Foi então homenageado justamente como libertador de Roma, e justamente punido como infrator das leis. Por mais brilhante que fosse a sua volta, é certo que foi uma graça.

De resto, de qualquer maneira que esta importante comissão seja conferida, importa fixar-lhe a duração num prazo bem curto, que jamais possa ser prolongado; nas crises que a fizeram estabelecer o Estado, logo é destruído ou salvo, e, passada a necessidade premente, a ditadura se torna tirânica ou vã. Em Roma, os ditadores, sendo-o apenas seis meses, abdicaram, na maior parte, antes desse prazo. Se o prazo tivesse sido mais longo, poderia ser que eles fossem tentados a prolongá-lo mais, como o fizeram os decênviros, por um ano. O ditador não tinha senão o tempo de prover às necessidades que o fizeram eleger e não tinha o de pensar em outros projetos.

---

** Neste caso, ele não poderia responsabilizar-se, propondo um ditador, não ousando nomear a si mesmo e não podendo assegurar-se de que seu colega o nomearia.

## Capítulo VII
## DA CENSURA

Do mesmo modo que a declaração da vontade geral se faz por lei, a declaração do julgamento público se faz pela censura;¹ a opinião pública é a espécie de lei cujo censor é o ministro e ele não faz senão aplicá-la aos casos particulares, a exemplo do príncipe.²

Longe, pois, de o tribunal censorial ser o árbitro da opinião do povo, já que não é senão seu declarante e assim que dela se afasta, suas decisões são vãs e sem efeito.

É inútil diferenciar os costumes de uma nação dos objetos de sua estima, pois tudo isso obedece ao mesmo princípio e se confunde necessariamente. Entre todos os povos do mundo, não é a natureza, mas a opinião que decide a escolha de seus prazeres. Mude-se a opinião dos homens e seus costumes se purificarão por si mesmos; aprecia-se sempre o que é belo ou o que se acha tal, mas é nesse julgamento que está o engano e é esse julgamento que se trata de regulamentar. Quem julga os costumes, julga a honra, e quem julga a honra faz sua lei dessa opinião.

As opiniões de um povo nascem de sua constituição; embora a lei não regulamente os costumes, é a legislação que os faz nascer; quando a legislação se enfraquece, os costumes degeneram, mas então o julgamento dos censores não fará o que a força da lei não terá feito. Segue-se daí que a censura pode ser útil para conservar os costumes, jamais para reestabelecê-los. Estabelecei os censores durante a vigência da lei; assim que elas se perdem, tudo está perdido; nada de legítimo possui mais força, quando as leis não a têm.

A censura mantém os costumes, impedindo que as opiniões se corrompam, conservando-lhes a retidão por aplicações sábias, às vezes até mesmo fixando-as quando ainda são incertas. O uso de padrinhos³ nos duelos, levado a extremos no reino de França, foi abolido por estas únicas palavras, num edito do Rei: *Quanto aos que têm a covardia de chamar padrinhos*. Este julgamento, prevenindo o do público, terminou-o de um só golpe. Mas quando os mesmos editos quiseram dizer que tam-

---

1. A *censura* representa um tipo especial de magistratura, cujo objetivo é o de preservar os costumes, o que ocorre também com a *ditadura* e o *tribunato*.
2. Assim como a lei, promulgada pelo soberano, é aplicada pelo príncipe, o *censor* tem também o direito de aplicar ao caso particular os juízos da *opinio publica*.
3. *Padrinhos* ou *segundos* estavam sempre presentes nos duelos, até que estes foram abolidos, em decorrência de um edito real.

bém era covardia bater-se em duelo, o que é bem verdade, mas contrário à opinião comum, o público caçoou dessa decisão, sobre a qual seu julgamento já estava feito.

Eu já disse em outro lugar* que a opinião pública, não estando submetida a constrangimentos, não lhe falta nenhum indício no tribunal estabelecido para representá-la. Não se pode admirar muito com que arte esse recurso, inteiramente perdido entre os modernos, era empregado pelos romanos e melhor ainda, pelos lacedemônios.

Tendo um homem de maus costumes feito uma proposta no Conselho de Esparta, os éforos, sem levar isso em conta, fizeram com que a mesma proposta fosse apresentada por um cidadão virtuoso. Que honra para um, que vergonha para o outro, sem ter dado encômios ou reprimendas a nenhum dos dois! Certos beberrões de Samos** desonraram o tribunal dos éforos: no dia seguinte, permitiu-se aos samoanos, por edito público, que fossem os vilões.⁴ Um verdadeiro castigo teria sido menos severo que semelhante impunidade. Quando Esparta se pronunciou sobre o que é ou não é honesto, a Grécia não apelou de seus julgamentos.

---

\* Não fiz mais do que indicar nesse capítulo, o que tratei mais longamente, na *Carta ao Sr. D'Alembert*.

\*\* Não fiz mais do que indicar nesse capítulo, o que tratei mais longamente, na *Carta ao Sr. D'Alembert*.

4. *Vilões* tem aqui o sentido de *camponeses*.

# Capítulo VIII
## DA RELIGIÃO CIVIL

Os homens, a princípio, não tinham outros reis senão os deuses, nem outro governo senão o teocrático.[1] Fizeram o raciocínio de Calígula, que, na época, era justo. É necessária uma longa alteração de sentimentos e ideias para que se possa resolver-se a tomar seu semelhante como senhor, e gabar-se de estar certo.

Somente quando se colocou Deus à testa de cada sociedade política, é que resultou haver tantos deuses quantos povos. Dois povos estranhos, um em relação a outro, e quase sempre inimigos, não podiam reconhecer, por muito tempo, um mesmo senhor: dois exércitos em luta não poderiam obedecer ao mesmo chefe. Assim, das divisões nacionais resultou o politeísmo, e daí, a intolerância teológica e civil que, naturalmente, é a mesma, como será dito mais adiante.

A fantasia que os gregos alimentavam de encontrar seus deuses entre os povos bárbaros vinha de que eles também tinham de se considerar como os soberanos naturais desses povos. Mas é de nossos dias uma erudição bem ridícula como a que gira sobre a identidade dos deuses de diversas nações, como se Moloc, Saturno e Cronos pudessem ser o mesmo deus; como se Baal, dos fenícios, Zeus, dos gregos e Júpiter, dos latinos, pudessem ser o mesmo; como se pudesse haver alguma coisa em comum a seres quiméricos, que tinham nomes diferentes!

Se se pergunta como é que, no paganismo, em que cada Estado tinha seu culto, não havia guerras religiosas? Respondo que era mesmo porque cada Estado, tendo culto próprio, assim como também governo próprio, não distinguia os deuses das leis. A guerra política era também teológica: os departamentos dos deuses eram, por assim dizer, fixados pelos limites das nações. O deus de um povo não tinha nenhum direito sobre os outros povos.

Os deuses dos pagãos não eram deuses ciumentos; partilhavam entre si o império do mundo: o próprio Moisés e o povo hebreu se prestavam, às vezes, a essa ideia, falando do Deus de Israel. Consideravam, é verdade, como inexistentes, os deuses dos canaaenses, povos proscritos, destinados à destruição, e cujo lugar deviam ocupar; mas vejam como falavam das divindades dos povos

---

1. O caráter teocrático do governo é fundamentado na máxima, já citada, *omnis potestas nisi a Deo*, ou seja, "o poder dos reis era de origem divina".

vizinhos, que eram proibidos de atacar! *A posse do que pertence a Chamos, vosso Deus,* dizia Jefté aos amonitas, *não vos é legitimamente devida? Nós possuímos, sob o mesmo título, as terras que nosso Deus vencedor adquiriu para si.*\* Aqui havia, parece-me, uma paridade bem reconhecida entre os direitos de Chamos e os do Deus de Israel.

Mas quando os judeus submetidos aos reis da Babilônia e, em seguida, aos reis da Síria, quiseram obstinar-se em não reconhecer nenhum outro deus senão o deles, essa recusa, encarada como uma rebelião contra o vencedor, atraiu sobre eles as perseguições que lemos na história, e das quais não se vê nenhum outro exemplo, antes do cristianismo.\*\*

Estando então cada religião ligada às leis do Estado que a prescreviam, não havia outra maneira de converter um povo senão escravizando-o, nem outros missionários senão os vencedores e sendo a obrigação de mudar de culto a lei dos vencidos, era preciso vencer, antes de falar nisso. Longe de os homens combaterem pelos deuses, eram, como em Homero, os deuses que combatiam pelos homens; cada qual pedia a vitória aos seus, pagando-a com novos altares. Os romanos, antes de tomar um lugar, intimavam os deuses a abandoná-lo, e quando deixaram os deuses dos tarantinos irritados, é que eles ainda encaravam esses deuses como submetidos aos deles e forçados a homenageá-los; deixaram aos vencidos seus deuses, como lhes deixaram suas leis. Uma coroa a Júpiter do Capitólio era, muitas vezes, o único tributo que impunham.

Enfim, tendo os romanos estendido, com o Império, seu culto e seus deuses, e tendo, muitas vezes, adotado, eles mesmos, os dos vencidos, concedendo a uns e outros o direito de cidade, os povos desse vasto império viram-se, insensivelmente, com multidões de deuses e de cultos, mais ou menos os mesmos por toda parte; eis porque o paganismo não foi visto pelo mundo conhecido como uma única e mesma religião.

Foi nessas circunstâncias que Jesus estabeleceu na terra um reino espiritual, o qual, separando o sistema teológico do sistema político, fez com que o Estado cessasse de ser um só, e causou as divisões intestinas que jamais pararam de agitar os povos cristãos. Portanto, essa ideia nova de um reino do outro mundo, não podendo entrar jamais na cabeça dos pagãos, estes encararam sempre

---

\* *Nonne ea quae possidet Chamos deus tuus tibi jure debentur?* Tal é o texto da Vulgata. O padre Carrières traduziu-o assim: *Não creiais ter direito de possuir o que pertence a Chamos, vosso Deus.* Ignoro a força do texto hebreu, mas vejo que, na Vulgata, Jefté reconheceu positivamente o direito do deus Chamos, e que o tradutor francês enfraqueceu esse reconhecimento por um *segundo vós,* que não está no texto latino.

\*\* Foi provado ultimamente que a guerra dos Fócios, denominada guerra sagrada, não era guerra religiosa. Teve por objeto punir sacrílegos e não sujeitar descrentes.

os cristãos como verdadeiros rebeldes que, sob uma submissão hipócrita, só procuravam o momento de tornar-se independentes e senhores, usurpando habilmente a autoridade que fingiam respeitar com sua fraqueza. Essa foi a causa das perseguições.[2]

O que os pagãos temiam, aconteceu e, então, tudo mudou: os humildes cristãos mudaram de linguagem, e logo se viu esse pretenso reino do outro mundo tornar-se, sob um chefe visível, o mais violento despotismo[3] neste mundo.

Entretanto, como sempre houve um príncipe e leis civis, desse duplo poder resultou um conflito perpétuo de jurisdição, que tornou impossível a boa política nos Estados cristãos, e nunca se chegou a saber que senhor ou sacerdote era obrigado a obedecer.

Vários povos, porém, mesmo na Europa ou em sua vizinhança, quiseram conservar ou restabelecer o antigo sistema, mas sem sucesso; o espírito do cristianismo venceu tudo. O culto sagrado sempre permaneceu ou se tornou independente do soberano, e sem ligação necessária com o corpo do Estado. Maomé teve pontos de vista muito sadios, concatenava bem seu sistema político, e, enquanto a forma de seu governo subsistiu sob os califas, seus sucessores, esse governo foi exatamente coeso e, portanto, bom nisso. Mas os árabes, que se tornaram prósperos, letrados, cultos, indolentes e preguiçosos, foram subjugados pelos bárbaros, e então a divisão entre os dois poderes recomeçou; embora seja menos aparente entre os maometanos que entre os cristãos, ela se acha agora, entretanto, sobretudo na seita de Ali, e há Estados, como a Pérsia, onde não para de se fazer sentir.

Entre nós, os reis da Inglaterra se estabeleceram como chefes da Igreja, do mesmo modo que os tsares, mas por esse título tornaram-se menos senhores que os ministros; adquiriram menos o direito de mudá-lo que o poder de mantê-lo. Não são mais legisladores, mas apenas príncipes. Em toda parte em que o clero formou um colegiado,*** ele é senhor e legislador em seu partido. Possui, assim, dois poderes, dois soberanos, na Inglaterra e na Rússia, tudo como alhures.

---

2. Piganiol, em sua História Romana, diz que não sabemos, até hoje, qual a razão jurídica precisa que motivou as perseguições sofridas pelos cristãos. A opinião pública romana detestava-os, por considerá-los ateus.
3. Rousseau, ao mesmo tempo calvinista e homem atuante do século XVIII, não tolerava a Igreja Católica. Mesmo assim, em certa época de sua vida, converteu-se à fé católica, embora, mais tarde, tivesse voltado à antiga religião.
*** É preciso observar que não são assembleias formais, como as da França, que fundem o clero num só corpo, que é a comunhão das Igrejas. A comunhão e a excomunhão são o pacto social do clero, pacto com o qual será sempre o senhor dos povos e dos reis. Todos os sacerdotes que comungam juntos são concidadãos, sejam eles dos dois extremos do mundo. Essa invenção é uma obra-prima na política. Não existia nada semelhante entre os sacerdotes pagãos e nem formaram eles jamais um colegiado de clérigos.

De todos os autores cristãos, o filósofo Hobbes[4] é o único que percebeu o mal e o remédio, que ousou propor a reunião das duas cabeças da águia e de levar tudo à unidade política, sem a qual jamais um Estado ou governo será bem constituído. Mas ele teve de ver que o espírito dominador do cristianismo era incompatível com seu sistema e que o interesse do sacerdote seria sempre mais forte que o do Estado. Não é tanto o que há de horrível e de falso na política do que o que há nela de justo e de verdadeiro[5] que a tornou odiosa.[****]

Creio que, desenvolvendo sob esse ponto de vista os fatos históricos, refutar-se-ão facilmente os sentimentos opostos de Bayle[6] e de Warburton,[7] quando um acha que nenhuma religião é útil ao corpo político e o outro sustenta, ao contrário, que o cristianismo é o apoio mais firme desse corpo. Provar-se-á ao primeiro que jamais foi fundado um Estado em que a religião não lhe servisse de base, e, ao segundo, que a lei cristã é, no fundo, mais prejudicial do que útil, para a forte constituição do Estado. Para conseguir fazer-me entender, basta dar um pouco mais de precisão às ideias mais vagas de religião, relativas ao meu assunto. A religião, considerada em relação à sociedade, que é geral ou particular, pode dividir-se também em duas espécies, a saber, a religião do homem e a do cidadão. A primeira, sem templos, sem altares, sem ritos, limitada ao culto puramente interior do deus supremo e aos deveres eternos da moral, é a pura e simples religião do Evangelho, o verdadeiro teísmo, e o que se pode chamar de direito divino natural. A outra, inscrita num só país, fornece-lhe os deuses, os patronos próprios e tutelares: possui seus dogmas, ritos, culto exterior, prescrito pelas leis; fora a única nação que a segue, considera todas infiéis, estranhas, bárbaras; não estende os deveres e direitos do homem se-

---

4. Hobbes, em seu clássico livro *Leviatã* (II, 42), critica as teses propostas pelo Cardeal Bellarmin, em 1610 (cf. *Tratado do poder do soberano Pontífice, em matéria corporal*), bem como ataca o Episcopado Anglicano. Na obra *Sobre o cidadão* (XVII, 28), sustenta que, desde a conversão ao cristianismo, dos chefes temporais, todo poder lhes pertencia.

5. Esta é a tese do estado de natureza, considerada como estado de guerra permanente, de todos contra todos.

**** Veja-se, entre outras, uma carta de Grotius a seu irmão, de 11 de abril de 1643, o que este sábio aprova e o que reprova no livro *De Cive (Sobre o Cidadão)*. É verdade que, propenso à indulgência, ele parece perdoar ao autor o bem, em favor do mal; mas nem todo mundo é assim clemente.

6. Pierre Bayle (1646-1707) é autor do clássico *Dicionário histórico e crítico* (1696-1697) e de um *Protesto contra a revogação do Edito de Nantes*. No livreto *Pensamentos sobre o cometa*, Bayle faz acerba crítica às superstições populares, sustentando ainda que nenhuma religião é útil ao corpo político.

7. Warburton (1698-1779) é o célebre Bispo inglês, autor de várias obras, que ressaltam a relação entre política e religião, mostrando que o cristianismo é o maior sustentáculo do corpo político, no que diverge de Bayle.

não até seus altares. Tais foram todas as religiões dos povos primitivos, aos quais se pode dar o nome de direito divino civil ou positivo.

Há ainda uma terceira espécie de religião, ainda mais bizarra, que, ao dar aos homens duas legislações, dois chefes, duas pátrias, submete-os a deveres contraditórios e os impede de poder ser, ao mesmo tempo, devotos e cidadãos. Assim é a religião dos lamas, a dos japoneses e a do cristianismo romano. Esta pode ser denominada a religião do Padre. Resulta daí uma espécie de direito misto e insociável, que não tem nome.

Considerando-se politicamente essas três espécies de religiões, todas têm seus defeitos. A terceira é tão evidentemente má que é uma perda de tempo divertir-se em demonstrá-lo. Tudo o que rompe a unidade social não vale nada. Todas as instituições que põem o homem em contradição consigo mesmo nada valem.

A segunda é boa, pois reúne o culto divino ao amor das leis e faz da pátria objeto da adoração dos cidadãos, ensinando-lhes que servir o Estado é servir-lhe o deus tutelar. É uma espécie de teocracia, na qual não se deve ter outro que não o príncipe, nem outros sacerdotes senão os magistrados. Então, morrer pela pátria é ser mártir, violar as leis é ser ímpio, e submeter um culpado à execração pública é entregá-lo à cólera dos deuses; *sacer estod*.[8]

Mas ela é má porque, sendo fundada no erro e na mentira, engana os homens, torna-os crédulos, supersticiosos e prejudica o verdadeiro culto da divindade, num inútil cerimonial. É má ainda quando, tornando-se exclusiva e tirânica, faz o povo sanguinário e intolerante, de modo que ele não respira senão assassínio e massacre, e pensa cometer uma santa ação, matando qualquer um que não admita seus deuses. Isso leva tal povo a um estado natural de guerra com todos os outros, muito prejudicial à sua própria segurança.

Resta, pois, a religião do homem ou cristianismo, não o de hoje, mas o do Evangelho, que lhe é totalmente diferente. Por essa religião santa, sublime, verdadeira, os homens, filhos do mesmo Deus, reconhecem-se todos como irmãos, e a sociedade que os une não se dissolve nem mesmo pela morte.

Mas essa religião, não tendo nenhuma relação particular com o corpo político, deixa às leis, a única força que tiram de si mesmas, sem lhes acrescentar nenhuma outra, e aqui um dos grandes laços da sociedade particular fica sem efeito. Mais ainda: longe de unir os corações dos cidadãos ao Estado, ela os desliga dele, como de todas as coisas terrenas; eu não conheço nada mais contrário ao espírito social.

---

8. Expressão composta dos vocábulos latinos *sacer*, sagrado e *estod*, imperativo do verbo auxiliar *esse*, que significa seja. Nesta frase há uma figura de retórica, denominada *antítese*, caso em que as palavras significam o oposto. *Sacer* significa, então *maldito*, *execrado*. Virgílio, na Eneida, empregou a famosa apóstrofe *Auri sacra fames* (Eneida, III, 57), que significa *maldita fome de ouro*. Assim, *sacer estod* significa *seja maldito*.

Dizem-nos que um povo de verdadeiros cristãos formará a mais perfeita sociedade que se possa imaginar. Não vejo nessa suposição senão uma grande dificuldade: é que uma sociedade de verdadeiros cristãos não seria mais uma sociedade de homens.

Digo mesmo que essa suposta sociedade não seria, com toda sua perfeição, nem a mais forte, nem a mais durável. Por força de sua perfeição, faltar-lhe-ia união; seu vício destrutivo estaria em sua própria perfeição.

Cada qual cumpriria seu dever; o povo seria submetido às leis, os chefes seriam justos e moderados, os magistrados íntegros e incorruptíveis, os soldados desprezariam a morte, não haveria nem vaidade, nem luxo; tudo isso é muito bom, mas olhemos mais longe.

O cristianismo é uma religião toda espiritual,[9] unicamente ocupada com as coisas do céu: a pátria do cristão não é deste mundo. Ele cumpre seu dever, é verdade, mas cumpre-o com profunda indiferença pelo bom ou mau sucesso de suas preocupações. Contanto que não tenha do que se censurar, pouco lhe importa que tudo vá bem ou mal aqui na terra. Se o Estado está próspero, quase não ousa gozar da felicidade pública, teme orgulhar-se da glória de seu país; se o Estado decai, bendiz a mão de Deus, que pesou sobre seu povo.

Para que a sociedade fosse pacífica e se mantivesse a harmonia, seria necessário que todos os cidadãos, sem exceção, fossem igualmente bons cristãos. Mas se, por infelicidade, aparece um único ambicioso, um único hipócrita, um Catilina, por exemplo, um Cromwell, este certamente dominará, como bem entende, seus compatriotas. A caridade cristã não permite facilmente que se pense mal do próximo. Desde que tenha encontrado, por algum artifício, a arte de se impor e se apoderar de uma parte da autoridade pública, eis um homem de dignidade; Deus quer que o respeitem; logo, eis um poder; Deus quer que o obedeçam; o depositário deste poder abusa dele? É o chicote com que Deus pune seus filhos. Tomar-se-á consciência de expulsar o usurpador; será preciso perturbar o repouso público, usar de violência, verter sangue; isso tudo não combina com a doçura do cristão; e, depois de tudo, o que importa que se seja livre ou escravo neste vale de lágrimas? O essencial é ir para o paraíso, e a resignação é um meio para alcançá-lo.

Sobrevém uma guerra estrangeira? Os cidadãos marcham firmes para o combate; nenhum deles pensa em fugir; cumprirão seu dever, mas sem paixão pela vitória; sabem mais morrer que vencer. Que sejam vencedores ou vencidos, que importa? A providência não sabe melhor do que eles o que precisam? Imagine-se que vantagem um inimigo orgulhoso, impetuoso, apaixonado, pode tirar do estoicismo deles! Colocai frente a frente deles esses povos generosos, devorados pelo ardente amor

---

9. Toda argumentação contra o cristianismo é dirigida a esta frase, sendo que os adversários a criticam, porque nem tudo, no cristianismo, segundo eles, seria espiritual.

da glória e da pátria, imaginai a vossa república cristã frente a frente com Esparta ou Roma; os piedosos cristãos serão derrotados, aniquilados, destruídos, antes de ter tido tempo de se reconhecerem, ou não deverão sua salvação senão ao desprezo que o inimigo sentirá por eles. Era um bom juramento, na minha opinião, aquele dos soldados de Fábio;[10] não juraram morrer ou vencer, mas de voltar vencedores e cumpriram o juramento; jamais cristãos teriam feito um semelhante; teriam pensado que tentavam Deus.

Mas eu me engano ao dizer uma república cristã: essas duas palavras excluem um a outra. O cristianismo não prega senão servidão e dependência. Seu espírito é muito favorável à tirania para que ela não aproveite isso sempre. Os verdadeiros cristãos são feitos para ser escravos; eles o sabem e não se revoltam com isso; esta curta vida vale muito pouco aos olhos deles.

As tropas cristãs são excelentes, dizem-nos. Eu o nego. Que se me mostrem as mesmas! Quanto a mim, não conheço tropas cristãs. Citar-me-ão as Cruzadas. Sem discutir sobre o valor das Cruzadas, que longe de serem cristãs, eram soldados do clero, cidadãos da Igreja; batiam-se por seu país espiritual, que ela tornou temporal não se sabe como. Pensando bem, isso é uma volta ao paganismo; como o Evangelho não estabelece uma religião nacional, toda guerra sagrada é impossível entre os cristãos.

Sob os imperadores pagãos os soldados cristãos eram corajosos; todos os autores cristãos o asseguram, e eu o creio; era uma emulação de honra contra as tropas pagãs. Desde que os imperadores foram cristãos, essa emulação não subsistiu mais, e quando a cruz venceu a águia, todo o valor romano desapareceu.

Mas, deixando de lado as considerações políticas, voltemos ao direito, e fixemos os princípios sobre esse ponto importante. O direito que o pacto social dá ao soberano sobre os súditos não ultrapassa, como já o disse, os limites da utilidade pública.***** Os súditos não devem prestar contas de suas opiniões ao soberano, enquanto suas opiniões interessarem à comunidade. Portanto, importa ao Estado que cada cidadão tenha uma religião que lhe faça cumprir seus deveres, mas os dogmas dessa religião não interessam nem ao Estado, nem a seus membros, enquanto esses dogmas se referirem à moral, e aos deveres que aquele que a professa tenha de cumprir em relação a outrem. Cada um pode ter, de resto, as opiniões que quiser, sem que caiba ao soberano conhecê-las, pois como ele não tem competência no

---

10. Este episódio, referente ao juramento, é contado pelo historiador romano Tito Lívio (II, 45).

***** *Na República, diz o M(arquês) d'A(rgenson), cada qual é perfeitamente livre naquilo que não prejudica os outros. Eis o limite invariável: não se pode colocá-lo com mais exatidão* Não pude recusar-me ao prazer de citar, algumas vezes, esse manuscrito, embora não conhecido do público, para prestar homenagem a um homem ilustre e respeitável, que conservou até o ministério o coração de um verdadeiro cidadão, e pontos de vista corretos e sadios sobre o governo de seu país.

outro mundo, seja qual for o destino dos súditos na vida futura isso não é de sua conta, desde que sejam bons cidadãos nesta vida.

Existe, pois, uma profissão de fé puramente civil, cujos artigos cabem ao soberano fixar, não exatamente como dogmas de religião, mas como sentimentos de sociabilidade, sem os quais é impossível ser bom cidadão ou súdito fiel.****** Sem poder obrigar ninguém a acreditar neles, pode banir do Estado, quem quer que não o faça; pode-se bani-lo, não como ímpio, mas como insociável, como incapaz de respeitar sinceramente as leis, a justiça, e de sacrificar, se necessário, sua vida, ao dever. Se alguém, depois de ter reconhecido publicamente esses mesmos dogmas, conduz-se como se não acreditasse neles, que seja punido de morte, pois cometeu o maior dos crimes: mentiu diante da lei.

Os dogmas da religião civil devem ser simples, em pequeno número, enunciados com precisão, sem explicações, nem comentários. A existência da divindade poderosa, inteligente, benfeitora, previdente e precavida, a vida futura, a felicidade dos justos, o castigo dos maus, a santidade do contrato social e das leis, eis os dogmas positivos. Quanto aos dogmas negativos, eu os limito a um único: é a intolerância, que faz parte dos cultos que excluímos.

Enganam-se,[11] na minha opinião, os que distinguem a intolerância civil da intolerância teológica. As duas intolerâncias são inseparáveis. É impossível viver em paz com pessoas que se crê funestas; amá-las seria execrar a Deus, que os puniu; é absolutamente necessário reconduzi-las ou atormentá-las. Por toda parte em que se admite a intolerância teológica, é impossível que não tenha algum efeito civil;******* e assim que exista, o soberano não é mais soberano, nem mesmo

---

****** César, defendendo Catilina, procurou estabelecer o dogma da mortalidade da alma; Catão e Cícero, para refutá-lo, não se divertiram em filosofar: contentaram-se em mostrar que César falava como mau cidadão e adiantava uma doutrina perniciosa ao Estado. Com efeito, eis o que devia julgar o Senado de Roma e não uma questão de teologia.

11. O pensador Diderot, na *Enciclopédia*, escreveu um verbete sobre a *Intolerância* e, neste passo, Rousseau mostra que não concorda com a posição dele.

******* O casamento, por exemplo, sendo um contrato civil, tem efeitos civis, sem os quais é mesmo impossível que a sociedade subsista. Suponhamos que um clérigo chegue a atribuir unicamente a si o direito de celebrar esse ato, direito que deve, necessariamente, usurpar em toda religião intolerante. Não é claro, então, que, fazendo valer, nesse sentido, a autoridade da Igreja, tornará vã a do príncipe, que não terá mais súditos a não ser os que o clérigo queira ceder-lhe. Decidindo casar ou não casar as pessoas, conforme aceitem ou não aceitem determinada doutrina, admitam ou rejeitem determinado formulário, sejam mais ou menos devotados a ele, conduzindo-se com prudência e sendo resoluto, não está claro que ele disporá sozinho das heranças, dos cargos, dos cidadãos, do próprio Estado, que não poderá subsistir, sendo composto apenas por bastardos? Mas, dir-se-á, será chamado de abuso, será citado, decretado, será tomado o que é temporal. Que pena! O clero,

temporal; desde então, os sacerdotes não são mais os verdadeiros senhores e os reis são apenas seus funcionários.¹²

Atualmente não há e nem pode haver mais uma religião nacional exclusiva; deve-se tolerar todas as que toleram as outras, desde que seus dogmas nada tenham de contrário aos deveres do cidadão. Mas seja quem for que diga: *Fora da Igreja não há salvação*,¹³ deve ser expulso do Estado, a menos que o Estado seja a Igreja e que o príncipe seja o pontífice. Tal dogma só é bom num governo teocrático e pernicioso em todos os outros. A razão pela qual se diz que Henrique IV abraçou a religião romana¹⁴ deve fazer com que todo homem de bem a abandone, e principalmente todo príncipe que saiba raciocinar.

---

      por pouco que tenha, não digo de coragem, mas de bom senso, deixará que façam e sigam seu caminho; deixará tranquilamente apelar, citar, decretar, tomar e acabará por ser o senhor. Não é, ao que me parece, um grande sacrifício abandonar uma parte, quando se está certo de apoderar-se do todo!¹

    ⁽¹⁾ Esta nota não figura senão em alguns exemplares da edição original. Rousseau tinha-lhe pedido a supressão ao editor, depois que a tiragem da obra já tinha sido começada. Reapareceu na edição de 1782. (Nota da edição francesa.)

12. Isto, segundo a visão de Rousseau, é a subversão da ordem visada pelo Contrato, em que o príncipe, o governo, é o *funcionário* do soberano, que é o povo.
13. Um dos padres da Igreja do Ocidente, Tertuliano (155-222) nascido em Cartago, adota uma posição radical, ("os sacerdotes passam a ser senhores, os reis a ser seus funcionários"), o que Rousseau contesta. Pagão convertido, é o primeiro dos escritores cristãos de língua latina, tendo exercido na África do Norte um profundo e verdadeiro magistério doutrinário, influindo grandemente na formação da língua teológica latina.
14. Em famoso momento histórico, levado por interesse político militar, o rei Henrique de Navarra, para conquistar Paris, exclamou: "Paris vale bem uma missa!", convertendo-se, simbolicamente, ao catolicismo.

## Capítulo IX
## CONCLUSÃO

Depois de colocar os verdadeiros princípios do direito político e procurar fundar o Estado em sua base, restará firmá-lo em suas relações exteriores, o que compreenderá o direito das gentes, o comércio, o direito da guerra e as conquistas, o direito público, as ligas, as negociações, os tratados. Mas tudo isso forma um novo objeto, vasto demais para minha curta vida; deveria fixá-lo sempre mais próximo a mim.

FIM

# Dos Delitos e das Penas
CESARE BECCARIA

## Sumário

**Cesare Beccaria** ............................................................................. 245
**Nota dos tradutores** ..................................................................... 247
**A Quem Ler** ................................................................................. 249
**Introdução** ................................................................................... 253

# SUMÁRIO

Cesare Beccaria ........................................................................... 215
Nota dos tradutores ..................................................................... 247
A Quem Ler ................................................................................. 249
Introdução ................................................................................... 253

*In rebus quibuscumque
difficilioribus non
expectandum ut quis simul et serat et metat,
sed preparatione opus est, ut per gradus
maturescant.*[1] – BACON

*So treu wie möglig.
So frei wie nötig.*[2]

---

1. Em todas as matérias e, em especial, nas mais difíceis, não se deve esperar que alguém semeie e colha, ao mesmo tempo, pois é preciso um período de preparação para que as coisas amadureçam gradativamente.
2. Tão fiel quanto possível, tão livre quanto necessário.

# CESARE BECCARIA

CESARE BONESANA, Marquês de Beccaria, nasceu na cidade de Milão no ano de 1738. Tendo frequentado, em Parma, o Colégio dos Jesuítas, estudou, depois, na França, Literatura, Filosofia e Matemática.

As leituras das *Lettres Persanes* de Montesquieu e *De L'Esprit* de Helvetius muita influência exerceram em sua formação. Suas preocupações, orientadas para o estudo da Filosofia, levaram-no a fundar a sociedade literária que se formou em Milão e que divulgou os princípios fundamentais da nova Filosofia francesa. Para divulgar, na Itália, as novas ideias, hauridas na França, Beccaria fez parte da redação do jornal *O Café*, publicado em 1764.

Tendo conhecido as agruras do cárcere, para onde foi enviado por injusta interferência paterna, logo ao sair se insurgiu Beccaria contra as injustiças dos processos penais em voga, discutindo com os amigos, entre os quais se destacavam os irmãos Pietro e Alessandro Verri, os diversos problemas relacionados com a prisão, as torturas e a desproporção entre o delito e a pena. Nasceu, assim, o livro *Dei Delitti e delle Pene*, escrito aos 26 anos de idade. Receoso de possíveis perseguições, imprimiu a obra, secretamente, em Livorno, e, mesmo assim, abrandando sua colocação crítica com expressões vagas e genéricas.

O livro *Dos Delitos e das Penas* é, de certo modo, a Filosofia francesa aplicada à legislação penal da época. Contra a tradição clássica, invoca a razão. Torna-se o arauto do protesto público contra os julgamentos secretos, o juramento imposto ao acusado, a tortura, o confisco, a pena infamante, a delação, a desigualdade diante da sanção e a atrocidade do suplício. Ao sustentar que "as mesmas penas devem ser aplicadas aos poderosos e aos mais humildes cidadãos, desde que hajam cometido os mesmos crimes", Beccaria proclamou com desassombro, pela primeira vez, o *princípio da igualdade perante a lei*. Estabeleceu limites entre a justiça divina e a justiça humana, entre o pecado e o crime. Condenou o pseudodireito de vingança, tomando por base o *ius puniendi* e a utilidade social. Considerou sem sentido a pena de morte e *verberou com veemência a desproporcionalidade entre a pena e o delito*, assim como a separação do Poder Judiciário do Poder Legislativo. O sucesso da obra foi imediato, principalmente entre os filósofos franceses. O abade Morellet traduziu para o francês o livro *Dos Delitos e das Penas*.

Diderot anotou-o, Voltaire colocou-o nas nuvens e comentou-o. D'Alembert, Buffon e Helvetius manifestaram desde logo admiração e entusiasmo pelo novo e audacioso autor. Em 1766, tendo ido a Paris, foi alvo das maiores demonstrações de apoio. Regressando, porém, a Milão, teve de suportar infamante campanha por parte dos inimigos, que se apegavam aos preconceitos para acusá-lo de heresia e de desobediência contra a Igreja e contra o Governo. A denúncia não teve maiores consequências, mas Beccaria, daí por diante, foi mais reservado, com medo de que novas perseguições o levassem à prisão.

Em 1768, o Governo da Áustria, sabendo que ele recusara as ofertas de Catarina II, da Rússia, que o convidara para lecionar em São Petersburgo, criou, especialmente para Beccaria, a Cátedra de Economia Política.

Cesare Beccaria morreu em Milão, em 1793, legando ao mundo o seu pequeno grande livro *Dos Delitos e das Penas*, obra notável, cujo remate, apresentado no *teorema final*, serve, ainda hoje, de assunto de meditação e análise por parte dos criminalistas.

O livro de Beccaria foi traduzido em todas as línguas cultas do mundo. No Brasil, há uma dezena de traduções, como, entre outras, a de Aristides Lobo, com prefácio de Evaristo de Morais, publicada pela Atena Editora, em São Paulo, há cerca de meio século, num total de XLVII capítulos.

O texto que tomamos por base para esta tradução foi o da UTET, Unione Tipografico – Editrice Torinese (Milão – Roma – Nápoles), *nuova ristampa*, 1911, em XLVII capítulos, p. 19-94. Em português, 13 a 119 (tradução).

O estilo de Beccaria é barroco, prolixo, com inúmeras metáforas. O pensamento nem sempre preciso, longe, por exemplo, do límpido e claro estilo de um Descartes, no *Discurso do Método*, é, entretanto, em geral, claro.

## NOTA DOS TRADUTORES

Inestimável a contribuição de CESARE BECCARIA (1738-1793) para a elaboração da moderna ciência do direito penal.

De família nobre, estudou, primeiro, na Escola da Companhia de Jesus, em Parma, frequentando mais tarde a Universidade de Pádua (Padova), aprofundando-se em Filosofia e Direito em Paris.

Aos 26 anos de idade publicou *Dei Delitti e delle Pene*, resultado da triste experiência porque passou em prisão italiana, onde, denunciado pelo pai, teve a vivência do arbitrário sistema carcerário, então vigente, o que lhe forneceu matéria-prima e inspiração para a elaboração de sua obra-prima.

Antes, a *desproporcionalidade* entre o *delito* praticado e a *pena* aplicada levava a flagrantes injustiças, mas o Marquês de Beccaria, conforme se lê no último parágrafo de seu livro, no famoso teorema conclusivo, "para que toda pena não seja a violência de um ou de muitos contra o cidadão particular, devendo, porém, ser essencialmente pública, rápida, necessária, a mínima dentre as possíveis nas dadas circunstâncias, proporcional ao delito e ditada pelas leis".

# A QUEM LER¹

Alguns textos remanescentes das Leis de antigo povo conquistador,² compiladas por ordem do príncipe³ que reinou, há doze séculos, em Constantinopla, combinados depois com ritos dos longobardos, inseridos em confusos calhamaços de intérpretes particulares e obscuros, formam a tradição de opiniões que, no entanto, em grande parte da Europa, recebe o nome de leis.⁴ Fato tão prejudicial, quanto comum, é que uma opinião de Carpzow,⁵ ou um antigo uso assinalado por Claro, ou uma tortura sugerida por Farinaccio⁶ com irada complacência, sejam leis obedecidas com segurança por aqueles que deveriam tremer, quando decidem

---

1. Este Prefácio, sob o nome de "Ao Leitor", ou "A quem ler", apresentado em forma de Aviso, não existia na primeira edição de 1764, tendo sido incluído, porém, nas edições posteriores, quando Cesare Beccaria, preocupado com as críticas veementes – e injustas – de Frei Angelo Fachinei e de outros da época, não quis responder sem se defender, antes, das acusações de revolta contra o príncipe e contra a religião, dirigidas ao livro recém-publicado.
2. "O antigo povo conquistador" é o povo romano, que estendeu seu domínio a grande parte do mundo antigo.
3. O Príncipe, ou melhor, o Imperador, que reinou em Constantinopla, de 527 a 565, foi o grande Justiniano (482 a 565), casado com Teodora, o responsável pela elaboração do *Corpus Juris Civilis*.
4. Cesare Beccaria faz referências ao direito da época, que não se encontrava disciplinado nos códigos, mas que se baseava no *Corpus Juris Civilis*, mandado organizar pelo Imperador Justiniano, no edito de Rotário e nas leis dos longobardos, cuja interpretação era mais difícil do que a doutrina. Essa legislação era incompreensível, mesmo para o jurista experiente da época.
5. Benedikt Carpzow, ou, em português, Benedito Carpsóvio, de Wittemberg (1595-1666), Julio Emilio Claro, de Alexandria (1525-1575) e Próspero Farinaccio, de Roma (1554-1618) dedicaram grande atenção às questões da tortura no campo do direito, considerando-a, entretanto, normal meio de obtenção da prova. Foram autores de Tratados, célebres na época, especialmente no que diz respeito à prática criminal. Beccaria não tinha conhecimento profundo do texto desses jurisconsultos, nem a ideia de renovação que a doutrina do direito comum operara em todo o sistema jurídico da época, e sobre cuja influência histórica o jurista italiano Manzoni foi intérprete muito mais criterioso, quando, na obra, *Storia della colonna infame*, observava surpreso que "a pequena monografia *Dos Delitos e das Penas*, que proporcionara não apenas a abolição da tortura, mas também a reforma de toda a legislação criminal", não tivesse sido ainda descoberta e considerada pela ciência do direito.
6. Alguns tradutores brasileiros, por lapso, escreveram Francisco, ao invés de Farinaccio.

sobre a vida e o destino dos homens. Essas leis, resíduos de séculos, os mais bárbaros, são examinadas, neste livro, sob ângulo que interessa ao sistema penal, e ousamos expor aqui suas desordens aos responsáveis pela felicidade pública, em estilo que afastará a plebe não esclarecida e impaciente. A ingênua busca da verdade, a independência com respeito às opiniões vulgares com que este livro foi escrito são consequências do brando e esclarecido governo sob o qual vive o autor. Os grandes monarcas, benfeitores da humanidade que nos dirigem,[7] amam as verdades expostas pelo obscuro filósofo com um não fanático vigor, só despertado por quem, afastado da razão, apela para a força ou para o engenho. E as desordens presentes por quem lhes examina bem todas as circunstâncias são a sátira e a censura dos tempos passados, e não as deste século e as de seus legisladores.

Quem quiser honrar-me com suas críticas comece, pois, por bem entender o fim a que esta obra se destina, escopo que, longe de diminuir a legítima autoridade, serviria mais para engrandecê-la, caso a opinião tenha mais poder do que força sobre os homens e caso a suavidade e a humanidade a justifiquem aos olhos de todos. As mal-intencionadas críticas, publicadas contra este Livro,[8] baseiam-se em confusas noções e me obrigam a interromper, por vezes, o raciocínio com os leitores esclarecidos, para encerrar, de uma vez para sempre, com qualquer possibilidade de erro de um tímido zelo ou com as calúnias da maldosa inveja.

Três são as fontes das quais derivam os princípios morais e políticos reguladores dos homens: a Revelação,[9] a Lei Natural e as Convenções artificiais da sociedade. Não há comparação entre a primeira e as outras duas, quanto à finalidade principal, mas nisto as três se assemelham por conduzirem à felicidade, nesta vida mortal. Considerar as relações da última não é excluir as relações entre as duas primeiras. Na verdade, assim como aquelas, embora divinas e imutáveis, foram, por culpa dos homens, alteradas de mil modos, em suas mentes, distorcidas pelas falsas religiões e pelas arbitrárias noções de vício e de virtude, assim também me parece necessário examinar, independente de qualquer outra consideração, aquilo que nasce das puras e expressas convenções humanas, ou propostas para a necessidade e utilidade comum, ideia essa a que toda seita e todo sistema de moral deve necessariamente reportar-se. E será sempre louvável a iniciativa que obrigue mesmo os mais distantes e incrédulos em conformar-se com os princípios que levam os homens a viver em sociedade. Há, pois, três classes diversas de virtude e vício: religiosa, natural e política. Estas três classes nunca devem estar em contradição, entre si, mas nem

---

7. Quanto aos príncipes "iluminados" sobre os quais Beccaria faz referência, cfr. o final dos Cap. XII e XIV, e a monografia de Voltaire, *Éloge historique de la raison*.
8. O autor alude ao virulento artigo, publicado em 1764, por Frei Angelo Facchinei sob o título "Notas e Observações" sobre o livro *Dos Delitos e das Penas*, por ordem do governo da República de Veneza. Ver p. 121 deste livro.
9. Refere-se à Revelação divina.

todas as consequências e os deveres, resultantes de uma, resultam das outras. Nem tudo o que a Revelação exige é cobrado pela Lei Natural, nem tudo o que esta requer é exigido pela pura Lei Social, mas é importantíssimo separar o que resulta desta convenção, ou seja, dos pactos expressos ou tácitos entre os homens, porque tal é o limite daquela força que pode legitimamente exercer-se entre homens e homens, sem ordem especial do Ser supremo. Assim, a ideia da virtude política pode, pois, sem desdouro, ser denominada de variável; a da virtude natural seria sempre límpida e manifesta, se a imbecilidade ou as paixões dos homens não a obscurecessem; a da virtude religiosa é sempre una e constante, porque revelada imediatamente por Deus e por ele conservada.

Seria, pois, erro, o atribuir, a quem fala de convenções sociais e de suas consequências, princípios contrários à Lei Natural ou à Revelação, porque não é delas que aqui se fala. Seria erro também acreditar que, aquele que, falando de estado de guerra antes do estado de sociedade, o tomasse no sentido hobbesiano,[10] ou seja, o de nenhum dever e de nenhuma obrigação anterior, ao invés de tomá-lo como fato nascido da corrupção da natureza e da falta de uma sanção expressa. Seria erro imputar um delito ao escritor que considerasse as emanações do pacto social, e de não colocá-lo antes do próprio pacto.

A Justiça divina e a Justiça natural são, por essência, imutáveis e constantes, porque a relação entre dois objetos iguais é sempre a mesma; mas a Justiça humana, ou seja, política, não sendo senão a relação entre a ação e o estado variável da sociedade, pode variar à medida que se torne necessária ou útil à sociedade tal ação, e só será bem discernida por quem analisar as relações complicadas e mutabilíssimas das combinações civis. Tão logo esses princípios, profundamente distintos, se tornem confusos, deixará de existir a esperança de bem raciocinar sobre as matérias públicas. Cabe aos teólogos estabelecer as fronteiras entre o justo e o injusto, quanto à intrínseca malícia ou a bondade do ato. Estabelecer as relações do justo e do injusto político, ou seja, do que é útil ou danoso para a sociedade, cabe ao publicista. Nenhum objeto poderá prejudicar o outro, pois

---

10. Hobbesiano é relativo ao filósofo inglês Thomas Hobbes (1588-1679), segundo o qual, antes do contrato social, os homens viviam, conforme já observara o romano Plauto, em contínua e mortífera luta entre si (*homo homini lupus*), fazendo, portanto, preceder o "estado político", isto é, a vida em sociedade, por um "estado natural", que considerava cada homem em luta contínua com os semelhantes, negando, assim, o direito natural, anterior às leis. Hobbes, prestigiado filósofo inglês, concebeu, assim, o contrato social como a evolução da sociedade do estado da natureza, do *homo homini lupus* (o homem é um lobo para o homem) para o estado político, do *homo homini deus* (o homem é deus para o homem). Neste ponto, Beccaria procura conciliar a hipótese do estado de guerra pré-social com o princípio da Revelação divina e da lei natural. Em certo aspecto, nesta passagem, é também visível a influência de Montesquieu, nos dois primeiros capítulos do *Espírito das Leis*.

cada um vê quanto a virtude, puramente política, deva ceder à imutável virtude emanada de Deus.

Quem, repito, desejar honrar-me com críticas, não comece, portanto, supondo em mim a existência de princípios destruidores da virtude ou da religião, pois tenho demonstrado não serem esses os meus princípios; e, ao invés de achar-me incrédulo ou sedicioso, procure ver, em mim, um mau lógico ou um político despreparado; não trema a cada proposta que apoie os interesses da humanidade; convença-me da inutilidade ou do dano político que poderia resultar dos meus princípios; mostre-me a vantagem das práticas recebidas. Dei público testemunho da minha religião e da submissão ao meu Soberano, na resposta às *Notas e Observações*.[11] Responder a ulteriores escritos semelhantes àqueles seria supérfluo; mas quem quer que escreva com a decência que convém a homens honestos e com tais luzes, que me dispense de provar os primeiros princípios, seja qual for a natureza deles, pois encontrará em mim não só o homem que procura responder, como o pacífico amante da verdade.

---

11. A resposta, redigida por Pietro Verri, com a colaboração do irmão, foi publicada seis dias após o recebimento, em Milão, da crítica acerba, parcial e injusta de Frei Fachinei, escrita esta, por determinação do prepotente e suscetível Conselho dos Dez, de Veneza, supostamente criticado pela obra de Beccaria, conforme pensavam seus membros. A réplica dos irmãos Verri recebeu o nome de "Apologia".

# INTRODUÇÃO

Regra geral, os homens abandonam os mais relevantes regulamentos à prudência diária ou à discrição daqueles cujo interesse é o de contestar as leis mais sábias, que, por natureza, tornam universais as vantagens e resistem ao esforço, que tendem a concentrar-se em poucos, separando, de um lado, o máximo de poder e de felicidade e, de outro, toda a fraqueza e a miséria. Por isso, só após haver passado entre si mil erros, nos aspectos mais essenciais da vida e da liberdade, e depois de um cansaço de sofrer os males até o extremo, dispõem-se eles a remediar as desordens que os oprimem e a reconhecer as mais palpáveis verdades, as quais, por sua própria simplicidade, escapam às mentes vulgares, não habituadas a analisar os objetos, mas a receber-lhes todas as impressões, de uma só vez, mais por tradição que por exame.

Olhemos a história e veremos que as leis, que são, ou deveriam ser, pactos entre homens livres, não passaram, geralmente, de instrumentos das paixões de uns poucos, ou nasceram de fortuita e passageira necessidade, não já ditadas por frio analista da natureza humana, capaz de concentrar num só ponto as ações de muitos homens e de considerá-las de um só ponto de vista: *a máxima felicidade dividida pelo maior número*.[1] Felizes as pouquíssimas nações que não esperaram que o lento movimento das combinações e vicissitudes humanas, após haverem atingido o mal extremo, conduzissem ao bem, mas que aceleraram as passagens intermediárias com boas leis. E merece a gratidão dos homens o filósofo que, de seu humilde e obscuro gabinete, teve a coragem de lançar à multidão as primeiras sementes, por longo tempo infrutíferas, das úteis verdades. Conheceram-se verdadeiras relações entre o soberano e seus súditos e entre as diversas nações. Prosperou o comércio à luz das verdades filosóficas, postas pela imprensa ao alcance de todos, acendeu-se entre as nações tácita guerra de atividades, a mais humana e a mais digna entre homens razoáveis. Estes são os frutos que devemos às luzes deste século. Pouquíssimos, porém, examinaram e combateram a crueldade das penas e as irregularidades dos processos criminais, parte tão importante quão descurada da

---

1. Beccaria foi o primeiro a formular este princípio, nestes exatos termos. Tanto nesta, como em outras passagens deste livro *Dos Delitos e das Penas* (cfr. Cap. II e XV), as origens das leis têm como fundamento a fusão das teorias contratualistas de Locke e de Rousseau com as teorias utilitaristas que Beccaria assimilou do pensador Helvétius (1715-1771), de quem foi grande admirador. Beccaria, cérebro essencialmente receptivo, torna seu o pensamento de Locke e de Rousseau.

legislação em quase toda a Europa. Pouquíssimos os que, remontando aos princípios gerais, eliminaram os erros acumulados durante séculos, refreando, ao menos, com a força que só possuem as verdades conhecidas, o demasiado livre curso do mal dirigido poder, que deu até hoje longo e autorizado exemplo de cruel atrocidade. Entretanto, o gemido dos fracos, vítimas da cruel ignorância e da rica indolência, os bárbaros tormentos, com pródiga e inútil severidade multiplicados por delitos não provados ou quiméricos, a esqualidez e horrores da prisão, aumentados pelo mais cruel algoz dos desgraçados, a incerteza, é que deveriam comover aquela espécie de magistrados que guiam as opiniões das mentes humanas.

O imortal Presidente Montesquieu[2] discorreu rapidamente sobre este tema.[3] A indivisível verdade forçou-me a seguir os traços luminosos desse grande homem, mas os pensadores, para os quais escrevo, saberão distinguir os meus passos dos dele. Afortunado serei eu se puder, como ele, obter os secretos agradecimentos dos obscuros e pacíficos adeptos da razão e se puder inspirar aquele doce frêmito com o qual as almas sensíveis respondem a quem luta pelos interesses da humanidade.

---

2. Montesquieu (1689-1755) foi eleito Presidente do Parlamento (órgão jurisdicional do reino da França) de Bordeaux, jurista e pensador iluminista, autor de inúmeras obras, entre as quais a fundamental é o *Esprit des lois*.
3. Beccaria declarou ao tradutor Morellet que sua "conversão" à filosofia ocorreu, quando da leitura da obra *Lettres persanes* de Montesquieu; porém, neste seu trabalho, é bem visível a influência do *Esprit des lois* em inúmeros pontos.

# Capítulo I
# ORIGEM DAS PENAS

Leis são condições sob as quais homens independentes e isolados se uniram em sociedade, cansados de viver em contínuo estado de guerra e de gozar de uma liberdade inútil pela incerteza de conservá-la. Parte dessa liberdade foi por eles sacrificada para poderem gozar o restante com segurança e tranquilidade. A soma de todas essas porções de liberdades, sacrificadas ao bem de cada um, forma a soberania de uma nação e o Soberano é seu legítimo depositário e administrador. Não bastava, porém, formar esse repositório. Era mister defendê-lo das usurpações privadas de cada homem, em particular, o qual sempre tenta não apenas retirar do escrínio a própria porção, mas também usurpar a porção dos outros. Faziam-se necessários *motivos sensíveis* suficientes para dissuadir o despótico espírito de cada homem de submergir as leis da sociedade no antigo caos. Essas são as penas estabelecidas contra os infratores das leis. Digo *motivos sensíveis*, porque a experiência mostrou que a multidão não adota princípios estáveis de conduta, nem se afasta do princípio universal de dissolução no universo físico e moral, senão por motivos que imediatamente afetam os sentidos e que sobem à mente para contrabalançar as fortes impressões das paixões parciais que se opõem ao bem universal. Nem a eloquência, nem as declamações, nem mesmo as mais sublimes verdades bastaram para refrear por longo tempo as paixões despertadas pelos vivos impactos dos objetos presentes.

# Capítulo II
# DIREITO DE PUNIR

Toda pena, que não derive da absoluta necessidade, diz o grande Montesquieu, é tirânica, proposição esta que pode ser assim generalizada: todo ato de autoridade de homem para homem que não derive da absoluta necessidade é tirânico. Eis, então, sobre o que se funda o direito do soberano de punir os delitos: sobre a necessidade de defender o depósito da salvação pública das usurpações particulares. Tanto mais justas são as penas quanto mais sagrada e inviolável é a segurança e maior a liberdade que o soberano dá aos súditos. Consultemos o coração humano e nele encontraremos os princípios fundamentais do verdadeiro direito do soberano de punir os delitos, pois não se pode esperar nenhuma vantagem durável da política moral, se ela não se fundamentar nos sentimentos indeléveis do homem. Toda lei que se afaste deles encontrará sempre resistência contrária, que acabará vencendo, da mesma forma que uma força, embora mínima, aplicada, porém, continuamente, vencerá qualquer movimento aplicado com violência a um corpo.

Homem algum entregou gratuitamente parte da própria liberdade, visando ao bem público, quimera esta que só existe nos romances. Se isso fosse possível, cada um de nós desejaria que os pactos que ligam os outros não nos ligassem. Cada homem faz de si o centro de todas as combinações do globo. A multiplicação do gênero humano, pequena por si só, mas muito superior aos meios que a estéril e abandonada natureza oferecia para satisfazer as necessidades que cada vez mais se entrecruzavam, é que reuniu os primeiros selvagens. As primeiras uniões formaram necessariamente outras para resistir àquelas e, assim, o estado de guerra transportou-se do indivíduo para as nações.

Foi, portanto, a necessidade, que impeliu os homens a ceder parte da própria liberdade. É certo que cada um só quer colocar no repositório público a mínima porção possível, apenas a suficiente para induzir os outros a defendê-lo. O agregado dessas mínimas porções possíveis é que forma o direito de punir. O resto é abuso e não justiça é *fato*, mas não *direito*.[1] Observemos que a palavra direito não se opõe à

---

1. "Observe-se que a palavra *direito* não contradiz a palavra *força*. Direito é a força submetida à lei para vantagem da maioria. Entendo por Justiça os laços que reúnem de maneira estável os interesses particulares. Se esses laços se quebrassem, não haveria sociedade. É mister que se evite ligar a palavra justiça à ideia de força física ou de um ser existente. Justiça é pura e simplesmente o ponto de vista a partir do qual os homens encaram as

palavra *força*, mas a primeira é antes uma modificação da segunda, isto é, a modificação mais útil para a maioria. Por *justiça* entendo o vínculo necessário para manter unidos os interesses particulares, que, do contrário, se dissolveriam no antigo estado de insociabilidade. Todas as penas que ultrapassarem a necessidade de conservar esse vínculo são injustas pela própria natureza.

É necessário evitar associar à palavra *Justiça* à ideia de algo real, como força física ou ser vivo. Ela é mero modo de conceber dos homens, o que influencia infinitamente a felicidade de cada um. Também não me refiro àquele tipo de justiça, que emana de Deus e que tem relações imediatas com as penas e recompensas da vida futura.

---

coisas morais para o bem-estar de cada um. Não pretendo falar aqui da justiça de Deus, que é de outra natureza, tendo relações imediatas com as penas e as recompensas de uma vida futura." – Nota de Beccaria.

## Capítulo III
## CONSEQUÊNCIAS

A primeira consequência destes princípios é que só as leis podem determinar as penas fixadas para os crimes, e esta autoridade somente pode residir no legislador, que representa toda a sociedade unida por um contrato social. Nenhum magistrado (que é parte da sociedade) pode, com justiça, aplicar pena a outro membro dessa mesma sociedade, pena essa superior ao limite fixado pelas leis, que é a pena justa acrescida de outra pena. Portanto, o magistrado não pode, sob qualquer pretexto de zelo ou de bem comum, aumentar a pena estabelecida para um delinquente cidadão.

A segunda consequência é que, se cada membro em particular está ligado à sociedade, essa sociedade está igualmente ligada a todos os seus membros por um contrato que, por natureza, obriga as duas partes. Essa obrigação,[2] que desce do trono até a choupana e liga igualmente o mais poderoso ao mais desgraçado dos homens, nada mais é do que o interesse de todos, em observar pactos úteis à maioria. A violação, de um só pacto, gera a autorização da anarquia. O soberano, que representa a própria sociedade, só pode promulgar leis gerais que obriguem a todos os membros, mas não pode julgar se um deles violou o contrato social, pois, então, a nação se dividiria em duas partes, uma, representada pelo soberano, que apontaria a violação do contrato, outra, pelo acusado, que a negaria. É, pois, necessário que um terceiro julgue a verdade do fato. Daí, a necessidade do magistrado, cujas sentenças sejam inapeláveis e consistam, tão só, em afirmações ou negações de fatos particulares.

A terceira consequência é que, mesmo provada que a atrocidade da pena, não sendo imediatamente oposta ao bem comum e ao próprio fim de impedir os delitos, fosse apenas inútil, ela seria, ainda assim, contrária não só às virtudes benéficas, efeito de uma razão esclarecida, que prefere o comando de homens felizes ao de um rebanho de escravos, em meio aos quais circulasse, perpetuamente, uma tímida crueldade, contrária também à justiça e à natureza do próprio contrato social.

---

2. V. a nota 1, p. 27 deste livro.

## Capítulo IV
## INTERPRETAÇÕES DAS LEIS

Quarta consequência. A autoridade de interpretar leis penais não pode ser atribuída nem mesmo aos juízes criminais, pela simples razão de que eles não são legisladores. Os juízes não receberam as leis de nossos antepassados como tradição de família, nem como testamento, que só deixasse aos pósteros a missão de obedecer, mas recebem-nas da sociedade vivente ou do soberano que a representa, como legítimo depositário do atual resultado da vontade de todos. Não nas recebem como obrigações[1] de antigo juramento, nulo, por ligar vontades não existentes, iníquo, por reduzir os homens do estado de sociedade ao estado de rebanho, mas como efeito de um juramento tácito ou expresso, que as vontades reunidas dos súditos vivos fizeram ao soberano, como vínculos necessários para frear e reger o fermento intestino dos interesses particulares. Esta é a física e real autoridade das leis. Quem será então o legítimo intérprete da lei? O soberano, isto é, o depositário das atuais vontades de todos, ou o juiz, cujo ofício é apenas o de examinar se determinado homem cometeu ou não ação contrária às leis?

Em cada crime, o juiz deverá estruturar um silogismo perfeito: a premissa maior deve ser a lei geral; a premissa menor, a ação, conforme ou não à lei: a conclusão é a liberdade ou a pena. Quando o juiz for coagido, ou quiser formular somente dois silogismos, a porta à incerteza estará aberta.

Nada é mais perigoso do que o axioma comum de que é necessário consultar o espírito da lei. Este é um dique aberto à torrente das opiniões. Esta verdade, que parece paradoxal às mentes vulgares, mais abaladas por pequenas desordens pre-

---

1. "Se cada cidadão tem obrigações a cumprir para com a sociedade, a sociedade tem igualmente obrigações a cumprir para com cada cidadão, pois a natureza do contrato consiste em obrigar igualmente as duas partes contratantes. Esse liame de obrigações mútuas que desce do trono até a cabana e que liga igualmente o maior e o menor dos membros da sociedade, tem como fim único o interesse público, que consiste na observação das convenções úteis à maioria. Violada uma dessas convenções, abre-se a porta à desordem. A palavra *obrigação* é uma das que se empregam mais frequentemente em moral do que em qualquer outra ciência. Existem obrigações a cumprir no comércio e na sociedade. Uma obrigação supõe um raciocínio moral, convenções raciocinadas. Não se pode, porém, emprestar à palavra *obrigação* uma ideia física ou real. É palavra abstrata que precisa ser explicada. Ninguém pode obrigar-vos a cumprir obrigações sem saberdes quais são tais obrigações." – Nota de Beccaria.

sentes do que pelas funestas, mas remotas, consequências que nascem de um falso princípio radicado numa nação, parece-me demonstrada. Nossos conhecimentos e todas as nossas ideias têm uma recíproca conexão. Quanto mais são complicados, mais numerosas são as estradas que a eles levam e deles partem. Cada homem tem seu ponto de vista, e o mesmo homem, em épocas diferentes, pensa de modo diferente. O espírito da lei seria, então, o resultado da boa ou da má lógica de um juiz; de uma fácil ou difícil digestão; dependeria da violência de suas paixões, da fraqueza de quem sofre, das relações do juiz com a vítima e de todas as mínimas forças que alteram as aparências de cada objeto no espírito indeciso do homem.

Assim, vemos a sorte de um cidadão mudar várias vezes, ao passar por diversos tribunais e vemos a vida dos miseráveis ser vítima de falsos raciocínios ou do atual fermento dos humores de um juiz, o qual tomou como legítima interpretação o vago resultado de toda uma série confusa de noções, que lhe agitam a mente. Vemos, pois, os mesmos delitos punidos diferentemente em épocas diferentes, pelo mesmo tribunal, por ter este consultado não a voz imutável e constante da lei, mas a errante instabilidade das interpretações.

A desordem, que nasce da rigorosa observância da letra de uma lei penal, não se compara com as desordens que nascem da interpretação. Tal momentâneo inconveniente leva à correção fácil e necessária das palavras da lei, causa da incerteza, mas impede a fatal licença da razão, da qual nascem as arbitrárias e venais controvérsias. Quando um código fixo de leis, que devem ser observadas *ad litteram*, só deixa ao juiz a incumbência de examinar as ações dos cidadãos e de julgá-las de acordo ou não com a lei escrita; quando a norma do justo e do injusto, que deve guiar tanto os atos do cidadão ignorante como os do filósofo, não é questão controvertida, mas de fato, então os súditos não estão sujeitos às pequenas tiranias de muitos, tanto mais cruéis quanto menor é a distância entre quem sofre e quem faz sofrer; mais fatais do que as de um só, porque o despotismo de muitos somente é corrigível pelo despotismo de um só e a crueldade de um déspota é proporcional não à força, mas aos obstáculos. Dessa forma, adquirem os cidadãos a própria segurança, que é justa por ser o escopo pelo qual os homens vivem em sociedade e é útil porque os levam exatamente a calcular os inconvenientes de um crime. É verdade, ainda, que adquirirão um espírito de independência, mas que não irá abalar as leis, nem será recalcitrante aos supremos magistrados, resistindo, porém, aos que ousarem chamar, com o sagrado nome de virtude, a fraqueza de ceder às suas interessadas ou caprichosas opiniões. Esses princípios desagradarão a todos os que se impuserem o direito de transmitir aos inferiores os golpes da tirania que receberam dos superiores. Estarei preparado para tudo temer, se o espírito da tirania for consonante com o espírito da leitura.

## Capítulo V
## OBSCURIDADE DAS LEIS

Se a interpretação das leis é um mal, claro que a obscuridade, que a interpretação necessariamente acarreta, é também um mal, e este mal será grandíssimo se as leis forem escritas em língua estranha ao povo,[1] que o ponha na dependência de uns poucos, sem que possa julgar por si mesmo qual seria o êxito de sua liberdade, ou de seus membros, em língua que transformasse um livro, solene e público, em outro como que privado de casa. Que deveremos pensar dos homens, quando refletimos que este é o inveterado costume de boa parte da culta e esclarecida Europa! Quanto maior for o número dos que entenderem e tiverem nas mãos o sagrado código das leis, tanto menos frequentes serão os delitos, pois não há dúvida de que a ignorância e a incerteza das penas contribuem para a eloquência das paixões.

Consequência destas últimas reflexões é que, sem escrita, a sociedade jamais teria forma fixa de governo, onde a força fosse consequência do todo e não das partes e onde as leis alteráveis, apenas pelo consenso geral, não se corrompam, passando pela grande quantidade dos interesses privados. A experiência e a razão demonstraram-nos que a probabilidade e a certeza das tradições humanas diminuem à medida que estas se distanciam da fonte. Se não houver monumento estável do pacto social, como resistirão as leis à força inevitável do tempo e das paixões?

Vemos, assim, quanto é útil a imprensa, que faz do público, e não apenas de alguns, o depositário das leis sagradas e quanto sumiu o espírito tenebroso da cabala e da intriga, que desaparece diante das luzes e das ciências, aparentemente desprezadas por seus sequazes, mas na verdade temidas por eles. Esta é a razão pela qual vemos diminuídas na Europa a atrocidade dos crimes, que faziam gemer nossos antepassados, os quais se tornavam, alternadamente, tiranos e escravos. Quem conhece a história dos últimos dois ou três séculos e a nossa, poderá ver, como, no seio do luxo e da apatia, nasceram as mais doces virtudes, a saber, a filantropia, a benevolência e a tolerância para com os erros humanos. Verão quais foram os efeitos daquilo que sem razão denominamos de antiga simplicidade e boa-fé; a humanidade, gemendo sob a implacável superstição; a avareza, a ambição de alguns, tingindo com o sangue humano os escrínios de ouro e os tronos dos reis, as ocultas traições e os massacres públicos, todos os nobres, tiranos da plebe.

---

1. Latim era a "língua estranha ao povo", usada pela elite, pelos doutos, sendo o *sermo vulgaris* a língua popular, da plebe.

Os ministros da verdade evangélica, sujando de sangue as mãos que todos os dias tocavam o Deus da mansuetude, não são obra deste século esclarecido, que alguns denominam corrupto.

# Capítulo VI
## PROPORÇÃO ENTRE OS DELITOS E AS PENAS

Não somente é interesse de todos que não se cometam delitos, como também que estes sejam mais raros proporcionalmente ao mal que causam à sociedade. Portanto, mais fortes devem ser os obstáculos que afastam os homens dos crimes, quando são contrários ao bem público e na medida dos impulsos que os levam a delinquir. Deve haver, pois, proporção entre os delitos e as penas.

Impossível evitar todas as desordens, no universal combate das paixões humanas. Crescem elas na proporção geométrica da população e do entrelaçamento dos interesses particulares, que não é possível dirigirem geometricamente para a utilidade pública. A exatidão matemática deve ser substituída, na aritmética política, pelo cálculo das probabilidades. Se lançarmos um olhar para a história, veremos crescerem as desordens com os limites dos impérios, diminuindo o sentimento nacional na mesma proporção e, assim, a tendência para o crime cresce na razão do interesse que cada um tem nas próprias desordens. Por esse motivo, a necessidade de ampliar as penas vai sempre aumentando.

Essa força, semelhante à da gravidade, que nos impele ao bem-estar, só se refreia, na medida dos obstáculos que lhe são levantados. Os efeitos desta força são a confusa série das ações humanas. Se estas se chocam e se ferem, umas com as outras, as penas, a que eu chamaria de *obstáculos políticos*, impedem-lhe o efeito nocivo sem destruir a força motriz, que é a própria sensibilidade inseparável do homem. E o legislador faz como hábil arquiteto, cujo ofício é opor-se às diretrizes ruinosas da gravidade e pedir a colaboração das que contribuem para a firmeza do edifício.

Dada à necessidade da reunião dos homens, por causa dos pactos que, necessariamente, resultam da própria oposição dos interesses privados, forma-se uma escala de desordens, das quais o primeiro grau consiste naquelas que destroem imediatamente a sociedade, e, o último, na mínima injustiça possível, feita a seus membros privados. Entre esses dois extremos encontram-se todas as ações opostas ao bem comum, chamadas *delitos,* que vão decrescendo, por graus insensíveis, do mais grave ao mais leve. Se a geometria fosse adaptável às infinitas e obscuras combinações das ações humanas, deveria existir uma escala paralela de penas, descendo da mais forte para a mais fraca, mas bastará ao sábio legislador assinalar os pontos principais, sem alterar-lhes a ordem, não cominando, para os delitos de primeiro grau, as penas do último. Se existisse escala precisa e universal de penas e delitos, teríamos medida provável e comum dos graus de tirania e de liberdade, do fundo de humanidade ou de malícia das diversas nações.

    Toda ação, não compreendida entre os dois limites, supramencionados, não pode ser chamada de *delito,* nem punida como tal, senão por aqueles que têm interesse em assim chamá-la. A incerteza desses limites produziu, nas nações, moral que contradiz as leis, leis mais atuais que se excluem reciprocamente e uma quantidade de leis que submetem o mais sábio a penas mais rigorosas. Assim vagos e flutuantes ficaram os sentidos das palavras *vício* e *virtude.* Nasceu, assim, a incerteza da própria existência, o que produz a letargia e o sono fatal dos corpos políticos. Quem ler sob o ângulo filosófico os códigos das nações e os respectivos anais, observará, quase sempre, as palavras *vício* e *virtude, bom cidadão* ou *réu,* que se alteram com as revoluções dos séculos, não em razão das mutações ocorridas nas circunstâncias das nações, e, por isso, sempre de acordo com o interesse geral, mas em razão das paixões e dos erros que agitaram sucessivamente os diversos legisladores. Verá frequentemente que as paixões de um dado século são a base da moral dos séculos seguintes. As paixões desenfreadas, filhas do fanatismo e do entusiasmo, enfraquecidas e corroídas, diria eu, pelo tempo, que reduz ao equilíbrio todos os fenômenos físicos e morais, tornam-se pouco a pouco a prudência do século e útil instrumento nas mãos dos fortes e perspicazes. Desse modo, nasceram as obscuras noções de honra e de virtude, e isso ocorre, porque mudam com as revoluções do tempo, que antepõem os nomes às coisas, mudam como o curso dos rios e como as montanhas, que marcam frequentemente os limites não só da geografia física, como também da geografia moral.

    Se o prazer e a dor são a força motriz dos seres sensíveis, se entre os motivos que impelem os homens para ações mais sublimes foram colocados, pelo invisível legislador, o prêmio e o castigo, a distribuição inexata destes produzirá a contradição, tanto menos observada, quanto mais comum, de que as penas castigam os delitos a que deram origem. Se pena igual for cominada a dois delitos que desigualmente ofendem a sociedade, os homens não encontrarão nenhum obstáculo mais forte para cometer o delito maior, se disso resultar maior vantagem.

# Capítulo VII
# ERROS NA MEDIDA DAS PENAS

As precedentes reflexões dão-me o direito de afirmar que a única e verdadeira medida do delito é o dano causado à nação, errando, assim, os que pensavam que a verdadeira medida do delito era a intenção de quem o comete. Esta depende da impressão atual dos objetos e da precedente disposição do espírito. Elas variam de homem para homem, e, em cada homem, com a velocíssima sucessão das ideias, das paixões e das circunstâncias. Seria, então, necessário elaborar um Código especial para cada cidadão e uma nova lei para cada delito. Às vezes, os homens, com a melhor das intenções, causam o maior mal à sociedade. Outras vezes, com a maior má vontade, causam o maior bem.

Outros medem o delito mais pela dignidade da pessoa ofendida do que por sua importância em relação ao bem-estar geral. Se esta fosse à verdadeira medida do delito, uma irreverência para com o Ser dos seres deveria ser punida mais atrozmente do que o assassinato de um monarca, porque a superioridade da natureza compensaria infinitamente a diferença da ofensa.

Finalmente, alguns chegaram a pensar que a gravidade do pecado seria levada em consideração na medida do delito. A falsidade dessa opinião saltará aos olhos do objetivo examinador das verdadeiras relações entre os homens, e entre estes e Deus. As primeiras são relações de igualdade. Só a necessidade fez nascer do choque das paixões e das oposições dos interesses a ideia de *utilidade comum*, base da justiça humana. As segundas são relações de dependência de um Ser perfeito e criador, que reservou para si apenas o direito de legislar e julgar ao mesmo tempo, pois só ele pode fazê-lo sem inconveniente. Se Deus cominasse penas eternas para quem lhe desobedecesse a onipotência, qual seria o inseto que ousaria suprir a divina justiça, querendo vingar o Ser que bastasse a si mesmo e que não pudesse receber dos objetos nenhuma impressão de prazer ou dor, e que, único entre os seres, agisse sem reação? A gravidade do pecado depende da insondável malícia do coração, a qual não pode ser conhecida por seres finitos, sem a Revelação. Como poderia, pois, tal malícia fixar-se em norma para a punição dos delitos? Nesse caso, poderiam os homens castigar, quando Deus perdoa, e perdoar quando Deus castiga. Se os homens pudessem estar em oposição ao Onipotente ao ofendê-lo, poderiam também, ao punir, contradizê-lo.

## Capítulo VIII
## DIVISÃO DOS DELITOS

Vimos que a verdadeira medida do delito é o *dano à sociedade*. Esta é uma daquelas palpáveis verdades, que, embora não precisem de quadrantes nem de telescópios para serem reveladas, pois estão ao alcance de toda inteligência medíocre; todavia, por maravilhosa combinação de circunstâncias, são conhecidas com firme segurança somente por alguns poucos pensadores, homens de todas as nações e de todos os séculos. Mas as opiniões ostensivas e as paixões revestidas de autoridade e poder, a maioria das vezes por meio de insensíveis impulsos, outras poucas por impressões violentas sobre a tímida credulidade dos homens, dissiparam as noções simples que formavam, talvez, a primeira filosofia das sociedades nascentes. A luz deste século parece que reconduz a essas noções, com maior firmeza, no entanto, que pode ser proporcionada por um exame geométrico, por mil experiências funestas e pelos próprios obstáculos. Nossa ordem de expor levar-nos-ia a examinar e a distinguir os diversos tipos de delitos ou a maneira de puni-los, se a variável natureza desses delitos, pela diversa circunstância ligada aos séculos e aos lugares, não nos levasse a imenso e tedioso pormenor. Bastar-me-á indicar os princípios mais gerais e os erros mais danosos e comuns para desmentir tanto os que, por um mal compreendido amor de liberdade, gostariam de introduzir a anarquia, quanto os que desejariam reduzir os homens a uma regularidade claustral.

Alguns delitos destroem imediatamente a sociedade ou quem a representa, outros defendem a segurança do cidadão na vida privada, nos bens, na honra; outros são ações contrárias àquilo que, por lei, cada um é obrigado a fazer ou não fazer, em vista do bem geral. Os primeiros, isto é, os delitos máximos, porque mais danosos, são os chamados de lesa-majestade. Só a tirania e a ignorância, que confundem os vocábulos e as ideias mais claras, podem dar esse nome e, por conseguinte, cominar pena máxima a delitos de naturezas diferentes, de modo a fazer os homens, como em outras mil ocasiões, vítimas de um só vocábulo. Cada delito, embora privado, ofende a sociedade, mas nem todo delito procura a destruição imediata dessa mesma sociedade. As ações morais, assim como as físicas, têm esfera limitada de atividade e, como todos os movimentos da natureza, são diversamente circunscritas ao tempo e ao espaço. Só a interpretação cavilosa, que é comumente a filosofia da escravidão, pode confundir aquilo que a verdade eterna com imutáveis relações distinguiu.

Seguem-se os crimes contra a segurança de cada particular. Sendo este o fim primeiro de toda legítima associação, não é possível deixar de cominar à violação do direito de segurança, adquirido pelo cidadão, penas das mais severas, fixadas pelas leis.

A opinião que cada cidadão deve ter de poder fazer tudo o que não é contrário à lei, sem temer outro inconveniente, além do que pode resultar da própria ação – eis o dogma político em que os povos deveriam acreditar e que os supremos magistrados deveriam apregoar com a incorruptível proteção das leis, dogma sagrado, sem o qual não pode haver sociedade legítima, certa recompensa pelo sacrifício, por parte dos homens, daquela ação universal sobre todas as coisas, que é comum a cada ser sensível e limitada apenas pela própria força. Eis o que torna as almas livres e vigorosas e as mentes esclarecidas, que faz os homens virtuosos, mas virtude que sabe resistir ao temor, e não da prudência submissa, digna apenas de quem pode tolerar precária e incerta existência. Atentados contra a segurança e a liberdade dos cidadãos constituem, pois, um dos maiores crimes e, nessa classe, incluem-se não apenas os assassinatos e os furtos dos plebeus, mas também os dos grandes e dos magistrados, cuja influência age a maior distância e com maior vigor, destruindo, nos súditos, as ideias de justiça e de dever, substituindo-as pela do direito do mais forte, perigoso não só para quem o exerce como também para quem o suporta.

## Capítulo IX
## DA HONRA

Há marcante contradição entre as leis civis, zelosas guardiãs, acima de tudo, do corpo e dos bens de cada cidadão, e as leis relativas ao que se chama de *honra*, a qual coloca, em primeiro plano, a *opinião*. A palavra *honra* é uma das que serviram de base para longos e brilhantes raciocínios, sem que estivesse associada a nenhuma ideia fixa ou estável. Mísera condição da mente humana a de que as ideias menos importantes e mais remotas sobre as revoluções dos corpos celestes sejam conhecidas melhor do que as próximas e importantíssimas noções morais, sempre flutuantes e confusas, à mercê do vendaval das paixões que as impelem e da ignorância dirigida que as recebe e as transmite! O aparente paradoxo desaparecerá, porém, se se ponderar que, assim como os objetos bem próximos da vista se confundem, assim também a excessiva proximidade das ideias morais faz com que facilmente se misturem as múltiplas ideias simples que as compõem, confundindo as linhas de separação, necessárias ao espírito geométrico que quer medir os fenômenos da sensibilidade humana, acabando por esvair-se de toda a maravilha do indiferente pesquisador das coisas humanas, que suspeitará que tanto aparato moral e tantos liames não sejam necessários para tornar os homens felizes e seguros.

Essa *honra* é, pois, uma daquelas ideias complexas que constituem um bloco não apenas de ideias simples, mas também de ideias igualmente complexas que, assomando reiteradamente à mente, ora admitem, ora excluem alguns dos diversos elementos que as compõem, conservando apenas algumas ideias comuns, assim como, na álgebra, várias quantidades complexas admitem um divisor comum. Para achar o máximo divisor comum, nas várias ideias que os homens fazem da *honra*, é preciso lançar uma vista rápida de olhos sobre a formação das sociedades. As primeiras leis e os primeiros magistrados nasceram da necessidade de corrigir as desordens geradas pelo despotismo físico de cada homem, finalidade esta instituidora da sociedade e esta finalidade primeira sempre foi mantida, na realidade ou na aparência, no início de todos os códigos, mesmo quando danosos, mas a aproximação dos homens e o progresso de seus conhecimentos originaram infinita série de ações e necessidades, impelindo uns contra outros, sempre superiores à providência das leis e inferiores ao atual poder de cada um. Foi nessa época que começou o despotismo da opinião, único meio de obter de outrem aqueles bens e de afastar os males contra os quais as leis eram insuficientes. É a opinião que atormentou o sábio e o vulgo, que valorizou a aparência da virtude acima da própria virtude, que converteu em missionário até o criminoso, para que ali encontrasse seu interesse. Portanto, as aprovações dos homens se tornaram não só úteis, mas necessárias, para não descer abaixo do nível comum. Portanto, se o ambicioso conquista a virtude, porque ela é útil, se o vaidoso a mendiga, como prova do próprio mérito, vê-se o homem honrado exigi-la como necessária. Essa *honra* é a condição que muitíssimos homens consideram indispensável à sua existência. Nascida após a formação da sociedade, ela não pôde ser colocada na vala comum. Assim, é um instantâneo retorno ao estado natural e uma subtração momentânea da própria pessoa às leis que, nesse caso, não servem para defender suficientemente o cidadão.

Portanto, quer na radical liberdade política, quer na radical dependência, desaparecem as ideias de *honra* ou se confundem perfeitamente com outras, porque no primeiro caso o despotismo das leis torna inútil a busca da aprovação alheia, no segundo caso, porque despotismo dos homens, anulando a existência civil, os reduz a uma precária e momentânea personalidade. A *honra* é, pois, um dos princípios fundamentais daquelas monarquias que são um despotismo atenuado e, nelas, correspondem às revoluções nos estados despóticos, momentânea volta ao estado da natureza e uma recordação do padrão da antiga igualdade.

# Capítulo X
# DOS DUELOS

Da necessidade da aprovação dos outros nasceram os duelos privados, originados da anarquia das leis. Pretende-se que fossem desconhecidos na Antiguidade, talvez porque os antigos se reuniam, sem armas e sem desconfiança, nos templos, nos teatros, ou com os amigos. Ou talvez porque o duelo fosse espetáculo ordinário e comum que os gladiadores escravos e aviltados ofereciam ao povo, e que os homens livres, recusando os combates privados, afastavam a aparência e o nome de gladiadores. Em vão, os editos, contra quem aceitasse o duelo, procuraram extirpar tal costume, cujo fundamento se encontra naquilo que alguns homens temem mais do que a própria morte, pois, sem a aprovação alheia, o homem honrado se vê exposto a tornar-se um ser meramente solitário, estado insuportável para o homem sociável, ou tornar-se alvo de insultos e da infâmia, que com a ação repetida acabam prevalecendo sobre o perigo da pena.

Por que motivo o populacho se bateria, em duelo, menos do que os grandes? Não só por não possuir armas, como também porque a necessidade da aprovação alheia é menos comum entre a plebe do que entre aqueles que, estando em nível mais alto, se entreolham com maior suspeita e com maior inveja.

Não é inútil repetir o que outros já escreveram, a saber, que o melhor método de prevenir o delito é punir o agressor, ou seja, quem deu motivo para o duelo, declarando inocente aquele que, sem culpa, foi obrigado a defender o que as leis atuais não asseguram, isto é, a opinião, e teve que mostrar aos concidadãos que teme somente as leis e não os homens.

## Capítulo XI
## DA TRANQUILIDADE PÚBLICA

Por fim, entre os delitos da terceira espécie estão particularmente incluídos os que perturbam a tranquilidade pública e o sossego do cidadão, como algazarras e espalhafatos, nas vias públicas destinadas ao comércio e à passagem dos cidadãos, como os fanáticos discursos que inflamam as fáceis paixões da curiosa multidão, as quais ganham força pela frequência dos ouvintes, mais pelo obscuro e misterioso entusiasmo, do que pela clara e tranquila razão, que nunca influi sobre a grande massa humana.

A noite iluminada às expensas públicas, os guardas distribuídos pelos diferentes bairros da cidade, os simples e morais discursos da religião, reservados ao silêncio e à sacra tranquilidade dos templos protegidos pela autoridade pública, os aranzéis destinados a apoiar os interesses privados e públicos nas assembleias da nação, nos parlamentos ou onde reside a majestade do soberano, são, em conjunto, meios eficazes para prevenir a perigosa intensidade das paixões populares. Estas formam os principais ramos da vigilância do magistrado, que os franceses denominam *polícia*, mas se esse magistrado agisse, aplicando leis arbitrárias e não estabelecidas por um código que circulasse pelas mãos de todos os cidadãos, estaria aberta uma porta à tirania que cerca todas as fronteiras da liberdade política. Não encontro exceção alguma ao axioma geral de que *todo cidadão deve saber se é réu ou inocente*. Se os censores e, de um modo geral, os magistrados arbitrários são necessários em qualquer governo, isso decorre da fraqueza de sua constituição e não da natureza de governo bem organizado. A incerteza da própria sorte sacrificou mais vítimas à obscura tirania, do que a pública e solene crueldade. Ela revolta os ânimos mais do que os avilta. O verdadeiro tirano começa sempre por dominar a opinião, que previne a coragem, a qual só pode resplandecer ou sob a clara luz da verdade, no fogo das paixões, ou ainda na ignorância do perigo.

Quais serão, entretanto, as penas adequadas a esses delitos? Será *a morte* uma pena realmente *útil* e *necessária* para a segurança e para a boa ordem da sociedade? Serão a tortura e os suplícios *justos*, e alcançarão eles o *fim* a que as leis se propõem? Qual será a melhor maneira de prevenir os delitos? Serão as mesmas penas igualmente úteis em todos os tempos? Que influência terão as penas sobre os costumes? Estes problemas merecem ser resolvidos com a precisão geométrica a que a nebulosidade dos sofismas, a sedutora eloquência e a tímida dúvida não podem resistir. Se eu só tivesse tido o mérito de ter sido o primeiro a apresentar na Itália, com algum realce maior, aquilo que as outras nações ousaram escrever e começam a praticar, julgar-me-ia feliz, mas se, apoiando os direitos dos homens e da invencível verdade, eu tivesse contribuído para arrancar dos espasmos e das vascas da morte algumas vítimas infelizes da tirania e da ignorância, não menos fatal, as bênçãos e as lágrimas, mesmo as de um só inocente, nos transportes da alegria, me consolariam do desprezo dos homens.

## Capítulo XII
## FINALIDADES DA PENA

Da simples consideração das verdades, até aqui expostas, fica evidente que o fim das penas não é atormentar e afligir um ser sensível, nem desfazer o delito já cometido. É concebível que um corpo político que, bem longe de agir por paixões, é o tranquilo moderador das paixões particulares, possa albergar essa inútil crueldade, instrumento do furor e do fanatismo, ou dos fracos tiranos? Poderiam talvez os gritos de um infeliz trazer de volta, do tempo, que não retorna, as ações já consumadas? O fim da pena, pois, é apenas o de impedir que o réu cause novos danos aos seus concidadãos e demover os outros de agir desse modo.

É, pois, necessário selecionar quais penas e quais os modos de aplicá-las, de tal modo que, conservadas as proporções, causem impressão mais eficaz e mais duradoura no espírito dos homens, e a menos tormentosa no corpo do réu.

## Capítulo XIII
## DAS TESTEMUNHAS

Ponto considerável, em toda boa legislação, é o de determinar exatamente a credibilidade das testemunhas e das provas do crime. Todo homem razoável, isto é, que tenha ideias conexas e cujas sensações sejam conformes às dos outros homens, pode ser arrolado como testemunha. A verdadeira medida de sua credibilidade é tão somente o interesse que tenha em dizer ou não a verdade, razão por que é frívolo o argumento da fraqueza das mulheres, pueril a aplicação dos efeitos da morte real à morte civil nos condenados, e incoerente a nota de infâmia nos infames, quando as testemunhas não tenham interesse algum em mentir. A credibilidade, pois, deve diminuir na proporção do ódio ou da amizade, ou das estreitas relações existentes entre a testemunha e o réu. É necessária mais de uma testemunha, porque enquanto uma afirma e a outra nega, nada haverá de certo, e prevalecerá o direito que cada um tem de ser considerado inocente. A credibilidade de uma testemunha torna-se tão sensivelmente menor quanto mais cresce a atrocidade do delito[1] ou a inverossimilhança das circunstâncias, como, por exemplo, a magia e as ações gratuitamente cruéis. É mais provável que vários homens mintam na primeira acusação, porque é mais fácil combinar-se, em muitos, a ilusão da ignorância ou o ódio perseguidor, do que se exercer, por um só, um poder que Deus não deu ou

---

1. "Entre os penalistas, ao contrário, a credibilidade que o testemunho merece aumenta em proporção da atrocidade do crime. Apoiam-se eles neste axioma de ferro, ditado pela mais cruel imbecilidade: *In atrocissimis leviores conjecturae sufficiunt, et licet judici jura transgredi*. Traduzamos essa máxima hedionda, para que a Europa conheça ao menos um dos revoltantes princípios e tão numerosos aos quais está submetida quase sem o saber: "Nos delitos mais atrozes, isto é, menos prováveis, as mais ligeiras circunstâncias bastam, e o juiz pode colocar-se acima das leis". Os absurdos, em uso na legislação, são muitas vezes o resultado do meio, fonte inesgotável das inconsequências e dos erros humanos. Os legisladores, ou antes, os jurisconsultos, cujas opiniões são consideradas após sua morte como espécie de oráculos, e que, como escritores vendidos ao interesse, se tornaram árbitros soberanos da sorte dos homens, os legisladores, repito, receosos de ver condenar inocentes, sobrecarregaram a jurisprudência de formalidades e exações inúteis, cuja exata observação colocaria a desordem e a impunidade no trono da Justiça. Outras vezes, assombrados com certos crimes atrozes e difíceis de provar, acharam que deviam desprezar as formalidades que eles próprios estabeleceram. Foi assim que, dominados ora por um despotismo impertinente, ora por temores pueris, fizeram dos julgamentos mais graves uma espécie de jogo abandonado ao acaso e aos caprichos do arbítrio." – Nota de Beccaria.

suprimiu de toda criatura. O mesmo acontece na segunda acusação, pois o homem só é cruel na proporção do seu próprio interesse, do ódio, ou do temor que concebeu. Não há propriamente, no homem, nenhum sentimento supérfluo, pois este é sempre proporcional ao resultado das impressões exercidas sobre os sentidos. Igualmente, a credibilidade de uma testemunha pode ser às vezes diminuída, quando ela seja membro de sociedade privada, cujos costumes e normas não são bem conhecidos ou divirjam das normas públicas. Tal homem une as próprias paixões as paixões alheias.

Finalmente, quase nula é a credibilidade da testemunha quando se faz das palavras, um delito, pois o tom, o gesto, o que precede e o que segue às diversas ideias que os homens associam às mesmas palavras altera e modifica de tal modo seus dizeres que é quase impossível repeti-las exatamente como foram pronunciadas. As ações violentas e fora do comum, como os verdadeiros delitos, deixam traços na quantidade das circunstâncias e nos efeitos decorrentes, mas as palavras só permanecem na memória, quase sempre infiel e geralmente sedutora dos ouvintes. É, pois, muito mais fácil a calúnia relativa às palavras do que a referente às ações de um homem, porque quanto maior for o número de circunstâncias apresentadas como prova, tanto maiores serão os meios fornecidos ao réu para justificar-se.

## Capítulo XIV
## INDÍCIOS E FORMAS DE JULGAMENTO

Há um teorema geral muito útil para calcular a certeza de um fato, isto é, a força dos indícios de um crime. Quando as provas do fato dependem de outra prova, isto é, quando os indícios só se provam entre si, quanto maiores forem as provas aduzidas, menor será a probabilidade da existência do fato, porque os casos que enfraquecessem as provas precedentes enfraqueceriam as subsequentes. Quando todas as provas do fato dependem de uma só prova, esse número não aumenta nem diminui a probabilidade do fato, porque todo seu valor se reduz ao valor da única prova de que dependem. Quando as provas independem umas das outras, ou seja, quando os indícios se provam por si mesmos, quanto maiores forem as provas aduzidas, mais aumentará a probabilidade do fato, pois a falsidade de uma das provas não influi sobre a outra. Falo da probabilidade em matéria de delitos que, para merecerem uma pena, devem ser tidos como certos. O paradoxo, entretanto, esvair-se-á para quem considere que, rigorosamente, a certeza moral não é senão uma probabilidade, mas probabilidade tal que é denominada *certeza*, pois todo homem de bom senso nela consente necessariamente por um hábito nascido da necessidade de agir e anterior a toda especulação. A certeza que se exige para determinar que um homem é réu, pois, é a que caracteriza cada homem nas operações mais importantes de sua vida. Pode-se dividir as provas de um crime em perfeitas e imperfeitas. Denomino perfeitas as provas que excluem a possibilidade de alguém não ser culpado e chamo imperfeitas as que não a excluem. Das primeiras basta uma só prova para a condenação. Das outras bastam tantas quantas sejam necessárias para constituir a prova perfeita, ou seja, que, se com cada uma destas, em particular, é possível que alguém não seja réu, diante de sua soma, no mesmo caso, é impossível que não o seja. Note-se que as provas imperfeitas pelas quais o réu pode justificar-se e não o faça suficientemente se tornem perfeitas, mas esta certeza moral de provas é mais fácil de ser sentida do que exatamente definida. Por isso, julgo ótima a lei que indica assessores para o juiz principal por sorteio e não por escolha, pois, neste caso, é mais segura a ignorância que julga pelo sentimento do que a ciência que julga pela opinião. Onde as leis são claras e precisas, o ofício do juiz não é senão o de averiguar o fato. Se, na busca das provas do delito, se exigir habilidade e destreza, se, na apresentação do resultado, forem necessárias clareza e precisão, para julgar essa conclusão, nada mais se exigirá do que mero e comum bom senso, menos enganoso do que o saber de um juiz habituado a pretender encontrar réus e que reduz tudo a mero sistema teórico, extraído de seus estudos. Feliz a nação cujas leis não são ciência! É muito útil a lei que faz cada homem ser julgado por seus iguais, pois, quando se trata da liberdade e do destino do cidadão, devem silenciar os sentimentos inspirados pela desigualdade. A superioridade com que o homem de sorte olha para o infeliz, o pouco caso com que o inferior olha para o superior, não podem influir nesse juízo. Quando, porém, o delito constituir ofensa a terceiro, então, os juízes deverão ser a metade pares do réu, e a outra metade pares do ofendido. Estando assim equilibrado todo interesse particular que modifica também, involuntariamente, as aparências dos objetos, só prevalecem as leis e a verdade. É, então, conforme a justiça que o réu possa excluir até certo ponto os que lhe são suspeitos, e, se isso lhe for concedido sem problema, por algum tempo, parecerá que o réu se condenará a si próprio. Públicos sejam os julgamentos e públicas sejam as provas do crime, para que a opinião, que é talvez o único cimento da sociedade, imponha freio à força e às paixões, para que o povo diga "não somos escravos e somos defendidos", sentimento que inspira coragem e que equivale a um tributo ao soberano que conhece seus verdadeiros interesses. Não acenarei a outros pormenores e cautelas, exigidos por instituições semelhantes. Nada teria dito se tivesse sido necessário dizer tudo.

## Capítulo XV
## ACUSAÇÕES
## SECRETAS

Em muitas nações, pela fraqueza da organização, acusações secretas, mas consagradas e necessárias, provocam desordens, costume esse que torna os homens falsos e dissimulados. Quem achar que outrem é delator, nele terá um inimigo. Os homens costumam, então, mascarar os sentimentos e, tendo o hábito de ocultá-los dos outros, acabam finalmente por ocultá-los de si mesmos. Infelizes os homens que chegaram a tal extremo! Sem princípios claros e estáveis que os orientem, vagam, aqui e ali, desgarrados e flutuantes no vasto oceano das opiniões, sempre preocupados em salvar-se dos monstros que os ameaçam, passando o momento presente amargurados sempre pela incerteza do futuro. Privados dos prazeres duradouros da tranquilidade e da segurança, só alguns deles, espalhados aqui e ali, ao longo de sua melancólica existência, devorados pela pressa e pela desordem, consolam-nos de haver vivido. É desses homens que faremos os corajosos soldados defensores da pátria ou do trono? Encontraremos, entre eles, incorruptos magistrados que, com livre e patriótica eloquência, sustentem e desenvolvam os verdadeiros interesses do soberano, que levam ao trono, com os tributos, o amor e as bênçãos de homens de todos os níveis e do trono, trazendo de volta aos palácios e às cabanas, a paz, a segurança e a industriosa esperança de melhorar a sorte, útil fermento e vida dos Estados?

Quem poderá defender-se da calúnia, quando esta se protege com o mais forte escudo da tirania, o *segredo*? Que espécie de governo é esse, em que o regente pretende ver em cada súdito um inimigo e, para assegurar o sossego público, é obrigado a tirar o sossego de cada um?

Que motivos justificariam as acusações e as penas secretas? A salvação pública, a segurança e a manutenção da forma de governo? Que estranha organização é essa, onde quem detém a força e a opinião, ainda mais eficaz que a força, teme cada cidadão! A incolumidade do acusador? As leis, assim, são insuficientes para defendê-lo. E haverá súditos mais fortes que o soberano! A infâmia do delator? Autoriza-se, pois, a calúnia secreta e pune-se a calúnia pública! A natureza do delito? Se as ações indiferentes, ainda que úteis ao público, forem chamadas delitos, as acusações e os julgamentos nunca serão suficientemente secretos. Pode haver delitos, isto é, ofensas públicas, mas, ao mesmo tempo, pode não ser do interesse de todos tornar público o exemplo, isto é, o julgamento? Respeito todos os governos, e não falo de nenhum em particular. A natureza das circunstâncias é tal, às vezes, que se pode julgar como a pior das ruínas erradicar um mal que, na verdade, é inerente ao sistema de uma nação, mas, se eu tivesse que publicar novas leis em algum recanto abandonado do universo, antes de autorizar esse costume, minha mão tremeria e eu veria toda a posteridade diante dos meus olhos.

Já o disse o senhor de Montesquieu que as acusações públicas são mais conformes à república, onde o bem público deveria constituir a primeira paixão dos cidadãos, antes mesmo da monarquia, onde esse sentimento é fraquíssimo pela própria natureza do governo e onde é ótimo o procedimento de nomear comissários que, em nome de todos, acusem os infratores das leis. Entretanto, todo governo, não só republicano como monárquico, deve aplicar ao caluniador a pena que tocaria ao acusado.

## Capítulo XVI
## DA TORTURA

Crueldade, consagrada pelo uso, na maioria das nações, é a tortura do réu durante a instrução do processo, ou para forçá-lo a confessar o delito, ou por haver caído em contradição, ou para descobrir os cúmplices, ou por qual metafísica e incompreensível purgação da infâmia, ou, finalmente, por outros delitos de que poderia ser réu, mas dos quais não é acusado.

Um homem não pode ser chamado *culpado* antes da sentença do juiz, e a sociedade só lhe pode retirar a proteção pública após ter decidido que ele violou os pactos por meio dos quais ela lhe foi outorgada. Qual é, pois, o direito, senão o da força, que dá ao juiz o poder de aplicar pena ao cidadão, enquanto existe dúvida sobre sua culpabilidade ou inocência? Não é novo este dilema: ou o delito é certo ou incerto. Se for certo, não lhe convém outra pena senão a estabelecida pelas leis, e inúteis são os tormentos, pois é inútil a confissão do réu. Se for incerto, não se deveria atormentar o inocente, pois é inocente, segundo a lei, o homem cujos delitos não são provados. E acrescento mais: é querer subverter a ordem das coisas exigir que um homem seja ao mesmo tempo acusador e acusado, que a dor se torne o cadinho da verdade, como se o critério dessa verdade residisse nos músculos ou nas fibras de um infeliz. Este é o meio seguro de absolver os robustos criminosos e de condenar os fracos inocentes. Eis os fatais inconvenientes desse pretenso critério da verdade, mas critério digno de um canibal, que os romanos, bárbaros por mais de um título, reservaram apenas aos escravos, vítimas de tão feroz quanto muito louvada virtude.

Qual a finalidade política da pena? O medo dos outros homens. Que juízo deveremos fazer, então, das carnificinas secretas e privadas que o uso tirânico outorga tanto ao culpado quanto ao inocente? É importante que nenhum crime comprovado permaneça impune, mas é inútil investigar a autoria do crime sepulto nas trevas. Mal já consumado, e para o qual não há remédio, só pode ser punido pela sociedade política para influir nos outros com a ilusão da impunidade. Se for verdade que o número dos homens que, por medo ou virtude, respeitam as leis, é superior ao número dos que a infringem, o risco de atormentar um inocente deve ser tanto mais bem avaliado quanto maior é a probabilidade de que um homem, em condições iguais, as tenha mais respeitado que desprezado.

Outro motivo ridículo da tortura é o da purgação da infâmia, isto é, que um homem julgado infame pelas leis deva confirmar seu depoimento com a tritura de seus ossos. Esse abuso não deveria ser tolerado no século XVIII. Acredita-se que a dor, que é sensação, purgue a infâmia, que é mera relação moral. Será a dor realmente um cadinho? Será a infâmia um corpo misto impuro? Não é difícil remontar às origens dessas leis ridículas, pois os próprios absurdos adotados por uma nação inteira sempre têm alguma relação com outras ideias comuns e respeitadas pela própria nação. Parece esse uso derivar das ideias religiosas e espirituais que tanta influência exercem sobre os pensamentos dos homens, sobre as nações e sobre os séculos. Dogma infalível assegura-nos que as nódoas contraídas pela fraqueza humana e que não merecem a ira eterna do Ser Supremo serão purgadas por um incompreensível fogo. Se a infâmia é nódoa civil, e se a dor e o fogo apagam as nódoas espirituais e incorpóreas, por que os espasmos da tortura não apagariam a mácula civil da infâmia? Creio que a confissão do réu, que alguns tribunais exigem, como algo essencial à condenação, tenha origem semelhante, pois, no misterioso tribunal da penitência, a confissão do pecado é parte essencial do sacramento. Eis de que forma os homens abusam das luzes mais seguras da Revelação, e como estes são os únicos que subsistem em tempos de ignorância, a eles recorre a dócil humanidade em todas as ocasiões, servindo-se das aplicações as mais absurdas e remotas. A infâmia, entretanto, é sentimento que não está sujeito nem às leis, nem à razão, mas à opinião comum. A própria tortura ocasiona real infâmia em suas vítimas. Assim sendo, com esse método se substituirá a infâmia pela infâmia.

O terceiro motivo é a tortura aplicada aos supostos réus, quando caem em contradição durante o interrogatório, como se o temor da pena, a incerteza do julgamento, o aparato e a majestade do juiz, a ignorância, comum a quase todos, criminosos e inocentes, não fizessem provavelmente cair em contradição tanto o inocente temeroso como o culpado que procura acobertar-se, como se as contradições, comuns aos homens, quando estão tranquilos, não se multiplicassem na perturbação do espírito, todo absorvido na preocupação de salvar-se do perigo iminente.

Esse infame cadinho da verdade é monumento da legislação antiga e selvagem, que ainda hoje subsiste quando as provas do fogo e da água fervente, e o incerto destino das armas, eram chamados *juízos* de Deus, ou ordálios, como se elos da eterna corrente que está no âmago da Causa Primeira devessem a todo instante ser desordenados e desconectados ao sabor da frívola determinação humana. A única diferença entre *tortura* e *provas do fogo* e da água fervente é que o êxito da primeira depende, em parte, da vontade do réu e, o das últimas, de fato meramente físico e extrínseco. Todavia, essa diferença é só aparente, não real. Tão pouca é a liberdade de dizer a verdade entre os espasmos e as dilacerações, quanto o era então impedir sem fraude os efeitos do fogo e da água fervente. Todo ato da nossa vontade é sempre proporcional à força da impressão sensível de onde se origina. E a sensibilidade do homem é limitada. Assim, a impressão da dor pode crescer a tal ponto que, ocupando a sensibilidade inteira do torturado, não lhe deixa outra liberdade senão a de escolher o caminho mais curto, momentaneamente, para se subtrair à pena. Então, a resposta do réu é tão necessária quanto o seriam as impressões do fogo e da água. O inocente sensível declarar-se-á culpado, quando achar que assim fará cessar o tormento. A diferença entre eles é anulada pelo próprio meio que se pretende utilizar para encontrá-lo. É supérfluo, para melhor esclarecer, citar inúmeros exemplos de inocentes que confessaram a culpa diante dos espasmos da tortura. Não há nação nem época que não os enumere, mas nem os homens mudam, nem tiram proveito disso. Não há homem que tenha levado ideias além das necessidades da vida e que, às vezes, não corra para a natureza que o atrai com vozes secretas e confusas, mas o hábito, esse tirano da mente, o repele e o assusta. O resultado, pois, da tortura, é questão de temperamento e de cálculo, que varia em cada homem, de acordo com sua robustez e sua sensibilidade, de tal forma que, com esse método, um matemático resolveria esse problema mais facilmente do que o faria um juiz, já que a força dos músculos e a sensibilidade das fibras de um inocente medirão o grau de dor que o fará confessar a culpa de um delito.

O interrogatório do réu é feito para conhecer a verdade, mas se esta verdade dificilmente se revela pela atitude, pelo gesto, pela fisionomia de um homem tranquilo, muito menos apareceria no homem em que as convulsões da dor alteram todos os sinais mediante os quais a maioria dos homens deixa, algumas vezes, contra a vontade, transparecer a verdade. Toda ação violenta confunde e suprime as mínimas diferenças dos objetos por meio dos quais se distingue o verdadeiro do falso.

Essas verdades já eram conhecidas pelos legisladores romanos, entre os quais não era tolerado nenhum tipo de tortura a não ser para os escravos, aos quais era negada toda personalidade. A tortura foi adotada pela Inglaterra, nação onde a glória das letras, a superioridade do comércio e das riquezas e, portanto, do poderio, e os exemplos de virtude e de coragem, não nos deixam duvidar da bondade das leis. A tortura desapareceu da Suécia, abolida por um dos monarcas mais sábios da Europa,[1] o qual, tendo levado a filosofia ao trono, e sendo legislador amigo dos súditos, os tornou iguais e livres na dependência das leis, única igualdade e única liberdade que possam homens razoáveis exigir das coisas. A tortura não é julgada necessária pelas leis dos exércitos, formados na maior parte, pela ralé das nações que, por isso, pareceriam dela precisar mais do que qualquer outra classe. Estranha coisa para aquele que não considere quão grande é a tirania do uso, que as pacíficas leis devem aprender dos corações endurecidos pelas carnificinas e pelo sangue, o mais humano método de julgar.

Essa verdade é, certo, sentida, por fim, embora confusamente, por aqueles mesmos que dela se afastam. Não tem validade a confissão feita sob tortura, se não for confirmada por julgamento, após a cessação do suplício, mas, se o réu não

---

1. Frederico II, o Grande (1712-1786), foi rei da Prússia de 1740 a 1786.

confirma o delito, é de novo torturado. Alguns doutores e algumas nações não permitem essa infame petição de princípio senão por três vezes. Outras nações e outros estudiosos entregam-na ao arbítrio do juiz, de modo que, de dois homens, igualmente inocentes ou igualmente réus, o forte e o corajoso será absolvido, o fraco e o tímido será condenado, em virtude deste exato raciocínio: *Eu juiz deveria julgar-vos culpados de tal delito; tu, que és forte, soubeste resistir à dor, e, por isso, te absolvo; tu, que és fraco, cedeste a ela, e, por isso, te condeno. Sinto que a confissão arrancada entre suplícios não teria força nenhuma, mas novamente sereis torturados se não confirmardes a vossa confissão.*

Estranha consequência que, necessariamente, decorre do uso da tortura, é que o inocente é posto em pior condição que o culpado. Realmente, se ambos são submetidos ao suplício, o primeiro tem tudo contra si, uma vez que ou confessa o delito e é condenado, ou é declarado inocente, mas sofreu pena indevida; ao passo que um caso é favorável ao culpado quando, resistindo à tortura com firmeza, deverá ser absolvido como inocente, trocando a pena maior pela menor. O inocente, portanto, só tem a perder e o culpado só a ganhar.

A lei que ordena a tortura é a lei que diz: *Homens suportai a dor, e, se a natureza criou em vós inextinguível amor próprio, se ela vos deu o direito inalienável de vos defenderdes, desperto em vós o sentimento contrário, o heroico ódio de vós mesmos e ordeno que sejais vossos próprios acusadores e que digais a verdade embora vos estraçalhem os músculos e vos quebrem os ossos.*

A tortura aplica-se para descobrir se o réu cometeu outros delitos além daqueles de que é acusado, o que equivale ao seguinte raciocínio: *Tu és culpado deste delito; é, pois possível que o sejas de cem outros delitos; esta dúvida me oprime e quero certificar-me com meu próprio critério da verdade; as leis torturam-te porque és culpado, porque podes ser culpado, porque quero que sejas culpado.*

Finalmente, a tortura é aplicada ao acusado para que se descubram os cúmplices do seu crime, mas se foi demonstrado que ela não é meio adequado para descobrir a verdade, como poderá servir para revelar os cúmplices, sendo esta uma das verdades a serem descobertas? Como se o homem, que se acusasse a si mesmo, não iria acusar os outros mais facilmente. Será certo torturar um homem pelo crime alheio? Não serão descobertos os cúmplices, interrogando as testemunhas e o réu, por meio das provas e pelo corpo de delito, em suma, por aqueles mesmos meios utilizados para comprovar o delito do acusado? Os cúmplices geralmente fogem imediatamente após a prisão do companheiro. A incerteza de seu destino os condena, por si, ao exílio, e livra a nação do perigo de novos crimes, enquanto a pena do réu, que está preso, alcança seu fim único, ou seja, afastar, pelo terror, outros homens de delito semelhante.

## Capítulo XVII
## DO FISCO

Houve época em que quase todas as penas eram pecuniárias. Os delitos dos homens eram o patrimônio do príncipe. Os atentados contra a segurança pública eram objeto de luxo. Quem devia defendê-la tinha interesse em vê-la lesada. O objeto da pena era, pois, o litígio entre o fisco (o cobrador dessas penas) e o réu. Tratava-se de negócio civil, contencioso, mais privado do que público, que dava ao fisco direitos outros dos conferidos pela defesa pública e ao réu outras culpas, além daquelas em que havia incorrido pela necessidade do exemplo. O juiz era, então, advogado do fisco, mais do que imparcial investigador da verdade; agente do erário fiscal mais que protetor e ministro das leis. Como, porém, nesse sistema, confessar-se culpado era confessar-se devedor do fisco, finalidade dos procedimentos criminosos de então, assim a confissão do delito – confissão elaborada de tal modo a favorecer e a não prejudicar os motivos fiscais – tornou-se, e ainda é (perdurando os efeitos muitíssimo tempo após as causas), o centro em torno do qual giram todos os mecanismos criminais. Sem ela, um réu, condenado por provas irrefutáveis, sofrerá pena menor que a prevista; sem ela, não sofrerá a tortura por delitos da mesma espécie que possa ter cometido. Com ela, o juiz apoderar-se-á do corpo do réu e o torturará com as metódicas formalidades de praxe, para extrair--lhe, como de um terreno adquirido, todo o proveito possível.

Provada a existência do delito, a confissão constitui prova convincente, e, para tornar menos suspeita essa prova arrancada com os tormentos e o desespero da dor, determina-se ao mesmo tempo que uma confissão extrajudicial tranquila, indiferente, sem os prepotentes temores de um tormentoso julgamento, não basta para a condenação. Excluem-se as investigações e as provas que esclarecem o fato, mas enfraquecem as razões do fisco. Não é em favor da desgraça nem da fraqueza que se poupam às vezes os tormentos aos réus, mas em consideração das vantagens que poderia perder o fisco, esse ente hoje imaginário e inconcebível. O juiz torna-se inimigo do réu, desse homem acorrentado, minado pela miséria e pela desolação, diante do mais negro porvir; não busca a verdade do fato, mas busca no prisioneiro o delito, prepara-lhe armadilhas, considerando-se perdedor se não consegue apanhá-lo, e crê estar falhando naquela infalibilidade que o homem se arroga em todas as coisas. Os indícios para a prisão estão em poder do juiz; para que alguém prove ser inocente deve ser antes declarado culpado; chama-se a isso *processo ofensivo*, e são esses, por quase toda parte da esclarecida Europa do século dezoito, os procedimentos criminais. O verdadeiro processo, o *informativo*, isto é, a investigação objetiva do fato, aquele que a razão ordena, que as leis militares adotam, usado até pelo próprio despotismo luxuriante,[1] nos processos tranquilos e indiferentes, pouquíssimo utilizado nos tribunais europeus. Que complicado labirinto de estranhos absurdos, incríveis sem dúvida para uma mais feliz posteridade! Somente os filósofos desse tempo futuro lerão, na natureza do homem, a possível verificação de um tal sistema.

---

1. No texto, está "asiático".

## Capítulo XVIII
## DOS JURAMENTOS

Contradição entre as leis e os sentimentos naturais do homem nasce dos juramentos que se exigem do réu, para que seja um verdadeiro homem, quando tem o máximo interesse em ser falso. Como se o homem pudesse jurar sinceramente, quando contribui para a própria destruição. Como se a religião não calasse, na maioria dos homens, quando fala o interesse. A experiência de todos os séculos demonstrou que eles abusaram, acima de tudo, deste precioso dom do céu. E por que razão deveriam os criminosos respeitá-lo, se os homens, considerados como os mais sábios, frequentemente o violaram? Muito fracos, por serem remotos aos sentidos, são, em sua maioria, os motivos que a religião contrapõe ao tumulto do medo e ao amor à vida. As questões do céu são regidas por leis totalmente diversas das que regem os negócios humanos. E por que razão comprometer umas com as outras? Por que motivo colocar o homem na terrível contradição de falhar em relação a Deus, ou de concorrer para a própria ruína? A lei que obriga a tal juramento ordena que o homem seja mau cristão ou mártir. O juramento torna-se, pouco a pouco, mera formalidade, destruindo assim a força dos sentimentos religiosos, único penhor da honestidade da maior parte dos homens. Quanto são inúteis os juramentos, a experiência já o demonstrou, e qualquer juiz poderá ser testemunha que juramento algum jamais fez o réu dizer a verdade. A própria razão demonstra isso, quando declara inúteis e, consequentemente, danosas, todas as leis que se opõem aos naturais sentimentos do homem. Acontece a essas leis o mesmo que acontece com as barreiras erguidas diretamente no curso de um rio, as quais ou são imediatamente rompidas e arrastadas, ou um turbilhão, por elas mesmas criadas, as corrói e as mina insensivelmente.

## Capítulo XIX
## RAPIDEZ DA PENA

Quanto mais rápida for a pena e mais próxima do crime cometido, tanto mais será ela justa e tanto mais útil. Digo mais justa, porque poupa ao réu os tormentos cruéis e inúteis da incerteza, que crescem com o vigor da imaginação e com o sentimento da própria fraqueza; mais justa, porque a privação da liberdade, sendo uma pena, só ela poderá preceder a sentença quando a necessidade o exigir. O cárcere é, assim, a simples guarda de um cidadão até que ele seja considerado culpado, e sendo essa guarda essencialmente penosa, deverá durar o menor tempo possível e ser a menos dura que se possa. Esse menor tempo deve ser medido pela necessária duração do processo e pelo direito de anterioridade do réu ao julgamento. O tempo de recolhimento ao cárcere só pode ser o estritamente indispensável quer para impedir a fuga, quer para que não sejam escondidas as provas do delito. O próprio processo deve ser concluído no mais breve espaço de tempo possível. Que contraste mais cruel existe do que a inércia de um juiz diante das angústias de um réu? O conforto e os prazeres do magistrado insensível, de um lado, e, de outro lado, as lágrimas, a desolação do preso? Em geral, o peso da pena e a consequência do delito devem ser mais eficazes para os outros e menos pesados para quem os sofre, pois não se pode chamar legítima sociedade àquela em que não vigore o princípio infalível segundo o qual os homens são voluntariamente sujeitos aos menores males possíveis.

Disse que a prontidão da pena é mais útil porque, quanto mais curta é a distância do tempo que se passa entre o *delito* e a *pena*, tanto mais forte e mais durável é, no espírito humano, a associação dessas duas ideias, *delito* e *pena*, de tal modo que, insensivelmente, se considera uma como causa e a outra como consequência, necessária e fatal. Está provado que a união das ideias é o cimento que sustenta toda a fábrica do intelecto humano, sem a qual o prazer e a dor seriam sentimentos isolados e sem efeito algum. Quanto mais os homens se afastam das ideias gerais e dos princípios universais, isto é, quanto mais eles são vulgares, tanto mais agem em função das associações imediatas e mais próximas, descuidando-se das mais remotas e complicadas. Estas servem apenas aos homens muito apaixonados pelo objeto que os atrai, pois a luz da atenção ilumina um só objeto, deixando os outros na escuridão. Servem, também, para as mentes mais elevadas, que adquiriram o hábito de examinar rapidamente muitos objetos de uma só vez, e têm a habilidade de contrapor uns aos outros muitos sentimentos parciais, de tal modo que o resultado, que é a ação, é menos perigoso e incerto.

Da mais alta importância, pois, é a proximidade entre o delito e a pena, se se quiser que, nas rudes e incultas mentes, o sedutor quadro de um delito vantajoso seja imediatamente seguido da ideia associada à pena. A longa demora só produz o efeito de dissociar cada vez mais essas duas ideias e, também, de causar uma impressão de que o castigo de um delito seja menos a de um castigo que a de um espetáculo, e isso só acontecerá após ter-se enfraquecido nos espectadores o horror de um certo delito em particular, que serviria para reforçar o sentimento da pena.

Outro princípio serve admiravelmente para restringir sempre mais a importante conexão entre a infração e a pena, a saber, que esta seja, o mais possível, adequada à natureza do delito. Tal analogia facilita admiravelmente o contraste que deve haver entre o impulso para o delito e a repercussão da pena, de tal modo que esta afaste e conduza o ânimo a um fim oposto àquele para o qual procura encaminhá-lo a sedutora ideia da infração da lei.

# Capítulo XX
## VIOLÊNCIAS

Alguns delitos são atentados contra a pessoa, outros contra os bens. Os primeiros devem infalivelmente ser punidos com penas corporais. Nem o poderoso, nem o rico deverão pôr a prêmio os atentados contra o fraco e o pobre. De outra forma, as riquezas que sob a tutela das leis são o prêmio da habilidade, tornar-se-iam o alimento da tirania. Não haverá liberdade sempre que as leis permitirem que, em certas circunstâncias, o homem deixe de ser *pessoa* e se torne *coisa*. Vereis, então, o poderoso concentrar toda sua habilidade para extrair da multiplicidade das combinações civis as que a lei dispõe a seu favor. Tal descoberta é o segredo mágico que transforma os cidadãos em bestas de carga, que, nas mãos do forte, é a corrente que inibe as ações dos incautos e dos fracos. Por esse motivo, em alguns governos que têm toda a aparência de liberdade, a tirania esconde-se ou infiltra-se, despercebida, em algum ângulo descuidado pelo legislador, ali tomando força e crescendo. Os homens erguem, na maioria dos casos, barreiras as mais sólidas à tirania declarada, mas não enxergam o inseto imperceptível que os devora, e abrem, ao rio inundador, caminho tanto mais seguro quanto mais oculto.

# Capítulo XXI
## PENAS APLICADAS AOS NOBRES

Quais serão, então, as penas aplicáveis aos delitos dos nobres, cujos privilégios formam grande parte das leis das nações? Não examinarei aqui se tal distinção hereditária entre nobres e plebeus é útil ao governo ou necessária à monarquia. Se for verdade que forme poder intermediário que limite os excessos dos dois extremos, ou se, antes, ela forma uma classe, escrava de si mesma e de outrem, que, como aquelas fecundas e amenas ilhotas que se destacam nos arenosos e vastos desertos da Arábia, limitaria toda circulação de crédito e de esperança a um círculo estreitíssimo. E, mesmo admitindo-se que a desigualdade fosse inevitável ou útil às sociedades, também é certo que ela deve consistir mais nas castas do que nos indivíduos, deve fechar-se, antes, numa única parte do que circular por todo o corpo político, e antes perpetuar-se do que nascer e destruir-se incessantemente. Restringir-me-ei às únicas penas aplicáveis a esta classe, afirmando que elas devem ser as mesmas para o primeiro e para o último dos cidadãos. Toda distinção, nas honrarias ou nas riquezas, para ser legítima supõe uma anterior igualdade, fundada nas leis, que consideram todos os súditos igualmente dependentes delas. Devemos admitir que os homens que renunciaram ao despotismo natural, tenham dito: que *o mais engenhoso tenha maiores honras e que sua fama resplandeça em seus sucessores; e quem é mais feliz ou mais honrado tenha maiores aspirações, mas não tema, menos que os outros, violar os acordos com os quais se elevou acima dos outros.* É verdade que tais decretos não emanaram de assembleias do gênero humano, mas existem nas relações imutáveis das coisas, e sem destruir aquelas vantagens que se supõem produzidas pela nobreza, impedindo-lhes os inconvenientes, tornando as leis poderosas e fechando toda estrada à impunidade. A quem disser que a pena aplicada ao nobre e ao plebeu não é realmente a mesma, em virtude da diversidade da educação e da infâmia que se esparge sobre uma ilustre família, responderei que a sensibilidade do réu não é a medida das penas, mas sim o dano público, tanto maior quanto é produzido pelo mais favorecido e que a igualdade das penas só pode ser extrínseca, diferindo realmente de pessoa a pessoa, em cada indivíduo, e a infâmia de uma família inocente pode ser apagada pelo soberano com demonstrações públicas de benevolência. E quem não sabe que sensíveis formalidades servem de razão ao povo crédulo e admirador?

## Capítulo XXII
## FURTOS

Furtos destituídos de violência deveriam ser punidos com pena pecuniária. Quem procura enriquecer a custa alheia deve ser privado dos próprios bens, mas como habitualmente esse é o delito da miséria e do desespero, o delito daquela parte infeliz de homens a quem o direito de propriedade (direito terrível e talvez desnecessário) não deixou senão uma existência de privações; mas como as penas pecuniárias aumentam o número dos réus mais do que o número dos delitos, pois que, ao tirar o pão dos criminosos, acabam tirando-o dos inocentes, a pena mais oportuna será então a única forma de escravidão que se pode chamar justa, ou seja, a escravidão temporária dos trabalhos e da pessoa a serviço da sociedade comum, para ressarci-la, com a própria e total dependência, do injusto despotismo exercido sobre o pacto social. Se, porém, o delito for seguido de violência, a pena deve ser igualmente um misto de pena corporal e servil. Outros escritores demonstraram, antes de mim, a evidente desordem que nasce da não distinção das penas dos furtos violentos das dos furtos dolosos, fazendo absurda equação entre uma alta soma em dinheiro e a vida de um homem, mas nunca é supérfluo repetir aquilo que quase nunca foi posto em prática. As máquinas políticas conservam mais do que quaisquer outras o ritmo que lhes foi impresso e são mais lentas em adquirir outro. Esses delitos são de diferente natureza, sendo incontestável, mesmo em política, o axioma da matemática pelo qual entre quantidades heterogêneas existe o infinito que as separa.

## Capítulo XXIII
## INFÂMIA

Injúrias pessoais e contrárias à honra, isto é, à certa porção de aprovação que o cidadão tem o direito de exigir dos outros, devem ser punidas com a infâmia. Infâmia é o sinal da pública desaprovação que priva o réu do aplauso coletivo, da confiança da pátria e daquela quase fraternidade que a sociedade inspira. Ela não está ao arbítrio da lei. É preciso, pois, que a infâmia da lei seja a mesma que nasce das relações entre as coisas, a mesma da moral universal ou da moral particular dependente dos sistemas particulares, legisladores das opiniões vulgares e da nação que a inspira. Se elas diferem umas das outras, ou a lei perde a veneração pública, ou as ideias da moral e da probidade se esvaem, em que pesem os protestos, que não resistem aos exemplos. Quem declara infames as ações, por si só indiferentes, diminui a infâmia das ações que são verdadeiramente tais. As penas de infâmia não devem ser nem muito frequentes, nem incidir sobre grande número de pessoas simultaneamente. No primeiro caso, os efeitos reais e por demais frequentes das coisas de opinião enfraquecem a força da própria opinião; no segundo caso, porque a infâmia de muitos acaba reduzindo-se à infâmia de nenhum.

As penas corporais e aflitivas não devem ser aplicadas aos delitos que, fundados no orgulho, retiram, da própria dor, glória e alimento. A tais delitos convém o ridículo e a infâmia, penas que freiam o orgulho dos fanáticos com o orgulho dos espectadores, e de cuja tenacidade a própria verdade só se liberta com lentos e obstinados esforços. Assim, opondo forças a forças e opiniões a opiniões, o sábio legislador anula a admiração e a surpresa despertadas no povo por um falso princípio, cuja absurda origem por suas bem deduzidas consequências costuma ser escondida do povo.

Eis o modo de não confundir as relações e a natureza invariável das coisas, a qual não sendo limitada no tempo, e operando incessantemente, confunde e destrói todos os limitados regulamentos que dela se afastam. Não apenas as artes do gosto e do prazer têm por princípio universal a imitação fiel da natureza, mas a própria política, ao menos a verdadeira e a durável, está sujeita a essa máxima geral, pois ela nada mais é do que a arte de melhor dirigir e de tornar cooperadores os sentimentos imutáveis dos homens.

## Capítulo XXIV
## OS OCIOSOS

Quem perturba a tranquilidade pública, quem não obedece às leis, isto é, às condições pelas quais os homens se toleram e se defendem reciprocamente, deve ser excluído da sociedade, ou seja, deve ser banido. Esta é a razão pela qual os sábios governos não admitem, no seio do trabalho e das atividades, esse tipo de ócio político que austeros denunciantes confundiram com o ócio das riquezas acumuladas pela atividade, ócio necessário e útil à medida que a sociedade se expande e a administração se retrai. Denomino de ócio político aquele que não contribui para a sociedade nem com o trabalho nem com a riqueza e ganha sem jamais perder, ócio venerado pelo povo com estúpida admiração e é considerado pelo sábio com desdenhosa compaixão de suas vítimas. Ocioso é aquele que, sem o estímulo da vida ativa, que é a necessidade de conservar ou de aumentar os confortos da vida, transfere às paixões de opinião, que não são as menos fortes, toda sua energia. Não é politicamente ocioso quem goza dos frutos dos vícios ou das virtudes dos antepassados, e que, em troca de prazeres atuais, garante pão e existência à pobreza trabalhadora, a qual trava, em época de paz, tácita guerra, velada, da atividade com a opulência, em vez de incerta e sanguinolenta guerra com a força.

Não a austera e limitada virtude de alguns censores, mas só as leis devem definir qual será o ócio que deve ser punido.

Parece que o banimento deveria ser aplicado àqueles que, acusados de atroz delito, tenham com grande probabilidade, mas não certeza, de ser julgados culpados. Para isso, porém, seria necessário um estatuto o menos arbitrário e o mais precioso possível, o qual condenasse ao banimento quem tivesse colocado a nação diante da fatal alternativa de temê-lo ou de ofendê-lo, deixando-lhe, entretanto, o sagrado direito de provar-lhe a inocência. Maiores deveriam ser os motivos contra o nacional do que contra o estrangeiro, contra o acusado pela primeira vez, do que contra quem o foi mais vezes.

# Capítulo XXV
## BANIMENTO E CONFISCO

Deverá, porém, aquele que é banido e excluído para sempre da sociedade da qual era membro ser privado dos bens? Esta questão é suscetível de diversos aspectos. A perda dos bens é pena maior que a do banimento. Deve, pois, haver casos em que, proporcionalmente ao delito, haja a perda de todos ou de parte dos bens, e outros casos em que não. A perda total ocorrerá quando o banimento, previsto em lei, determinar o rompimento de todos os laços entre a sociedade e o cidadão delinquente. Morre, então, o cidadão e permanece o homem, o que, com respeito ao corpo político, deverá produzir o mesmo efeito do que a morte natural. Dir-se-ia, pois, que os bens confiscados ao réu deveriam reverter, de preferência, para os legítimos sucessores mais do que para o príncipe, pois a morte e o banimento são o mesmo, relativamente ao corpo político.

Não é esse, porém, o pormenor que me leva a censurar o confisco dos bens. Se alguns já sustentaram que o confisco era o freio às vinganças e às prepotências privadas, não perceberam que, embora as penas produzam um bem, nem sempre são justas, pois, para serem justas, precisariam ser necessárias, e uma injustiça útil não pode ser tolerada pelo legislador que pretendesse fechar todas as portas à vigilante tirania, a qual seduz com um bem do momento e com a felicidade de alguns notáveis, desprezando o extermínio futuro e as lágrimas de muita gente obscura. O confisco coloca a prêmio a cabeça dos fracos e faz recair sobre o inocente a pena do culpado, deixando-o na desesperada necessidade de cometer delitos. Que espetáculo mais triste do que o da família arrastada à infâmia e à miséria pelos crimes do chefe, cujos atos, por causa da submissão imposta pelas leis, ela não poderia impedir mesmo que dispusesse dos meios de fazê-lo?

## Capítulo XXVI
## DO ESPÍRITO DE FAMÍLIA

Estas funestas e autorizadas injustiças foram aprovadas mesmo pelos homens mais esclarecidos e praticadas pelas repúblicas mais livres, por terem considerado a sociedade mais como união de famílias do que como união de homens. Imaginemos cem mil pessoas, isto é, vinte mil famílias de cinco pessoas cada uma, incluindo o chefe que a representa. Se a associação for de famílias, haverá vinte mil pessoas livres e oitenta mil escravos. Se a associação for de pessoas, haverá cem mil cidadãos e nenhum escravo. No primeiro caso, haverá uma república e vinte mil pequenas monarquias que a compõem e, no segundo caso, o espírito republicano não soprará apenas nas praças ou nas assembleias das nações, mas também entre as paredes domésticas, onde reside grande parte da felicidade ou da miséria dos homens. No primeiro caso, como as leis e costumes são o efeito dos sentimentos habituais dos membros da república, ou seja, dos chefes de família, o espírito monárquico introduzir-se-á paulatinamente na própria república e seus efeitos só serão evitados pelos interesses opostos de cada um, mas não pelo sopro do sentimento de liberdade e igualdade. O espírito de família é um espírito de detalhes, circunscrito a pequenos fatos. O espírito regulador das repúblicas, senhor dos princípios gerais, vê os erros e os condensa nas classes principais e importantes para o bem da maior parte. Na república de famílias, os filhos permanecem sob o pátrio poder do chefe, enquanto este vive, e são obrigados a esperar-lhe a morte para ter existência que dependa somente das leis. Acostumados a submeter-se e a temer, na idade mais verde e vigorosa, quando os sentimentos são menos modificados por aquele temor de esperança, denominado moderação, como resistirão eles aos obstáculos que o vício sempre opõe à virtude na lânguida e cadente idade, na qual também a desesperança de ver-lhes os frutos se opõe a vigorosas mudanças?

Quando a república é de homens, a família não é subordinação de comando, mas de contrato, e os filhos, quando a idade os liberta da dependência natural, que é a da fraqueza e da necessidade de educação e de proteção, se tornam livres membros da cidade, sujeitando-se ao chefe da família, na medida em que participam das mesmas vantagens, como os homens livres na grande sociedade. No primeiro caso, os filhos, ou seja, a parte maior e a mais útil da nação, são entregues à discrição dos pais. No segundo caso, não subsiste nenhum outro laço obrigatório, a não ser o sagrado e inviolável dever de prestar, reciprocamente, a assistência recíproca, e da gratidão pelos benefícios recebidos, o que não é tão destruído pela malícia do coração quanto pela mal compreendida sujeição imposta pelas leis.

Essas contradições entre as *leis de família* e as *leis fundamentais da república* são fecunda fonte de outras contradições entre a moral privada e a moral pública e, por isso, geram perpétuo conflito no coração dos homens. A primeira inspira sujeição e temor; a segunda, coragem e liberdade. A primeira ensina a limitar a benevolência a pequeno número de pessoas que não foram escolhidas; a segunda, a estendê-la a toda classe de homens, mas esta ordena o contínuo sacrifício de si a um ídolo vão, chamado *bem de família* que, muitas vezes, não é *bem* de nenhum dos que a compõem. Esta ensina a servir o próprio interesse sem lesar as leis, ou estimula a imolar-se pela pátria com o prêmio do fanatismo que precede a ação. Tais contrastes levam os homens a desdenhar o caminho da virtude, considerando-o emaranhado e confuso, porque nasce da obscuridade dos objetos tanto físicos quanto morais. Quantas vezes o homem, voltando-se para ações passadas, não se terá surpreendido com a própria desonestidade? À medida que a sociedade cresce, cada um dos seus membros se torna parte menor do todo e o sentimento republicano diminui na mesma proporção, se as leis não tratarem de reforçá-lo. As sociedades, como o corpo humano, têm limites circunscritos e, crescendo elas para além desses limites, a economia perturba-se necessariamente. Parece que a massa de um Estado deve estar na razão inversa da sensibilidade de quem o compõe, pois, do contrário, crescendo uma e outra, as boas leis, ao prevenirem os delitos, encontrariam um obstáculo no próprio bem que produziram. Uma república, muito vasta, somente se salva do despotismo, subdividindo-se e unindo-se em diversas repúblicas federativas. Mas como fazê-lo? Com um ditador despótico que tenha a coragem de um Sila[1] e tanto gênio para edificar quanto Sila teve para destruir. Se tal homem for ambicioso, a glória de todos os séculos o esperará; se for filósofo, as bênçãos de seus cidadãos o consolarão da perda de autoridade, a menos que ele se torne indiferente a essa ingratidão. À medida que os sentimentos que nos unem à nação se enfraquecem, adquirem força os sentimentos para com os objetos circunstantes. Por isso, é sob o despotismo mais forte que as amizades são mais duráveis, e as virtudes de famílias, sempre medíocres, se tornam mais comuns, senão as únicas. Disto pode cada um ver quão limitadas são as vistas da maior parte dos legisladores.

---

1. Ditador romano, nascido em 136 a.C. Companheiro e, depois, êmulo de Mário, cônsul em 88, vencedor de Mitridates, chefe do partido aristocrático e depois tirano de Roma, e de toda Itália. Exilou os adversários, reformou a Constituição romana, favoreceu o Senado e adquiriu enorme influência. Renuncia inesperadamente, morrendo no ano seguinte (80 a. C.).

## Capítulo XXVII
## BRANDURA DAS PENAS

O curso, porém, das minhas ideias desviou-me do tema que devo, agora, apressar a esclarecer. Um dos maiores freios dos delitos não é a crueldade das penas, mas sua infalibilidade e, como consequência, a vigilância dos magistrados e a severidade de um juiz inexorável que, para ser uma virtude útil, deve ser acompanhada de uma legislação branda. A certeza de um castigo, mesmo moderado, sempre causará mais intensa impressão do que o temor de outro mais severo, unido à esperança da impunidade, pois, os males, mesmo os menores, quando certos, sempre surpreendem os espíritos humanos, enquanto a esperança, dom celestial que frequentemente tudo supre em nós, afasta a ideia de males piores, principalmente quando a impunidade, outorgada muitas vezes pela avareza e pela fraqueza, fortalece-lhe a força. A própria atrocidade da pena faz com que tentemos evitá-la com audácia tanto maior quanto maior é o mal e leva a cometer mais delitos para escapar à pena de um só. Os países e as épocas em que os suplícios mais atrozes foram sempre os das ações mais sanguinárias e desumanas, pois o mesmo espírito de crueldade que guiava a mão do legislador regia a do parricida e a do sicário. Do trono, ditava leis férreas a ânimos torturados de escravos, que obedeciam. Na íntima escuridão, estimulava a imolação para criar outros novos.

À medida que as torturas se tornam mais cruéis, o espírito humano que, como os fluidos, se nivela sempre com os objetos circunstantes, endurecem, e a força sempre viva das paixões faz com que, após cem anos de cruéis suplícios, a roda cause tanto temor quanto antes a prisão causava. Para que a pena produza efeito, basta que o mal que ela inflige exceda o bem que nasce do delito e, nesse excesso de mal, deve ser calculada a infalibilidade da pena e a perda do bem que o crime deveria produzir. O resto é supérfluo e, portanto, tirânico. Os homens regulam-se pela repetida ação dos males que conhecem e não pela dos que ignoram. Consideremos duas nações, numa das quais, na escala das penas proporcional à escala dos delitos, a pena maior seja a escravidão perpétua e, na outra, a roda. Sustento que a primeira terá tanto temor de sua maior quanto a segunda, e, se houvesse razão para transferir-se para a primeira às penas maiores da segunda, a mesma razão serviria para aumentar as penas desta última, passando insensivelmente da roda para os tormentos mais lentos e requintados, até os últimos refinamentos da ciência mais conhecida dos tiranos.

Duas outras danosas consequências derivam da crueldade das penas, contrárias ao próprio fim de prevenir os delitos. A primeira é que não é tão fácil preservar a proporção essencial entre delito e pena, porque, embora uma engenhosa crueldade tenha contribuído para fazer variar grandemente suas espécies, a pena, não pode, ainda assim, ultrapassar a última força a que estão limitadas a organização e a sensibilidade humana. Alcançado esse extremo, não se encontrariam penas maiores correspondentes aos delitos mais danosos e atrozes, o que seria oportuno para preveni-los. Outra consequência é que a própria impunidade nasce da atrocidade dos suplícios. Os homens estão circunscritos a certos limites, tanto no que se refere ao bem quanto no que se refere ao mal, e um espetáculo muito atroz para a humanidade só pode constituir um ódio passageiro, nunca, porém, sistema constante, como devem ser as leis, pois, se estas realmente fossem cruéis, ou seriam alteradas ou, então, fatalmente dariam nascimento à impunidade.

Quem, ao ler a história, não se horripila diante dos bárbaros e inúteis tormentos, friamente criados e executados, por homens que se diziam sábios? Quem não estremecerá, até em sua célula mais sensível, ao ver milhares de infelizes que a miséria, provocada ou tolerada por leis que sempre favoreceram a minoria e prejudicaram a maioria, forçou a desesperado regresso ao primitivo estado da natureza, ou acusados de delitos impossíveis, criados pela tímida ignorância, ou réus julgados culpados apenas pela fidelidade aos próprios princípios, esses infelizes acabam mutilados por lentas torturas e premeditadas formalidades, oriundas de homens dotados dos mesmos sentimentos e, por conseguinte, das mesmas paixões, em alegre espetáculo para a fanática multidão?

# Capítulo XXVIII
# DA PENA DE MORTE

A inútil quantidade de suplícios, que nunca tornou os homens melhores, levou-me a indagar se a morte é verdadeiramente útil e justa, em governo bem organizado. Qual poderá ser o direito que o homem tem de matar seu semelhante? Certamente não é o mesmo direito do qual resultam a soberania e as leis. Estas nada mais são do que a soma de pequeninas porções da liberdade particular de cada um, representando a vontade geral, soma das vontades individuais. Que homem, porém, outorgará a outro homem o arbítrio de matá-lo? Como poderá haver, no menor sacrifício da liberdade de cada um, o sacrifício do bem maior de todos os bens, que é a vida? Se assim fosse, como se harmonizaria tal princípio com o de que o homem não tem o direito de matar-se? Não deveria porventura ter ele esse mesmo direito, se resolveu outorgá-lo a outrem ou a toda a sociedade?

A *pena de morte* não é, portanto, um *direito*, já que demonstrei que isso não ocorre, mas é a guerra da nação contra o cidadão, que ela julga útil ou necessário matar. Se, no entanto, eu demonstrar que a morte não é útil nem necessária, terei vencido a causa da humanidade. A morte de um cidadão não pode crer-se necessária a não ser por dois motivos: o primeiro, quando, também privado da liberdade, ele tenha ainda relações e poder tais que possam afetar a segurança da nação; o segundo, quando sua existência possa produzir perigosa revolução para a forma de governo estabelecida. A morte do cidadão torna-se assim necessária, quando a nação recupera ou perde a liberdade, ou, em época de anarquia, quando as próprias desordens tomam o lugar das leis, mas, sob o reinado tranquilo das leis, sob forma de governo que reúna os votos da nação, bem amparada externa e internamente pela força e pela opinião, talvez mais eficaz que a própria força, onde o comando só é exercido pelo próprio soberano e onde as riquezas compram prazeres, e não autoridade, não vejo nenhuma necessidade de destruir o cidadão, a não ser que tal morte fosse o único e verdadeiro meio capaz de impedir que outros cometessem crimes, razão suficiente que tornaria justa e necessária a pena de morte.

Ainda que a experiência de todos os séculos, em que o último dos castigos tivesse refreado os homens decididos a ofender a sociedade, ainda que o exemplo dos cidadãos romanos e vinte anos de reinado da imperatriz Isabel de Moscou,[1] ao

---

1. Isabel Petrovna (1709-1762), Isabel de Moscou, ou da Rússia, filha de Pedro, o Grande e de Catarina Primeira (1684-1727), que subiu ao trono em 1741.

longo dos quais ela deu, aos ancestrais dos povos, ilustre exemplo, que equivale a pelo menos muitas conquistas adquiridas com o sangue dos filhos da pátria, não convencessem os homens, para quem a linguagem da razão é sempre suspeita, porém é eficaz a da autoridade, bastaria consultar a natureza do homem para perceber a verdade da minha assertiva.

Não é o grau intenso da pena que produz maior impressão sobre o espírito humano, mas sim sua extensão, pois a sensibilidade humana é mais facilmente e mais constantemente afetada por impressões mínimas, porém renovadas, do que por abalo intenso, mas efêmero. A força do hábito é universal, em cada ser sensível, e, assim como o homem fala, anda e provê às próprias necessidades por seu intermédio, assim também as ideias morais só se imprimem na mente por impressões duráveis e repetidas. Não é o terrível, mas passageiro, espetáculo da morte de um criminoso, mas sim o longo e sofrido exemplo de um homem, privado da liberdade, e que, convertido em animal recompensa com a fadiga a sociedade que ofendeu, é que constitui o freio mais forte contra os delitos. A repetição para si mesmo, eficaz por seu insistente refrão, *eu mesmo serei reduzido a longa e mísera condição, se cometer semelhantes delitos*, é muito mais forte do que a ideia da morte, que os homens veem numa obscura distância.

A pena de morte causa tal impressão que, embora forte, não suprime o rápido esquecimento, que é pertinente ao homem, mesmo nas coisas essenciais, acelerados pelas paixões. Regra geral, as paixões violentas surpreendem os homens, mas não por muito tempo; e, embora sejam elas aptas a fazer as revoluções que de homens comuns fazem persas ou lacedemônios, e livre e tranquilo governo, as impressões devem ser mais frequentes do que fortes.

A pena de morte torna-se espetáculo para a maioria e objeto misto de compaixão e desdém para poucos. Ambos os sentimentos ocupam mais o espírito dos espectadores do que o salutar terror que a lei pretende inspirar, mas, nas penas moderadas e contínuas, o sentimento predominante é o último, porque único. O limite, que o legislador deveria fixar para o rigor das penas, parece residir no sentimento de compaixão, quando este começa a prevalecer sobre qualquer outro, no ânimo dos espectadores de um castigo, reservado mais para eles do que para o próprio réu.

Para que a pena seja justa, só deve ter os indispensáveis graus de intensidade suficientes para afastar os homens dos delitos; ora não há ninguém que, refletindo a respeito, possa escolher a total e perpétua perda da liberdade, por mais vantajoso que o delito possa ser. Assim, a intensidade da pena de escravidão perpétua, substituindo a pena de morte, contém o suficiente para dissuadir o espírito mais determinado. Acrescento mais: muitíssimos homens encaram a morte com o semblante tranquilo e firme, alguns por fanatismo, outros por aquela vaidade que quase sempre acompanha o homem depois da morte. Outros, ainda, na última e desesperada tentativa de não viver ou de sair da miséria, mas, nem o fanatismo nem a vaidade subsistem entre cepos e cadeias, sob o bastão ou sob o jugo. Atrás de gaiolas de ferro, o desesperado não põe fim a seus males, mas apenas os começa. Nosso espírito resiste mais à violência e às dores extremas, mas passageiras, do que ao tempo e ao incessante tédio, porque, concentrado, em si mesmo, por um instante, o espírito pode repelir as primeiras, mas sua vigorosa elasticidade não basta para resistir à longa e repetida ação dos últimos. Com a pena de morte, cada exemplo, dado ao país, supõe um delito. Na pena de escravidão perpétua, um único delito oferece muitíssimos e duráveis exemplos, e, se é importante que os homens vejam sempre o poder das leis, a pena de morte não deve ser muito distante entre si. Por isso, elas supõem a frequência dos delitos. Portanto, para que este suplício seja útil, é preciso que não produza, nos homens, a impressão que deveria causar, isto é, que seja útil e inútil ao mesmo tempo. Se alguém disser que a escravidão perpétua é tão dolorosa quanto a pena de morte, e, portanto, igualmente cruel, responderei que, somados todos os momentos infelizes da escravidão, ela talvez o será mais, mas esses momentos são espalhados pela vida toda, enquanto a morte concentra toda a força num só momento. E é esta a vantagem da pena de escravidão, que intimida mais quem a vê do que quem a sofre, porque o primeiro analisa a soma de todos os momentos infelizes, enquanto o segundo se abstrai da infelicidade futura pela infelicidade presente. Todos os males aumentam na mente e quem sofre acha recurso e consolo desconhecidos, jamais imaginados pelos espectadores, que substituem a própria sensibilidade pelo espírito acostumado do infeliz.

O ladrão ou o assassino, cujo único contrapeso para não violar as leis seja a forca ou a roda, raciocina mais ou menos do seguinte modo (sei que desenvolver os sentimentos do próprio espírito é arte que se aprende com a educação, mas se o ladrão não souber expressar com propriedade seus princípios, nem por isso deixará ele de atuar): *Que leis são essas que devo respeitar e que põem tão grande distância entre minha pessoa e a do rico? Ele me nega o centavo que lhe peço e se desculpa, mandando-me trabalhar, fazendo o que ele mesmo não sabe fazer. Quem fez essas leis? Homens ricos e poderosos, que nunca se propuseram a visitar os míseros casebres do pobre, que nunca precisaram repartir o pão amanhecido entre os gritos inocentes dos filhos famintos e as lágrimas da mulher. Quebremos estes laços fatais à maioria e úteis a uns poucos tiranos preguiçosos. Ataquemos a injustiça na fonte. Voltarei ao meu estado de independência natural, viverei livre e feliz por algum tempo com os frutos da minha coragem e do meu trabalho. Talvez chegue o dia da dor e do arrependimento, mas esse tempo será breve, e terei um dia de privação, ao invés de muitos anos de liberdade e de prazeres. Rei de pequeno número, corrigirei os erros do destino, e verei os tiranos empalidecerem e tremerem diante daqueles que os preteriram, com fausto ultrajante, e que eles colocaram abaixo de seus cavalos e cães.* A religião, nesse caso, sobe à cabeça do criminoso que abusa de tudo e, apresentando-lhe fácil arrependimento e quase certa felicidade eterna, minimizará sensivelmente o horror dessa última tragédia.

Aquele, porém, que vê, diante dos olhos, longos anos, ou mesmo o curso de toda uma vida que passaria na escravidão e na dor, exposto ao olhar dos concidadãos, com quem convivia livre e socialmente, escravo das mesmas leis que o protegiam, fará inútil comparação de tudo com a incerteza do êxito de seus crimes, cujos frutos gozará por breve tempo. O exemplo contínuo dos que ele contempla atualmente, vítimas da própria imprevidência, causa-lhe impressão muito mais forte do que o espetáculo do suplício que o embrutece mais do que o corrige.

A pena de morte também não é útil pelo exemplo de crueldade que oferece ao homem. Se as paixões ou as necessidades da guerra o ensinaram a derramar o sangue humano, as leis moderadoras da conduta do homem não deveriam aumentar jamais o feroz exemplo, tanto mais funesto quanto mais a morte jurídica é ministrada com estudo e com formalidade. Parece absurdo que as leis, expressão da vontade pública, que repelem e punem o homicídio, o cometam elas mesmas e que, para dissuadir os cidadãos do assassinato, ordenem o homicídio público. Quais são as verdadeiras e mais úteis leis? São todos os pactos e todas as condições que os homens desejariam propor e observar, enquanto a voz sempre presente do interesse privado se cala ou se funde com a do interesse público. Quais são as opiniões de cada um sobre a pena de morte? Elas manifestam-se nos atos de indignação e de desprezo de cada um ao avistar o carrasco, que é, no entanto, mero e inocente executor da vontade pública, bom cidadão que contribui para o bem coletivo, instrumento necessário à segurança pública interna, como os valorosos soldados o são para a segurança externa. Qual é, pois, a origem dessa contradição? E por que esse sentimento, a despeito da razão, é indelével nos homens? É que, no fundo de seus corações, onde mais se preserva a forma original da velha natureza, os homens sempre acreditaram que sua vida não podia estar em poder de ninguém, a não ser da necessidade, que rege o universo com mão de ferro.

Que devem pensar os homens ao ver os sábios magistrados e os graves sacerdotes da justiça, que com indiferente tranquilidade e aparato vagaroso conduzem o réu à morte? Enquanto o miserável se debate, em sua derradeira angústia, à espera do golpe de misericórdia, continua o juiz, com insensível frieza, e, quem sabe, com secreta complacência pela própria autoridade, a degustar o conforto e os prazeres da vida. *Essas leis, dirão os homens, nada mais são do que pretextos da força e as formalidades cruéis e meditadas da justiça não passam de linguagem convencional para imolar-nos com maior segurança, como vítimas imoladas, em sacrifício, ao ídolo insaciável do despotismo.*

*Vemos praticar sem repugnância e sem furor o homicídio, que nos é apontado como um crime terrível. Aproveitemos este exemplo! Nas descrições que nos faziam da morte, nós a víamos violenta como uma cena terrível. Vemo-la agora como questão de um momento. E menos ainda ela será para aquele que, não lhe estando à espera, se vê poupado de tudo o que ela tem de doloroso!* Tais são os funestos paralogismos que, se não com clareza, confusamente pelo menos, tornam os homens propensos aos delitos, nos quais, como vimos, o abuso da religião pode mais do que a própria religião.

Se me refutarem, invocando os exemplos de quase todos os séculos e de quase todas as nações que aplicaram a pena de morte a certos crimes, responderei que esse exemplo se anula diante da verdade, contra a qual não corre a prescrição; que a história da humanidade nos dá a ideia de imenso oceano de erros, do qual emergem, a grandes intervalos, algumas poucas verdades confusas. Sacrifícios humanos eram comuns em quase todas as nações, mas quem ousará desculpá-los? O fato de que algumas sociedades tenham abolido por pouco tempo a pena de morte, mais me favorece do que me desabona, porque o destino das grandes verdades é o de não durar mais do que um relâmpago, em comparação com a longa e tenebrosa noite que envolve os homens. Ainda não chegou a época afortunada em que a verdade, como o erro até agora, pertencerá à maioria. Dessa lei universal só se subtraíram até agora as grandes verdades que a Sabedoria infinita quis separar das outras por meio da Revelação.

A palavra do filósofo é muito débil contra os tumultos e os gritos dos que são guiados pelos cegos costumes, mas os poucos sábios que estão espalhados pela face da terra acompanharão a minha voz, no fundo de seus corações e, se a verdade pudesse alcançar o trono, entre os infinitos entraves que a afastam do monarca, malgrado seu, saiba ele que ela trouxe consigo os votos secretos de todos os homens. Saiba ele que se calará na sua presença a fama sangrenta dos conquistadores e que a justa posteridade lhe reservará o primeiro lugar entre os pacíficos troféus dos Titos,[2] dos Antoninos[3] e dos Trajanos.[4]

Feliz a humanidade se, pela primeira vez, lhe forem ditadas leis, agora que, repostos nos tronos da Europa monarcas benfeitores, cujo aumento de autoridade das pacíficas virtudes, das ciências e das artes, pais de seus povos, cidadãos coroados, cujo aumento de autoridade forma a felicidade dos súditos, porque corta o intermediário despotismo, mais cruel, porque menos seguro, do qual vinham sufocados os votos sempre sinceros do povo e sempre gratos quando podem unir-se ao trono! Digo que se esses monarcas deixam subsistir as leis antigas, isto nasce da infinita dificuldade de expurgar dos erros a veneranda ferrugem de muitos séculos, e isto é motivo para os cidadãos esclarecidos desejarem, com maior entusiasmo, o contínuo crescimento de sua autoridade.

---

2. Tito, filho de Vespasiano, imperador romano de 76 a 81, cognominado as delícias do gênero humano, por causa dos grandes benefícios feitos ao povo. "Perdi meu dia" (*Diem perdidi*) tinha o hábito de dizer, quando passava um dia sem que tivesse tido ocasião de praticar alguma boa ação.
3. Antonino, o Piedoso ou o Pio, foi um dos sete imperadores romanos (Nerva, Trajano, Adriano, Antonino, Marco Aurélio, Vero e Cômodo), que reinaram de 96 a 192, caracterizando-se seu governo, de 138 a 161, por notável espírito de moderação e de justiça.
4. Trajano, um dos imperadores Antoninos, grande organizador, que reinou de 98 a 117 d.C.

## Capítulo XXIX
## DA PRISÃO

Erro não menos comum, porque contrário ao fim social, que é a opinião da própria segurança, é deixar ao magistrado, executor das leis, o alvedrio de prender o cidadão, de tirar a liberdade do inimigo sob frívolos pretextos e de deixar o amigo impune, mesmo havendo os mais fortes indícios de culpabilidade. Prisão é pena que, por necessidade, deve, diversamente de todas as outras, ser precedida da declaração do delito, mas este caráter distintivo não lhe tira o outro traço essencial, a saber, que somente a lei determine os casos em que o homem merece a pena. Assim, a lei apontará os indícios do delito que exige a guarda do réu, sujeitando-o a um interrogatório e a uma pena. O clamor público, a fuga, a confissão extrajudicial, o depoimento do companheiro do delito, as ameaças e a constante inimizade com o ofendido, o corpo de delito e indícios semelhantes são provas suficientes para prender o cidadão, mas tais provas devem ser enumeradas pela lei e não pelo juiz, cujos decretos são sempre opostos à liberdade política, quando não sejam proposições particulares de uma máxima geral, existente no código público. À medida que as penas forem moderadas, que a desolação e a fome forem eliminadas das prisões, que, enfim, a compaixão e a humanidade adentrarem as portas de ferro e prevalecerem sobre os inexoráveis e endurecidos ministros da justiça, as leis poderão contentar-se com indícios sempre mais fracos para a prisão. O homem acusado de delito, encarcerado e depois absolvido, não deveria trazer consigo nenhuma nota de infâmia. Quantos romanos acusados de delitos gravíssimos, e depois considerados inocentes, foram reverenciados pelo povo e honrados com magistraturas! Por que razão, pois, é tão diferente, em nossos dias, a absolvição de um inocente? É porque, no sistema penal de hoje, segundo a opinião dos homens, prevalece a ideia da força e da prepotência sobre a da justiça; porque se atiram, indistintamente, no mesmo cárcere, não só os acusados como os condenados, porque a prisão é mais lugar de suplício do que de custódia do réu e porque a força interna, tutora das leis, é separada da força externa, defensora do trono e da nação, quando deveriam estar unidas. Assim, a primeira, por causa do apoio comum das leis, seria combinada com a faculdade de julgar, sem depender de sua autoridade imediata, e a glória, que acompanha a pompa e o fausto de um corpo militar, tolheria a infâmia, a qual, como todos os sentimentos populares, está mais ligada ao modo do que à coisa, o que está provado por serem as prisões militares, na opinião comum, não tão infamantes como as forenses. Perduram ainda, no povo, nos costumes e nas leis, sempre atrasadas em mais de um século, de bondade em relação às luzes atuais de uma nação, as bárbaras impressões e as ferozes ideias dos nossos pais setentrionais caçadores.

Sustentaram alguns que, onde quer que se cometa o crime, isto é, a ação contrária às leis, possa ele ser punido, como se o caráter do súdito fosse indelével, sinônimo, ou, pior ainda, de escravo. Como se alguém pudesse ser súdito de um lugar e habitar em outro e suas ações pudessem, sem contradição, subordinar-se a dois soberanos e a dois códigos, muitas vezes contraditórios. Alguns creem igualmente que uma ação cruel, praticada, por exemplo, em Constantinopla, possa ser punida em Paris, pela abstrata razão de que quem ofende a humanidade merece ter toda a humanidade como inimiga, bem como a execração pública, como se os juízes vingadores o fossem da sensibilidade dos homens mais do que dos pactos que os ligam entre si. O lugar da pena é o lugar do delito, porque aí somente, e não em outro lugar, os homens são obrigados a ofender um particular para prevenir a ofensa pública. O criminoso que não tenha infringido os pactos de uma sociedade da qual não era membro, pode ser temido e, por isso, exilado e excluído pela força superior da sociedade, mas não punido com as formalidades das leis asseguradoras dos pactos desse país, nem por causa da malícia intrínseca de suas ações.

Costumam os réus de delitos mais leves serem punidos ou com a escuridão de uma prisão, ou serem enviados, como exemplo, a uma longínqua, e, portanto, quase inútil escravidão, a nações que não ofenderam. Se os homens, num momento, não se decidem a cometer os mais graves delitos, a pena pública, para uma grande infração, será considerada pela maioria como estranha e impossível de ocorrer, mas a pena pública de delitos mais leves, dos quais o espírito está mais próximo, causará sobre ele impressão que, desviando-lhe a atenção destes últimos, o afastará ainda mais dos delitos mais graves. Não devem as penas ser somente proporcionais entre si e aos delitos, em intensidade, apenas, mas também no modo de aplicação. Alguns eximem de pena o pequeno delito, quando o ofendido o perdoa, ato este conforme a benevolência, à humanidade, mas contrário ao bem público, como se o particular pudesse, dando o perdão, eliminar a necessidade do castigo, da mesma forma que pode renunciar ao ressarcimento da ofensa. O direito de mandar punir não é de um só, mas de todos os cidadãos ou do soberano. Ele pode renunciar somente à sua porção de direito, mas não anular a dos outros.

## Capítulo XXX
## PROCESSOS E PRESCRIÇÕES

Conhecidas as provas e calculada a certeza do crime, necessário é conceder ao réu tempo e meios convenientes para justificar-se, mas tempo bastante breve, que não prejudique a rapidez da pena, que, como vimos, é um dos principais freios dos delitos. Um mal entendido amor pela humanidade parece contrário a essa brevidade de tempo, mas qualquer dúvida desaparecerá se se refletir que os perigos para os inocentes crescem com os defeitos da legislação.

As leis, porém, devem fixar certo prazo de tempo, tanto para a defesa do réu como para as provas dos delitos, e o juiz se tornaria legislador se acaso decidisse sobre o tempo necessário para a prova do delito. Do mesmo modo, os crimes cruéis que permanecem longo tempo na lembrança dos homens, assim que provados, não merecem prescrição alguma em favor do réu, que se livra pela fuga. Nos delitos menores e obscuros, entretanto, a prescrição deve pôr fim à incerteza do cidadão quanto à sua sorte, pois a obscuridade, envolvendo por muito tempo os delitos, anula o exemplo da impunidade, deixando, entretanto, ao réu, a possibilidade de redimir-se. Basta-me aqui indicar esses princípios, pois só se pode fixar limite preciso para cada legislador, dadas as circunstâncias de uma dada sociedade. Acrescentarei somente que, provada a utilidade das penas moderadas duma nação, as leis que, proporcionalmente à gravidade dos delitos, reduzem ou acrescem seu tempo da prescrição, ou o prazo das provas, contando o encarceramento ou o exílio voluntário como integrante da pena, chegarão facilmente a estabelecer a classificação de poucas penas suaves para grande número de delitos.

Tais prazos, porém, não aumentarão, na mesma proporção da atrocidade dos delitos, uma vez que a probabilidade dos crimes está na razão inversa de sua crueldade. Será preciso, pois, reduzir o tempo de instrução e aumentar o da prescrição, o que parece contradizer minha afirmação anterior, isto é, que penas iguais possam ser aplicadas a delitos desiguais, contando como pena o tempo de prisão ou de prescrição, anteriores à sentença. Para explicar ao leitor minha ideia, distingo duas espécies de delitos: a primeira é a dos delitos atrozes, que começam pelo homicídio e que compreendem todos os ulteriores atos criminosos; a segunda é a dos delitos menores, distinção esta que tem fundamento na natureza humana. A segurança da própria vida é um direito natural, a segurança dos bens é um direito social. O número de motivos que impelem os homens além do natural sentimento de piedade é muito inferior ao número de motivos que, pela natural ambição de serem felizes, os induzem a violar o direito que não encontram em seus corações, mas sim nas convenções sociais. A maior diferença de probabilidades entre essas duas espécies de delitos exige que se regulem por princípios diferentes. Nos delitos mais graves, por serem mais raros, deve reduzir-se o tempo de instrução por causa da maior probabilidade de inocência do réu, devendo aumentar o prazo da prescrição, pois da sentença definitiva da inocência ou da culpabilidade de um homem depende o fim de sua ilusão de impunidade, cujos danos aumentam conforme a gravidade do delito. Nos delitos menores, porém, sendo menos provável a inocência do réu, deverá somar-se o tempo da instrução e, sendo menores os danos da impunidade, será menor o prazo da prescrição. Essa distinção dos delitos em duas espécies não seria admissível, se o risco da impunidade diminuísse na proporção da probabilidade do delito. Observe-se que o acusado, do qual não se provou nem a inocência nem a culpabilidade, embora absolvido por falta de provas, poderá sujeitar-se, pelo mesmo delito, a nova prisão e a novos interrogatórios, se surgirem novos indícios previstos em lei, enquanto não tenha decorrido o prazo de prescrição fixado para o crime. Esse, pelo menos, é o critério que creio oportuno para defender não somente a segurança como também a liberdade dos súditos, pois muito facilmente se pode favorecer uma com o prejuízo da outra, já que estes dois bens, que formam o inalienável e igual patrimônio de cada cidadão, não sejam protegidos e custodiados, o primeiro, pelo aberto ou mascarado despotismo, o outro pela turbulenta anarquia popular.

## Capítulo XXXI
## DELITOS DE PROVA DIFÍCIL

Em razão destes princípios, parecerá estranho, a quem não percebe que a razão quase nunca é a legisladora das nações, que os delitos mais cruéis ou os mais obscuros e quiméricos, isto é, aqueles cuja improbabilidade for maior, sejam provados pelas conjecturas e pelas provas mais frágeis e equívocas. Como se o interesse das leis e dos juízes não fosse o de buscar a verdade, mas o de provar o delito. Como se condenar o inocente não fosse perigo tanto maior quanto maior a probabilidade da inocência relativamente à do crime. Falta, na maioria dos homens, o vigor necessário tanto para os grandes delitos como para as grandes virtudes, razão pela qual me parece que ambas andam sempre juntas nas nações que se apoiam na atividade do governo e das paixões que conspiram contra o bem comum, do que no povo ou na constante excelência das leis. Nessas nações, as paixões enfraquecidas parecem mais inclinadas a manter do que a melhorar a forma de governo. Disto se infere consequência importante, a de que nem sempre numa nação a ocorrência de grandes delitos prova o seu declínio.

Há alguns delitos que são, ao mesmo tempo, frequentes na sociedade, e difíceis de serem provados, e, neles, a dificuldade da prova vale como a probabilidade da inocência, e sendo o dano da impunidade tanto menos apreciável quanto mais a frequência desses delitos depende de princípios diversos, do perigo da impunidade, a duração da instrução e o tempo da prescrição devem ser reduzidos igualmente. E, todavia, o adultério e a libidinagem grega,[1] delitos de difícil prova, são aqueles que, segundo os princípios admitidos, acolhem as presunções tirânicas, as *quase provas*, as *semiprovas* (como se se pudesse ser semi-inocente ou semiculpado, isto é, *semiabsolvível* ou *semipunível*), onde a tortura exerce cruel império sobre a pessoa do acusado, sobre as testemunhas e até mesmo sobre toda a família de um infeliz, como ensinam, com iníqua frieza, alguns doutores que indicam aos juízes a norma e a lei.

Adultério é crime que, considerado politicamente, encontra força e direção em duas razões: as leis variáveis dos homens e a fortíssima atração[2] que impele

---
1. Refere-se à sodomia.
2. "Esta atração se parece sob vários aspectos com a gravitação universal. A força dessas causas diminui com a distância. Se a gravitação modifica os movimentos dos corpos, a atração natural de um sexo para outro afeta todos os movimentos da alma, enquanto

um sexo para o outro; esta é semelhante, em muitos casos, à gravitação motriz do universo, porque, da mesma maneira, diminui com a distância; e, se uma modifica todos os movimentos dos corpos, a outra age sobre quase todos os movimentos do espírito, enquanto dura o seu período, diferindo no fato de que a força de gravidade se equilibra com os obstáculos que encontra, mas a atração entre os sexos geralmente adquire força e vigor com o crescimento dos próprios obstáculos.

Se eu tivesse que dissertar a nações ainda privadas da luz da religião, diria que há ainda considerável diferença entre este delito e os outros, porque este deriva do abuso de uma necessidade constante e universal a toda a humanidade, necessidade anterior e, aliás, fundadora da própria sociedade, onde os outros delitos destruidores dessa sociedade têm origem determinada mais em paixões momentâneas do que em necessidade natural. Para quem conhece a história e o homem, tal necessidade, em dado clima, parece ser igual a uma quantidade constante. Se isso fosse verdade, seriam inúteis e, aliás, perniciosas, as leis e os costumes que procurassem diminuir a soma total, pois seu efeito seria o de aumentar parte das necessidades próprias e alheias. Sábias seriam, ao contrário, as leis que, por assim dizer, seguindo a inclinação natural do plano, dividissem e distribuíssem a soma total em iguais e pequenas porções, capazes de impedir, uniformemente, por toda parte, as secas e as inundações. A fidelidade conjugal é sempre proporcional ao número e à liberdade dos casamentos. Onde estes obedecem a preconceitos hereditários, onde o poder do lar os combina e separa, a galanteria rompe secretamente esses laços, em prejuízo da moral vulgar que tem por função protestar contra os efeitos, perdoando as causas. Mas não há necessidade de tais reflexões para quem, vivendo na verdadeira religião, tem motivos mais nobres para corrigir a força dos efeitos naturais. Cometer tal delito é ação tão instantânea e misteriosa, tão coberta por aquele mesmo véu estendido pelas leis, véu necessário, mas frágil, que aumenta o valor da coisa em vez de reduzi-lo; as ocasiões são tão fáceis, as consequências tão equívocas, que está mais nas mãos do legislador preveni-lo do que corrigi-lo. Regra geral, em cada delito que, porventura, deva geralmente ficar impune, a pena torna-se um incentivo. É próprio de nossa imaginação que as dificuldades, se não são intransponíveis ou demasiado grandes, relativamente à preguiça da alma de cada homem, excitam mais vivamente a mente e engrandecem o objeto, pois elas são quase outras tantas barreiras impedindo o espírito errante e volúvel de abandonar tal objeto e, constrangendo-o a considerá-lo sob todos os aspectos, fazem-no mais fortemente se apegar ao lado agradável, ao qual mais naturalmente o nosso ânimo se atira, do que ao lado doloroso e funesto, do qual foge e se afasta.

---

durar a atividade. Essas causas diferem pelo fato de que a gravitação se equilibra com os obstáculos que encontra ao passo que a paixão do amor adquire, com os obstáculos, mais força e vigor." – Nota de Beccaria.

A antiga Vênus,[3] tão severamente punida pelas leis e tão facilmente submetida aos tormentos vencedores da inocência, fundamenta-se menos nas necessidades do homem isolado e livre do que nas paixões do homem sociável e escravo. Ela retira a força não tanto da saciedade dos prazeres do que da educação que começa por tornar os homens inúteis a si mesmos, para torná-los úteis aos outros, naqueles casos onde se condensa uma juventude ardente e onde, havendo diques intransponíveis para qualquer outro tipo de relacionamento, todo o vigor da natureza que se desenvolve é inutilmente consumido pela humanidade, e a velhice é antecipada.

O infanticídio[4] é, igualmente, efeito de inevitável contradição em que é colocada a mulher que, por fraqueza, ou por violência, tenha cedido. Quem se encontra entre a infâmia e a morte do ser, a quem essa infâmia não afeta como não preferirá tal morte à miséria infalível a que ela e o rebento infeliz ficariam expostos? Melhor maneira de prevenir tal delito seria a de proteger com leis eficazes a fraqueza contra a tirania, que exagera os vícios que não podem ser cobertos com o manto da virtude.

Não pretendo minimizar a justa aversão que estes crimes causam, mas, indicando-lhes as fontes, creio-me no direito de poder extrair daí uma consequência geral, a saber: que não se possa denominar precisamente de justa (o que quer dizer, necessária) a pena de um crime, até que a lei, em certas circunstâncias de uma nação, não tenha aplicado os melhores meios para preveni-lo.

---

3. Em outro texto está "ática Vênus" (homossexualismo).
4. Aborto.

## Capítulo XXXII
## SUICÍDIO

Suicídio é crime que parece não poder admitir pena, propriamente dita, pois ela só poderia incidir sobre inocentes, ou sobre o corpo frio e insensível. Se, neste último caso, a pena não há de impressionar os vivos mais do que o chicotear uma estátua, no primeiro caso, ela é injusta e tirânica, porque a liberdade política dos homens supõe necessariamente que as penas sejam estritamente pessoais. Os homens amam demasiado a vida e tudo o que os cerca confirma tal sentimento. A sedutora imagem do prazer e a esperança, dulcíssimo engano dos mortais, em nome da qual bebem eles a grande sorvos o mal, misturado com algumas gotas de contentamento, deleita-os muito para temer que a necessária impunidade do suicídio tenha alguma influência sobre os homens. Quem teme a dor obedece às leis, mas todas as fontes dessa dor se extinguem no corpo pela morte. Qual será, então, o motivo que poderá deter a mão desesperada do suicida? Aquele que se mata comete um mal menor à sociedade do que aquele que lhe atravessa para sempre as fronteiras, pois o primeiro deixa para trás todos os bens, mas o segundo se transfere com boa parte dos haveres. Assim, se a força da sociedade consiste no número dos cidadãos, aquele que renuncia à nação para entregar-se a uma nação vizinha causa dano duas vezes maior do que aquele que simplesmente renuncia à sociedade pela morte. A questão reduz-se, pois, a saber, se é útil ou nocivo à nação deixar a cada um de seus membros liberdade total para abandoná-la.

Não deverá ser promulgada nenhuma lei que não seja fortalecida[1] ou que a natureza das circunstâncias torne insubsistente e, assim, como a opinião dirige os ânimos, obedecendo às impressões lentas e indiretas do legislador e resiste às impressões diretas e violentas, assim também as leis inúteis, desprezadas pelos homens, comunicam seu aviltamento às leis mais salutares, que são resguardadas mais como óbice a ser superado do que como depósito do bem comum. Ora, se, como foi dito, nossos sentimentos são limitados, quanto maior for a veneração dos homens por objetos estranhos às leis, menor será a que sobrará para as próprias leis. Desse princípio, o sábio provedor da felicidade pública pode extrair algumas úteis consequências que, para serem expostas, muito me afastariam do meu assunto, que é o de provar a inutilidade de fazer do Estado uma prisão. Lei, nesse sentido, seria inútil, pois, a não ser que rochedos inacessíveis ou mar encapelado separem

---

1. "Legge armada", ou "fortalecida", é a "lei que comina pena".

os países uns dos outros, como fechar todos os pontos de suas fronteiras? Como vigiar os vigilantes? Quem tudo carrega consigo não pode ser punido após o fato. Desde que foi cometido, o delito não pode ser punido e puni-lo por antecipação seria punir a vontade dos homens e não as ações. Seria comandar a intenção, a parte mais livre do homem em relação ao império das leis humanas. Punir o ausente pelos bens que deixou, além de facilitar o inevitável conluio que não pode ser impedido sem tiranizar os contratos, paralisaria todo comércio de nação a nação. Punir o réu após sua volta, impedindo que ele reparasse o mal causado à sociedade, perpetuaria as ausências. A própria proibição de sair de um país aumenta, nos nacionais, o desejo de fazê-lo e é uma advertência aos estrangeiros que ingressem.

Que deveremos pensar do governo que não possui outro meio, a não ser o temor, para conservar os homens naturalmente vinculados ao solo pátrio pelas primeiras impressões da infância? A mais segura maneira de ligar os cidadãos à pátria é aumentar o bem-estar relativo de cada um. Assim como todo esforço deve ser feito para equilibrar a balança comercial a nosso favor, também é interesse supremo do soberano e da nação que o total de felicidade, comparado com o das outras nações, seja maior do que o de qualquer outra. Os prazeres do luxo[2] não são os principais elementos desta felicidade, embora, impedindo que a riqueza se acumulasse nas mãos de um só, sejam um remédio necessário à desigualdade que cresce com o progresso de uma nação. Quando as fronteiras de um país aumentam em proporção maior do que a sua população, o luxo favorece o despotismo, já que quanto menor for o número de homens tanto menor será a produção, e quanto menor for a produção tanto maior será a dependência da pobreza em relação ao fausto e mais difícil e menos temida a reunião dos oprimidos contra os opressores, pois as bajulações, os cargos, as distinções e a submissão, que tornam mais flagrante a distância entre o forte e o fraco, se obtêm mais facilmente de poucos do que de muitos, sendo os homens tanto mais independentes, quando menos vigiados, e menos vigiados, quando maior é seu número. Se a população de um país aumenta em proporção maior do que suas fronteiras, o luxo contrapõe-se ao despotismo, pois estimula o trabalho e a atividade dos homens, e a necessidade oferece prazeres e conforto em demasia ao rico, para que os da ostentação, que aumentam o sentimento de dependência, ocupem o lugar melhor. Pode-se, pois, observar que, nos Estados vastos, mas fracos e despovoados, a menos que outras razões não se ergam como obstáculo, o luxo de ostentação prevalece sobre o de conforto, mas nos Estados mais povoados do que vastos, porém, o luxo do conforto sempre reduz o da ostentação. O comércio e a circulação dos

---

2. "O comércio, a troca dos prazeres do luxo não deixa de ter inconvenientes. Tais prazeres são preparados por muitos agentes, mas partem de um pequeno número de mãos e irradiam a um pequeno número de homens. A maioria só raramente pode privá-los em pequena proporção. Eis porque o homem se lamenta da miséria, mas esse sentimento é apenas o efeito da comparação, nada tendo de real." – Nota de Beccaria.

prazeres do luxo[3] apresentam o seguinte inconveniente, qual seja, o que tudo que se faça por intermédio de muitos, começa, no entanto, com poucos e termina com poucos, e pouquíssimos são os que tiram proveito, o que não impede o sentimento da miséria, ocasionado mais pela comparação do que pela realidade. A segurança e a liberdade, limitadas unicamente pelas leis, são, porém, o que forma a base principal desta felicidade, com a qual os prazeres do luxo favorecem a população, e, sem elas, se tornam instrumento da tirania. Assim como os animais mais generosos e os pássaros mais livres se refugiam na solidão ou nos bosques inacessíveis, abandonando os férteis e ridentes campos ao homem insidioso, também os homens fogem dos próprios prazeres quando a tirania é que os oferece.

Está, pois, demonstrado que, se a lei que prende os súditos a seu país é inútil e injusta, também o será a lei que condena o suicídio. Por isso, embora seja culpa, que Deus pune, o único que pode punir após a morte, não é delito diante dos homens, pois a pena, em vez de incidir sobre o réu, incide sobre sua família. Se alguém me contestasse que tal pena pudesse, no entanto, impedir determinado homem a de suicidar-se, eu responderia que quem renuncia tranquilamente ao bem da vida, que odeia a existência, aqui, no mundo, a ponto de trocá-la por uma infeliz eternidade, não se comoverá decerto pela menos eficaz e mais distante consideração dos filhos ou dos pais.

---

3. "O comércio, a troca dos prazeres do luxo não deixa de ter inconvenientes. Tais prazeres são preparados por muitos agentes, mas partem de um pequeno número de mãos e irradiam a um pequeno número de homens. A maioria só raramente pode privá-los em pequena proporção. Eis porque o homem se lamenta da miséria, mas esse sentimento é apenas o efeito da comparação, nada tendo de real." – Nota de Beccaria.

# Capítulo XXXIII
## CONTRABANDO

Contrabando é um verdadeiro delito que prejudica o soberano e a nação, mas cuja pena não deve ser infamante, porque, cometido, não produz infâmia na opinião pública. Quem pune com penas infamantes crimes que não são reputados como tais pelos homens, abranda o sentimento de infâmia para os que o são. Quem pretenda a aplicação da própria pena de morte, por exemplo, para quem mata o faisão e para quem comete homicídio ou falsifica escrito relevante, não fará diferença alguma entre estes delitos, destruindo, assim, os sentimentos morais, obra de muitos séculos e de muito sangue, lentíssimos e difíceis de impressionar o espírito humano e para cujo nascimento se julgou necessária a ajuda dos mais sublimes motivos e de todo um aparato de graves formalidades.

Este crime nasce da própria lei, pois, aumentando o imposto alfandegário, aumenta sempre a vantagem e, portanto, a tentação de praticar o contrabando e a facilidade de cometê-lo aumenta com a extensão da fronteira a ser fiscalizada e com a diminuição do volume da própria mercadoria. A pena de perder não somente os bens contrabandeados como as coisas que os acompanham é justíssima, mas será tanto mais eficaz quanto menor for o imposto, porque os homens só se arriscam na proporção direta da vantagem que lhes propiciaria o feliz êxito do empreendimento.

Entretanto, como é que este delito jamais gera infâmia para o autor, sendo furto feito ao príncipe e, por conseguinte, à própria nação? Respondo que os danos que os homens acreditam não lhes devam ser feitos, não lhes interessam o suficiente para produzir a indignação pública contra os ofensores. Tal é o contrabando. Os homens sobre os quais as consequências remotas causam fraquíssimas impressões, não enxergam o dano que lhes pode causar o contrabando. Assim, muitas vezes, usufruem-lhe as vantagens presentes apresentadas por ele, não percebendo o prejuízo causado ao príncipe. Assim, não se interessam tanto em ficar privados de aprovação de quem pratica o contrabando quanto em punir aquele que comete o furto privado, falsifica documento e produz outros males que os possam atingir. Princípio evidente de que todo ser sensível só se interessa pelos males que conhece.

Dever-se-ia, porém, deixar sem castigo tal delito contra quem nada tem a perder? Não! Há contrabandos que interessam de tal forma à natureza do imposto, parte essencial e difícil da boa legislação, que esse delito merece severíssima pena, até prisão e escravidão, mas prisão e escravidão adequadas à natureza do delito. Por exemplo, a prisão do contrabandista de cigarro não deve ser a mesma que a do assassino ou a do ladrão, e os trabalhos do contrabandista ficam limitados ao trabalho e ao serviço do próprio Fisco, que ele quis fraudar, sendo os mais adequados à natureza da pena.

## Capítulo XXXIV
## DOS DEVEDORES

A boa-fé nos contratos e a segurança do comércio levam o legislador a assegurar aos credores as pessoas dos devedores falidos, mas julgo importante distinguir o falido doloso do falido inocente. O primeiro deveria ser punido com a mesma pena cominada aos falsários de moedas, pois falsificar peça de metal cunhado, penhor das obrigações do cidadão, não é crime maior do que o de falsificar as próprias obrigações, mas o falido inocente, aquele que, após rigoroso exame, prova diante do juiz que a malícia ou a desgraça alheia ou vicissitudes inevitáveis da humana prudência o despojaram dos bens, deverá ser atirado à prisão e privado do único e triste bem que lhe resta – a nua e crua liberdade? Por que deverá ele experimentar as angústias dos culpados e com o desespero de sua probidade oprimida arrepender-se, quem sabe, da tranquila inocência em que vivia sob a tutela das leis que não estava em seu poder poupar do dano? Leis ditadas pela avidez dos poderosos e suportadas pelos fracos graças à esperança que sempre reluz no ânimo humano, fazendo-nos acreditar que as vicissitudes adversas são para os outros e as vantajosas para nós? Abandonados a seus sentimentos, os mais óbvios, os homens amam as leis cruéis, embora sujeitos a elas. Seria do interesse de cada um que elas fossem moderadas, porque maior é o temor de ser ofendido do que a vontade de ofender. Retornando ao inocente falido, digo que se a obrigação dele há de ser inextinguível até o total pagamento, se não lhe for concedido subtrair-se a ela sem o consentimento das partes interessadas e de transferir para outra jurisdição sua atividade, a qual, por lei, deveria, ser empregada para tornar a colocá-lo em condições de pagar dívidas. Qual será, então, o pretexto legítimo, como a segurança do comércio ou a sagrada propriedade dos bens, que justifique a inútil privação da liberdade, exceto no caso raríssimo, aliás, em que, supondo-se um exame rigoroso, os males da escravidão ocasionassem a revelação dos segredos de um suposto falido inocente? Considero máxima legislativa aquela em que o valor dos inconvenientes políticos varia na razão direta do dano público e na razão inversa da improbabilidade de verificar--se. Poder-se-ia distinguir o dolo da culpa grave, a grave da leve, e esta da perfeita inocência, cominando à primeira as sanções previstas para o crime de falsificação, à segunda, penas menores com privação da liberdade, reservando à última a livre escolha dos meios para recuperar-se, negando à terceira a liberdade de fazê-lo, e outorgando aos credores a mesma liberdade. A distinção entre pena grave e pena leve, entretanto, deve ser estabelecida pela cega e imparcial lei e não pela arbitrária e perigosa prudência dos juízes. A fixação dos limites é assim tão necessária na política como na matemática, tanto na medida do bem comum como na medida das grandezas.

Com que facilidade o previdente legislador poderia impedir grande parte das falências fraudulentas e remediar as desgraças do inocente laborioso![1] O público e manifesto registro de todos os contratos, a liberdade de todos os cidadãos de consultar documentos bem ordenados, um banco público, formado por impostos sabiamente incidentes sobre o comércio feliz e destinado a socorrer, com somas convenientes, o infeliz e inocente comerciante, não teriam nenhum real inconveniente e poderiam trazer inúmeras vantagens, mas as fáceis, simples e grandes leis somente aguardam o aceno do legislador para disseminar, no seio da nação, o vigor e a robustez, leis essas que o recompensariam, de geração em geração, com hinos imortais de reconhecimento, são as menos conhecidas ou as menos desejadas. O espírito inquieto e mesquinho, a tímida prudência do momento presente, a circunspecta rigidez diante das notícias apoderam-se dos sentimentos de quem concatena a grande quantidade de ações dos pequenos mortais.

---

1. "Nas primeiras edições desta obra, eu mesmo cometi este erro. Ousei dizer que o falido de boa-fé deveria ser conservado como penhor da dívida contraída, reduzido ao estado de escravidão e obrigado a trabalhar por conta dos credores. Envergonho-me de ter escrito essas coisas cruéis. Acusaram-me de impiedade e de sedição, sem que eu fosse sedicioso ou ímpio. Ataquei os direitos da humanidade, e ninguém se levantou contra mim ..." – Nota de Beccaria.

# Capítulo XXXV
## ASILOS

Restam-me ainda duas questões para exame, uma, a de saber se o direito de asilo é justo, a outra, se o pacto da permuta recíproca de réus, a extradição, entre nações é útil ou não. Dentro dos limites de um país não deve haver lugar algum infenso às leis. A força da lei deve seguir o cidadão, como a sombra segue o corpo. A impunidade e a asilagem diferem só em grau, e, como a impressão da pena consiste mais na segurança de encontrá-la do que em sua força, os asilos mais convidam o homem ao delito do que as penas dele o afastam. Multiplicar asilos é criar outras tantas pequenas soberanias, porque onde as leis não vigoram, novas leis, opostas às comuns, podem formar-se e, portanto, com espírito contrário ao do corpo inteiro da sociedade. A história demonstra que dos asilos grandes revoluções saíram, nos Estados e nas opiniões dos homens, mas a utilidade ou não da permuta recíproca dos réus entre nações é questão que eu não ousaria resolver, enquanto leis mais adequadas às necessidades da humanidade, penas mais suaves e a extinção da dependência do arbítrio e da opinião não garantirem a segurança da inocência oprimida e da virtude detestada, enquanto a tirania não for totalmente limitada às vastas planícies da Ásia pela razão universal que une cada vez mais os interesses do trono aos dos súditos, e não obstante a convicção de não achar um só palmo de terra que perdoe os verdadeiros delitos pudessem ser meio eficacíssimo para preveni-los.

# Capítulo XXXVI
## DA RECOMPENSA

A outra questão refere-se à utilidade, ou não, de pôr a prêmio a cabeça de um homem, notoriamente réu, armando o braço de cada cidadão e fazendo dele um carrasco. Ou o réu está além das fronteiras, ou dentro delas. No primeiro caso, o soberano estimula os cidadãos a cometerem delitos e os expõem ao castigo, praticando assim injustiça e usurpação de soberania em território alheio, autorizando, assim, outras nações a agirem do mesmo modo. No segundo, ele exibe a própria fraqueza. Quem tem força para defender-se não procura comprá-la. Além disso, semelhante *edito* subverte todas as ideias de moral e de virtude que, ao menor sopro de vento, se desvanecem no espírito humano. As leis ora convidam à traição, ora a castigam. Por um lado, com uma mão o legislador estreita os laços de família, de parentesco, de amizade, e, por outro, com a outra, premia quem quebra esses laços, sempre contradizendo a si mesmo, ora convidando os ânimos desconfiados dos homens à confiança, ora espalhando a desconfiança em todos os corações. Ao invés de prevenir um delito, dá origem a outros cem. São estes os expedientes das nações fracas, cujas leis não passam de restaurações momentâneas de edifício em ruínas, que se está desmoronando. À medida que crescem as luzes de uma nação, a boa-fé e a confiança recíprocas tornam-se necessárias e cada vez mais tendem elas a confundir-se com a verdadeira política. Os artifícios, as cabalas, as estradas obscuras e indiretas são, no mais das vezes, previsíveis, e a sensibilidade de todos reduz a sensibilidade de cada um, em particular. Os próprios séculos de ignorância, nos quais a moral pública obrigava os homens a obedecerem à moral privada, servem de instrução e de experiência aos séculos esclarecidos, mas as leis que premiam a traição e suscitam uma guerra clandestina, espalhando a desconfiança recíproca entre os cidadãos, se opõem a esta tão necessária união da moral e da política, a qual os homens deveriam a felicidade, às nações a paz, e ao universo um mais longo período de tranquilidade e de repouso dos males pelos quais antes passaram.

# Capítulo XXXVII
## TENTATIVAS, CÚMPLICES E IMPUNIDADE

Não é porque as leis não castiguem a intenção, que o crime deixe de merecer pena, delito que comece com ação que revele o ânimo de cometê-lo, ainda que a pena seja menor do que a aplicável à própria prática do delito. A importância de prevenir a tentativa autoriza a pena, mas, assim como pode haver intervalo entre tentativa e execução, reservar pena maior ao delito consumado pode ocasionar o arrependimento. Diga-se o mesmo quando houver vários cúmplices do delito, e não todos eles executores imediatos, mas por diferentes motivos. Quando vários homens se unem num risco, quanto maior for esse risco tanto mais eles procuram torná-lo igual para todos. Será, pois, mais difícil achar quem se contente com o papel de executor do delito, correndo maior risco do que os outros cúmplices. A única exceção seria a da hipótese em que fosse prometido prêmio ao executor, caso em que, tendo ele, então, recompensa pelo risco maior, a pena deveria ser igual. Tais reflexões parecerão demasiadamente metafísicas a quem não meditar quão útil seria que as leis propiciassem menos razões de acordo possível entre os cúmplices de um delito.

Alguns tribunais oferecem a impunidade ao cúmplice de grave delito que delatasse os companheiros. Tal expediente tem inconvenientes e vantagens. Os inconvenientes são que a nação estaria autorizando a delação, detestável mesmo entre criminosos, porque são menos fatais a uma nação os delitos de coragem que os de vilania: porque o primeiro não é frequente, já que só espera uma força benéfica e motriz que o faça conspirar contra o bem público, enquanto que a segunda é mais comum e contagiosa, e sempre se concentra mais em si mesma. Além disso, o tribunal mostra a própria incerteza, a fraqueza da lei, que implora ajuda de quem a infringe. As vantagens consistem na prevenção dos delitos relevantes, que, por terem efeitos evidentes e autores ocultos, atemorizam o povo. Além disso, contribui para mostrar que quem não tem fé nas leis, isto é, no poder público, é provável que também não confie no particular. Parece-me que lei geral, que prometesse impunidade ao cúmplice delator de qualquer delito, seria preferível a uma declaração especial em caso particular, porque assim preveniria as uniões pelo temor recíproco que cada cúmplice teria de expor-se e o tribunal não tornaria audaciosos os criminosos chamados a prestar socorro num caso particular. Tal lei, portanto, deveria unir a impunidade ao banimento do delator. Atormento-me, em vão, para destruir o remorso que sinto, autorizando as leis sacrossantas, monumento da confiança pública, base da moral humana, à traição e à dissimulação. Além disso, que exemplo haveria para a nação se negasse a impunidade prometida e, por meio de doutas cavilações, arrastasse ao suplício, a despeito da fé pública, quem aceitou o convite das leis? Não são raros tais exemplos nas nações e, por isso, não são poucos os que só concebem a nação como máquina complicada, cujo mecanismo é movido pelo mais hábil e poderoso, à vontade. Frios e insensíveis a tudo que forma a delícia das almas ternas e sublimes, eles excitam com imperturbável sagacidade os sentimentos mais caros e as paixões mais violentas, tão logo percebam que elas lhes são úteis aos desígnios, tocando os ânimos assim como os músicos tocam os instrumentos.

## Capítulo XXXVIII
## INTERROGATÓRIOS SUGESTIVOS E DEPOIMENTOS

Nossas leis proscrevem, no processo, os interrogatórios denominados *sugestivos*, isto é, aqueles que, segundo os doutos, indagam sobre a *espécie*, e não, como deveriam, sobre o *gênero*, nas circunstâncias de um delito, a saber, os interrogatórios que, tendo imediata conexão com o delito, *sugerem* ao réu imediata resposta. Os interrogatórios, segundo os penalistas, devem, por assim dizer, envolver o fato como uma espiral, sem jamais alcançá-lo por via direta. Os motivos deste método são ou não *sugerir* ao réu réplica que o ponha a salvo da acusação, ou talvez porque parece contrário à própria natureza que o réu se acuse imediatamente por si só. Seja qualquer destes dois motivos, frisante é a contradição das leis que, junto com essa prática, autorizam a tortura. E, com efeito, que interrogatório pode ser mais *sugestivo* do que a dor? O primeiro motivo ocorre na tortura, pois a dor *sugerirá*, ao forte, obstinado silêncio para a troca da pena maior pela menor, e ao fraco *sugerirá* a confissão, para livrar-se do tormento presente, mais eficaz, nesse momento, do que a futura dor. O segundo motivo é evidentemente o mesmo, pois se o interrogatório *especial* leva, contra o direito natural, o réu à confissão, as dores o conseguirão mais facilmente ainda, mas os homens se conduzem mais pela diferença dos nomes do que pela das coisas. Entre outros abusos da gramática, cuja influência, nas questões humanas, sempre foi grande, merece realce o que torna nulo e ineficaz o depoimento do réu, já condenado. Ele está *morto civilmente*, afirmam com gravidade os jurisconsultos peripatéticos, e *morto* é incapaz de ação. Sacrificou-se grande número de vítimas para dar fundamento a essa vã metáfora, e frequentemente, com a maior seriedade, se discutiu se a verdade deveria ceder lugar ou não ao formalismo legal. Desde que o depoimento do réu condenado não chegue ao ponto de perturbar o curso da justiça, por que não reservar aos interesses da verdade e à extrema miséria do réu, mesmo após a condenação, espaço suficiente, de modo que, acrescendo ele elementos novos que alterem a natureza do fato, permita reivindicar a si mesmo, ou a outrem um novo julgamento? As formalidades e o cerimonial são necessários para a administração da justiça, ou porque nada deixam ao arbítrio de quem a administra, ou porque sugerem ao povo julgamento não tumultuado e parcial, mas estável e regular, quer, enfim, porque as sensações, mais do que os raciocínios, produzem impressões eficazes sobre os homens imitadores e escravos do hábito. Tais formalidades, porém, nunca podem, sem perigo fatal, ser fixadas pela lei de modo a prejudicar a verdade, a qual, por ser ou demasiado simples ou demasiado complexa, necessita de alguma pompa externa que a concilie com o povo ignorante. Finalmente, aquele que, durante o interrogatório, insistir em não responder às perguntas feitas, merece pena fixada pelas leis, pena das mais graves entre as cominadas, para que os homens não faltem à necessidade do exemplo que devem ao público. A pena é desnecessária quando é fora de dúvida que tal acusado tenha cometido tal delito, o que torna o interrogatório inútil, da mesma forma que é inútil a confissão do delito, quando outras provas justificam a condenação. Este último caso é o mais frequente, porque a experiência demonstra que, na maior parte dos processos, os réus negam a culpa.

## Capítulo XXXIX
## DE UM GÊNERO
## PARTICULAR DE DELITOS

Quem ler este escrito perceberá que deixei de mencionar um tipo de delito que cobriu a Europa de sangue humano e levantou funestas fogueiras, onde corpos humanos vivos serviam de pasto às chamas. Era um alegre espetáculo e uma grata harmonia, para a cega multidão, ouvir os confusos gemidos dos miseráveis, que saíam dos vórtices negros da fumaça, fumaça de membros humanos, entre o ranger dos ossos carbonizados e o frigir das vísceras ainda palpitantes, mas homens racionais verão que o lugar, o século e a matéria não me permitem analisar a natureza de tal delito. Seria tarefa muito longa e estranha a meu propósito provar a necessidade da perfeita uniformidade de pensamento no Estado, contra o exemplo de muitas nações. Provar como opiniões que distam entre si apenas por algumas diferenças muito sutis e obscuras, muito acima da capacidade humana, possam talvez ainda tumultuar o bem público, a menos que uma só seja autorizada, e as outras excluídas, e provar ainda que a natureza das opiniões é formada de tal modo que, enquanto algumas se fortalecem no contraste e, se opondo, se esclarecem, subindo à tona as verdadeiras, as falsas submergem no esquecimento, enquanto outras, inseguras por sua nua constância, devem revestir-se de autoridade e de força. Seria demasiado longo provar que, por mais odioso que pareça o império da força sobre as mentes humanas, cujas únicas conquistas são a dissimulação, logo o aviltamento, e, por contrário que ele possa aparentemente ser ao espírito de mansidão e fraternidade ordenado pela razão e pela autoridade que mais veneramos, ele é, entretanto, necessário e indispensável. Tudo isto deve acreditar-se ter sido bem provado e de acordo com os verdadeiros interesses dos homens, se existe quem o exerça com reconhecida autoridade. Eu só falo dos crimes que brotam da natureza humana e do pacto social, e não dos pecados, cujas penas, ainda que temporais, devem regular-se por princípios diversos daqueles de uma limitada filosofia.

## Capítulo XL
## FALSAS IDEIAS DE UTILIDADE

Fonte de erros e de injustiças são as falsas ideias de utilidade, elaboradas pelos legisladores. Falsa ideia de utilidade é a que antepõe os inconvenientes particulares ao inconveniente geral, ou seja, a que reprime os sentimentos, ao invés de estimulá--los, e diz à lógica: sirva. Falsa ideia de utilidade é a que sacrifica mil vantagens reais a um inconveniente imaginário ou de poucas consequências. É a que tiraria o fogo dos homens, porque queima, e a água, porque afoga que só repara os males com a destruição. As leis que proíbem portar armas são leis dessa natureza. Tais leis só desarmam os que não têm vocação nem determinação para os crimes, enquanto aqueles que têm a coragem de violar as leis mais sagradas da humanidade e os dispositivos mais importantes do Código, respeitarão as leis menores e puramente arbitrárias, tão fácil e impunemente passíveis de transgressão e cuja exata execução suprime a liberdade pessoal, tão cara ao homem quanto ao legislador esclarecido e submete os inocentes a todos os vexames destinados aos réus. Tais vexames colocam os agredidos em posição de inferioridade, privilegiando os agressores; ao invés de diminuir o número de homicídios, aumentam-no por ser mais confiável assaltar os desarmados do que os armados. Assim se chamam as leis não preventivas dos delitos, mas temerosas deles, nascidas da tumultuada impressão de alguns fatos particulares e não da meditação racional dos inconvenientes e das vantagens de um decreto universal. Falsa ideia de utilidade é a que pretendesse dar a uma multidão de seres sensíveis a simetria e a ordem que a matéria bruta e inanimada tolera, descuidando dos motivos presentes, os únicos a agir sobre a multidão com força e perseverança, para fortalecer os motivos distantes, que causam impressão ao mesmo tempo fraca e fugaz, se uma força de imaginação incomum na humanidade não suprir a distância do objeto com o seu engrandecimento. Finalmente, falsa ideia de utilidade é a que, sacrificando a coisa ao nome, separa o bem público de todo bem particular. Há diferença entre estado de sociedade e estado de natureza, a saber: homem selvagem só prejudica a outrem o suficiente para beneficiar-se a si próprio, enquanto o homem, sociável, é, às vezes, levado pelas más leis a prejudicar terceiros, sem benefício para si próprio. O déspota lança temor e desalento no coração dos escravos, mas esses sentimentos, rebatidos, se voltam mais fortemente contra seu coração para atormentá-lo. Quanto mais o temor é solitário e interno, menos perigoso é para quem dele faz o instrumento de felicidade, mas quanto mais se tornar público e atacar uma multidão maior de homens, mais fácil será ver o imprudente, o desesperado ou o destemido avisado forçar os homens a servir-lhes os fins, despertando, neles, sentimentos tanto mais gratos e sedutores quanto maior for o número de pessoas sobre as quais incide o risco da iniciativa. Então, o valor que os infelizes atribuem à própria existência diminui na proporção da miséria que sofrem. Esta é a razão pela qual as ofensas vão fazer nascer novas ofensas, pois o ódio é sentimento mais durável do que o amor, na medida em que o primeiro extrai a força da continuidade dos atos que enfraquecem o segundo.

## Capítulo XLI
## COMO PREVENIR OS DELITOS

Melhor prevenir os crimes que puni-los. Esta é a finalidade precípua de toda boa legislação, arte de conduzir os homens ao máximo de felicidade, ou ao mínimo de infelicidade possível, para aludir a todos os cálculos dos bens e dos males da vida; entretanto, os meios empregados até agora têm sido, em sua maioria, falsos e contrários ao fim proposto. Não é possível reduzir a desordenada atividade dos homens a uma ordem geométrica, sem irregularidade e sem confusão. Assim como as constantes e simplicíssimas leis da natureza não impedem que os planetas se perturbem em seus movimentos, assim também, nas atrações infinitas e muito contrárias do prazer e da dor, as leis humanas não podem impedir as perturbações e a desordem. Todavia, essa é a quimera dos homens limitados, quando têm na mão o comando. Proibir grande quantidade de ações diferentes não é prevenir delitos que delas possam nascer, mas criar novos; é definir ao bel-prazer a virtude e o vício, conceituados como eternos e imutáveis. A que nos reduziríamos se nos fosse proibido tudo o que nos pode induzir ao delito? Seria preciso privar o homem do uso dos sentidos. Para cada motivo que induz os homens a cometer o verdadeiro delito, há mil outros que os impelem a cometer ações indiferentes que as más leis chamam delitos. E, se a probabilidade dos delitos é proporcional ao número das razões, ampliar a esfera dos delitos é aumentar a probabilidade de que sejam cometidos. A maioria das leis não passa de privilégios, isto é, tributo de todos, para as mãos de alguns poucos.

Quereis prevenir os delitos? Fazei com que as leis sejam claras, simples e que toda a força da nação se condense em defendê-las e nenhuma parte da nação seja empregada em destruí-las. Fazei com que as leis favoreçam menos as classes dos homens do que os próprios homens. Fazei com que os homens as temam, e temam apenas a elas. O temor das leis é sadio, mas fatal e fecundo, em delitos, é o temor de homem para homem. Os homens escravos são mais voluptuosos, mais libertinos e mais cruéis do que os homens livres. Estes meditam sobre as ciências e sobre os interesses da nação, veem os grandes objetos, e os imitam, mas aqueles, satisfeitos com o dia presente, procuram, no tumulto da libertinagem, uma distração para o aniquilamento em que se encontram. Afeitos à incerteza em tudo, o êxito dos seus crimes torna-se-lhes problemático, favorecendo a paixão que os determina. Se a incerteza das leis incide sobre uma nação indolente pelo clima, mantém e aumenta a indolência e a estupidez. Se incide sobre uma nação voluptuosa, mas ativa, ela desperdiça a atividade dessas leis em número infinito de pequenas cabalas e intrigas, que semeiam a desconfiança nos corações e fazem da traição e da dissimulação o alicerce da prudência. Se a incerteza das leis incide sobre uma nação corajosa e forte, a incerteza é suprimida, gerando, antes, muitas oscilações da liberdade para a escravidão e da escravidão para a liberdade.

# Capítulo XLII
## DAS CIÊNCIAS

Quereis prevenir os delitos? Fazei com que as luzes acompanhem a liberdade. Os males que nascem do conhecimento estão na razão inversa de sua difusão e os bens, na razão direta. O audacioso impostor, que é sempre um homem invulgar, é adorado pela plebe ignara e vaiado pelo homem esclarecido. Os conhecimentos, facilitando as comparações entre os objetos e multiplicando os pontos de vista, contrapõem muitos sentimentos que se modificam entre si tanto mais facilmente quanto mais previsíveis são, nos outros, as mesmas vistas e as mesmas resistências. Em face das luzes esparsas com profusão sobre a nação, cala-se a caluniosa ignorância e treme a autoridade, desarmada de razões, permanecendo imutável a vigorosa força das leis, pois não há homem esclarecido que não goste dos pactos públicos, claros e úteis da segurança comum, ao comparar a parcela da inútil liberdade que sacrificou com a soma de todas as liberdades sacrificadas pelos outros homens, os quais, sem leis, poderiam tornar-se conspiradores contra ele. Todo aquele que, dotado de alma sensível, lançando um olhar sobre um Código de leis bem feito e achando que nada perdeu a não ser a nefasta liberdade de prejudicar a outrem, será levado a bem-dizer o trono e quem o ocupa.

Não é verdade que as ciências tenham sido sempre prejudiciais à humanidade e, quando o foram, tratava-se de mal inevitável para os homens. A multiplicação do gênero humano, na face da terra, inventou a guerra, as artes mais rústicas, as primeiras leis, que eram pactos passageiros gerados pela necessidade e que com ela pereciam. Foi essa a primeira filosofia dos homens, com poucos elementos corretos, pois somente a indolência e a escassa sagacidade os preservavam do erro, mas as necessidades cada vez mais se multiplicavam com a multiplicação dos homens. Faziam-se, pois, necessárias impressões mais fortes e mais duradouras para dissuadi-los de reiterado retorno ao primeiro estágio de insociabilidade, que se tornava cada vez mais prejudicial. Foram, assim, um grande bem para a humanidade aqueles primeiros erros que povoaram a terra de falsas divindades (refiro-me ao grande bem político) e que imaginaram um universo invisível, governador do nosso. Foram benfeitores dos homens aqueles que ousaram surpreendê-la, arrastando até os altares a dócil ignorância. Apresentando-lhes objetos que lhes ultrapassavam os sentidos, que lhes escapavam das mãos à medida que pensavam alcançá-los, que não podiam desprezar por não conhecê-los, reuniram e concentraram as divididas paixões em um único objeto que os impressionava fortemente. Foram essas as primeiras vicissitudes de todas as nações formadas de povos selvagens. Foi essa a época de formação das grandes sociedades e foi esse o vínculo necessário e talvez o único. Não falo do povo eleito de Deus para o qual os milagres extraordinários e as graças mais conhecidas marcaram época na política humana. Mas, assim como é próprio do erro subdividir-se ao infinito, assim também as ciências nascidas de tal erro fizeram dos homens fanática multidão de cegos, entrechocando-se desordenadamente em labirinto fechado, a ponto de alguns espíritos sensíveis e filosóficos ordenarem até mesmo o antigo estado de selvageria. Eis a primeira época em que os conhecimentos, ou melhor, as opiniões, são prejudiciais.

A segunda consiste na difícil e terrível passagem do erro à verdade, da obscuridade desconhecida à luz. O choque imenso dos erros úteis aos poucos poderosos contra as verdades úteis aos muito fracos, a aproximação e o fermento das paixões, que suscitam, naquela ocasião, causam males infinitos à mísera humanidade. Quem refletir sobre a história, em que certos intervalos de tempo se assemelham a períodos principais, encontrará mais vezes uma geração inteira sacrificada à felicidade das que a sucederam na enlutada, mas necessária passagem das trevas da ignorância à luz da filosofia, da tirania à liberdade, consequências disso. Acalmados, porém, os ânimos, e extinto o incêndio que purgou a nação dos males que a oprimiam, a verdade, cujos progressos são primeiro, lentos, depois acelerados, compartilha o trono dos monarcas e tem culto e altar nos parlamentos das repúblicas, quem poderá garantir que a luz que ilumina a multidão seja mais danosa do que as trevas, e que as relações simples e verdadeiras entre as coisas bem conhecidas pelos homens lhe sejam prejudiciais?

Se a cega ignorância é menos fatal que o medíocre e confuso saber, já que este acrescenta aos males da primeira os erros inevitáveis de quem tem visão restrita ao que está junto das fronteiras da verdade, o homem esclarecido é o dom mais precioso que o soberano pode ofertar à nação e a si mesmo, tornando-o depositário e guardião das santas leis. Acostumado à visão da verdade, e não a temê-la, privado da maioria das necessidades da opinião que, nunca suficientemente satisfeitas, põem à prova o valor da maioria dos homens, afeitos a contemplar a humanidade das maiores alturas, diante dele a nação torna-se uma família de irmãos, e a distância entre os poderosos e o povo parece-lhe tanto menor quanto maior é a massa humana que está diante de seus olhos. Os filósofos cultivam necessidades e interesses desconhecidos da plebe ignara, principalmente o de não desmentir, à luz pública os princípios apregoados na obscuridade, e adquirem o hábito de amar a verdade por si mesma. A seleção de tais homens constitui a felicidade de uma nação. Será, no entanto, felicidade efêmera, se as boas leis não lhes aumentarem de tal modo o número que diminuam a probabilidade, sempre grande, de uma má seleção.

# Capítulo XLIII
## DOS MAGISTRADOS

Outro meio de prevenir os delitos é o de interessar o Colegiado, executor das leis, mais pela observância delas do que pela corrupção. Quanto maior for o número de membros que o compõem, menos perigosa será a usurpação das leis, porque a venalidade é mais difícil entre membros que se observam entre si, e que estão menos interessados em aumentar a própria autoridade quanto menor for a porção que caberia a cada um, principalmente se comparada com o perigo do empreendimento. Se o soberano, com aparato e pompa, com a austeridade dos editos, com a proibição das querelas justas e injustas de quem se crê oprimido, acostumar os súditos a temerem mais os magistrados do que as leis, estes últimos se aproveitarão mais desse temor do que a segurança própria e pública lucrará.

## Capítulo XLIV
## PRÊMIOS

Outro modo de prevenir delitos é o de recompensar a virtude. A esse respeito, vejo que há silêncio universal na legislação de todas as nações contemporâneas. Se os prêmios, propostos pelas academias aos descobridores das mais úteis verdades, multiplicaram não só os conhecimentos, como os bons livros, por qual razão os prêmios propostos pela mão benévola do soberano não multiplicariam também as ações virtuosas? A moeda da honra é sempre inesgotável e frutífera nas mãos do sábio distribuidor.

# Capítulo XLV
# EDUCAÇÃO

Finalmente, o mais seguro, mas o mais difícil meio de prevenir o delito é o de aperfeiçoar a educação, objeto muito amplo e que ultrapassa os limites a que me impus, objeto que ouso também dizer estar intrinsecamente muito ligado à natureza do governo, para que não seja sempre campo estéril, só cultivado aqui e ali por alguns poucos estudiosos, até nos mais remotos séculos da felicidade pública. Um grande homem, que iluminou a humanidade que o perseguia, mostrou em pormenores quais as principais máximas da educação realmente úteis aos homens,[1] a saber, preterir uma estéril multidão de objetos em favor de uma escolha e precisão deles, substituir as cópias pelos originais, nos fenômenos tanto morais como físicos que o acaso e o talento apresentam aos novos espíritos dos jovens, e impelir esses jovens à virtude pela fácil estrada do sentimento, afastando-os do mal pela via infalível da necessidade e do inconveniente, e não pela via incerta do comando, que só consegue simulada e momentânea obediência.

---

1. Referência à famosa obra *Emílio ou Da educação* (1762), romance filosófico, em que Jean-Jacques Rousseau expõe seu sistema educacional, baseado no princípio de que "o homem é, por natureza, bom", "sendo má a educação dada pela sociedade", pois seria melhor propiciar educação negativa, como a melhor, ou antes, como a única a ser transmitida. A despeito de certos paradoxos, o livro de Rousseau teve influência decisiva sobre o sistema educacional da época.

## Capítulo XLVI
## DAS GRAÇAS

À medida que as penas se tornam mais brandas, a clemência e o perdão tornam-se menos necessários. Feliz a nação onde eles pudessem ser erradicados por nefastos! A clemência, virtude que, às vezes, foi para o soberano o suplemento de todos os deveres do trono, deveria ser suprimida de uma legislação perfeita em que as penas fossem brandas e o método de julgamento regular e rápido. Esta verdade poderá parecer crua para quem vive na desordem do sistema penal, onde o perdão e a graça são necessários, na proporção do absurdo das leis e da crueldade das condenações. A graça é a mais bela prerrogativa do trono e o mais desejável atributo da soberania, sendo esta tácita reprovação que os benefícios geradores da felicidade pública dão a um Código que, com todas as imperfeições, tem a seu favor o prejulgamento dos séculos, volumoso e imponente aparato de infinitos comentadores, solene pompa das eternas formalidades e adesão dos mais insinuantes e menos temidos semidoutos. Se se considerar, porém, que clemência é virtude do legislador e não do executor das leis, que resplandecem no Código e não nos julgamentos particulares e que mostram aos homens que os delitos podem ser perdoados e que a pena não é sua inevitável consequência, mas a de criar a ilusão da impunidade, e a de fazer crer que as condenações não são perdoadas, embora pudessem sê-lo, sejam antes abusos da força do que emanações da justiça. Que dizer, então, do príncipe que outorga a graça, ou seja, a segurança pública a um particular e que, com um ato privado de benevolência não esclarecida, edita decreto público de impunidade? Que as leis sejam, pois, inexoráveis, e inexoráveis sejam também seus executores, nos casos particulares, mas que o legislador seja brando, indulgente, humano. Sábio arquiteto faça surgir seu edifício na base do amor próprio e que o interesse geral seja o resultado dos interesses de cada um, não sendo ele constrangido, com leis parciais e remédios estapafúrdios a separar, sempre, o bem público do bem particular e para alçar o simulacro da salvação pública sobre o temor e sobre a desconfiança. Profundo e sensível filósofo, permita que os homens, seus irmãos, gozem, em paz, a pequena porção de felicidade que o imenso sistema, concebido pela Causa Primeira daquele que é, lhes permita desfrutar neste ângulo do universo.

## Capítulo XLVII
## CONCLUSÃO

Concluo com uma reflexão: que *o grau das penas deve ser relativo ao estado da própria nação*. Mais fortes e sensíveis devem ser as impressões sobre os ânimos endurecidos de um povo recém-saído do estado selvagem. É necessário o raio para abater o feroz leão que, com o tiro do fuzil, apenas se agita. À medida, porém, que os espíritos se abrandam no estado de sociedade, cresce a sensibilidade, e, crescendo esta, deverá diminuir a intensidade da pena, se se desejar manter constante a relação entre o objeto e a sensação.

De tudo quanto se viu até agora poderá extrair-se um teorema geral muito útil, mas pouco de acordo com o uso, legislador, por excelência, das nações, ou seja: para que toda pena não seja a violência de um ou de muitos contra o cidadão particular, *devendo*, porém, ser essencialmente *pública, rápida, necessária, a mínima dentre as possíveis, em dadas circunstâncias, proporcional aos delitos e ditada pelas leis.*

# RESPOSTAS ÀS "NOTAS E OBSERVAÇÕES DE UM FRADE DOMINICANO" SOBRE O LIVRO *DOS DELITOS E DAS PENAS*

Estas "Notas e Observações" são mera coleção de injúrias contra Beccaria o autor do livro *Dos Delitos e das Penas*, classificado como fanático, impostor, escritor falso e perigoso, satírico descontrolado, sedutor do público. É acusado de destilar o mais acre fel, de reunir contradições odiosas com os traços pérfidos e escondidos da dissimulação de ser obscuro por maldade. O crítico pode ficar seguro de que não responderei às injúrias pessoais.

Ele apresenta meu livro como obra horrível, virulenta e de licenciosidade deletéria, infame, ímpia. Nele, encontra blasfêmias impudentes, ironias insolentes, anedotas indecentes, sutilezas perigosas, pilhérias escandalosas e calúnias grosseiras.

A religião e o respeito que se deve aos soberanos são o pretexto para as duas mais pesadas acusações que se encontram nessas "Notas e Observações". Estas serão as únicas às quais me considerarei obrigado a responder. Comecemos pela primeira.

## Capítulo I
## ACUSAÇÕES DE IMPIEDADE

1.º – "O autor do livro *Dos Delitos e das Penas* desconhece a justiça que se origina no legislador eterno, que tudo vê e prevê."

Aqui está mais ou menos o silogismo do autor nas "Notas".

"O autor do livro *Dos Delitos e das Penas* não concorda que a interpretação da lei esteja na dependência da vontade e do capricho do magistrado. – Quem não deseja confiar a interpretação da lei à vontade e aos caprichos do magistrado não acredita na justiça que vem de Deus. – O autor não admite, portanto, justiça puramente divina ...".

2.º – "Segundo o autor do livro *Dos Delitos e das Penas*, As Santas Escrituras somente contêm imposturas."

Em toda a obra *Dos Delitos e da Penas*, trata-se da Escritura Sagrada uma só vez: é quando, a propósito de erros religiosos, no capítulo XLI, afirmei que não falava desse povo eleito de Deus, em que os milagres mais evidentes e as graças mais notáveis substituíram a política humana.

3.º – "Toda gente sensata achou, no livro *Dos Delitos e das Penas*, um inimigo do cristianismo, um mau homem e um mau filósofo."

Não me importa parecer ao meu crítico bom ou mau filósofo. Aqueles que me conhecem atestam que não sou um homem mau.

Serei, pois, inimigo do cristianismo quando insisto na manutenção da tranquilidade dos templos sob proteção governamental, e quando afirmo, ao falar da sorte das grandes verdades, que a Revelação é a única que manteve sua pureza, em meio às nuvens tenebrosas com que o erro envolveu o universo durante tantos séculos?

4.º – "O autor do livro *Dos Delitos e das Penas* fala da religião como se ela fosse simples princípio político."

O autor do livro *Dos Delitos e das Penas* chama a religião de "um dom sagrado do céu". Poder-se-ia provar que ele trata como simples princípio político o que lhe parece dom sacrossanto do céu?

5.º – "O autor é inimigo declarado do Ser supremo."

Peço, no fundo de meu coração, que esse Ser supremo perdoe a todos os que me ofendem.

6.º – "Se o cristianismo provocou algumas desventuras e alguns morticínios, exagera-os e silencia a respeito dos benefícios e das vantagens que a luz do Evangelho disseminou por toda a humanidade."

Em meu livro, não se achará nenhum lugar onde se apontem males provocados pelo Evangelho. Não citei um só fato sequer que se relacione com isso.

7.º – "O autor lança blasfêmia contra os ministros da religião, quando afirma que suas mãos se sujaram no sangue humano."

Todos aqueles que escreveram a História, desde Carlos Magno até Otão, o Grande, e ainda depois desse príncipe, proferiram idêntica blasfêmia. Desconhecer-se-á que, por três séculos, os abades e os bispos nenhum escrúpulo manifestaram em caminhar para a guerra? E não será o caso de afirmar, sem blasfêmia, que os padres que se achavam no meio das batalhas – e que tomaram parte na carnificina – sujavam as mãos de sangue humano?

8.º – "Os prelados da Igreja Católica, tão recomendáveis por sua suavidade e humanidade, figuram, no livro *Dos Delitos e das Penas*, como autores de suplícios tão bárbaros quanto inúteis."

Não sou culpado por ter de repetir, mais de uma vez, a mesma coisa. Não poderá ser citada, em toda minha obra, uma só frase que afirme que os padres inventaram os suplícios.

9.º – "A heresia não pode ser chamada de crise de lesa-majestade divina, conforme o autor do livro *Dos Delitos e das Penas*".

Não existe, em todo meu livro, um só termo que dê margem a tal imputação. Propus-me, tão somente, tratar *Dos Delitos e das Penas*, e não dos "pecados".

Afirmei, a propósito do crime de lesa-majestade, que apenas a ignorância e a tirania que confundem as palavras e as ideias mais claras, podem nomear assim e castigar como tais, com a morte, crimes de naturezas diferentes. O crítico talvez não saiba como se abusa da expressão "lesa-majestade", nas épocas de despotismo e ignorância, empregando-a para designar crimes de gênero totalmente diverso, pois não levavam imediatamente à destruição da sociedade. Consulte a lei dos imperadores Graciano, Valentiniano e Teodósio. Observe como eram tidos como criminosos de lesa-majestade os que ousavam duvidar da bondade de escolha do Imperador, na ocasião em que ele oferecia algum emprego. Uma outra lei de Valentiniano, de Teodósio e de Arcádio, lhe ensinará que os moedeiros falsos também eram criminosos de lesa-majestade. Era necessário um decreto do Senado para libertar da acusação de lesa-majestade aquele que tivesse fundido estátuas dos imperadores, ainda que velhas e mutiladas. Apenas depois do edito dos imperadores Severo e Antonino é que se deixou de ajuizar ação de lesa-majestade contra aqueles que vendiam as estátuas dos imperadores. Esses príncipes fizeram publicar um decreto que proibia a perseguição por esse delito àqueles que porventura tivessem atirado uma pedra contra a estátua de um imperador. Domiciano condenou à morte uma senhora de Roma, porque se despira diante de uma escultura. Tibério mandou matar, como criminoso de lesa-majestade, o cidadão que vendera a casa onde estava a estátua do imperador.

Em séculos menos afastados do nosso, verá Henrique VIII abusar de tal maneira das leis, que fez morrer mediante infame suplício o Duque de Norfolk, a pretexto de lesa-majestade, e porque ele misturara as armas da Inglaterra com as de sua família. Esse soberano até mesmo declarou réu do mesmo crime quem se atrevesse a prever a morte do príncipe. Por isso, quando ficou gravemente enfermo pela última vez, os médicos recusaram-se a preveni-lo do perigo real em que se encontrava.

10.º – "De acordo com o autor *Dos Delitos e das Penas*, os hereges excomungados pela Igreja e exilados pelos príncipes são vítimas de uma palavra."

Todas essas interpretações são forçadas. Limitei-me a discorrer sobre o crime de lesa-majestade humana. Ora, a palavra "lesa-majestade" serviu frequentemente de pretexto à tirania, especialmente ao tempo dos imperadores romanos. Qualquer ação que tivesse a desventura de desagradá-los configuraria delito de lesa-majestade. Suetônio afirma que o delito de lesa-majestade era o crime dos que não tinham cometido nenhum delito. Se eu afirmei que a ignorância e o despotismo deram esse nome a crimes de natureza diversa e fizeram os homens vítimas de uma palavra, não fiz mais do que falar de acordo com a História.

11.º – "Não será terrível blasfêmia assegurar, como faz o autor do livro *Dos Delitos e das Penas*, que a eloquência, a declamação e as mais excelsas verdades são freio muito fraco para deter por muito tempo as paixões humanas?"

Não julgo que a acusação de blasfêmia possa recair sobre o que afirmei da eloquência e da declamação. O acusador desejou, certamente, referir-se à insuficiência que atribuo "às mais sublimes virtudes". Indago se considera que, na Itália, se conhecem essas sublimes verdades, isto é, as da fé. Indubitavelmente, responder-me-á que sim. Contudo, tais verdades serviram de freio às paixões dos homens na Itália? Todos os oradores sacros, os magistrados, os homens, em uma só palavra, garantir-me-ão o contrário. É um fato, portanto, que as excelsas verdades são, para as paixões dos homens, um freio que não as refreia ou que logo se parte. E, enquanto houver, em país católico, juízes, criminosos, prisões e penas, estará demonstrada a insuficiência das verdades excelsas.

12.º – "O autor do livro *Dos Delitos e das Penas* escreve imposturas sacrílegas contra a Inquisição."

No meu livro, não menciono, nem direta, nem indiretamente, a Inquisição. Indago, contudo, ao meu acusador, se lhe parece bem de acordo com o espírito da Igreja a condenação de homens ao suplício nas fogueiras. Não é do próprio seio de Roma, sob os olhos do vigário de Cristo, na capital da religião católica, que se cumprem nos dias atuais, para com os protestantes de qualquer país, todos os deveres de humanidade e de hospitalidade? Os últimos papas, e especialmente o atual, receberam e recebem com grande bondade os ingleses, os holandeses e os russos. Tais povos, de seitas e religiões diversas desfrutam em Roma de toda liberdade, e ninguém está mais seguro do que eles de gozar ali da proteção das leis e do governo.

13.º – "O autor do livro *Dos Delitos e das Penas* representa, debaixo de cores odiosas, as ordens religiosas e especialmente os frades."

Muito difícil seria apontar um só lugar de meu livro que mencionasse ordens religiosas ou frades, a não ser que se interprete, de modo arbitrário, o capítulo em que discorro sobre a ociosidade.

14.º – "O autor do livro *Dos Delitos e das Penas* é um desses escritores sem fé, para os quais os eclesiásticos são charlatães, os monarcas tiranos, os santos fanáticos, a religião impostura e que nem sequer respeitam a majestade do Criador, contra a qual vomitam blasfêmias hediondas."

Passemos às acusações de sedição.

## Capítulo II
## ACUSAÇÕES DE SEDIÇÃO

1.º – "O autor do livro *Dos Delitos e das Penas* julga déspotas cruéis todos os príncipes e todos os soberanos do século."

Apenas uma vez falei em meu livro dos soberanos e dos príncipes que reinam atualmente na Europa. E, aqui está, pela primeira vez, o que afirmo: Venturoso o gênero humano, se recebesse leis. Hoje, que vemos erguidos os tronos da Europa etc. (Ver o fim do capítulo XVI).

2.º – "Não podem deixar de surpreender a confiança e a liberdade com que o autor do livro *Dos Delitos e das Penas* se volta com fúria contra os monarcas e eclesiásticos."

A confiança e a liberdade não representam um mal. *Qui ambulat simpliciter, ambulat confidenter; qui autem depravat vias suas, manifestus erit.*

Se aplaudi certo espírito de independência dos súditos, foi na proporção em que se submetessem às leis e fossem respeitosos para com os primeiros juízes. Quero até que os homens, não precisando recear a escravidão, porém desfrutando a liberdade sob a proteção das leis, se tornem soldados intrépidos, defensores da pátria e do trono, cidadãos cheios de virtude e juízes incorruptíveis, que levem para junto do trono os tributos e o amor de todas as ordens do país e que disseminem, nas choupanas, a segurança de um destino sempre mais doce. Não estamos mais nos tempos de Calígula, de Nero ou de Heliogábalo. E o crítico pouquíssima justiça faz aos princípios reinantes, crendo que meus preceitos possam ofendê-lo.

3.º – "O autor do livro *Dos Delitos e das Penas* assegura que o interesse do particular supera o de toda a sociedade e, em geral, o dos que a representam."

Se tal absurdo estivesse no livro *Dos Delitos e das Penas*, não acredito que meu adversário escrevesse um livro de 191 páginas para refutá-lo.

4.º – "O autor do livro *Dos Delitos e das Penas* não atribui aos monarcas o direito de castigar com a morte."

Como aqui não se trata nem de religião, nem de governo, porém, apenas da exatidão de um raciocínio, meu acusador tem inteira liberdade de julgar o que desejar. Resumo meu silogismo assim:

Não se deve impor a pena de morte, se esta não for realmente útil e necessária;
ora, a pena de morte não é realmente útil nem necessária;
Logo, não se deve impor a pena de morte.

Este não é o lugar para uma explanação sobre os direitos dos monarcas. O crítico, certamente, não desejará sustentar que se deva impor a pena de morte, ainda que ela não seja realmente útil, nem necessária. Proposta tão cruel e escandalosa não pode vir da boca de um cristão. Se a segunda parte do silogismo não é correta, tratar-se-á de crime de lesa-lógica e jamais de lesa-majestade, sendo escusados os meus pretensos erros. Parecem-me eles com aqueles em que caíram tantos cristãos zelosos da primeira Igreja; (34) parecem-se com aqueles em que caíram os frades da época de Teodósio, o Grande, ao fim do século IV. Em seus *Anais da Itália*, afirma Muratori que, no ano 389, "Teodósio publicou uma lei pela qual determinava aos frades que ficassem nos conventos, pois levavam a caridade pelo próximo até ao ponto de subtrair os criminosos das mãos da justiça, não desejando que se matasse ninguém". A minha caridade não vai tão longe e aceitarei, de boa vontade, que a daquele tempo se regesse por falsos preceitos. Toda ação violenta contra a autoridade pública é criminosa.

Ainda tenho duas palavras a dizer. Existirá no mundo lei que proíba afirmar ou prescrever que o Estado pode existir e manter a paz interna sem utilizar a pena de morte contra o culpado? Diodoro conta, no Livro I, Capítulo LXV, que Sabacão, rei do Egito, se tornou modelo de clemência, por comutar penas capitais em escravidão e por dar emprego feliz à sua autoridade, condenando os culpados a trabalhos públicos. Estrabão, no Livro XI, informa-nos que havia, junto ao Cáucaso, algumas nações que desconheciam a pena de morte, ainda quando o crime merecesse os maiores tormentos, *nemini mortem irrogare, quamvis pessima merito*. Tal verdade está referida na História Romana, da época da Lei Pórcia, que proibia tirar a vida de cidadão romano, se a sentença de morte não estivesse confirmada por todo o povo. Tito Lívio fala dessa Lei no Livro X, Capítulo IX, de sua obra. Por fim, o exemplo próximo de um reinado de vinte anos, no maior império do mundo, a Rússia, demonstra ainda esta verdade. A Imperatriz Isabel (ver, neste livro, a nota n. 1, p. 98) morta há alguns anos (1762), jurou, quando ascendeu ao trono dos czares, que não condenaria à morte nenhum culpado durante o seu reinado. Essa augusta princesa cumpriu esse feliz compromisso que assumira, sem interromper o curso da justiça penal e sem prejudicar a tranquilidade pública. Se tais fatos são incontestáveis, será então correto dizer que o Estado pode subsistir e ser venturoso sem castigar com a morte qualquer criminoso.

# O Príncipe
## Niccolò Maquiavelli – Maquiavel

# SUMÁRIO

Maquiavel.................................................................................. 349

A obra O Príncipe..................................................................... 351

O Príncipe: Ao magnífico Lourenço de Médici (*Nicolaus Machiavellus ad Magnificum Laurentium Medicem*) – Nicolau Maquiavel ............... 355

# MAQUIAVEL

Niccolò Machiavelli – ou, em vernáculo, Nicolau Maquiavel – político, escritor e filósofo, nasceu em Florença, em 1469, e faleceu em 1527. Foi Secretário da Chancelaria de Florença e desempenhou várias missões diplomáticas. Com a vitória dos Médicis, em 1512, teve de abandonar suas funções.

Passou, então, a escrever a maior parte de sua obra, *O Príncipe*, em 1513; *Discurso sobre a primeira década de Tito Lívio*, de 1513 a 1519; *A Arte da Guerra*, em 1519; e a famosa peça teatral *A Mandrágora*, em 1520.

Maquiavel é, mais do que tudo, filósofo da Política. Com sua teoria realista, pretendeu implantar uma nova ordem, dominada pela liberdade moral e física e capaz de tornar os homens melhores, despidos de sua natural pequenez.

O livro *O Príncipe*, escrito há quase 500 anos, permanece atual e polêmico até hoje, continuando a despertar o maior interesse entre os estudiosos da complexa arte da Política.

Questões fundamentais, como a conquista do poder, a preservação do mandato e os cuidados para não perdê-lo, são estudadas por Maquiavel, ao lado de outros temas, secundários, mas não menos importantes, como a obtenção de alianças, negociações e acordos políticos, relações entre Estado e povo, política interna e externa, corrupção, nepotismo e favorecimento.

Nunca o autor de *O Príncipe* disse que "os fins justificam os meios" mas este aparente e cínico amoralismo foi a base do adjetivo "maquiavélico", vocábulo que passou a integrar, como termo corrente, os léxicos de todos os países cultos.

Por estas razões, o livro *O Príncipe* é e será sempre, leitura indispensável para todos os estudiosos da Política – com P maiúsculo.

## A OBRA *O PRÍNCIPE*

*O Príncipe*, de Nicolau Maquiavel (1469-1527) é, sem a menor sombra de dúvida, conforme eminente mestre europeu o entendeu, em estudo que subscrevemos na íntegra, não só a mais relevante obra da literatura política de todos os tempos, como também a mais discutida e a que é tida, aliás, sem razão, no mais baixo conceito, por parte de críticos hipócritas, impiedosos e invejosos. Notáveis as polêmicas que suscitou como, entre outras, a violenta reação dos católicos, a cólera daqueles que mais lhe seguiram os preceitos, isto é, Frederico II da Prússia, bem como suas modernas reavaliações. A interpretação dessa obra permanece ainda problemática, debatida, obscura, paradoxal. Há, assim, duas posições em relação a Maquiavel, a dos que o atacam e a dos que o elogiam. Nunca, porém, existe quem o ignore. "Contra", "a favor", jamais, entretanto, "sem" Maquiavel.

Escrito em determinada situação e em clima histórico, local e peculiar, *O Príncipe* assumiu significado universal. Foi pensado e redigido na época em que a Itália, dividida em pequenos Estados, ou principados, era dominada pela influência dos Estados e dos exércitos estrangeiros. A República de Veneza estava decadente e em encarniçada luta com o ducado de Milão. Os ducados de Ferrara, Módena e Mântua continuavam sem autonomia, entre o Estado pontifício, que os dominava no Sul, e os de Veneza e Milão, que os coagiam no Norte. A Toscana fragmentava-se nas Repúblicas de Luca, Siena e Florença, em plena luta entre si, achando-se Pisa diante da crescente hegemonia florentina. O Estado pontifício e o reino de Nápoles, maiores do que os outros, eram, no entanto, bem fracos. O reino da Sardenha e o da Sicília estavam sob o domínio espanhol, com o Imperador pronto a interferir nos negócios da Itália. Assim, o rei Carlos VII da França pôde, em 1494, invadir a Itália, sem disparar um só tiro, visando à conquista do reino de Nápoles, encontrando os Médicis, de Florença, e o papa Alexandre VI (Bórgia) prontos a humilhar-se diante dele. A revolta dos Estados italianos contra os franceses necessitava do auxílio de Maximiliano da Áustria e de Fernando da Espanha, tornando-se as terras italianas campo de frequentes batalhas entre franceses, austríacos, italianos e espanhóis. O fanático, monge místico, Savonarola, conseguiu apoderar-se de Florença, depois da expulsão dos Médicis, mas foi queimado, em 1498. No Estado pontifício, pequenos senhores tornavam-se independentes, criando principados, como os Bentivoglio em Bolonha, os Riario em Ímola, os Malatesta em Rímini, os Manfredi em Faenza, os Montefeltro em Urbino e os Baglioni em Perúgia. O papa Alexandre VI encarregou o filho César Bórgia da reconquista, o qual, com grande decisão, conseguiu criar o ducado da Romanha, no centro da península, mas ao preparar-

-se para consolidá-lo, o papa faleceu, ao mesmo tempo que o próprio César Bórgia também caiu enfermo. O novo papa Júlio II aliou-se aos franceses contra Veneza, em 1508. Depois de derrotada Veneza, o papa fundou a Santa Liga contra os franceses (1512). Os Sforza voltam a Milão, os Médicis a Florença e um destes, mais tarde, é eleito papa com o nome de Leão X. O rei Francisco I da França, porém, avança para conquistar o ducado de Milão, em 1515.

Carlos, coroado Imperador, em 1519, empreende a reconquista de Milão (1521) e, na batalha de Pavia (1525), desbarata as tropas de Francisco I. As forças imperiais, formadas de mercenários, percorrem, então, toda a Itália e, em 1527, pilham Roma. Os Médicis são expulsos de Florença, e mais tarde conseguem reconquistá-la, com o cerco que fizeram às tropas imperiais, em 1530.

Nessa época, conturbada, é que viveu, o escritor e político, Nicolau Maquiavel. Na República de Florença, depois da fogueira em que morreu Savonarola, quando era, então, chefe, Pier Soderini, o grande Maquiavel foi chamado para dirigir a segunda Chancelaria, onde adquiriu experiência de governo e dos negócios políticos internos e externos, como o demonstram seus irrivalizáveis relatórios, superados somente pelos impecáveis documentos dos embaixadores venezianos. Durante a aliança com César Bórgia, pôde, Maquiavel, ver a habilidade deste político em desfazer-se dos inimigos que contra ele tramavam, e ficou admirado, a ponto de esperar, em dado momento, que César Bórgia fosse o homem capaz de libertar a Itália do estado fragmentado em que havia caído. A admiração por um homem de valor, mas sem escrúpulos, foi mais prejudicial para a fama de Maquiavel do que as próprias doutrinas políticas que ele divulgou.

Depois da restauração dos Médicis, em 1512, Maquiavel teve de recolher-se à vida privada, em São Cassiano, e ali retomou os estudos literários e históricos que cultivara desde a mocidade, estudando os escritos dos grandes narradores da História de Roma. Senhor de longa experiência das coisas modernas e antigas, foi preparando uma série de reflexões políticas, que tencionava expor, como o comentário à *História Romana* de Tito Lívio. Maquiavel aproveitou a ocasião, que escapara a César Bórgia, de criar, com a Itália central, um Estado imune a influências estrangeiras, e, aproveitando-se, em parte, de suas notas, compôs uma espécie de *Speculum principis*, estabelecendo, *o que vem a ser um principado, quantas são suas espécies, como se adquirem, como se mantém, e por quais razões se perdem*, com a intenção de dedicá-lo a Juliano de Médicis. Este, porém, faleceu antes que Maquiavel pudesse apresentá-lo e, então, a dedicatória foi maliciosamente alterada, adaptada e dirigida a Lourenço, que também logo depois morreu.

Assim, de meras causas locais e acidentais nasceu *O Príncipe*, como parte de reflexões mais profundas, que foram desenvolvidas nos *Discursos sobre a primeira década de Tito Lívio*, com a intenção de induzir "o príncipe da alta linhagem" a por-se à frente dos destinos da Itália, libertando-a do domínio estrangeiro. Os conselhos que dava ao príncipe não eram diferentes da orientação fundamental e do critério com o qual achava deverem ser governados os Estados populares, exceto os traços particulares a cada um desses regimes.

No livro *O Príncipe*, Nicolau Maquiavel estudou as peculiaridades do governo de um homem só, baseado na história contemporânea. O critério político do livro mostra que, pelas circunstâncias históricas, mencionadas, o ensaio sobre o principado foi destacado do resto e escrito com mais concisão, mas com reflexão menor. O resultado foi o pequeno grande livro tornar-se sintético e eficaz.

Não tem, pois, sentido indagar qual o objetivo de Maquiavel ao escrever *O Príncipe*, sem discutir conjuntamente a diretriz total do autor na ciência política. Carlos V, Filipe II e Catharina de Médicis admiravam e amavam esse livro. A rainha Cristina da Suécia e Napoleão Bonaparte anotaram-no, aqui e ali (ver, no decorrer deste livro, em notas de rodapé, as considerações de Napoleão), e não se pode afirmar se essas observações prejudicaram a fama do autor mais do que as críticas que lhe fizeram Frederico II e Metternich. No campo político, muitos foram os seus imitadores.

Estranha interpretação, que surgiu no século XVI ao XIX, quis insinuar ser *O Príncipe* livro republicano, para demonstrar quantas infâmias deverá empregar o governante para conservar o poder, a fim de suscitar aversão ao principado. Esta é a opinião de doutos, como Gentile, Rousseau e Alfieri. Maquiavel aplica o critério político às duas formas fundamentais de Estado, sendo o primeiro a distinguir, a *república* e o *principado* e, embora tendo evidente inclinação pela primeira, conclui que a segunda pode ser também útil em determinadas circunstâncias.

Relevante é a opinião do célebre filósofo e crítico de arte Benedetto Croce, para quem coube a Maquiavel o mérito de haver separado a *política* da *moral*, e expor que as exigências da primeira prescindem de quaisquer considerações éticas. Essa afirmação pode ser contestada, porque Maquiavel, estudando embora os problemas do Estado sob o ângulo da dinâmica das forças sociais, e, portanto, de um prisma inteiramente político, não prescinde das considerações éticas, e, cada vez que aconselha, como necessária, uma conduta moralmente discutível, ou reprovável, não deixa de observar que seria melhor assim não agir, mas que é imprescindível para evitar a ruína do Estado e para que este não venha a ser destruído. Isso não significa, porém, deixar de lado os problemas éticos, mas, entender que devem ser enfrentados abertamente, resolvendo-os na base do valor que prevalece no Estado, o que foi observado também por conceituados pensadores, mas que também não escapara a outros escritores, que o analisaram com profundidade.

O valor de Maquiavel é reafirmado por alguns grandes pensadores que nele se inspiraram. Não sendo propriamente filósofo, foi entretanto, apreciado e admirado por grandes filósofos, como, por exemplo, pelo filósofo holandês Baruch Espinoza, que recorda com palavras elogiosas aquele a quem chama de "acutissimus florentinus", cujos escritos estudava, admirando-o pelo apego à realidade política e pelo estudo do mecanismo das forças sociais.

Fichte, no período em que a Prússia foi invadida por Napoleão, recorreu aos escritos de Maquiavel a fim de, neles, buscar auxílio e, então, traduziu, comentou e ressaltou o valor moral de alguns dos seus ensinamentos. Somente a necessidade de fazer prevalecer o interesse do Estado sobre as preocupações menores de cunho pessoal, fez com que ele sustentasse a conveniência de uma polícia urbana. O apelo ao príncipe, para que se expusesse pessoalmente, nos momentos de perigo, e o conselho para apoiar-se diretamente no povo e não nos grandes do Estado – eis os elementos de relevante significado ético, que valoram alguns dos seus escritos políticos. Sem esse valor moral não se explicaria a incondicional admiração votada a Maquiavel pelo escritor Mazzini, que o apelidou de "o grande incompreendido".

A admiração por Maquiavel, por parte desses pensadores, de excepcional valor moral, explica a fama alcançada pelo grande florentino e as infâmias contra ele lançadas pela incompreensão. Se *O Príncipe* fosse apenas um conjunto de colocações, inspiradas por oportunismo, e dedicadas a um soberano ansioso por um conselheiro sem escrúpulos, a obra não teria atravessado os séculos com tal projeção, nem dela teriam sido publicadas tantas novas traduções, em todas as línguas, bem como inúmeras edições italianas. *O Príncipe* de Maquiavel tem, na verdade, significado universal, transcendendo a modesta intenção do florentino, que quis apenas aconselhar um príncipe, em particular, mas acabou aconselhando todo tipo de governante, deixando de ser "local" para tornar-se "universal".

Cumpre, por fim, observar que o príncipe, governante experimentado, tinha discernimento suficiente para extrair da obra apenas o que lhe interessava, não se deixando influir, de modo algum, por todos os conselhos e por todas as sugestões do autor e também deve ter sorrido irônica e complacentemente quando leu, na parte final do intróito, o criticável lamento e também a velada súplica de Maquiavel, que teria suportado, "imerecidamente, grande e contínua maldade do destino", por não ocupar um cargo público bem remunerado.

Impressionante ainda foi a grande admiração de Napoleão Bonaparte pelo ensaio *O Príncipe*, seu livro de cabeceira, que o acompanhou durante os períodos de sua vida – General, 1.º Cônsul, Imperador e simples desterrado em Elba –, como se vê pelas centenas de pertinentes anotações (773, para ser exato), que fez à obra que lia e relia continuamente.

# O Príncipe
## Nicolau Maquiavel
## ao Magnífico Lourenço de Médici

### Nicolaus Machiavellis
### ad Magnificum Laurentium Medicem

**1.** Na maioria dos casos, os que desejam conquistar as boas graças de um Príncipe costumam oferecer-lhe, de presente, as coisas que lhe são mais caras, ou com as quais os veem deleitar-se; donde se vê, muitas vezes, lhe serem oferecidos cavalos, armas, tecidos de ouro, pedras preciosas e semelhantes ornamentos, dignos de sua grandeza.

Desejando eu, então, dar a Vossa Magnificência o testemunho de meu penhor, não encontrei, entre meus pertences, coisa alguma que eu mais prezasse ou que tanto estimasse quanto o conhecimento das ações dos grandes homens, que adquiri com longa experiência das coisas atuais e com a contínua lição das antigas, as quais, tendo-as eu, com grande afinco e longamente cogitado e examinado, reduzidas a este pequeno volume, remeto-o a Vossa Magnificência.

**2.** E, embora eu considere esta obra indigna da altura de Vossa Magnificência, todavia confio bastante que, por sua bondade, deva ser aceita, levando-se em conta que eu não possa oferecer-lhe maior presente do que facultar-lhe que, em brevíssimo tempo, possa entender aquilo que eu, em tantos anos e com tantas dificuldades e perigos, pude conhecer e compreender. Obra esta que não enfeitei, nem preenchi de períodos longos ou de palavras pomposas e magníficas, ou de qualquer outra lisonja ou ornamento extrínseco, com que muitos costumam descrever e ornar suas obras:[1] porque não desejei que nenhum outro a honre, ou que apenas a variedade da matéria e a gravidade do tema a torne agradável. Nem quero que seja reputada presunção o fato de um homem de baixa e ínfima classe discorrer e pontificar sobre o governo dos príncipes, porque, assim como os que desenham as paisagens se colocam, embaixo, na planície, para captar a natureza dos montes e dos lugares altos e, para captar as planícies, sobem ao alto dos montes,[2] assim também, para

---

1. Como, por exemplo, Tácito e Gibbon (*General*).
2. Assim iniciei e assim é que se deve iniciar. O fundo do vale torna-se mais bem conhecido, quando visto do alto do monte (*1.º Cônsul*).

conhecer a natureza dos povos, é preciso ser príncipe e para conhecer a dos príncipes é preciso ser povo.

**3.** Receba, então, Vossa Magnificência, este pequeno presente, com a mesma intenção com que eu o envio. Se esta obra for diligentemente considerada e lida, Vossa Magnificência conhecerá meu grande desejo de que atinja a altura que o destino e suas demais qualidades lhe asseguram. E, se Vossa Magnificência, do ápice de sua plenitude volver, alguma vez, os olhos para baixo, perceberá quão imerecidamente tenho suportado grande e contínua maldade do destino.

# Capítulo I
## DE QUANTAS ESPÉCIES SÃO OS PRINCIPADOS E DE QUE MODO SE ADQUIREM

**4.** Todos os Estados, todos os governos que tiveram e ainda têm poder sobre os homens, são repúblicas ou principados.

Os principados ou são hereditários, quando seu chefe é o príncipe há longo tempo ligado pelo sangue, ou são novos. Os novos ou são totalmente novos,[3] como o de Milão com Francesco Sforza, ou são membros acrescentados ao Estado hereditário do príncipe que os recebe, como é o caso de Nápoles recebido do rei da Espanha. Estes domínios, assim adquiridos, sujeitos a viverem sob um príncipe, ou costumam ser livres, e se adquirem com armas alheias, ou com as próprias, pela sorte ou pelo valor do mérito.

---

3. Assim será o meu, se Deus me der vida longa (*General*).

## Capítulo II
## DOS PRINCIPADOS HEREDITÁRIOS

Tratar-se-á apenas dos principados e de como *"se podem governar e manter"*. Os hereditários conservam-se facilmente.

**5.** Deixarei de falar das repúblicas, porque delas já tratei longamente. Referir-me-ei apenas aos principados[4] e tentarei tecer as tramas acima e discutirei como estes podem ser governados e mantidos.

Digo, então, que, nos Estados hereditários, e ligados ao sangue de seu príncipe, são bem menores as dificuldades de mantê-los que os novos,[5] porque basta somente não preterir a ordem de seus ancestrais e, depois, contemporizar com as situações acidentais; de modo que, se tal príncipe for de inteligência comum, sempre se manterá no seu Estado, a não ser que haja força extraordinária e excessiva, que o prive deste; e, mesmo que seja privado deste, por pior que seja o ocupante,[6] pode readquiri-lo.

### O ducado de Ferrara

**6.** Temos, na Itália, por exemplo, o duque de Ferrara, que se opôs aos ataques dos Venezianos, em 1484, e aos do papa Júlio em 1510, apenas por ser antigo naquele domínio, porque o príncipe herdeiro tem menos causas e menos necessidades de causar mal; daí advindo que seja mais amado; e, se defeitos extraordinários não

---

4. Nada existe melhor do que isto, por mais que me digam, mas prefiro afinar pelo mesmo diapasão que eles, até nova ordem (*General*).
5. Procurarei superar essa desvantagem, tornando-me o mais antigo dentre os soberanos da Europa (*General*).
6. É o que veremos. O que me favorece é que o venci, tirando-o não dele, mas sim de terceiro, desprezível lodaçal de republicanismo. O odioso da usurpação não incide sobre minha cabeça. Os forjadores de frases, a meu soldo, disso o persuadiram: "destronou simplesmente a anarquia". Meus direitos ao trono de França estão mal fundamentados no romance de Lemont. A respeito do trono da Itália terei uma dissertação de Motga. Isto é preciso para os italianos que apreciam bons oradores, mas, para os franceses, bastaria um romance. A plebe ignara receberá homilias de bispos e padres que eu ordenar, bem como catecismo aprovado pelo núncio apostólico e não resistirá a essa magia. Não lhe falta coisa alguma, já que o Papa ungiu minha fronte imperial. Sob este ângulo, pareço mais inamovível que qualquer dos Bourbons (*Imperador*).

o tornam odiado, razoável é que naturalmente seja benquisto por sua gente. E, na antiguidade, a perpetuação do poder apagou as memórias e as causas das inovações; porque uma mudança deixa sempre base para a edificação de outra.⁷

---

7. Quantas pedras angulares me deixam! Os outros, contudo, ainda estão lá e seria preciso que não ficasse nem um para que eu perdesse toda esperança. Então, voltarei a encontrar as minhas águias, os meus N., os meus bustos, as minhas estátuas e, quem sabe, ainda, a carruagem imperial de minha coroação. Tudo isto incessantemente salta aos olhos do povo, que se inclina para o meu lado e faz com que todos nunca me esqueçam (*Desterrado na Ilha de Elba*).

## Capítulo III
## DOS PRINCIPADOS MISTOS

Em principado que se conquista, há dificuldades para mantê-lo. Os inimigos vencidos e os amigos insatisfeitos fomentam a rebelião.

7. No principado novo, entretanto, persistem as dificuldades. Primeiro, se não for tudo novo, mas sim algo acrescentado a um Estado hereditário (que se pode chamar de quase misto),[8] as variações nascem, em primeiro lugar, de uma dificuldade natural, comum aos principados novos; a saber, que os homens mudam, de boa vontade, de senhor, acreditando melhorar; e esta crença os faz tomar armas contra o atual; no que se enganam, ao perceberem, por experiência, terem piorado.

Isso depende de outra necessidade natural e comum, que faz com que o novo príncipe precise fazer mal aos súditos, com armas e com outras infinitas injúrias, o que acarreta nova conquista;[9] de modo que são teus inimigos aqueles que se sentem ofendidos por ocupares o principado, e não podes manter como amigos aqueles que te puseram lá, pois estes podem estar insatisfeitos como pensavam; e por não poderes empregar contra eles remédios fortes, obrigado que estás para com eles, porque sempre, mesmo que sejas fortíssimo nos exércitos, necessitas do favor dos habitantes,[10] para entrar numa província. Por estas razões, Luís XII, rei da França, ocupou rapidamente Milão e rapidamente a perdeu,[11] bastando, para tanto, a primeira vez, as forças de Ludovico, porque o povo que lhe havia aberto as portas, percebendo que se havia enganado, quanto à sua opinião sobre ele e pelo futuro bem que dele esperava,[12] não pôde suportar as pompas do novo príncipe.

Se se reconquista um país rebelado, é mais difícil perdê-lo. Exemplo é o ducado de Milão, reconquistado por Luís XII.

---

8. Tal como será o meu no Piemonte, na Toscana, e na minha Roma (*1.º Cônsul*).
9. Pouco se me dá, porque a vitória tudo justifica (*1.º Cônsul*).
10. Velhacos! Fazem-me conhecer cruamente esta verdade. Não me desembaraçassem de sua tirania e eu teria sido massacrado (*Imperador*).
11. Não teriam obtido êxito contra mim os austro-russos, em 1793, caso eu houvesse lá permanecido (*1.º Cônsul*).
12. Pelo menos eu não frustraria as esperanças dos que me abriram as portas em 1796 (*Desterrado na Ilha de Elba*).

**8.** É bem verdade que, conquistando-se, pela segunda vez, os países rebelados, estes se perdem com mais dificuldade, porque o senhor, por ocasião da rebelião, hesita menos em punir os delinqüentes, identificar os suspeitos e corrigir as próprias fraquezas.[13] Assim, para que a França perdesse Milão, na primeira vez, bastou que o duque Ludovico lhe ameaçasse as fronteiras, mas, na segunda vez, foi necessário ter contra si o mundo todo e que os exércitos franceses fossem derrotados ou fugissem da Itália;[14] o que decorre das causas acima. Não obstante, foi-lhe tomada, pela primeira e segunda vez.

Como se conservam. Estados que são "da mesma província e da mesma língua" que a do "Estado antigo", ao qual se agregam, como, por exemplo, a Bolonha, a Bretanha, a Gasconha e a Normandia, conquistadas pelo rei da França.

**9.** As causas universais da primeira já foram expostas; resta, agora, falar sobre as da segunda e ver que remédios haveria a França de usar e quais podem ser aqueles para poder melhor manter a conquista.[15]

Digo, portanto, que os novos Estados, conquistados e anexados ao Estado antigo, ou são da mesma província e da mesma língua ou não. Se são, é fácil anexá-los, máxime quando não estão habituados a viver livres;[16] e para possuí-los, basta seguramente fazer desaparecer a linhagem do príncipe que os dominava, porque, mantendo-se, nas outras coisas, as condições anteriores,[17] e não havendo disparidade de costumes, os homens vivem calmamente, como ocorreu na Borgonha, na Bretanha, na Gasconha e na Normandia, que por tanto tempo pertenceram à França; e, embora houvesse alguma diferença de língua, os costumes são semelhantes, podendo eles facilmente conviver.[18] E o conquistador, se quiser mantê-los, deve respeitar duas regras: uma, fazer que o sangue de seu príncipe se extinga; a outra, não alterar nem as leis, nem os impostos; de tal modo que, em brevíssimo tempo, se torne um só corpo com o principado antigo.

Conquista de "Estados em província diferente de língua, de costumes, de leis". Para conservá-los é útil torná-los habitáveis ou transformá-los em colônias.

---

13. Dediquei-me a isto ao recuperar esse país no ano de 1800. O príncipe Carlos que responda se me saí bem da empresa. Não entendem nada disso e sempre estão procurando ferir-me (*Imperador*).
14. Isso já não acontece (*1.º Cônsul*).
15. Sobre isto tenho conhecimento maior do que o de Maquiavel (*1.º Cônsul*). Esses meios nem sequer são suspeitados por eles, e, se a estes se acrescentam outros comentários: ótimo! (*Desterrado na Ilha de Elba*).
16. Ainda que estivessem, eu saberia dominá-los (*General*).
17. Jamais esquecerei disto, em qualquer território que eu domine (*General*).
18. A Bélgica, que se acha mais ou menos nessas condições, oferece esplêndido exemplo disto, graças a mim (*1.º Cônsul*).

**10.** Quando, porém, se conquistam Estados em província de língua, de costumes e de leis diferentes, surgem dificuldades, sendo necessária muita sorte e grande habilidade para conservá-los. Um dos melhores e mais eficazes remédios seria que o conquistador fosse habitá-los,[19] o que tornaria mais durável a posse, como fizeram os turcos, na Grécia, os quais, com todas as outras leis, por eles observadas para manter aquele Estado, se não fossem habitá-lo, não teria sido possível mantê-lo. Porque, se o conquistador estiver presente, verá nascer as desordens e poderá remediá-las logo; em caso contrário, só terá notícias delas, quando não mais houver remédio.[20] Não será, além disso, a província espoliada por seus oficiais, satisfazendo os súditos com o recurso mais fácil ao príncipe, tendo, então, mais razões para amá-lo, querendo ser bons e, não o querendo, certo temê-lo.[21] Os ataques externos àquele Estado serão mais difíceis, de modo que, habitando-o, haverá muita dificuldade em perdê-lo.

**11.** Outro remédio melhor é organizar colônias em um ou dois lugares, que sejam quase grilhões daquele Estado, pois é necessário fazer isso ou ter mais armas[22] e infantaria. Nas colônias, não se gasta muito e, sem grande despesa, podem ser criadas e mantidas; e somente serão prejudicados aqueles a quem se tomam os campos e as casas, para dá-los aos novos habitantes,[23] que são minoria naquele Estado; e os prejudicados, dispersos e pobres, não podem causar dano ao príncipe e os outros permanecem inofensivos, num canto (e por isso deveriam acalmar-se), temerosos para não errar, de medo que lhes acontecesse o mesmo[24] que aos espoliados. Concluo que estas colônias não custam muito, são fiéis,[25] prejudicam menos; e os prejudicados não podem causar danos, já que são pobres e dispersos, como já foi dito.[26]

Por aí se nota que os homens devem ser mimados ou exterminados; porque, se se vingam das ofensas leves, das graves não o podem; assim, a ofensa a um homem deve ser tal que não se tema a vingança.[27]

---

19. Prestar-lhe-ão ajuda (*General*).
20. Aqui Maquiavel é ingênuo. Poderia ele conhecer tão bem como eu o poder da força? Demonstrarei o contrário em seu próprio país, na Toscana, assim como no Piemonte, Parma, Roma (*Imperador*).
21. Conseguirei os mesmos resultados sem esse tipo de precaução ditado pela fraqueza? (*1.º Cônsul*).
22. Outra ingenuidade! A força! (*General*).
23. Suprirei esta lacuna mediante vice-reis ou reis, que serão apenas dependentes meus. Farão apenas o que eu ordenar, sem o que, serão destituídos (*Imperador*).
24. Convém que enriqueçam se, por outro lado, me servirem a contento.
25. Que me temam, e isto me bastará (*Imperador*).
26. No que me diz respeito, impossível. O terror ao meu nome equivalerá à minha presença ali (*Imperador*).
27. *Ad abundantiam iuris*, faz-se uma coisa e outra (*1.º Cônsul*).

"Em compensação, tendo-se, em vez de colônias, exército, se gasta muito mais."

Tendo-se, porém, em vez de colônias, exércitos, gasta-se muito mais, com a guarda, toda a receita daquele Estado;[28] de modo que a conquista se torna perda e prejudica muito mais, porque prejudica todo o Estado, com as mudanças de alojamento do exército;[29] estes transtornos os sentem e cada um se torna seu inimigo; e são inimigos aqueles que podem prejudicá-lo, permanecendo, derrotados, em suas casas.[30] Por todos esses motivos, então, a guarda é inútil, assim como a manutenção das colônias é útil.[31]

Quem ocupa uma província deve "tornar-se chefe e defensor dos vizinhos menos poderosos."

**12.** Deve, então, aquele que está em outra província, como foi dito,[32] tornar-se chefe e defensor de vizinhos menos poderosos, e empenhar-se para enfraquecer os poderosos daquela, além de precaver-se para que, por algum acidente, chegue um estrangeiro mais poderoso que ele.[33] E sempre intervirá aquele que for chamado pelos descontentes por muita ambição ou por temor;[34] como já se viu, os Etólios chamaram os romanos à Grécia; e em todas as outras províncias em que entraram, foram chamados pelos da província.[35] E a ordem das coisas é que, assim que os poderosos estrangeiros chegam a uma província,[36] todos os que estão enfraquecidos os apoiam, movidos pela inveja, contra quem é mais poderoso que eles;[37] assim, relativamente a esses poderosos menores, nada custa ganhar-lhes o apoio, porque rapidamente, todos juntos, voluntariamente, formam um bloco, com o Estado que conquistaram.[38] Há

---

28. Bom raciocínio. Servir-me-ei dele (*1.º Cônsul*).
29. É assim que eu os desejo (*Imperador*).
30. Tudo isto será feito no Piemonte, quando eu o incorporar à França. Quanto às minhas colônias, disporei dos bens confiscados antes de chegar e a que se convencionou chamar de bens "nacionais" (*General*).
31. Cabe agora torná-las leves aos meus por espírito de bondade; vingar-se-ão delas, apesar disso, em meu benefício. Conhece-se o abecê da arte de reinar, ignorando que desagradar pouco é equivalente a desagradar muito? (*Desterrado na Ilha de Elba*).
32. Não observei muito esta regra, porém, armam aqueles a quem ofendem e estes ofendidos me pertencem (*Desterrado na Ilha de Elba*).
33. Recebam-se os impostos, de modo que fiquem algumas sobras a eles (*1.º Cônsul*).
34. Não os temo, quando os obrigo a ficar nela e dela não sairão, pelo menos para que se unam contra mim (*1.º Cônsul*).
35. O melhor meio para isso é subtrair-lhes o poder e ficar com os despojos deles. Módena, Placência, Parma, Nápoles, Roma e Florença proporcionaram outros novos (*1.º Cônsul*).
36. Aguardo a Áustria na Lombardia (*1.º Cônsul*).
37. Os que podem ser chamados à Lombardia não são os romanos (*General*).
38. Que belo auxílio a Áustria encontraria contra mim nas débeis potências atuais da Itália (*General*).

que pensar somente que não tomam muitas forças e muita autoridade; e facilmente pode, com suas forças e ajuda, subjugar os poderosos, para permanecer, em tudo, árbitro daquela província.[39] E quem não governar bem essa parte, logo perderá o que conquistou e, enquanto a tiver, terá infinitas dificuldades e aborrecimentos.[40]

## Romanos na Grécia

**13.** Os romanos, nas províncias conquistadas, observaram bem esta parte;[41] e organizaram colônias, apoiaram os menos poderosos, sem aumentar-lhes as forças, subjugaram os poderosos e não permitiram que os estrangeiros adquirissem força.[42] Basta-me, como exemplo, somente a província da Grécia: foram detidos por eles os Aqueus e os Etólios; subjugou o reino dos Macedônios e expulsou Antíoco;[43] jamais os méritos dos Aqueus ou dos Etólios lhes permitiram aumentar seus Estados; jamais permitiram a Felipe que convencesse os Romanos a serem amigos, nem dominá-los; nem consentiram que a força de Antíoco pudesse ter um Estado naquela província.[44] Porque os Romanos fizeram, nestes casos, o que todos os príncipes sábios devem fazer: os quais, não somente têm de resguardar-se das desordens presentes, mas das futuras, que devem ser evitadas com toda habilidade; porque, prevendo-se afastado, facilmente se pode remediá-lo; esperando, porém, que se aproximem, o remédio não chegará a tempo, porque a doença se tornou incurável.[45] E disso se conclui, como dizem os médicos sobre a tuberculose, que, no princípio do mal, é fácil curá-lo e difícil reconhecê-lo, porém, com o passar do tempo, não tendo sido reconhecida, nem medicada, torna-se fácil reconhecê-la e difícil curá-la.[46] Assim acontece com as coisas do Estado, porque, conhecendo-se os males com antecedência (o que não é dado senão aos prudentes), rapidamente são curados; mas quando, por não terem sido reconhecidos, permite-se que cresçam, a ponto de todos os conhecerem, não mais terão cura.

É necessário prever "os inconvenientes". Não se evita a guerra, mas se protela, para vantagem de outros.

---

39. Conquistá-los! Não me darei a esse trabalho. Obrigá-los-ei pela minha força a me obedecer, especialmente dentro do plano da Confederação do Reno (*Imperador*).
40. Plano bom para seguir, relativamente a meus projetos sobre a Itália e a Alemanha (*General*).
41. Maquiavel admirar-se-ia com arte com que soube poupá-los (*Imperador*).
42. Aí se cuida de desacreditá-los (*1.º Cônsul*).
43. E por que não todo o restante? (*1.º Cônsul*).
44. Não era ainda o suficiente. Os filhos de Rômulo e Remo ainda precisariam da minha Escola (*Imperador*).
45. Foi o melhor que fizeram (*1.º Cônsul*).
46. Maquiavel devia estar doente de espírito quando escreveu isto, ou teria ido ao médico (*Imperador*).

**14.** Os Romanos, porém, percebendo, de longe, os inconvenientes, sempre os remediaram; e nunca os deixaram continuar, para evitar uma guerra; porque sabiam que guerra não se evita, mas, se for protelada, será vantagem para outros;[47] assim, fizeram guerra com Felipe e Antíoco, na Grécia, para não ter de fazê-la com eles, na Itália; podiam tê-las evitado, mas não o fizeram.[48] Nem lhes agradava confiar no tempo, para resolver as questões, como é dito pelos sábios de nossa época, mas só se apoiaram na própria coragem e prudência, porque o tempo resolve todas as coisas, podendo transformar o bem em mal e o mal em bem.[49]

## Os cinco erros de Luís XII na Itália

**15.** Mas, voltemos à França e examinemos como ela procedeu em situações idênticas; e falarei de Luís e não de Carlos, pois aquele manteve, por longo tempo, possessões na Itália, e melhor se observaram os seus progressos; e vereis como ele procedeu, ao contrário do que deveria ser feito, para manter um Estado em província diferente.[50]

**16.** O rei Luís ocupou a Itália pela ambição dos Venezianos, que quiseram ganhar, por esse meio, o Estado da Lombardia,[51] o qual desejavam. Não quero censurar o partido que o rei tomou, porque, querendo fincar pé, na Itália, e não tendo amigos nesta província, mas ao contrário, dado o comportamento do rei Carlos, fechadas a ele todas as portas, foi obrigado às alianças que podia e teria sido bem sucedido na decisão que tomou, se, nas outras alianças que fez, não tivesse cometido erro algum. Assim, conquistada a Lombardia, o rei recuperou a reputação que Carlos perdera: Gênova cedeu, os Florentinos tornaram-se seus amigos, do mesmo modo que o marquês de Mântua, o duque de Ferrara, Bentivoglio, a senhora de Forli, o senhor de Faenza, o de Pesaro, o de Rimini, o de Camerino, o de Piombino, os de Luca, os de Pisa e os de Siena, todos, se fizeram seus amigos.[52] E, só então, perceberam os de Veneza a temeridade do partido que tinham tomado, pois para conquistar duas porções de terras, na Lombardia, fizeram Luís ser o rei senhor da terça parte da Itália.[53]

---

47. Importante adágio, do qual preciso extrair uma das principais regras de minha orientação política e militar (*General*).
48. São covardes e, se conselheiros desse naipe me aparecessem eu os... (*General*).
49. É preciso saber dominar um e outro (*General*).
50. Determinarei aí o uso da língua francesa, a começar pelo Piemonte, província mais próxima da França. Nada é mais eficiente para introduzir os costumes de um povo em outro, estrangeiro, do que impor-lhe a sua língua (*General*).
51. Muito mais fácil ser-me-ia comprar os genoveses, que por especulação fiscal, permitiram-me entrar na Itália (*General*).
52. Dei-me esta honraria e certamente não cometerei os mesmos lapsos (*General*).
53. Os lombardos, aos quais fingi entregar a Valtelina e as regiões de Bérgamo, Mântua e Bréscia, infundindo-lhes o gosto republicano, já me prestaram idêntico serviço. Apossando-me de seu território, logo terei o resto da Itália (*General*).

**17.** Considere-se, pois, com quão pouca dificuldade conseguiu o rei conservar, na Itália, sua reputação, observando as regras supramencionadas e assegurando as defesas de todos aqueles seus amigos, os quais, por serem em grande número, e fracos, e temerosos da Igreja e dos Venezianos, sempre precisavam permanecer a seu lado, pois, por seu intermédio, poderiam facilmente dominar o que permanecia grande.[54] Ele não foi primeiro a Milão, mas fez o contrário, auxiliando o Papa Alexandre a ocupar a Romanha. Nem se pense, com esta deliberação, que se tornaria mais fraco, pois afastava de si não só os amigos e os que lhe caíam nos braços, como a forte Igreja,[55] acrescentando ao poder espiritual, que tanta autoridade lhe dava,[56] o poder temporal. E, cometido o primeiro erro, foi obrigado a cometer outros, de tal modo que, para pôr fim à ambição de Alexandre e para evitar que se tornasse senhor da Toscana, foi obrigado a ir à Itália.[57] Não lhe bastou ter tornado grande a Igreja e ter perdido os amigos, pois, pretendendo o reino de Nápoles, dividiu-o com o rei da Espanha e, de árbitro da Itália, que antes era, para lá levou um companheiro, ao qual os ambiciosos e descontentes daquela província, deveriam recorrer, e onde poderia deixar um rei, seu amigo, que não o traísse,[58] colocou um que poderia expulsá-lo.[59]

**18.** É fato realmente natural e comum o desejo de conquistar; e sempre que os homens fazem o que podem são louvados e não criticados; mas, quando não podem e querem fazê-lo, de qualquer modo, incorrem em erro e são censurados.[60] Se a França, então, pudesse, com suas forças, tomar Nápoles, deveria fazê-lo; e, se não o pudesse, não deveria dividi-la. E, se feita a divisão da Lombardia, com os Venezianos, mereceu escusa por ter com isso posto os pés na Itália, a de Nápoles merece censura, por não ter a desculpa da necessidade.[61]

### O sexto erro

**19.** Luís, então, cometera estes cinco erros: abateu os menos poderosos, aumentou, na Itália, o poder de um poderoso,[62] trouxe para ela um estrangeiro poderosíssimo,

---

54. Não precisarei deles para obter essa vantagem (*General*).
55. Erro crasso! (*General*).
56. É absolutamente necessário que eu embote os dois gumes da faca. Luís XII não passava de um tolo (*General*).
57. Também o farei, mas a divisão que eu fizer preservar-me-á a supremacia que não me será disputada por meu bom José (*Imperador*).
58. Como ocorrerá com aquele colocado por mim ali (*Imperador*).
59. Se precisar tirar de lá o meu José, não ficarei tranqüilo quanto ao sucessor que haverei de lhe arranjar (*General*).
60. Nada faltará às minhas (*General*).
61. Dá-se um jeito (*General*).
62. Não seria um erro, se ele não tivesse cometido outros (*General*).

não veio habitar na Itália, e nem mandou colônias para lá. Estes erros, estando ele vivo, poderiam ainda não prejudicá-lo, se não tivesse cometido o sexto: o de tomar o Estado dos Venezianos;[63] pois mesmo que não tivesse fortalecido a Igreja, nem posto a Espanha na Itália, seria bem razoável e necessário diminuí-los; tendo, porém, tomado essas primeiras decisões, não deveria jamais ter consentido na ruína deles, porque tendo aqueles poderosos sempre mantido distância da conquista da Lombardia, porque os Venezianos não o teriam consentido sem tornar-se seus senhores,[64] nem os outros queriam tirá-la da França, para dá-la a eles. Mas não teriam tido coragem para tirá-los. E se alguém dissesse: o rei Luís cedeu a Alexandre a Romanha e à Espanha o Reino,[65] para evitar a guerra, respondo com as razões mencionadas acima: que não se deve jamais permitir um mal para evitar uma guerra, pois não se pode evitá-la, apenas adiá-la, para a própria desvantagem. Se alguns outros alegassem a palavra que o rei havia empenhado ao papa, de fazer aquela conquista, em troca da dissolução do seu casamento e do chapéu cardinalício de Rouen, respondo com o que, para mim, mais adiante se dirá sobre a palavra dos príncipes e como se deve conservá-la.[66]

**20.** Assim, o rei Luís perdeu a Lombardia por não haver observado algumas daquelas normas, seguidas, porém, pelos que conquistaram províncias e as quiseram conservar. Isso não é milagre, mas até muito comum e razoável. Deste assunto falei em Nantes com o cardeal de Rouen, quando Valentino (pois assim era chamado popularmente César Bórgia, filho do papa Alexandre), ocupava a Romanha, porque me dizia o cardeal de Rouen que os Italianos não entendiam de guerra e retruquei que os Franceses não entendiam de Estado; se entendessem, não cederiam tanto poder à Igreja.[67] E, viu-se, por experiência, que a grandeza daquela, na Itália e a da Espanha, foi causada pela França[68] e a ruína desta foi causada por elas.[69] Do que se extrai uma regra geral, que jamais ou raramente falha: quando alguém é causa do poder de outrem, arruína-se, pois esse poder é causado por habilidade ou força e uma e outra é suspeita a quem se tornou poderoso.[70]

---

63. O erro consistiu em não haver agido no tempo devido (*General*).
64. Raciocínio bem bom para aquele tempo (*Imperador*).
65. Ao primeiro sinal de descontentamento, declarai guerra: essa rapidez na decisão, uma vez sabida, tornará os inimigos prudentes (*General*).
66. Nisto está a da política e minha regra é que a respeito nunca deveremos deixar esquecido este conceito (*General*).
67. Algo mais seria necessário para que Roma estigmatizasse Maquiavel? (*General*).
68. Pagar-me-ão caro (*Imperador*).
69. Jamais farei isso (*Imperador*).
70. Parece que os inimigos não o temem.

## Capítulo IV
### POR QUE RAZÃO O REINO DE DARIO, OCUPADO POR ALEXANDRE, NÃO SE REBELOU CONTRA OS SUCESSORES DESTE, APÓS A MORTE DE ALEXANDRE[71]

Os principados podem ser "governados de dois modos diversos".

**21.** Consideradas as dificuldades com as quais se deve contar para manter um Estado recém-conquistado, poder-se-ia alguém espantar com o fato de, tendo Alexandre Magno, em poucos anos, ficado senhor da Ásia e tendo morrido logo depois de havê-la ocupado,[72] não se tenham rebelado aqueles Estados, como teria sido natural. Os sucessores de Alexandre, porém, conservaram-se e não tiveram para isso outro impedimento senão o que nasceu entre eles por ambição própria.[73] Respondo que os principados, dos quais conservamos a lembrança, são governados de dois modos: ou por um príncipe, que com outros servidores, os quais, como ministros, por sua graça e concessão, o ajudam a governar o reino, ou por um príncipe e barões, os quais não pela graça do Senhor, mas por antiguidade de sangue possuem esse grau. Tais barões têm Estados e súditos próprios, que os reconhecem como senhores e têm por eles natural afeição. Nos Estados governados por um príncipe e seus servidores, este possui mais autoridade, porque, em toda sua província, não há ninguém que se reconheça ser superior a ele; se obedecerem a outro, fazem-no apenas como a um ministro e oficiais e não lhes dedicam nenhuma afeição particular.[74]

---

71. Atenção a isto: não espero reinar mais do que trinta anos e pretendo ter filhos aptos a me sucederem (*Imperador*).
72. Para conservá-lo bastaria, tão só, a força do nome de Alexandre (*Imperador*).
73. Carlos Magno mostrou-se mais prudente do que o louco Alexandre, que pretendeu que seus sucessores lhe celebrassem o funeral de armas na mão.
74. Tradição do feudalismo, que receio ver-me obrigado a ressuscitar, se meus generais ainda insistirem muito nisso (*Imperador*).

## O império turco e o rei de França

**22.** Os impérios destas duas modalidades de governos são, em nossa época, o império Turco e o do rei de França.[75] Todo sultanato Turco é governado por um só senhor. Os outros são seus servidores e, dividindo o reino em *sandjacs*, tem diversos administradores, que ele muda e varia como bem lhe apraz.[76] Mas o rei de França está colocado em meio a uma multidão tradicional de senhores, reconhecidos e amados por seus súditos;[77] possuem prerrogativas e o rei não pode privá-los delas, sem correr perigo. Quem considera, então, estes dois estados, encontra dificuldade em conquistar o Estado Turco, mas, uma vez vencedor, terá grande facilidade em mantê-lo. Assim, ao contrário, encontrareis, a esse respeito, mais facilidade em ocupar o Estado de França, mas grande dificuldade em mantê-lo.

Da "dificuldade na conquista do Estado Turco, mas vencida essa, da grande facilidade em mantê-lo".

**23.** As razões da dificuldade em poder ocupar o reino turco, são de não poder ser chamado de príncipe daquele reino, nem esperar, com a rebelião dos que o rodeiam, poder facilitar sua empresa. O que nasce das razões expostas[78] acima, porque, sendo todos escravos e dominados, podem corromper-se com mais dificuldade, e, ao se corromperem, não se pode esperar disso vantagens, não podendo eles arrastar os povos, pelas razões assinaladas.[79] Quem atacar o Sultão deve necessariamente pensar que irá encontrá-lo unido, sendo-lhe conveniente esperar mais das forças próprias do que das desordens de outros.[80] Fosse, porém, vencido e desbaratado na campanha, de modo que não pudesse refazer seus exércitos, não há de que duvidar, senão do sangue do príncipe, que, se derramado, não resta ninguém para temer, uma vez que os outros não têm a confiança dos povos; e como o vencedor, antes da vitória, nada podia esperar dele, assim, também não deve, depois dela, temê-los.[81]

Da facilidade de conquistar o reino da França e das "infinitas dificuldades de mantê-lo".

---

75. Ótimo! Farei todo o possível para consegui-lo.
76. Os caprichos dos imperadores são sempre dignos de respeito, pois terão motivos para concebê-los (*Imperador*).
77. Essa dificuldade, pelo menos, eu não a tenho, embora tenha outras tantas equivalentes (*Imperador*).
78. Descubramos meios extraordinários, porque é absolutamente necessário que o Império do Oriente volte ao do Ocidente (*Imperador*).
79. Oxalá estivesse, em França, numa semelhante situação (1.º *Cônsul*).
80. Meus soldados e o meu nome.
81. Porque, evidentemente, não posso promover a mudança de lugar da Turquia e da França! (*Imperador*).

**24.** O contrário sucede nos reinos governados como o da França, porque podes entrar facilmente, aliciando algum barão do reino, já que sempre se encontram descontentes, e os que querem inovar.[82] Estes, pelas razões citadas, podem abrir-te o caminho àquele Estado e facilitar-te a vitória. Esta, se depois, quiseres mantê-la, terás infinitas dificuldades, tanto com os que te ajudaram, como com os que oprimiste; nem basta extinguires o sangue do príncipe,[83] porque permanecem os senhores, que se farão chefes das novas revoltas;[84] e, não podendo nem contentá-los, nem extingui-los, perdes aquele Estado na primeira ocasião que aparecer.[85]

O governo de Dario era semelhante ao do Sultão.

**25.** Ora, se considerardes a natureza do governo de Dario, vereis que era semelhante ao do Sultão;[86] mas a Alexandre foi necessário primeiro derrubá-lo todo e vencê-lo em campo aberto. Depois da vitória, morto Dario, ficou Alexandre com o Estado seguro, pelas razões acima mencionadas. E seus sucessores, se tivessem permanecido unidos, poderiam gozar o reino sem esforço; pois nesse reino não haveria outras rebeliões, senão as que eles próprios suscitassem. Mas Estados organizados como o da França[87] são impossíveis de conquistar com tanta tranqüilidade. Assim, surgem as frequentes rebeliões da Espanha, da França, da Grécia dos Romanos, nos mesmos principados que estavam naqueles Estados, pois, enquanto lhes perdurou a memória, os Romanos sempre ficaram incertos de sua posse; extinta, porém, a memória daqueles Estados, com o poder e a continuidade do império, tornaram-se seguros donos deles.[88] Puderam, também, os Romanos, combatendo, mais tarde, entre si, tirar parte daquelas províncias, segundo a autoridade que possuíam; e estas, por estar extinto o sangue de seus antigos senhores, não reconheceram senão os Romanos. Consideradas, então, todas essas coisas, ninguém se surpreenderá do modo fácil com que Alexandre conquistou a Ásia e das dificuldades que outros tiveram em conservar o conquistado, como Pirro e outros. O que não surgiu da muita, ou da pouca coragem do vencedor, mas da fraqueza do vencido.

---

82. Amputar-lhes os braços e abrir-lhes a tampa da cabeça (*1.º Cônsul*).
83. Exemplos disto tenho-os visto de sobra (*Imperador*).
84. Havia-se começado muito bem, em 1793 (*Imperador*).
85. Muito certo (*Imperador*).
86. Dario, porém, não era igual a Alexandre como... (*1.º Cônsul*).
87. Tomei providências quanto a esse fato e providenciarei mais ainda (*Imperador*).
88. Conto com a mesma vantagem no que me diz respeito (*Imperador*).

## Capítulo V
## DE QUE MODO SE DEVE GOVERNAR AS CIDADES OU PRINCIPADOS, QUE, ANTES DE SEREM OCUPADOS, VIVIAM COM AS PRÓPRIAS LEIS

Há três modos de manter os Estados conquistados.

**26.** Quando Estados conquistados, como já foi dito, estão acostumados a viver com as próprias leis, e em liberdade, há três modos de mantê-los: o primeiro, arruiná-los;[89] o segundo, ir habitá-los pessoalmente; e o terceiro, deixar que vivam com as próprias leis,[90] exigindo-lhes tributo e criando governo de poucos, que se conservem amigos. Pois o Estado, criado por aquele príncipe, não poderá existir sem a amizade e o poder deste e ele fará tudo para mantê-lo; e mais facilmente se terá uma cidade habituada a viver livre, com seus cidadãos, do que de outro modo, querendo-se preservá-la.[91]

### Esparta e Roma

**27.** Exemplos são os Espartanos e Romanos. Os Espartanos tinham Atenas e Tebas, criando um Estado de poucos; perderam-nas novamente. Os Romanos, para ter Cápua, Cartago e Numância, destruíram-nas; e não as perderam; queriam conservar a Grécia, quase como a conservaram os Espartanos, tornando-a livre e conservando-lhe as leis. Não o conseguiram, de modo que foram obrigados a destruir muitas cidades daquela província, para conservá-la.

Sobre o domínio das cidades habituadas a viver livres ou a obedecer a um príncipe.

**28.** Porque, na verdade, não há nenhum modo mais seguro do que a ruína. Quem se torna senhor de uma cidade, livre por tradição, e não a destrói, deve esperar ser por ela destruído,[92] porque sempre há, como justificativa, na rebelião, o nome

---

89. Nada vale isto, no século em que vivemos (*General*).
90. Adágio inadequado. Continuar é o melhor (*General*).
91. Comissão executiva de três membros em Milão, como o meu triunvirato ditatorial de Gênova (*1.º Cônsul*).
92. Pode-se fazer isto sem destruí-los, literalmente, de muitos modos, mudando-lhes, entretanto, a constituição (*General*).

da liberdade e suas leis antigas, que jamais se esquecem, nem com o decorrer dos tempos, nem com os benefícios. E por mais que se faça ou se tomem precauções, se não desunirem ou desagregarem os habitantes, eles não recordam nem o nome, nem as leis; e logo, em todas as situações, recorrem às mesmas, como fazem em Pisa, depois de cem anos de suportar o jugo dos Florentinos.[93] Quando, porém, cidades ou províncias se habituam a viver sob um príncipe, cujo sangue foi extinto, por um lado os cidadãos obedecem, por outro, não havendo um príncipe antigo, escolhem um entre eles, pois não sabem viver livres deles. De modo que, mais tarde, terão que pegar em armas e, com mais facilidade, pode um príncipe vencer e dominá-los.[94] Na república, há mais vida, mais ódio e mais desejo de vingança; nem deixam, nem podem permitir que repouse a memória da antiga liberdade. Assim, o caminho mais seguro é extingui-la[95] ou habitá-la.[96]

---

93. Genebra poderia acarretar-me alguma preocupação, mas nada tenho a temer dos venezianos e dos genoveses (*1.º Cônsul*).
94. Especialmente, quando se afirma que se traz liberdade e igualdade ao povo (*General*).
95. Moderação e revolução bastam (*General*).
96. Não é preciso, desde que alguém as tenha revolucionado e afirmando-lhes a liberdade, mantém-nas firmemente sob as mãos (*General*).

## Capítulo VI
## DOS PRINCIPADOS NOVOS QUE SE CONQUISTAM COM ARMAS PRÓPRIAS E VALOROSAMENTE

"O homem prudente deve sempre caminhar pelo caminho trilhado pelos grandes homens."

**29.** Não se surpreenda ninguém se, no discurso que eu fizer sobre os principados totalmente novos, sobre príncipes e Estados, eu citar muitíssimos exemplos, porque, percorrendo os homens, quase sempre, caminhos trilhados por outros e procedendo em suas ações com as imitações,[97] nem podendo ter os caminhos de todos, nem acrescentar nada ao valor daqueles que imitar, deve o homem prudente entrar sempre nos caminhos trilhados por grandes homens e aqueles que imitaram com grande êxito, para que, se seu valor não lhes chega, ao menos lhes proporcione algum perfume da fama.[98] Deve-se fazer como os arqueiros prudentes que, mirando o alvo que de longe desejam atingir, e sabendo até onde pode ir o alcance do arco, colocam a mira bem mais alto do que o alvo destinado, não para alcançar, com a flecha, essa altura, mas para poder, com a ajuda de tão alta mira, atingir o destino proposto.[99]

> Os principados "totalmente novos" mantêm-se com "mais ou menos dificuldade, conforme seja, mais ou menos habilidoso, aquele que os conquista" – Moisés, Ciro, Rômulo, Teseu.

**30.** Digo, pois, que nos principados totalmente novos, onde reine um novo príncipe, se encontra, para mantê-lo, certa dificuldade, conforme seja mais ou menos habilidoso aquele que os conquista e porque o fato de um particular tornar-se príncipe pressupõe habilidade ou sorte[100] e para que uma ou outra destas duas coisas diminua, em parte, muitas dificuldades; entretanto, aquele que tem tido menos sorte, se mantém por mais tempo. Diminuem ainda as dificuldades de ser o príncipe constrangido, por não haver outros Estados, a pessoalmente habitá-los. Para chegar

---
97. Poderei, certamente, fazer com que mintas, às vezes (*General*).
98. Já passei por isto (*General*).
99. Demonstrarei que, apontando-se aparentemente mais para baixo, pode-se com maior facilidade chegar lá (*General*).
100. Habilidade é mais necessária que Sorte; aquela é causa desta (*General*).

aos que pela própria habilidade e não por sorte, se tornaram príncipes,[101] digo que os melhores foram Moisés, Ciro, Rômulo, Teseu e outros semelhantes. E embora não se deva citar Moisés, pois foi mero executor daquilo que lhe era ordenado por Deus, deve, entretanto, ser admirado apenas pela graça que o tornava digno de falar com Deus.[102] Consideremos, porém, Ciro e outros que adquiriram ou fundaram reinos: vós os achareis a todos admiráveis;[103] e se se considerarem suas ações e leis particulares; parecerão não discrepantes das de Moisés, que teve tão grande preceptor. Examinando-lhes as ações e a vida, não se percebe que tivessem recebido da sorte senão a oportunidade, a qual lhes pareceu conveniente;[104] e sem essa oportunidade sua força de ânimo se extinguiria e sem essa força a ocasião teria sido em vão.[105]

**31.** Foi, pois, necessário a Moisés encontrar o povo de Israel, no Egito, escravizado e oprimido pelos Egípcios, para que aqueles, a fim de sair da escravidão[106] se dispusessem a segui-lo. Conviria que Rômulo não permanecesse em Alba e não tivesse sido exposto ao nascer, para querer tornar-se rei de Roma e fundador daquela pátria.[107] Seria preciso que Ciro encontrasse os Persas descontentes com o império dos Medas e os Medas indolentes e efeminados pela longa paz.[108] Teseu não teria podido revelar seu valor, se não tivesse encontrado os Atenienses dispersos.[109] Estas ocasiões, portanto, tornaram esses homens felizes e o excelente valor deles fez aquela ocasião conhecida, de modo que sua pátria foi honrada e se tornou felicíssima.[110]

**32.** Os que, por caminhos nobres, semelhantes a eles, se tornam príncipes, conquistam o principado com dificuldade, mas com facilidade o conservam; e a dificuldade que encontram, na conquista do principado, nasce, em parte, das novas leis e costumes, que são forçados a introduzir para criar o seu Estado e a própria segurança.[111] Deve-se considerar que não há coisa mais difícil de tratar e nem de mais duvidoso êxito, nem mais perigosa de manejar, do que introduzir novas leis:[112] porque o introdutor tem como inimigos todos os que se beneficiaram com as antigas leis[113]

---

101. Isto me diz respeito (*General*).
102. Não aspiro a tais alturas, sem as quais, aliás, poderei passar muito bem (*General*).
103. Aumentarei esta lista (*General*).
104. Já não é necessária. Virá. Estejamos prontos para não deixá-la escapar (*General*).
105. Talento acima de tudo (*General*).
106. Condição e situação atual dos franceses (*General*).
107. Tive a minha benfazeja loba em Brienne. Rômulo, serás eclipsado! (*General*).
108. Nada disso! (*General*).
109. Pobre herói! (*General*).
110. Em nossos dias seria suficiente a sua ciência? (*General*).
111. Isto se consegue com um pouco de astúcia (*1.º Cônsul*).
112. Não se sabe, então, que temos, às nossas ordens, alguns títeres legislativos? (*General*).
113. Frustrar-lhes-ei as atividades (*General*).

e como tímidos defensores todos os que se beneficiaram com as novas leis.[114] Esta timidez nasce, em parte, do temor dos adversários, que têm as leis do seu lado, e, em parte, da incredulidade dos homens e os que não creem na verdade das coisas novas, se não virem uma firme experiência;[115] donde advém que, toda vez que os inimigos têm ocasião de atacar, fazem-no com apoio e os demais defendem timidamente o príncipe, de modo que este periclita junto com eles.[116]

"É necessário examinar se estes inovadores agem por conta própria ou se dependem de outros. Os profetas armados venceram e os desarmados se arruinaram" – SAVONAROLA.

33. É necessário, portanto, desejando discorrer bem sobre esta parte, examinar se estes inovadores agem por conta própria ou se dependem de outros, isto é, se, para levar avante sua obra, precisam implorar, ou se, na verdade, podem forçar. No primeiro caso, são sempre mal-sucedidos e não conseguem coisa alguma,[117] mas quando dependem de si próprios e podem forçar, então raramente periclitam. Donde se conclui que todos os profetas bem armados venceram[118] e os desarmados se arruinaram,[119] porque, de tudo o que foi dito, percebemos que a natureza dos povos varia; e é fácil persuadi-los de uma coisa, mas é difícil firmá-los nesta convicção;[120] convém, pois, ser ordenado, de modo que, quando não mais acreditarem, se possa fazê-los crer à força.[121] Moisés, Ciro, Teseu e Rômulo não teriam podido fazer observar longamente suas instituições, se tivessem estado desarmados, como em nossos tempos, aconteceu com frei Jerônimo Savonarola, que só fracassou com suas leis novas, quando a multidão começou a perceber que ele não tinha autoridade bastante para poder conservar firmes os que nele tinham acreditado, nem para conseguir que os descrentes acreditassem. Estas pessoas, porém, têm grande dificuldade e encontram perigo em seus caminhos, o que devem superar pela coragem;[122] mas superados es-

---

114. O bom homem não sabia como se arranjam então admiradores entusiastas que induzem os demais à desistência (*1.º Cônsul*).
115. Isso ocorre somente com povos relativamente cultos e que conservam um resquício de liberdade (*1.º Cônsul*).
116. Contra tudo isso estou preparado (*1.º Cônsul*).
117. Grande descoberta! Quem seria suficientemente covarde para dar semelhante parte de fraqueza? (*General*).
118. Os projetos são, então, infalíveis (*General*).
119. Nada mais natural (*General*).
120. Tem-me, hoje em dia, principalmente depois do testemunho papal, na conta de piedoso restaurador da religião e núncio do Céu (*1.º Cônsul*).
121. Terei sempre meios para isso (*1.º Cônsul*).
122. Isso não me causa o menor constrangimento.

tes, começam a ser veneradas, tendo destruído os que as invejavam, permanecendo poderosas, seguras, honradas e felizes.[123]

### Hierão de Siracusa

**34.** A exemplos tão grandes desejo acrescentar um menor, mas haverá proporção com aqueles e desejo que baste para todos os outros semelhantes. Trata-se de Hierão de Siracusa.[124] De particular, passou a príncipe de Siracusa, tendo sido essa oportunidade dada pelo destino, pois, estando os siracusanos oprimidos, elegeram-no comandante, o que o elevou a príncipe deles.[125] E revelou tanto valor, na vida privada, que aquele que sobre isso escreveu disse: *quod nihil illi deerat ad regnandum praeter regnum* ("que nada lhe faltava para reinar, senão um reino").[126] Extinguiu o antigo exército, organizou um novo, abandonou antigas amizades e fez novas, e, como tivesse amigos e soldados de confiança, conseguiu, com tais fundamentos, construir todas as suas obras. De modo que empregou muito esforço para conquistar e pouco para manter.[127]

---

123. Devo contentar-me com os outros três, pois este último ponto não está suficientemente claro para mim (*General*).
124. Nunca se ausentou de meu pensamento, desde os estudos da infância. Era de uma região vizinha à nossa e talvez pertençamos à mesma família (*General*).
125. Com algum auxílio, sem dúvida. Tomara tenha a mesma sorte que ele (*1.º Cônsul*).
126. Minha mãe afirmou o mesmo, constantemente, a meu respeito. Amo-a pelos prognósticos que costumava fazer (*Imperador*).
127. É de bom agouro (*Imperador*).

## Capítulo VII

## DOS PRINCIPADOS NOVOS QUE SE CONQUISTAM COM ARMAS E COM SORTE ALHEIA

Os Estados que se conquistam apenas pela sorte mantêm-se com dificuldade; para mantê-los, o príncipe deve ter grande talento e valor.

**35.** Aqueles que somente por sorte se tornam, de particulares, príncipes, conseguem-no com pouco esforço, mas se mantêm com muito; e não encontram nenhuma dificuldade no caminho,[128] porque voam, mas as dificuldades surgem ao chegarem.[129] É o que acontece quando um Estado[130] foi concedido a alguém, por dinheiro ou por graça de quem o concede: como sucede a muitos na Grécia, nas cidades da Jônia e do Helesponto, onde Dario nomeou príncipes, para que mantivessem sua segurança e glória.[131] Assim, eram também feitos imperadores os que, de particulares, pela corrupção dos soldados, chegaram ao poder. Estes estão simplesmente na dependência da vontade e da sorte de quem lhes concedeu e que são duas coisas muito volúveis e instáveis; não sabem e não podem manter aquela posição:[132] não sabem, porque, se não são homens de grande engenho e valor, não é razoável que, vivendo sempre como particulares, saibam comandar; não podem, porque não têm forças que lhes sejam amigas e fiéis. Além disso, os Estados que surgem rapidamente, como todas as outras coisas da natureza, que nascem e crescem depressa, não podem ter raízes que lhes correspondam de modo que, logo, no primeiro golpe do infortúnio,[133] desmoronam; se já aqueles, como foi dito, que, de repente, se tornaram príncipes, não tiverem tanto valor, a não ser aquele que o destino lhes colocou no regaço, saibam rapidamente preparar-se para conservá-lo e aos fundamentos que os outros colocaram, antes que se tornassem príncipes.[134]

---

128. Como parvos que se deixam levar, nada sabendo fazer por si mesmos (*General*).
129. É impossível (*Desterrado na Ilha de Elba*).
130. Tudo é obstáculo para tipos dessa laia (*Desterrado na Ilha de Elba*).
131. Os aliados visavam, tão só, a esse objetivo (*Desterrado na Ilha de Elba*).
132. Muitos outros se encontram nas mesmas circunstâncias (*Desterrado na Ilha de Elba*).
133. Como simples particular e longe de onde se é engrandecido é a mesma coisa (*Desterrado na Ilha de Elba*).
134. Nisto os espero (*Desterrado na Ilha de Elba*).

## Francisco Sforza e César Bórgia

**36.** Quero discorrer, de um modo ou de outro, sobre a melhor maneira de tornar-se príncipe pelo valor ou pelo destino, citando mais dois exemplos que estão em minha memória: são Francisco Sforza e César Bórgia.[135] Francisco, por seus méritos e por seu grande valor, de particular se tornou duque de Milão, e, o que conquistou com mil esforços, manteve com pouco trabalho.[136] Por outro lado, César Bórgia, popularmente chamado duque Valentino,[137] conquistou o Estado com a fortuna do pai e com esta o perdeu; não obstante, de sua parte, tenha usado todos os esforços e feito tudo o que um homem prudente e virtuoso deva fazer, para criar raízes nos Estados, que os exércitos e a fortuna de outros lhe tenham concedido.[138] Porque, como se disse acima, quem não lança, primeiro, os fundamentos, poderá fazê-lo depois, com grande valor, ainda que o faça com dificuldades para o arquiteto e perigo para o edifício.[139] Se, então, se considerarem todos os progressos do duque, ver-se-á que colocou grandes fundamentos para o seu futuro poder e sobre os quais não julgo supérfluo discorrer, pois não saberia que melhores normas dar a um novo príncipe, senão o exemplo de suas ações: e se essas normas não lhe forem proveitosas, não será culpa dele, porque provêm de extraordinária e extrema maldade do destino.

## Valentino conquista a Romanha

**37.** Alexandre VI, ao querer engrandecer o duque, seu filho,[140] encontrou grandes dificuldades, presentes e futuras. Primeiramente, não via como torná-lo senhor de algum Estado que não pertencesse à Igreja; e, voltando-se à Igreja, sabia que o duque de Milão e os Venezianos não lho consentiriam, pois Faenza e Milão já estavam sob a proteção dos Venezianos.[141] Via, além disso, os exércitos da Itália e, principalmente, aqueles em espécie, de que poderia ter-se servido, estarem nas mãos dos que deviam temer o poder do papa,[142] sendo que não se podia confiar

---

135. Por mais ilustre nascimento que se tenha tido, quando alguém viveu vinte e três anos de vida privada, em família, longe de um povo cuja índole se alterou quase que completamente e levada repentinamente até ele nas asas da fortuna e por mãos estranhas para governá-lo, encontra o novo Estado, citado por Maquiavel. Os antigos e convencionais prestígios morais interromperam-se por longo tempo e só podem existir simbolicamente (*Exilado na Ilha de Elba*).
136. Oráculo mais certo do que o de Calcante (*Desterrado na Ilha de Elba*).
137. Havia obtido os meus antecipadamente (*Desterrado na Ilha de Elba*).
138. Meu caso é igual ao deles (*Desterrado na Ilha de Elba*).
139. Com quem mais me pareço? Excelente agouro! (*1.º Cônsul*).
140. Frequentemente bem, outras vezes mal (*General*).
141. Para reinar, compreende-se. Os outros são meros comparsas tolos (*Desterrado na Ilha de Elba*).
142. Principalmente quando a construção é feita às cegas, timidamente (*Desterrado na Ilha de Elba*).

neles, uma vez que eram todos dos Orsini, dos Colonna e seus cúmplices. Era, então, necessário, que se perturbasse aquela ordem e se desorganizassem os seus Estados, para poder assenhorear-se, com segurança, de parte deles.¹⁴³ Isto lhe foi fácil, porque os Venezianos acharam que, movidos por outras razões, fariam os Franceses retornar à Itália, a que não só se opôs, como o tornou mais fácil, com a anulação do casamento anterior do rei Luís.¹⁴⁴ Entrou, então, o rei na Itália, com o auxílio dos Venezianos e o consenso de Alexandre.¹⁴⁵ Nem bem chegou a Milão, o papa levou sua gente para a conquista da Romanha, a qual lhe foi concedida pela reputação do rei.¹⁴⁶

## A política de Valentino

**38.** Conquistada, então, a Romanha, pelo Duque e derrotados os de Colonna, desejando manter aquela e proceder mais adiante, duas coisas o impediam: uma, o exército, que não lhe era fiel, outra, a vontade da França:¹⁴⁷ isto é, que o exército de Orsini, de que se valera, lhe faltasse e não somente lhe impediram a conquista, como até lhe tiraram o conquistado e o rei ainda não lhe fizera o mesmo.¹⁴⁸ Com os Orsini houve confronto, quando, após a vitória de Faenza,¹⁴⁹ atacou Bolonha, percebendo-lhe a frieza nesse ataque; e, com relação ao rei, conheceu-lhe as intenções, quando, tendo conquistado o ducado de Urbino, invadiu a Toscana, empreendimento esse do qual o rei o fez desistir.¹⁵⁰ Então, o duque resolveu não mais depender das armas e da sorte dos outros.¹⁵¹ E a primeira coisa que fez foi enfraquecer, em Roma, os partidos

---

143. Melhor do que eu? Difícil (*General*).
144. Quisera eu, certamente, que o tivesses dito só a mim, não aos outros. Contudo, não sabem ler o que escrevem, o que dá no mesmo (*General*).
145. Tenho de queixar-me deles, mas hei de corrigi-la (*Desterrado na Ilha de Elba*).
146. Conseguirei eu vencer obstáculo dessa espécie para entregar reinos a José e a Jerônimo? Quanto a Luís, talvez, se me sobrar algum do qual eu não saiba o que fazer (*Imperador*). Tinha eu razão de sobejo ao hesitar a respeito. Que ingratidão, entretanto, a de Joaquim! Covarde! Traidor! Pagará por suas culpas (*Desterrado na Ilha de Elba*).
147. O Alexandre, de tiara, me reconheceria tanto quanto o Alexandre, de gorro.
148. Sua parte! Muito pouco para mim (*Imperador*).
149. Soube dar origem a outras mais dignas do que eu e do meu século e mais ajustadas à época (*Imperador*).
150. A experiência que fiz, cedendo o ducado de Urbino para obter a assinatura da Convenção, convence-me que, em Roma, como em outros lugares, agora como dantes, uma mão lava a outra e isto é promissor... (*1.º Cônsul*).
151. Os genoveses abriram-me as portas da Itália com a vã esperança de que suas rendas imensas sobre a França seriam pagas em abatimento: *Quid non cogit auri sacra fames?* (a que não obriga a execrável fome do ouro) Terão sempre, pelo menos, a minha benevolência, de preferência a dos outros italianos (*1.º Cônsul*).

de Orsini[152] e de Colonna. Procurou, depois, o apoio de todos os partidários destes, que fossem da nobreza, tornando-os agora, nobres seus, e dando-lhes grandes somas de dinheiro e honrarias, de acordo com suas qualidades, conduta e de governo, de modo que, em poucos meses, no ânimo deles, toda a afeição pelos partidos desapareceu, voltando-se para o Duque.[153] Em seguida, esperou a ocasião de liquidar os chefes dos Orsini, já que estavam dispersos os da Casa de Colonna,[154] ocasião que logo surgiu, aproveitando-a do melhor modo o Duque, porque, percebendo os Orsini, aliás, tarde, que o poder do Duque e o da Igreja eram a sua ruína, fizeram uma reunião em Magione, lugar perto de Perúgia; desta reunião nasceram a revolta de Urbino, os tumultos da Romanha e infinitos perigos para o Duque,[155] todos superados com a ajuda dos franceses. Recuperando a reputação, mas não confiando na França, nem em outras forças externas, para pô-las à prova, recorreu a expedientes, sabendo, desse modo, dissimular suas intenções, de modo que até os Orsini,[156] através do senhor Paulo,[157] com ele se reconciliaram. Com isso o Duque não deixou faltar nenhuma prova de cortesia, fornecendo-lhe dinheiro, vestes e cavalos, a tal ponto que a boa-fé dos Orsini os conduziu a Sinigaglia, que foi dominada. Exterminados, assim, estes chefes, tornados agora amigos do Duque, conseguiu este sólido fundamento para o seu poder, conquistando toda a Romanha,[158] com o ducado de Urbino, parecendo-lhe ainda bem claro ter adquirido a amizade da Romanha, e de todos aqueles povos, que começaram a usufruir seu bem-estar.[159]

## O episódio de Ramiro de Orco

**39.** Como este fato é digno de nota e de ser imitado por todos, não quero deixá-lo em branco.[160] Assim que o Duque tomou a Romanha, e vendo-a comandada por

---

152. Custou-me caro não ter tido igual desconfiança a respeito de meus aliados favorecidos da Alemanha, aos quais favoreci (*Desterrado na Ilha de Elba*).
153. Não pude agir de outra forma! (*Desterrado na Ilha de Elba*).
154. Os meus Colonnas serão os realistas. Os meus Orsinos, os jacobinos, os meus nobres serão os chefes de uns e de outros (*General*).
155. Havia começado uma parte de tudo isto antes de chegar ao Consulado, no qual me dou por feliz, por haver concluído, a tempo, todas estas operações (*Imperador*).
156. Encontrei-o no senatus-consulto da máquina infernal de Nivoso e na minha maquinação de Arena e Topino, na ópera (*1.º Cônsul*).
157. Estas duas coisas não puderam ser concluídas na mesma época, mas foram terminadas depois.
158. Vi outros semelhantes, como Pichegru e Mallet. Sobre todos triunfei sem precisar de auxílio estrangeiro (*Imperador*).
159. Fi-lo, sem precisar de qualquer ajuda estranha (*Imperador*).
160. *Qui nescit dissimulare, nescit regnare* (quem não sabe dissimular, não sabe reinar). Luís XI não sabia isto suficientemente. *Quid nescit fallere, nescit regnare* (*Imperador*).

chefes incompetentes, que mais tinham espoliado do que dirigido seus súditos, dando apenas pretextos para desunião,[161] e não de união, pois aquela província era cheia de latrocínios, brigas e de todo o tipo de violência, o Duque julgou necessário torná-la pacífica e obediente ao braço real e dar-lhe bom governo,[162] colocando no poder Ramiro de Orco, homem cruel e cheio de audácia, ao qual conferiu pleníssimos poderes. Em pouco tempo, este a tornou pacífica e unida, com enorme reputação.[163] Logo depois, viu o Duque que não era necessária tão excessiva autoridade, porque temia que lhe despertasse ódios,[164] e constituiu um juízo civil, no meio da província, com excelente presidente, onde cada cidade tinha seu advogado.[165] E porque sabia que os rigores passados lhe haviam atraído ódio, para extingui-lo do espírito daqueles povos e conquistá-los completamente, desejou mostrar que, se fora cometida alguma crueldade, não provinha dele, mas da acerba natureza do ministro.[166] E aproveitou a ocasião, em Cesena,[167] numa manhã, cortando-o em duas partes na praça, com um pedaço de madeira e uma faca ensangüentada, num canto.[168] A ferocidade do espetáculo fez com que o povo ficasse, ao mesmo tempo, satisfeito e estupidificado.[169]

### Valentino e a França

**40.** Retornemos, porém, ao ponto de partida. Digo que, achando-se o Duque bastante poderoso e, em parte, seguro dos perigos presentes, por ter-se armado a seu modo e ter, em boa parte, destruído os exércitos vizinhos, que poderiam importuná-lo quis conseguir, com suas conquistas, o temor do rei de França,[170] porque sabia que o rei, que mais tarde percebera seu erro,[171] não poderia tolerá-lo. E começou, por isso, a procurar amizades novas e a vacilar com a França, na

---

161. As oposições mais fortes, que restavam ainda contra mim, entre os meus Colonnas e Orsinos não tiveram melhor sorte (*Imperador*).
162. Creio ter desempenhado bem ambas as coisas (*Imperador*).
163. Porventura, teria a França conhecido, há vinte anos, a ordem de que goza hoje e que só o meu braço poderia ter restabelecido? (*Imperador*).
164. Mil vezes mais proveitosa para os povos do que se torna odiosa para alguns forjadores de frases (*Imperador*).
165. Como os artífices das repúblicas francesas.
166. Como na França republicana.
167. Exatamente como em França antes de meu reinado (*1.º Cônsul*).
168. Não foi o que fiz? Havia necessidade de firmeza e de rigor para reprimir a anarquia (*Imperador*).
169. F..., serás o meu Inferno ou Hades (*1.º Cônsul*).
170. Para isso não teria necessidade de ti (*Imperador*).
171. Por esta razão suprimo o teu Ministério e agrego-te à reforma do meu Senado (*Imperador*).

incursão que os Franceses fizeram no reino de Nápoles, contra os Espanhóis, que sitiavam Gaeta,[172] sendo sua intenção assegurar-se deles, no que teria rápido êxito, se Alexandre vivesse.[173]

> Valentino "tinha pensado naquele que pudesse nascer, morrendo o pai e para tudo tinha encontrado remédio".

**41.** E este foi seu governo, quanto às coisas presentes. Mas quanto ao futuro, temia, em primeiro lugar, que um novo sucessor na Igreja não fosse seu amigo e procurasse tirar-lhe o que Alexandre lhe havia dado.[174] Pensou assegurar-se de quatro modos: primeiro, extinguir toda a linhagem dos senhores que ele despojara, para tirar ao papa aquela oportunidade; segundo, para conquistar todos os nobres de Roma, como se disse, para poder, com eles, frear o papa; terceiro, reduzir a influência do sacro Colégio, aumentando a sua; quarto, mais poder, antes que o papa morresse, para que pudesse, por si mesmo, resistir a um primeiro ataque. Das quatro coisas, até a morte de Alexandre,[175] tinha realizado três e a quarta estava quase realizada. Dos senhores espoliados matou todos os que conseguiu alcançar e pouquíssimos se salvaram. Conseguiu conquistar os nobres romanos e, no sacro Colégio, tinha grande apoio;[176] e quanto à nova conquista tinha decidido tornar-se senhor da Toscana; já possuía Perúgia e Piombino e tenha tomado Pisa sob sua proteção.[177] E como não mais tivesse medo da França (que não tinha de ter mais, já por estarem os Franceses expulsos do Reino pelos Espanhóis, de modo que cada um deles deveria comprar-lhe a amizade) já tomaria Pisa.[178] Depois disso, Luca e Siena cederiam rápido, em parte por inveja dos Florentinos, em parte por medo[179] e, assim os Florentinos não teriam saída. Se nisso tivesse obtido êxito (o que teria ocorrido no mesmo ano em que morreu Alexandre[180]), o duque teria adquirido tanta força e reputação, que, por isso mesmo, sabia estar certo, não dependendo mais da sorte e da força dos outros, mas apenas do próprio poder e valor. Alexandre,

---

172. Criarei uma comissão senatorial para a liberdade individual que, no entanto, fará apenas o que eu quiser (*Imperador*).
173. Ninguém mais do que ele está condenado pela opinião pública para ser meu bode expiatório ou porta-voz (*Imperador*).
174. Enfureço-me por não poder fazê-lo cair em desgraça sem inutilizá-lo (*Imperador*).
175. Bons tempos aqueles em que se podia aplicar estas penas que o povo haveria de considerar meritórias (*Imperador*).
176. Perfeitíssimo! (*1.º Cônsul*).
177. Esses malditos "se" é que me fazem perder a paciência (*1.º Cônsul*).
178. É necessário prever tais contratempos (*1.º Cônsul*).
179. Muito bem pensado (*1.º Cônsul*).
180. Não deixes de fazê-lo sempre que puderes e cuida de estar em condições de podê-lo (*1.º Cônsul*).

porém, morreu,[181] cinco anos depois de ter desembainhado a espada. Deixou-o com o Estado da Romanha apenas consolidado, com todos os outros no ar, entre dois poderosíssimos exércitos inimigos e mortalmente enfermo.[182] E havia no duque tanta ferocidade e valor e tão bem sabia como os homens se conquistam ou se perdem e tão válidos eram os fundamentos, que em tão pouco tempo se fizeram, que, se ele não tivesse tido aqueles exércitos em cima, ou se estivesse com saúde, teria enfrentado qualquer dificuldade.[183] Vê-se que seus motivos eram bons, porque a Romanha o esperou mais de um mês; em Roma,[184] ainda que meio vivo, esteve a salvo; e, embora os Baglioni, os Vitelli e os Orsini tivessem ido a Roma, nada conseguiram contra ele. Se não pudesse eleger papa quem ele queria, ao menos que não fosse eleito quem ele não queria.[185] Mas, se, na morte de Alexandre, ele estivesse sadio, tudo lhe teria sido mais fácil.[186] E ele me disse que, quando foi eleito Júlio II, tinha pensado sobre o que poderia ocorrer por morte do pai e para tudo tinha encontrado remédio, exceto que não pensou jamais em sua própria morte ou estar em vias de morrer.[187]

> Valentino, "tendo o espírito forte e altos propósitos, não podia governar de outro modo; e só se opôs a seus desígnios a brevidade da vida de Alexandre e sua enfermidade".

**42.** Tendo, então, eu, reunido todas as ações do duque, não saberia como repreendê-lo; parece-me, antes, como o fiz, propô-lo como exemplo, a todos que, por sorte e com exércitos alheios, subissem ao poder.[188] Pois tendo ele ânimo forte e grande ambição, não poderia governar de outra maneira e só se opuseram a seus desígnios a brevidade da vida de Alexandre e sua enfermidade.[189] Aquele que, então, julga necessário, em seu novo principado, precaver-se contra os inimigos, conquistar amigos, vencer pela força ou pela fraude, fazer-se amar e temer pelo povo, ser seguido e respeitado pelos soldados, liquidar os que possam ou queiram fazer-lhe mal, substituir instituições antigas por leis novas, ser severo

---

181. Francisco II (*Imperador*).
182. Não estou tão avançado quanto ele (*Imperador*).
183. Não pude executar mais do que a metade desta operação: "Si vuol tempo" (*Imperador*).
184. Supondo que eu tenha induzido a isto todos os príncipes da Alemanha, pensemos no meu famoso projeto do Norte. Acontecerá o mesmo com resultados que nenhum conquistado obteve (*Imperador*).
185. Livre de qualquer condicionalismo semelhante. Irei muito mais longe (*Imperador*).
186. Convém que não haja nenhuma outra dependência (*Imperador*).
187. Pior para ele. É preciso saber nunca ficar doente e tonar-se invulnerável a tudo (*Imperador*).
188. Como a França me esperou após meus desastres em Moscou (*Desterrado na Ilha de Elba*).
189. Ainda que, politicamente, eu tivesse quase moribundo em Smolensk, nada tive que recear dos meus (*Desterrado na Ilha de Elba*).

e grato, magnânimo e liberal, expulsar os soldados infiéis, alistar novos, manter as amizades do rei e a dos príncipes, de modo que sejam solícitos ao beneficiar-te com temor ou fazer-te mal com respeito, não pode encontrar exemplos melhores do que as ações do duque.[190] Somente se pode acusá-lo pela eleição do pontífice Júlio, escolha má, pois como foi dito, não podendo eleger um papa a quem queria, poderia ter evitado que fosse eleito papa aquele que não queria[191] e não deveria jamais consentir no papado[192] dos cardeais que ele tivesse prejudicado, ou quem, eleito papa,[193] tivesse medo dele.[194] Porque os homens prejudicam por medo ou por ódio. Entre aqueles, que ele tinha prejudicado, estavam o Cardeal de São Pedro ad Vincula,[195] Colonna,[196] San Giorgio[197] e Ascânio.[198] Todos os demais, se fossem eleitos, teriam de temê-lo, exceto o de Ruão[199] e os Espanhóis,[200] estes por alianças e obrigação, aquele por força, tendo, como parte, o reino da França.[201] Portanto, o duque, antes de mais nada, deveria trabalhar para eleger um papa espanhol[202] e, não o conseguindo, deveria consentir que fosse o de Ruão e não o de São Pedro ad Vincula.[203] E engana-se quem crê que, nos grandes personagens, os benefícios novos fazem esquecer as antigas ofensas. Errou, então, o duque nessa eleição, o que foi causa de sua completa ruína.

---

190. Não encontrei dificuldades nisto. A notícia de meu desembarque em Fréjus bastaria para anular quaisquer votos desfavoráveis a mim (*1.º Cônsul*).
191. Em resumo: falando, de um modo geral, mais vale não pensar nisso, quando se pretende ter um reinado glorioso, pensamento este que teria toldado meus planos mais ousados (*Imperador*).
192. Os escrevinhadores que disseram tê-lo indicado a todos os príncipes, inclusive aos que não estão nem podem estar nas mesmas situações, são bem ignorantes. Não conheço nenhum, na Europa, salvo eu mesmo, a quem este modelo possa servir (*Imperador*).
193. Minha conduta era-me imposta como necessidade da minha situação e, por conseguinte, como obrigação (*Imperador*).
194. Meus reveses não dependem destas causas, contra as quais nada podia fazer minha inteligência (*Exilado na Ilha de Elba*).
195. Isto é quanto me basta (*General*).
196. Julgo ser um exemplo não só mais recente como mais perfeito e sublime (*Imperador*).
197. Cérebro debilitado pela doença (*Imperador*).
198. Tê-lo-ia deposto imediatamente se ele tivesse sido eleito contra minha vontade (*1.º Cônsul*).
199. Todos, menos o eleito, sabiam ou previam que deviam temer-me (*1.º Cônsul*).
200. Já se passou o tempo em que se poderia temer o ressentimento deles (*Imperador*).
201. Bastou meu nome para fazê-los tremer e farei com que corram como carneiros até o pé de meu trono (*1.º Cônsul*).
202. Forte motivo para confiar nessa gente! Maquiavel também tinha muito boa-fé (*Imperador*).
203. Parecem esquecer quando as suas paixões os impele a isso, mas não devemos acreditar nisso (*Imperador*).

# Capítulo VIII
## DOS QUE CHEGARAM AO PRINCIPADO PELOS CRIMES

De "quando, por algum caminho criminoso, se chega ao principado".

43. De duas maneiras, não devidas, nem ao destino, nem ao valor, pode ainda alguém chegar a príncipe, razão por que não me parece bem omiti-las, ainda que de uma dessas maneiras eu pudesse falar mais pormenorizadamente, quando tratar das repúblicas.[204] Estas duas maneiras são quando se ascende ao principado[205] por qualquer via criminosa e nefasta, ou quando o cidadão particular, com o auxílio de outros seus conterrâneos, se torna príncipe de sua pátria.[206] E, aludindo à primeira maneira, se mostrará com dois exemplos, um antigo, outro moderno, sem entrar, porém, no mérito deste assunto, porque eu julgo que bastaria, a quem necessitasse, imitá-los.[207]

### Agástocles

44. Agástocles, da Sicília, embora de ínfima e abjeta origem, tornou-se rei de Siracusa.[208] Filho de um oleiro, viveu sempre criminosamente todos os períodos de sua vida;[209] entretanto, acompanhava seus crimes com tanto vigor de alma e de corpo que, engajando-se no exército,[210] chegou a pretor de Siracusa,[211] em razão de sua crueldade. Tendo-se firmado nesse posto, resolveu tornar-se príncipe,[212] e conservar pela violência e sem ajuda de outros, o poder que lhe outorgara o acordo de todos. A respeito, entendeu-se com o cartaginês Amílcar, que, com suas forças, estava na

---

204. Dispenso-o (*General*).
205. A expressão constitui violenta crítica. Que importância tem a maneira desde que se chegue ao fim? Maquiavel comete um erro ao fazer-se de moralista nesta matéria (*General*).
206. Em qualquer tempo, pode aparentá-lo (*General*).
207. Descrição de moralista, muito intempestiva em assuntos políticos (*General*).
208. Este, meu vizinho, como Hierão e de época mais recente que a dele, faz também da genealogia de meus ascendentes (*General*).
209. A constância, nestas coisas é seguro indício de meu gênio determinado e atrevido (*General*).
210. De espírito, sobretudo, que é o essencial (*General*).
211. Hei-de chegar a isso (*General*).
212. Concedam-me o consulado por dez anos que não tardarei em torná-lo vitalício, como haverão de ver! (*General*).

Sicília, reuniu, uma manhã, o povo e o senado de Siracusa,²¹³ como se pretendesse deliberar sobre assuntos pertinentes à república e, a um sinal combinado, fez com que seus soldados matassem todos os senadores e os homens mais ricos da cidade²¹⁴ e, mortos esses, usurpou o principado daquela cidade, sem reação alguma por parte dos cidadãos. E, embora os Cartagineses tivessem, por duas vezes, e, depois, sitiado a cidade, não só conseguiu defendê-la com uma mão, como também, tendo deixado sua gente para garanti-lo contra os inimigos, com a outra atacou a África e, em breve tempo, libertou Siracusa do cerco, reduzindo os Cartagineses a tristíssimo estado: e foram coagidos a concordar com isso, ficar contentes com a posse da África²¹⁵ e com o fato de Agástocles abandonar a Sicília.

**45.** Se se considerar, então, as ações e a vida deste, não se verá nada, ou quase nada, que possa ser atribuído à sorte; como se disse acima, não pelo favor de alguém, mas subindo os graus da milícia, com muitos dissabores e perigos,²¹⁶ conquistou o principado, que depois manteve com tantas decisões audazes e perigosas.²¹⁷ Não se pode também chamar de virtude o fato de matar cidadãos, trair amigos, não ter fé, nem piedade, nem religião; desse modo, pode-se conquistar o poder, mas não a glória.²¹⁸ Porque se se considerasse a habilidade de Agástocles, ao entrar e sair dos perigos, e sua fortaleza de ânimo em suportar e superar a adversidade, não há como julgá-lo inferior aos mais ilustres chefes;²¹⁹ entretanto, sua feroz crueldade e desumanidade, com infinita criminalidade,²²⁰ não permitem que seja colocado entre os homens mais ilustres.²²¹ Não se pode, então, atribuir à sorte ou ao valor, aquilo que ele conseguiu sem uma ou outra coisa.²²²

## Oliverotto de Fermo

**46.** Em nossa época, sob o reinado de Alexandre VI, Oliverotto de Fermo,²²³ que se tornara órfão há alguns anos, foi criado por um tio materno, chamado Giovanni

---

213. Dispenso tal socorro, muito embora precise de outros, porém estes são mais fáceis de obter (*General*).
214. Veja-se o meu 18 Brumário e os efeitos que teve! Tem a vantagem de ser bem superior, sem nenhum destes crimes (*1.º Cônsul*).
215. Consegui muito mais. Agástocles não passa de um anão, se comparado a mim (*Imperador*).
216. Adquiri-os pelo mesmo processo (*Imperador*).
217. Já fiz minhas experiências nesta matéria (*Imperador*).
218. Meras preocupações pueris. A honra acompanha sempre o êxito, seja qual for o meio empregado para obtê-lo (*Imperador*).
219. Acaso as venceu melhor do que eu? (*Imperador*).
220. Dignem-se abrir exceção para mim.
221. A moral novamente! Esse bom Maquiavel necessitava de audácia (*Imperador*).
222. Por meu lado, tinha a meu favor a ajuda de ambas (*Imperador*).
223. Que espertalhão! Ajudou-me a ter excelentes ideias desde minha infância (*General*).

Fogliani e, nos primeiros tempos de sua juventude, dedicou-se à vida militar, sob a direção de Paulo Vitelli,[224] de modo que, acostumado àquela disciplina, conseguiu excelente posto militar. Morto, depois, Paulo, seu irmão militou sob Vitellozzo e, em brevíssimo tempo, por ser engenhoso e ter personalidade e espírito destemido, tornou-se o primeiro do seu regimento. Parecendo-lhe, porém, coisa servil trabalhar sob ordem de outros, pensou em ocupar Fermo, com o auxílio de alguns cidadãos de Fermo, aos quais era menos importante a liberdade da pátria e com a ajuda de Vitellozzo.[225] Escreve, então, a Giovanni Fogliani, dizendo-lhe que, tendo estado muitos anos fora de casa, desejava vê-lo e à sua cidade, conhecer-lhe o patrimônio; e como não se esforçara senão para adquirir honras, para que seus cidadãos vissem que não perdera tempo em vão, querendo apresentar-se com honrarias, acompanhado por cem cavaleiros e servidores,[226] pedia-lhe, pois, que ordenasse aos cidadãos de Fermo que os recebessem com honras, o que, não somente honraria ao tio, como também a ele próprio, seu discípulo. Não deixou, assim, Giovanni, de atender, em tudo ao sobrinho, fazendo com que o recebessem com grandes honrarias e alojando-o em sua casa. Decorridos alguns dias, e pensando em ordenar o que era necessário para seu futuro crime, Oliverotto organizou soleníssimo banquete, para o qual convidou Giovanni Fogliani e todos os homens de projeção de Fermo.[227] Consumidas as iguarias, houve, depois, os divertimentos, que se usam em semelhantes banquetes. Então Oliverotto, com artifício, fez certas considerações graves, falando da grandeza do papa Alexandre e de César, seu filho e dos empreendimentos deles.[228] Tendo Giovanni e os outros respondido a essas considerações em dado momento se levantou, dizendo ser aquele assunto para lugar mais secreto, retirou-se para outra sala, onde Giovanni e os outros cidadãos o seguiram. Nem bem se sentaram, soldados saíram de esconderijos, matando Giovanni e todos os outros. Depois desse homicídio, Oliverotto montou a cavalo, percorreu a cidade e prendeu, no palácio, o supremo magistrado. Por medo, foram todos constrangidos a obedecê-lo e a formar o governo do qual se tornou príncipe.[229] Mortos os descontentes,

---

224. Vaubois, foste o meu Vitelli. Sei mostrar-me reconhecido quando chega a ocasião (*General*).
225. Reflexão de republicano (*General*).
226. Que malandro! Em toda esta história de Oliverotto, há muitas coisas das quais saberei extrair proveito na ocasião oportuna (*General*).
227. Isto é semelhante ao famoso banquete da igreja de São Sulpício, que, no meu regresso da Itália, depois de Frutidor, mandei os deputados oferecer-me, mas a maçã ainda não estava madura (*1.º Cônsul*).
228. Aperfeiçoei bastante bem esta manobra no dia 18 de Brumário e, principalmente, no dia seguinte ao de Saint-Claud (*1.º Cônsul*).
229. Bastava-me, no momento, assustá-los, dispersá-los e fazê-los fugir. Era necessário sustentar o que mandara dizer solenemente a Barras: que não gostava de ver correr sangue (*1.º Cônsul*).

que poderiam atrapalhá-lo,²³⁰ fortaleceu-se com novas leis civis²³¹ e militares, de tal modo que, no espaço de um ano, em que exerceu o principado, não só estava seguro em Fermo,²³² como se tornou temido de todos os vizinhos. Sabendo que a tomada da cidade seria difícil, como a de Agástocles, se não tivesse sido enganado por César Bórgia, quando este, em Sinigália, como já foi dito acima, aprisionou os Orsini e os Vitelli. Um ano após ter cometido o parricídio,²³³ foi estrangulado, juntamente com Vitellozzo, que fora seu mestre de virtudes e crimes.²³⁴

### Das crueldades mal usadas e bem usadas

**47.** Poderia alguém duvidar do fato de que Agástocles e outros, após infinitas traições e crueldades, pudessem viver por muito tempo, seguros na pátria, defendendo-se dos inimigos externos e seus concidadãos, não conspirando contra ele. Com isso, muitos outros não puderam, mediante crueldade, manter o poder, nem em tempos de paz, nem nos duvidosos tempos de guerra. Creio que isto provém das crueldades mal usadas ou bem usadas.²³⁵ Chamam-se bem usadas (se do mal é lícito falar bem) as crueldades que se fazem de uma só vez pela necessidade de prover a própria segurança,²³⁶ e depois não são colocadas de lado,²³⁷ mas se convertem em mais vantagens para os súditos.²³⁸ Mal usadas, as crueldades que, embora, a princípio, sejam poucas, não se extinguem, mas crescem com o tempo.²³⁹ Os que

---

230. Terminem depressa, portanto, esse Código Civil ao qual quero dar o meu nome! (*1.º Cônsul*).
231. Isso dependia só de mim e providenciei para que corresse conforme minha vontade (*1.º Cônsul*).
232. E o tolo, permitiu que lhe tirassem a vida juntamente com a soberania (*Desterrado na Ilha de Elba*).
233. Com esta palavra de censura, Maquiavel finge transformar em crime tudo isso. Pobre coitado!
234. A boa gente dirá que Oliverotto bem o merecia, que Bórgia fora o instrumento desse merecido castigo. Lamento-o, no entanto, por Oliverotto. Esse fato seria mau agouro para mim se houvesse no mundo outro César Bórgia que não fosse eu (*Imperador*).
235. Se eles tivessem iniciado assim por aqui, como Carlos II e muitos outros, minha causa estaria perdida. Todos contavam com isso. Ninguém teria criticado. Em breve, o povo deixaria de pensar no caso e ter-me-ia esquecido.
236. Felizmente, isso é o que menos os preocupa (*Desterrado na Ilha de Elba*).
237. Se insistem por muito tempo nessas operações, acabam por prejudicar-se. Quando a lembrança da ação a ser castigada enfraqueceu, quem pune parecerá simplesmente homem cruel, uma vez que aquilo que torna a punição justa estará esquecido (*Desterrado na Ilha de Elba*).
238. Isso era fácil (*Desterrado na Ilha de Elba*).
239. Este método, o único que resta aos ministros, será necessariamente favorável a mim (*Desterrado na Ilha de Elba*).

observam o primeiro modo, podem, com Deus e com os homens, ter a seu dispor, qualquer remédio, como sucedeu a Agástocles;[240] aos outros, é impossível manter-se.

**48.** Donde se conclui que, ao conquistar um Estado,[241] precisa o conquistador ter, em mente, todo o mal que tiver de executar, fazendo-o todo de uma só vez, para não ter de repeti-lo todos os dias[242] e poder, assim, inovando, infundir confiança aos homens e conquistá-los com vantagens dadas.[243] Quem proceder de outro modo por timidez, ou por maus conselhos, precisa ter sempre a faca nas mãos[244] e jamais poderá confiar em seus súditos, e estes, por sua vez, não poderão fiar-se nele,[245] por causa das suas recentes e continuadas ofensas. Porque as ofensas devem ser feitas de uma só vez,[246] para que, absorvendo-se menos, ofendam menos; os benefícios, entretanto, devem ser feitos pouco a pouco, de tal modo que melhor sejam absorvidos.[247] Ora, um príncipe deve, sobretudo, viver com os súditos, de modo que nenhum fato, bom ou mau, o faça mudar, pois, chegando a adversidade, não haverá tempo para o mal; e o bem que fizeres não poderá favorecer-te e ninguém te será grato.[248]

---

240. Não tardaremos a ter outra prova disso (*Desterrado na Ilha de Elba*).
241. Conclusão justa e preceito excelente (*Desterrado na Ilha de Elba*).
242. Ambas as causas de ruína estão a seu lado; a segunda está quase totalmente à minha disposição (*Desterrado na Ilha de Elba*).
243. Quando a ele permitem (*Desterrado na Ilha de Elba*).
244. Os que enveredam muito tarde pelo caminho da injúria e tripudiam sobre os mais fracos, suscitam a revolta dos mais fortes. Tiremos vantagem disso (*Desterrado na Ilha de Elba*).
245. Quando o distribuem, fartamente, recebe-os muita gente indigna deles e os demais não o agradecem (*Desterrado na Ilha de Elba*).
246. Como se fôssemos pessoas que girassem sobre um eixo! (*Desterrado na Ilha de Elba*).
247. Eles tentarão (*Desterrado na Ilha de Elba*).
248. Por mais que se prometa e se cumpra, de nada adiantará porque o povo não reage diante de quem cai devido à falta de previsão e generosidade (*Desterrado na Ilha de Elba*).

## Capítulo IX
## DO PRINCIPADO CIVIL

"Quando o cidadão se torna príncipe de sua pátria, com o favor dos outros cidadãos, ascende com o favor do povo e com o dos poderosos."

**49.** Considerando agora outro ponto, quando o cidadão, não por crueldade ou por outra intolerável violência,[249] mas com auxílio de outros concidadãos se torna príncipe de sua pátria (o que se poderá denominar de principado civil; nem, para tanto, é necessário muito valor ou muita sorte, mas, ao contrário, uma afortunada astúcia), digo que a esse principado se ascende com o auxílio do povo ou com o dos poderosos,[250] porque, em toda cidade, se encontram estas duas diferentes tendências, donde se conclui que o povo não deseja ser governado nem oprimido pelos poderosos,[251] mas os poderosos desejam dirigir e oprimir o povo, nascendo destes dois apetites diversos uma das três seguintes consequências: o principado, a liberdade ou a licenciosidade.

**50.** O principado origina-se do povo ou dos poderosos, conforme haja oportunidade de agir para uma ou outra destas partes, porque, vendo os poderosos que não podem resistir ao povo,[252] começam a solicitar o auxílio a uma dessas partes,[253] tornando-o príncipe[254] para poder, sob sua sombra, satisfazer aos próprios apetites. O povo, por sua vez, vendo que não pode resistir aos poderosos, volta a atenção a um, e o elege príncipe, para poder defender-se com a autoridade dele.[255] Aquele que atinge o principado com a ajuda dos poderosos consegue manter-se com mais dificuldade do que aquele que sobe com o auxílio do povo,[256] porque se encontra príncipe com muitos ao redor, que lhe parecem

---

249. É o que eu pretendia, mas a coisa não é fácil (*General*).
250. Esse processo não se encontra, porém, fora de meu alcance e já me serviu mui acertadamente (*General*).
251. Trataremos de reunir, pelo menos, as aparências de um e outro.
252. É a situação presente do diretório. Recorramos a ele para aumentar a consideração que o povo me dispensa (*General*).
253. Ver-se-ão arrastados a isso (*General*).
254. Aceito este vaticínio.
255. Faremos com que ele trabalhe nesse sentido para que, por motivo bem oposto, atinja os mesmos fins que os diretoriais (*General*).
256. Hei-de parecer tê-la conseguido só por ele e para ele (*General*).

iguais, e, por isso, não os pode comandar nem manejar a seu modo,[257] mas, ao contrário, aquele que chega ao principado com o favor popular,[258] acha-se só, e tem em torno de si ou nenhum ou pouquíssimos que não estão preparados para obedecê-lo.[259] Por outro lado, não se pode com honestidade satisfazer os grandes sem que se cause dano aos outros,[260] mas fazendo bem ao povo, porque o objetivo do homem do povo é mais honesto do que o dos grandes desejam estes oprimir e, o povo, não ser oprimido. Por esse motivo, do povo inimigo o príncipe nunca pode estar seguro, por serem muitos, ao passo que pode defender-se contra os poderosos, por serem poucos. O pior que o príncipe poderá esperar da parte do povo adverso é que este o abandone, mas dos poderosos, inimigos, não somente deve temer que o abandonem, como também que o ataquem, porque estes têm mais visão e mais astúcia, e sempre têm tempo de salvar-se, procurando méritos e favores dos que esperam que vençam.[261] É preciso, então, que o príncipe viva com o povo, mas pode muito bem prescindir dos poderosos, fazendo e desfazendo, todo dia, além de tirar-lhes e dar-lhes reputação, à vontade.[262]

"Os poderosos devem ser considerados de dois modos: se governam de modo que sempre se ligam à sorte ou não."

**51.** Para melhor esclarecer esta parte, direi como os poderosos devem ser classificados principalmente, em dois grupos: os que governam de modo que se ligam

---

257. Sempre me embaraçaram cruelmente (*Desterrado na Ilha de Elba*).
258. Porque não consigo me convencer que era esse o meu caso. Depois do meu regresso procurarei trabalhar mais para isso (*Desterrado na Ilha de Elba*).
259. Eu os havia atraído, entretanto, até este ponto (*Desterrado na Ilha de Elba*).
260. Os meus eram insaciáveis. Esses homens, oriundos de Revolução, nunca estão satisfeitos. Fizeram-na apenas para enriquecer e sua cobiça aumenta à medida que crescem suas aquisições. Se se antecipam ao partido que vai vencer e o favorecem, é apenas para lhe obter os favores. Destruirão depois, os que os promoveram, quando estes não tiverem mais nada para oferecer-lhes, porque continuarão a querer receber. Haverá sempre grande perigo em nos servirmos de tais partidários. Mas como dispensá-los? Principalmente eu, que preciso de outro apoio! Oh! Se eu tivesse o direito de sucessão ao trono e esses homens não poderiam vender-me nem prejudicar-me (*Desterrado na Ilha de Elba*).
261. Incrível não ter previsto que esses ambiciosos, sempre prontos a se anteciparem aos caprichos da sorte, abandonar-me-iam e até entregar-me-iam ao inimigo, desde que me assaltasse a adversidade! Farão a mesma coisa a meu favor, contra ele, quando me virem em posição firme, mas sempre dispostos, a voltar-se contra mim, na primeira oportunidade, se meu poder se mostrar vacilante. Porque não consegui eu formar uma nobreza com novos homens? (*Desterrado na Ilha de Elba*).
262. Isto não é nada fácil, pelo menos tanto quanto eu o desejaria e desejaria fazê-lo a despeito de... e de F.... Por essa razão, tornaram-se mais perigosos. O primeiro entregou-me ao inimigo; o segundo, de quem preciso, conservou-se em situação duvidosa, mas hei de trazê-lo para meu lado de um modo ou de outro (*Desterrado na Ilha de Elba*).

totalmente à sorte ou não. Os que se ligam, não sendo espoliadores,[263] devem ser honrados e amados; os que não se ligam, devem ser examinados sob dois aspectos: ou o fazem por pusilanimidade e defeito natural de caráter e, nesse caso, deve-se servir-se deles, principalmente se podem dar bons conselhos, pois na prosperidade isso será uma honra para ti e na adversidade nada há a temer.[264] Quando, porém, não se obrigam, deliberadamente e por ambição,[265] é sinal de que pensam mais em si do que no príncipe; este, então, deve acautelar-se disso e temê-los como se fossem inimigos declarados, porque sempre, na adversidade, tudo farão para arruinar-te.[266]

"Quem se torna príncipe mediante o apoio do povo, deve manter o povo como amigo."

52. Deve, portanto, quem se torna príncipe, mediante apoio do povo, mantê--lo amigo, o que é fácil, porque o povo quer apenas não ser oprimido. Aquele que, entretanto, se torna príncipe, com apoio dos poderosos, deve procurar, antes de tudo, conquistar o povo;[267] o que é fácil, quando lhe consegue a proteção. E por que os homens recebem o bem dos que acreditavam receber o mal, obrigam-se mais com o benfeitor e o povo se torna rapidamente mais benévolo do que se tivesse sido levado ao principado por favores dele.[268] E o príncipe pode consegui-lo de vários modos, que variam conforme as circunstâncias, não se podendo estabelecer regra fixa, que depois se deixará de lado. Concluirei apenas, dizendo que, para o príncipe, necessário é ter o povo sempre como amigo;[269] de outro modo fracassará na adversidade.[270]

## Nabis

53. Nabis, príncipe de Esparta, resistiu ao sítio de toda a Grécia e de um vitorioso exército romano e defendeu contra eles sua pátria e Estado, bastando--lhe apenas, sobrevindo o perigo, defender-se de poucos, o que não lhe teria sido suficiente, se o povo fosse seu inimigo. E que ninguém queira contestar minha opinião com o provérbio *quem confia no povo*,[271] *constrói sobre areia*, porque isto é verdade, quando o cidadão comum confia nesse fundamento e percebe que o povo o

---

263. Não possuo quase nenhum dessa espécie (*Imperador*).
264. Infelizmente, destes também não tenho (*Imperador*).
265. Destes é que tenho a maior quantidade (*Imperador*).
266. Eu não conhecia bem esta verdade. Foi o êxito que fez com que eu a compreendesse duramente. Poderei aproveitar-me desta lição no futuro? (*Desterrado na Ilha de Elba*).
267. Procurarei fazer com que acredite nisso (*General*).
268. Preciso, contudo, de grandes contribuições e de muitos voluntários (*General*).
269. Este era o meu ponto fraco (*1.º Cônsul*).
270. Deram-me a conhecer com toda a crueldade (*1.º Cônsul*).
271. Sim, quando o povo é absolutamente mais do que lama (*1.º Cônsul*).

libertaria se fosse oprimido pelos inimigos ou magistrados e, neste caso, poder-se-ia sentir muito enganado, como os Gracos, em Roma, e o Cavalheiro Giorgio Scali, em Florença. Sendo, porém, um príncipe que confia em si, que possa comandar e seja homem de coragem, não desanime na adversidade, não se esqueça das demais precauções e tenha, por seu valor e leis, encorajado a todos, porque assim, jamais será enganado por ele e notará que reforçou suas boas bases.[272]

"Os principados costumam periclitar, quando estão para passar do governo civil para o governo absoluto."

**54.** Estes principados costumam periclitar, quando estão para passar do governo civil para o absoluto, porque estes príncipes ou governam por si mesmos, ou por meio dos magistrados. Neste último caso, é mais fraca e mais perigosa sua estabilidade, porque eles estão totalmente na dependência dos cidadãos, prepostos dos magistrados, os quais, principalmente nas ocasiões adversas, podem tomar-lhe o Estado com facilidade, ou indo contra ele ou não lhe prestando obediência.[273] E o príncipe não conseguirá, nem nos perigos, retomar a autoridade absoluta, porque os cidadãos e súditos, habituados a receber ordens dos magistrados, não estão, naquele imprevisto, prontos para receber as deles[274] e terá sempre, mesmo em tempos dúbios, poucos em quem possa confiar.[275] Porque tal príncipe não pode basear-se no que observa em tempos calmos, quando os cidadãos precisam do Estado; nessas épocas, todos correm, todos prometem e cada um quer morrer por ele, quando a morte está diante dele.[276] Nos tempos adversos, porém, quando o Estado tem necessidade dos cidadãos, poucos são encontrados. E tanto mais perigosa essa experiência, quando se sabe que só se poderá realizá-la uma vez.[277] Assim, um príncipe sábio deve pensar no modo pelo qual, sempre, e em todas as circunstâncias, os cidadãos tenham necessidade do Estado e dele, sendo-lhe, então, sempre fiéis.[278]

---

272. De tudo isso faltou-me apenas a vantagem de ser amado pelo povo e contudo... Mas fazer-me amar na situação em que me encontrava, com as necessidades que tinha, era muito difícil (*1.º Cônsul*).
273. Veremos como é que isso ocorre (*Desterrado na Ilha de Elba*).
274. Conto com isso (Desterrado na Ilha de Elba).
275. E onde é que os encontrará? (*Desterrado na Ilha de Elba*).
276. Eles não vislumbram nestas demonstrações de amizade e cartas de congratulações que os tranqüilizam. Não sabem, pois, como estas coisas acontecem! (*Desterrado na Ilha de Elba*).
277. Se eles se saíssem bem do apuro na primeira vez, desforrar-me-ia com vantagem, enquanto pudesse vingar-me, por mim ou por outro!
278. Nunca se reflete o bastante sobre essas verdades (*Desterrado na Ilha de Elba*).

## Capítulo X
## DE QUE MODO DEVEM SER MEDIDAS AS FORÇAS DOS PRINCIPADOS

Reger-se-ão por si mesmos os príncipes "que podem, por quantidade de homens ou de dinheiro, reunir um exército e fazer uma incursão" campal.

**55.** Convém fazer, ao examinar as qualidades destes principados, outra consideração, isto é, se um príncipe possui tanta força em seu Estado, que possa, se precisar, reger-se por si mesmo ou se sempre necessitará da defesa de outros.[279] E, para esclarecer melhor esta parte, direi que julgo que eles possam reger-se por si mesmos, ou pela quantidade de homens ou de dinheiro, reunir um exército e enfrentar qualquer um que venha a atacá-los. Assim creio que sempre precisarão de outros,[280] os que não possam enfrentar o inimigo, em campo aberto, mas precisam refugiar-se atrás dos muros, para defendê-los.[281] Do primeiro caso, já se falou e, para o futuro, diremos o que sobre isso nos ocorre; no segundo caso, não se pode fazer outra coisa, a não ser exortar tais príncipes a fortificar-se e prever a própria terra, sem levar em conta o país.[282] E aquele que tiver bem fortificada sua terra e em relação aos outros governos, tenha procedido com os súditos como foi dito acima e abaixo se dirá, será sempre atacado com respeito, porque os homens são sempre inimigos dos empreendimentos que oferecem dificuldades; nem se pode ver facilidade, atacando quem tenha a terra forte e não seja odiado pelo povo.

### As cidades da Alemanha

**56.** As cidades da Alemanha são completamente livres, têm pouco território e obedecem ao imperador quando querem, não temendo nenhum poderoso que as rodeie, porque estão fortificadas de tal modo, que acham que expugná-las deve ser aborrecido e difícil.[283] Todas têm fossos e muros adequados, artilharia suficiente, e sempre, nos depósitos públicos, há bebida, comida e lenha para um ano; além disso,

---

279. Tal como a França por meio de recrutamentos e seqüestro de bens (*General*).
280. Isto não vale um caracol (*General*).
281. Com maior razão, quando podem atacar e fazer tremer todos os outros (*General*).
282. Que coisa triste! Não a almejaria para mim (*General*).
283. Isto não me diz respeito (*General*).

para poder ter o povo pacífico e sem perder dinheiro, sempre têm, em comum, por um ano, trabalho para fazer, nas tarefas, que são a riqueza e a vida da cidade, como também atividades das quais o povo se alimenta. Possuem ainda, exercícios militares reputados e, sobre isso, conservam muitas leis.[284]

"O príncipe que tenha cidade forte e não se faça odiar não pode ser atacado."

**57.** Um príncipe, portanto, que tenha uma cidade forte e não se faça odiar, não pode ser atacado; e, se ainda o fosse, os atacantes partiriam com vergonha,[285] porque as coisas do mundo são tão variadas, que é quase impossível que se pudesse ficar ocioso, com os exércitos, por um ano, a assediá-lo. E quem replicasse: se o povo tiver propriedades fora e as vir arder, não terá paciência e o longo cerco e seu amor-próprio o farão esquecer o príncipe; respondo que um príncipe poderoso e corajoso[286] superará sempre as dificuldades, dando aos súditos ora a esperança de que o mal não durará muito, ora o temor da crueldade do inimigo, ora livrando-se, com habilidade, dos que lhe parecem muito ousados.[287] Além disso, o inimigo deverá, provavelmente, incendiar e destruir o país, ao chegar, enquanto os ânimos dos homens ainda estiverem exaltados e com vontade de defendê-lo.[288] E tanto menos o príncipe deve duvidar, depois de alguns dias, quando os ânimos tiverem esfriado, já tiverem sido causados os danos, assim como os males e não houver mais remédio,[289] que então mais venham a se unir, com o príncipe, para sua defesa, parecendo-lhe que tenha, com eles, obrigação, estando suas casas incendiadas e arruinadas suas propriedades. É da natureza humana, então, obrigar-se pelos benefícios feitos, como pelos que recebeu. De onde se conclui, tudo bem considerado, que não é difícil a um príncipe prudente, garantir-se, antes e depois do cerco, quando não lhe faltem víveres, nem meios de defender-se.[290]

---

284. Encontrei-me, porém, nestas circunstâncias, mas aproveitarei a primeira ocasião para fortificar minha capital, sem que percebam o verdadeiro motivo disso (*Desterrado na Ilha de Elba*).
285. Isso era bom para épocas passadas e, além disso, não se trata aqui de agressores franceses (*General*).
286. De que serviram, na Alemanha e na Suíça, estas precauções contra nosso entusiasmo? (*1º Cônsul*).
287. Não permanecerei eu, durante um ano, rondando as muralhas alheias, sem fazer nada (*1.º Cônsul*).
288. O melhor e único processo é contê-los, aplicando o máximo terror. Oprimidos, não se revoltarão nem ousarão respirar (*Imperador*).
289. Seja assim ou não, pouco me importa. Não necessito disso (*Imperador*).
290. Com que se defender, que é essencial (*Imperador*).

## Capítulo XI
## DOS PRINCIPADOS ECLESIÁSTICOS

"Os principados eclesiásticos conquistam-se pelo valor e pela sorte e, sem um e outra, se conservam."

**58.** Agora, resta somente discorrer sobre os principados eclesiásticos, em relação aos quais todas as dificuldades devem ser explicadas antes que se prossiga, já que se conquistam por coragem ou por sorte, sem que uma ou outra causa seja constante e porque são amparadas por antigas instituições religiosas, as quais são tanto mais poderosas e de qualidade porque têm seus príncipes no poder, qualquer que seja o modo pelo qual procedam e vivam.[291] Estes apenas têm Estados, mas não os defendem, têm súditos e não os governam; e os Estados, por estarem indefesos, não são invadidos; os súditos, por não serem governados, dele não cuidam, nem pensam e nem podem afastar-se dele. Só assim tais principados são seguros e felizes. Sendo, porém, regidos por desígnios divinos, os quais a mente humana não alcança, deixarei de mencioná-los, já que, sendo louvados e mantidos por Deus, seria tarefa de homem presunçoso e temerário sobre eles discorrer.[292] Entretanto, se me perguntarem por que é que a Igreja, no campo temporal, tenha atingido tanto poder, diria que antes de Alexandre Bórgia e dos potentados italianos, e não só os que se chamavam potentados, mas todos os barões e senhores, embora mínimos, pouco a consideravam, e ainda agora um rei de França estremece diante dela, pois a Igreja o expulsou da Itália e arruinou os Venezianos. E isto, embora seja digno de nota, não me parece supérfluo reduzi-lo à memória, em boa parte.[293]

### A política do equilíbrio

**59.** Antes que Carlos, rei de França, passasse pela Itália, estava esta província sob o poder do Papa, dos Venezianos, do rei de Nápoles, do duque de Milão e dos Florentinos. Esses potentados tinham em mente dois objetivos principais: o primeiro, que o estrangeiro não entrasse armado, na Itália, para que nenhum deles

---
291. Ah! Se eu próprio pudesse tornar-me, em França, o augusto e sumo pontífice da religião! (*General*).
292. Essa ironia mereceria, sem dúvida, todo o poder temporal do Vaticano (*General*).
293. Compreendes mal os interesses de tua reputação e a corte de Roma não te perdoará esta história indiscreta (*General*).

exercesse, de modo algum, o governo. Aqueles a quem se dava mais atenção eram o Papa e os Venezianos. E, tendo na retaguarda, os Venezianos, era necessária a união de todos os outros, como ocorreu na defesa de Ferrara. E, para ter fraco o poder do Papa, servir-se-iam dos barões de Roma que, divididos em duas facções, os Orsini e os Colonnesi, sempre se estavam digladiando. E estando com as armas na mão, sob as próprias vistas do pontífice, tornavam o pontificado fraco e inseguro[294] e, embora, às vezes, surgisse um Papa corajoso, como Sisto, nem por isso sua sorte e sabedoria eram suficientes para desobrigá-lo de tais dificuldades. E a brevidade da vida dos papas era o motivo disso, porque no período de dez anos, que, em média, é o da duração da vida de um Papa, conseguia a muito custo reduzir o poder de uma das facções. Entretanto, se, por exemplo, um quase conseguia extinguir os Colonnesi, surgia outro pontífice, inimigo dos Orsini, que fazia os Colonnesi ressurgirem, sem dispor de tempo para abater os Orsini.

### Alexandre VI, Júlio e Leão X

**60.** Por esses motivos, o poder temporal do papa era pouco aceito na Itália.[295] Surgiu depois Alexandre VI, o qual, de todos os pontífices que já houve, mostrou quanto um papa, com dinheiro e poder, poderia mandar, e que com o auxílio do Duque Valentino e por ocasião do desfile dos franceses fez tudo aquilo o que acima descrevi, quanto às ações do duque.[296] E, embora a intenção do Duque não fosse a de tornar a Igreja forte, tudo aquilo que ele fez foi para a grandeza dela; esta, depois da morte do papa Alexandre, desaparecido também o Duque, foi herdeira de seus esforços. Veio depois o Papa Júlio, que encontrou a Igreja forte, dona de toda a Romanha, e, desaparecidos os barões de Roma, e pelos ataques de Alexandre, aniquiladas aquelas facções,[297] achou ainda o caminho aberto para acumular dinheiro, o que, antes, jamais fora utilizado por Alexandre. Essa orientação não só foi seguida, como foi acrescida, por Júlio, que pensou em conquistar Bolonha, submeter os Venezianos e expulsar os franceses da Itália;[298] nessas empresas, teve êxito; e, sendo tanto mais digno de encômios ao saber-se que tudo fez para aumentar o poder da Igreja e não por interesses privados. Manteve também os partidos de Orsini e de Colonna, nas mesmas condições em que os encontrara;[299] embora entre esses partidos houvesse chefes capazes de provocar brigas, nada fizeram eles, pois duas coisas os conservavam inativos: uma, o poder da Igreja, que os humilhava, outra, o

---

294. Pensamentos judiciosos... dignos de reflexão (*General*).
295. A mesma coisa faço-a eu (*General*).
296. Em seu tempo e em seu país (*General*).
297. Bem que eu gostaria de fazer o mesmo em França (*General*).
298. Eis como deve proceder um grande homem (*General*).
299. É a única coisa que me convém fazer em França (*1.º Cônsul*).

fato de não terem seus cardeais, que são, aliás, causa de tumultos entre eles.[300] Nem jamais ficarão em paz, se tiverem cardeais, porque estes, em Roma e fora de Roma, insuflam os partidos e os barões são obrigados a defendê-los. Assim, da ambição dos prelados nascem discórdias e tumultos entre os barões.[301] A santidade do Papa Leão, desse modo, encontrou este pontificado cheiíssimo de poder; espera-se que, se alguns o fizeram grande pelas armas, este o fará fortíssimo e venerado por sua bondade e por suas outras virtudes.

---

300. Não seria nada mau se eu tivesse cardeais que devessem a mim suas investiduras (*1.º Cônsul*).
301. Hei-de valer-me dela para o êxito da minha (*1.º Cônsul*).

## Capítulo XII
## DE QUANTOS TIPOS SERÃO OS EXÉRCITOS DOS SOLDADOS MERCENÁRIOS

"Fundamentos básicos que devem ter todos os Estados são as boas leis e os bons exércitos."

**61.** Tendo discorrido pormenorizadamente sobre todas as qualidades daqueles principados, sobre os quais, no começo, me propus a falar e considerando, em parte, as suas razões de bem ou mal-estar e mostrando os modos com os quais muitos procuraram conquistá-los e mantê-los, resta-me, agora, discorrer, de maneira geral, sobre os meios de ataque e defesa que eles devem empregar. Dissemos acima que é necessário, a um príncipe, ter bons fundamentos, senão será arruinado. *Os principais fundamentos que todos os Estados possuem,* tanto novos, como velhos ou mistos, *são boas leis e bons exércitos.*[302] E porque não pode haver boas leis sem bons exércitos e como onde há bons exércitos convém que haja boas leis, deixarei para trás o discurso sobre leis e falarei dos exércitos.

É bem popular (*1.º Cônsul*).

"Os exércitos mercenários são inúteis e perigosos."

**62.** *Direi, então, que os exércitos, com os quais o príncipe defende seu Estado, são próprios, mercenários, auxiliares ou mistos.* Os mercenários e auxiliares são inúteis e perigosos.[303] O príncipe, se houver um Estado, apoiado por exércitos mercenários, jamais estará firme e seguro, pois os soldados são desunidos, ambiciosos, sem disciplina, infiéis, valentes com os amigos e covardes com os inimigos; não temem a Deus, nem são confiáveis aos homens; e tanto retardam a ruína, quanto retardam o ataque; e, na paz, é o príncipe espoliado por eles, na guerra, pelos inimigos. A causa disso é que não têm lealdade, nem qualquer outra razão para mantê-los no campo de luta, senão um pequeno estipêndio, que não é suficiente para fazê-los morrer por ele.[304] Querem muito ser teus soldados enquanto não fazes a guerra, mas se esta vier,

---

302. Por que razão, pois, aquele visionário do Montesquieu falou de Maquiavel em seu capítulo denominado "Dos legisladores"? (*1.º Cônsul*).
303. É evidente, quando não temos tropas nossas ou quando as mercenárias e auxiliares são mais numerosas (*General*).
304. Excluo, contudo, os Suíços (*Desterrado na Ilha de Elba*).

fugirão ou irão embora. Pouco trabalho me custará persuadir-te, porque *a ruína da Itália não é causada senão por repousar, durante muitos anos, sobre exércitos mercenários*, que já fizeram algum progresso e pareciam valentes entre si. Mas quando chegou o estrangeiro, mostraram quem eram, sendo fácil a Carlos, rei da França, tomar a Itália, com giz. E quem dissesse que isso era por motivos e pecados nossos, dizia a verdade, mas já não eram aqueles que nele acreditavam, mas aqueles sobre os quais falei. E porque eram pecados dos príncipes, estes é que sofreram a pena.[305]

63. Quero demonstrar melhor a desgraça destes exércitos. Os capitães mercenários ou são excelentes soldados ou não: se o são, não podes confiar neles, pois aspirarão sempre à própria grandeza, ou te oprimindo, a ti que és o chefe, ou oprimindo alguém,[306] a quem não tenhas intenção de fazê-lo; mas se não for o capitão valente, te arruinará[307] pela covardia. Se se retrucar que qualquer um que tenha o exército nas mãos fará o mesmo, seja ele mercenário ou não, replicarei como os exércitos deverão ser usados, seja pelo príncipe, seja pela república: o príncipe deve, em pessoa, assumir a chefia[308] e fazer o papel de comandante; e cabe à república mandar para a chefia um de seus cidadãos. Se, para isso, mandar alguém que não for valente, deve substituí-lo e, se o for, contê-lo com as leis, para que não ultrapasse o limite.[309] Observa-se, por experiência, que somente os príncipes e as repúblicas armadas fazem grandes progressos e os exércitos mercenários apenas causam danos.[310] Com mais dificuldades conseguirá a obediência de seus cidadãos a república que depender de exército próprio, do que a que depender de exército externo.

### Felipe, o macedônio, os Sforza, Braccio de Montoni, Giovanni Acuto

64. Roma e Esparta estiveram, por muitos séculos, armadas e livres.[311] Os Suíços são bem armados e completamente livres. Exemplos de exércitos mercenários antigos são os dos Cartagineses, que quase foram derrotados pelos seus próprios soldados mercenários, ao terminar a guerra com Roma e os Cartagineses

---

305. No tempo do bom Maquiavel, qualquer erro, político ou moral, chamava-se pecado e ele era mais indulgente para com o erro dos estadistas do que o são hoje os jansenistas com os pecados do povo (*General*).
306. Exércitos formados por um predecessor inimigo, é que só nos servem realmente mediante pagamento, não passam de mercenários (*Desterrado na Ilha de Elba*).
307. Contam-no entre seus fiéis partidários (*Desterrado na Ilha de Elba*).
308. Isso eu já sei e eles deveriam também sabê-lo. Mas ele pode?
309. Não há decreto ou ordem que possa detê-lo. Não se faz outra lei, a não ser que ele promulgue (*General*).
310. Contem com isto, uma vez que possuem somente mercenários (*General*).
311. No fim, porém, poderá cair (*General*).

tinham, como comandantes, seus próprios cidadãos. Felipe da Macedônia, após a morte de Epaminondas, foi nomeado, pelos Tebanos, como seu capitão e, após a vitória, tirou-lhes a liberdade. Os Milaneses, morto o duque Felipe, mandaram Francesco Sforza contra os Venezianos,[312] e, derrotado o inimigo em Caravaggio, se reuniram a eles, para subjugar os Milaneses, seus chefes. Sforza, seu pai, sendo soldado da rainha Joana de Nápoles, deixou-a, num ocasião, desarmada. Esta, para não perder o reino, foi obrigada a jogar-se no regaço do rei de Aragão.[313] E, se os Venezianos e Florentinos aumentaram seu domínio com estes exércitos e se seus comandantes não se tornaram, todavia, príncipes, mas os defenderam, respondo que os Florentinos,[314] neste caso, foram favorecidos pela sorte, porque nenhum dos valorosos capitães, que poderiam temer, venceram, alguns tendo tido oposição, outros voltado à ambição algures.[315] Quem não venceu foi Giovanni Aucut,[316] de quem, por não ter vencido, não se podia conhecer a lealdade,[317] mas, cada um confessará que os Florentinos, tivesse ele vencido, estariam à sua mercê. Sforza sempre teve contra si os de Braccio, que vigiavam uns aos outros.[318] Francesco voltou suas ambições para a Lombardia,[319] Braccio, contra a Igreja e o reino de Nápoles.[320]

**Os mercenários em Florença e Veneza**

65. Vejamos, porém, o que sucedeu há pouco tempo. Os Florentinos fizeram de Paulo Viteli seu capitão, homem muito prudente e que conseguiu, como particular, grande reputação. Se tivesse conquistado Pisa, ninguém negaria que seria conveniente aos Florentinos continuarem com ele, porque se se tivesse

---

312. Pode fazer-se o mesmo com tropas que recebem tão só soldo do Estado. Basta infundir-lhes o espírito próprio das forças mercenárias. Quando se dispõe de orçamento bélico é fácil, dadas as contribuições que para elas entram. A facilidade é maior ainda quando alguém se encontra com as tropas em países distantes onde não podem receber outra influência senão a do seu General. Que nos sirva isto de exemplo (*General*).
313. Sejam quais forem os braços para os quais nos atirermos, ainda que realizem o nosso principal anseio, acabarão por fazer-nos mais mal do que bem (*Desterrado na Ilha de Elba*).
314. Quase se limitar a chamar aquele honrado Bartolomeu Colleoni, que teve oportunidades de ser rei de Veneza e não o quis, não teve outro título a não ser o de homem honrado. E fez a tolice, quando moribundo, de aconselhar os venezianos a nunca deixarem em mãos de outrem tanto poder militar quanto lhe tinha dado a ele! (*General*).
315. Com isto é que se deve começar (*General*).
316. Veremos, depois, se eles são insuperáveis (*General*).
317. Importante é ver o que promete mais (*General*).
318. Era preciso saber destruí-los (*General*).
319. Sublime! É melhor modelo (*1.º Cônsul*).
320. Porque não pudeste seguir-me! (*1.º Cônsul*).

tornado soldado dos inimigos, não teria havido remédio;³²¹ e, se o mantivessem, teriam de obedecê-lo. Os Venezianos, se se considerarem seus progressos, ver-se-á que os que agiram com segurança e glória, enquanto eles próprios faziam guerra (o que aconteceu antes que voltassem à terra); então, com os gentis-homens e com a plebe armada³²² combateram valorosamente. Mas como combateram em terra, abandonaram esta atitude e seguiram os costumes da guerra na Itália. E, no princípio de suas operações em terra, por não possuírem muito território e por terem boa reputação, não tinham muito a temer de seus comandantes; mas, como o ampliaram (durante o comando de Carmignuola), tiveram uma visão deste erro, porque, vendo-o valorosíssimo, batido sob seu governo o duque de Milão³²³ e conhecendo, por outro lado, como ele arrefecera na guerra, julgavam que, com ele, não mais poderiam vencer, porque não o queria, nem poderia dispensá-lo, para não perder o que já havia conquistado pelo que foi necessário matá-lo para se sentirem seguros.³²⁴ Depois tiveram outros chefes como Bartolomeu de Bérgamo, Roberto de São Severino, o conde de Petigliano e outros mais. Destes eram de temer-se as derrotas, não as conquistas, como ocorreu em Vailá, quando, em um só dia, perderam o que haviam, com tanto esforço, adquirido em oitocentos anos.³²⁵ Porque com tais armas nascem apenas lentas, tardias e fracas conquistas, ao mesmo tempo que derrotas rápidas e surpreendentes. E porque eu mencionei estes exemplos, na Itália, a qual foi por muitos anos governada por armas mercenárias, quero agora discorrer de modo mais geral, para que, vendo-se a origem e os progressos destas tropas,³²⁶ se possa melhor aperfeiçoá-las.

### "Origens e progressos dos exércitos mercenários"

**66.** Deveis, então, compreender como, iniciando-se, nestes últimos tempos, a rejeição do império na Itália, e crescendo o poder temporal do papa,³²⁷ dividiu-se a Itália em muitos Estados,³²⁸ porque muitas das cidades importantes empunharam armas contra os nobres, os quais, antes, auxiliados pelo imperador, agora as

---

321. O Diretório poderá murmurar e decretar o que lhe aprouver, pois eu continuarei sendo o que sou e será certamente necessário que meu exército me obedeça (*General*).
322. Grande vantagem do recrutamento (*1.º Cônsul*).
323. Eu teria visto isto muito mais cedo.
324. É certamente o meio mais seguro. Devia tê-lo feito mais vezes do que o fiz duas vezes não foram o bastante. Tudo pode ocorrer por não havê-lo feito três vezes pelo menos (*Imperador*).
325. Pior para eles e ainda não viram tudo (*General*).
326. Desagregação sem importância para mim (*General*).
327. Restabelecerei ali o império (*General*).
328. A divisão há-de desaparecer (*General*).

oprimiam, ao passo que a Igreja as favorecia para aumentar seu poder temporal.[329] Assim, em muitas cidades, meros cidadãos tornaram-se príncipes.[330] Disso resultou que, ficando a Itália quase que nas mãos da Igreja[331] e de algumas repúblicas, e aqueles padres e demais cidadãos, não estando habituados a manejar armas, começaram a assalariar estrangeiros. O primeiro que adquiriu reputação neste tipo de milícia foi Alberico de Cônio, da Romanha. Da escola criada por este saíram, entre outros, Braccio e Sforza, que, em sua época, foram árbitros da Itália. Depois destes formaram-se outros que, até nossos tempos, comandaram essas tropas.[332] E, como consequência desse valor, a Itália foi invadida por Carlos, depredada por Luís, violentada por Fernando e difamada pelos Suíços.[333] A primeira medida que esses chefes tomaram para ganhar o próprio prestígio foi anular a reputação da infantaria. Assim fizeram, porque não tendo um Estado seu, deveriam recorrer à profissão, e com poucos infantes não adquiriam prestígio e com muitos não poderiam sustentá-lo.[334] Reduziram-se, assim, aos cavalos, porque com número exíguo de cavaleiros, poderiam estes achar apoio e honrarias. E as coisas foram reduzidas a tal ponto que, num exército de vinte mil soldados, não havia mais que dois mil infantes.[335] Usavam, além disso, todos os modos para afastar de si e dos soldados toda fadiga e medo, não se matando em brigas e fazendo-se prisioneiros, uns aos outros, sem cobrar resgate.[336] Não atacavam as cidades à noite e, quando as estavam defendendo, evitavam fazer incursões. Não combatiam no inverno. E todas estas coisas lhes eram permitidas por suas leis, para, como dissemos, evitar-lhes a fadiga e os perigos.[337] Desse modo, levaram a Itália à escravidão e à infâmia.[338]

---

329. Gregório VII, em especial, foi muito hábil neste particular (*General*).
330. Farei eu só, e para mim somente, com que essas três forças se dirijam simultaneamente para meu benefício exclusivo (*General*).
331. Tudo isso mudará (*1.º Cônsul*).
332. Lamentáveis chefes de foragidos! (*General*).
333. A esses faço tremer depois de ter feito, apenas eu, tanto quanto estes três monarcas juntos e isto contra exércitos bem mais poderosos (*Cônsul*).
334. Miserável! É de lamentar!
335. Falta-lhes o bom senso. E ainda os elogiam! (*General*).
336. Covardia! Estupidez! Apunhalar, destroçar, aniquilar, aterrar (*General*).
337. Quando possível, cumpre fazer o contrário para ter boas tropas (*General*).
338. Forçosamente isso teria que acontecer.

## Capítulo XIII
## DOS EXÉRCITOS AUXILIARES, MISTOS E PRÓPRIOS

Danos causados por exércitos auxiliares. Exemplo: Júlio II e os Espanhóis; Florença e os Franceses; Gregos e Turcos.

67. Exércitos auxiliares, mais do que exércitos inúteis, são os que, ao chamado de um poderoso, ele vem com os soldados para te ajudar e defender,[339] como o fez, há pouco tempo, o papa Júlio, que, tendo visto na expedição de Ferrara a triste prova de seus exércitos mercenários, voltou-se para os auxiliares e combinou com Fernando, rei de Espanha, que fosse ajudá-lo, com sua gente e seus exércitos. *Estes exércitos podem ser úteis e bons por si mesmos,*[340] *mas para quem os chama, são quase sempre danosos, porque, perdendo, fica derrotado, vencendo, torna-se seu prisioneiro.*[341] E, ainda que as histórias antigas estejam bem cheias destes exemplos,[342] não quero deixar de partir deste exemplo recente do papa Júlio II, cuja decisão não pode deixar de ser considerada; por querer Ferrara, entregou-se nas mãos de um estrangeiro. Sua boa sorte, porém, deu origem a um terceiro fato, para que não colhesse o fruto de sua má escolha,[343] pois, sendo seus auxiliares derrotados em Ravena e surgindo os Suíços, que expulsaram os vencedores, sem considerar sua própria opinião e a de outros, não ficou preso pelos inimigos, que fugiram, nem por seus auxiliares, tendo vencido com outros exércitos, que não o dele.[344] Os Florentinos, desarmados, conduziram dez mil franceses a Pisa, para tomá-la de assalto, o que lhes acarretou maior perigo que qualquer trabalho, em qualquer tempo. O imperador de Constantinopla, para opor-se aos vizinhos, levou à Grécia

---

339. Inúteis! É um termo demasiadamente forte. Devemos imaginar o meio de incutir-lhe a ideia de uma incorporação às nossas tropas, através da estratégia da união com o grande império (*1.º Cônsul*).
340. Isto é o bastante para mim (*1.º Cônsul*).
341. Meu sistema de alianças deverá evitar estes dois inconvenientes (*1.º Cônsul*).
342. Eu devia confirmá-la, quando me vi, na verdade, compelido a desmenti-la (*Desterrado na Ilha de Elba*).
343. Essas terceiras conjunturas apenas trazem contratempos que prejudicaram minha boa sorte (*Desterrado na Ilha de Elba*).
344. É ter sorte e vencer como Papa (*General*).

dez mil turcos, os quais, terminada a guerra, não mais quiseram partir.³⁴⁵ Assim a Grécia tornou-se escrava dos infiéis.³⁴⁶

Os exércitos auxiliares "são muito mais perigosos que os mercenários".

**68.** Aquele, então, que não quer vencer, sirva-se destes exércitos, *porque são muito mais perigosos que os mercenários.*³⁴⁷ Porque, nestes, está a derrota: são todos unidos, todos dedicados à obediência de outros; mas, os mercenários, para te causar um mal, mesmo que vençam, é preciso mais tempo e melhor ocasião, já que não formam um corpo, sendo eles chamados e pagos por ti; neles, se tornares comandante um terço deles, não podem, rapidamente, ter autoridade suficiente para te prejudicar. Em suma, *nos mercenários é mais perigosa a indolência, nos auxiliares, a coragem.*³⁴⁸

**69.** Portanto, um príncipe sempre fugiu destes exércitos e se voltou aos próprios, preferindo perder com os seus a vencer com os outros, não julgando verdadeira a vitória conquistada com exércitos alheios.³⁴⁹ Não deixarei jamais de citar César Bórgia e suas ações. Este duque entrou na Romanha com exércitos auxiliares, conduzindo somente tropas francesas, com as quais tomou Ímola e Forli.³⁵⁰ Depois, não lhe parecendo aqueles exércitos seguros, voltou-se aos mercenários, vendo neles menos perigo e tomando a soldo os Orsini e os Vitelli. Achou-os, depois, dúbios, infiéis e perigosos, dispersando-os e voltando aos seus próprios.³⁵¹ Pode-se ver facilmente a diferença que há entre um e outro destes exércitos, considerando-se a mudança que houve na reputação do duque, de quando só tinha os Franceses e quando empregava os Orsini e os Vitelli e quando ficou com seus soldados, confiando apenas neles: sua fama sempre aumentou e jamais foi tão estimado, do que quando se viu que era senhor absoluto de seus exércitos.

### Hierão de Siracusa

**70.** Não quero afastar-me dos exemplos italianos e recentes, mas não posso deixar para trás Hierão de Siracusa, já mencionado por mim.³⁵² Como eu disse,

---

345. Faremos o mesmo na Itália, certamente, onde entraremos depois da expulsão dos aliados (*General*).
346. Quanto a isso, a Itália teve mais sorte (*Imperador*).
347. Tolo! Poderá haver outros com tal poder?
348. Sublime e da maior profundidade (*Imperador*).
349. Por que haverias de fatigar-te? Por que não apreciarias teus dotes morais, odiados por tantos tolos. Qual a relação disto, porém, com a política? (*General*).
350. Que é que não se consegue com esses soldados? Quanto a conservá-los, não sei (*General*).
351. Sempre estás, em primeiro lugar, de preferência a quaisquer outras (*General*).
352. Maquiavel lisonjeia-me, recordando novamente este herói da minha genealogia (*General*).

foi feito comandante dos exércitos Siracusanos, percebendo, logo, que a tropa mercenária não era útil, por serem os comandantes semelhantes aos nossos italianos e parecendo-lhe que não podia mantê-los, nem despedi-los, fez com que os cortassem em pedaços.³⁵³ Depois, fez a guerra com seus exércitos³⁵⁴ e não com os alheios. Quero, agora, a esse propósito, lembrar um trecho do Velho Testamento.³⁵⁵ Oferecendo-se Davi a Saul para combater Golias, provocador filisteu, Saul, para dar-lhe ânimo, armou-o com armas suas, as quais, logo que Davi as experimentou, recusou-as, dizendo que com elas não poderia valer-se das próprias forças; queria enfrentar o inimigo com sua funda e seu cutelo.

### Os exércitos de França

**71.** Finalmente, *os exércitos alheios, ou te caem das costas, ou te pesam ou te sufocam*. Carlos VII, pai do rei Luís XI, com sorte e coragem, libertou a França dos Ingleses e, conhecendo a necessidade de armar-se com exército próprio,³⁵⁶ instituiu, em seu reino, a cavalaria e a infantaria. Depois, o rei Luís, seu filho, dispensou aquelas e tomou a soldo os Suíços;³⁵⁷ tal erro, seguido por outros, foi, de fato, como se vê hoje, causa de perigos daquele reino. Pois, dando fama aos Suíços, humilhou todo o seu exército, porque a infantaria desapareceu e a cavalaria ficou sujeita aos exércitos alheios, de tal modo que, acostumado a combater com os Suíços, não lhe pareceu poder vencer sem eles. Do que se conclui que os Franceses contra Suíços não bastam e sem Suíços contra outros, não podem vencer.³⁵⁸ Os exércitos da França, portanto, são mistos, formados em parte por mercenários e em parte por soldados próprios, os quais, todos juntos, são bem melhores do que as simples forças auxiliares ou os simples mercenários e muito inferiores às próprias forças.³⁵⁹ E basta o exemplo dado, porque o reino de França seria invencível, se o regulamento militar de Carlos³⁶⁰ tivesse sido desenvolvido ou preservado, mas a pouca prudência dos

---

353. Feliz por tê-lo podido fazer e mais ainda por havê-lo feito (*Imperador*).
354. Não é bom dever a outrem, mas só a nós mesmo, qualquer parcela de glória ou poder adquirido (*General*).
355. A escolha deste exemplo é uma bobagem (*General*).
356. Necessitam de tempo e de experiências desastrosas para compreender o que lhes é indispensável (*Desterrado na Ilha de Elba*).
357. Que tolo! Porém, nem sempre! Às coisas eram vistas por ele a seu modo. Olhava a França como um prado que podia ceifar todos os anos tão rente quanto quisesse. Teve também o seu homem de Saint-Jean d'Angeli e saiu-se muito vem na questão de Odet (*1.º Cônsul*).
358. Que diferença! Não há um só soldado meu que não creia que poderá vencer sozinho (*Imperador*).
359. Bem inferiores (*General*).
360. E permanece invencível, porque criei outras instituições militares ainda melhores (*Imperador*).

homens não distingue, porém, o veneno oculto sob as coisas que parecem boas, como eu disse acima, das febres da tuberculose.[361]

"Sem exército próprio, nenhum principado está seguro."

**72.** Portanto, aquele que, em um principado, não diagnosticar as doenças, na origem, não é verdadeiramente sábio, o que é facultado a poucos. E se atentarmos para a primeira razão da queda do império romano, deduziremos que foi ocasionada, quando mercenários godos foram contratados,[362] porque, a partir de então, as forças do império romano e todo valor, dele decorrente, foi outorgado aos godos.

**73.** Concluo, assim, que, sem possuir exército próprio, nenhum principado será garantido; ao contrário, está sujeito à sorte, não havendo valor que o defenda, na adversidade.[363] Foi sempre opinião e sentença dos homens sábios *quod nihil sit tam infirmum aut instabile quam fama potentiae non vi nixa* (que nada é tão pouco firme ou instável quanto a fama do poder não apoiada nos próprios exércitos).

**74.** E exércitos próprios são os formados ou de súditos, ou de cidadãos ou de teus servos; todos os outros ou são mercenários ou auxiliares.[364] E o modo de regulamentar os próprios exércitos será fácil de encontrar se se analisarem os regulamentos dos quatro supramencionados por mim[365] e se verá que Felipe, pai de Alexandre Magno, e muitas repúblicas e príncipes se armaram e se governaram. E é a essas ordens que eu me refiro integralmente.[366]

---

361. Ainda neste século de tantas luzes (*Desterrado na Ilha de Elba*).
362. Pensei exatamente assim, na primeira vez que li, ainda criança, a história desta decadência (*General*).
363. As vossas armas não são vossas, mas sim minhas (*Desterrado na Ilha de Elba*).
364. Não têm outras, se as que têm estão a favor deles.
365. Não para eles. Ou, pelo menos, não tão cedo (*Desterrado na Ilha de Elba*).
366. Está bem. O meu procedimento, porém, talvez fale ainda melhor (*1.º Cônsul*).

## Capítulo XIV
### DOS DEVERES DO PRÍNCIPE PARA COM SEUS SOLDADOS

A preocupação principal de um príncipe deve ser a arte da guerra. "Estar desarmado te faz desprezível."

**75.** Deve, então, o príncipe não ter outro objetivo, nem outro pensamento, nem exercer nenhuma outra atividade, a não ser a guerra, suas leis e disciplinas,[367] porque essa é a única arte que se espera de quem governa. E ela é de tal poder, que não só mantém os que nascem príncipes, como muitas vezes eleva os particulares àquele cargo;[368] e, ao contrário, vê-se que quando os príncipes pensaram mais nas boas maneiras do que nos exércitos, perderam o cargo.[369] E a primeira causa que te faz perder aquele é negligenciar esta arte e o que te faz adquiri-la é professá-la.

**76.** Francesco Sforza, por ter exército, de particular passou a duque de Milão[370] e seus filhos, por fugirem às dificuldades das armas, tornaram-se simples particulares.[371] Pois, entre outras causas que te trazem males, estar desarmado te torna desprezível,[372] o que é uma das infâmias que o príncipe deve evitar, como se dirá abaixo e porque entre um armado[373] e um desarmado não há proporção nenhuma, nem é razoável que quem estiver armado obedeça, de boa vontade, a quem estiver desarmado e que o desarmado se sinta seguro entre servidores armados;[374] havendo, de um lado, desdém e de outro suspeita, não é possível agirem juntos. Um príncipe que não entenda da arte da guerra, além de outras desgraças, como já foi dito, não pode ser estimado por seus soldados, nem confiar neles.[375]

---

367. Dizem que vou pegar da pena para escrever minhas "Memórias". Escrever, eu? Tomar-me-iam por louco. Já basta meu irmão Luciano perpetrando versos. Entreter-me com tais puerilidades é renunciar ao cetro (*Imperador*).
368. Mostrarei tanto uma coisa como outra (*Imperador*).
369. É infalível (*Desterrado na Ilha de Elba*).
370. E eu, pois... (*Desterrado na Ilha de Elba*).
371. Como eles ficarão dentro em breve (*Desterrado na Ilha de Elba*).
372. A espada e as dragonas não o evita, por si sós, se não houver algo mais (*Imperador*).
373. Acaso não o estais vendo? (*Desterrado na Ilha de Elba*).
374. E eles supõem que o estão! (*Desterrado na Ilha de Elba*).
375. Ainda que eu não me misturasse (*Desterrado na Ilha de Elba*).

O príncipe deve prover, durante a paz, as necessidades da guerra. O exército da guerra "com ações".

**77.** Não deve, portanto, jamais deixar de pensar no exercício da guerra e na paz deve exercitá-la mais ainda que na guerra, o que pode fazer de dois modos: pela ação ou pela mente.[376] Quanto às ações, além de manter bem organizados e exercitados seus soldados, deve estar sempre como na caça, com o que habituará o corpo aos incômodos e conhecerá a natureza dos lugares, saberá como surgem os montes, como se afundam os vales, como se situam as planícies e entenderá a natureza dos rios e charcos, tudo isso com muito cuidado.[377] Tal conhecimento é útil de dois modos: primeiro, aprende-se a conhecer o seu país, podendo entender melhor suas defesas; mediante o conhecimento e a prática desses lugares, compreendem-se facilmente todos os demais lugares novos, que lhe seja necessário explorar, porque os montes, vales, planícies, rios e pântanos que estão, por exemplo, na Toscana, possuem semelhanças com os de outras províncias. Assim, pelo conhecimento do local de uma província, pode-se facilmente chegar ao conhecimento de outra.[378] E ao príncipe, ao qual falta este conhecimento, falta o primeiro requisito que um comandante deve ter, pois é isso que ensina a encontrar o inimigo, ocupar os alojamentos, conduzir os exércitos, organizar as batalhas campais, apertar o cerco, com vantagem para ti.[379]

## Filopêmene

**78.** Filopêmene, príncipe dos Aqueus, entre outras qualidades que os escritores lhe atribuíram, havia a de que, em tempos de paz, não deixava jamais de pensar na guerra;[380] e, quando em campanha com os amigos, muitas vezes parava e discutia com eles: "Se os inimigos estivessem naquela colina e nós estivéssemos com nosso exército, qual de nós teria vantagem? Como se poderia ir ao encontro deles, mantendo nossa formação?[381] Se quiséssemos bater em retirada, como deveríamos agir? E se eles se retirassem, como deveríamos proceder?" E propunha-lhes, ao caminhar, todos os casos que poderiam ocorrer a um exército, ouvia-lhes as opiniões, emitia a sua, corroborando-as com razões de tal modo que, mediante contínuas cogitações, não pudesse nunca, comandando as tropas, ocorrer nenhum imprevisto para o qual não tivesse remédio.[382]

---

376. Que segredo lhes revelas, Maquiavel! Porém eles não te leem, nem jamais te lerão! (*Desterrado na Ilha de Elba*).
377. Aproveitei os teus conselhos (*Imperador*).
378. Acrescentem-se a isto boas cartas topográficas (*General*).
379. Aproveitei por acaso os teus conselhos? (*General*).
380. Penso nisso até dormindo, se é que consigo eu dormir (*General*).
381. Quantas vezes fiz o mesmo, desde a minha juventude! (*Imperador*).
382. Nunca se preveem todos, porém, acaba-se por encontrar repentinamente o remédio, ainda que isso custe muito (*General*).

## O exercício da guerra "com a mente"

**79.** Entretanto, no que se refere ao exercício da mente, deve o príncipe ler as histórias dos vários países[383] e, nestas, considerar os feitos dos homens ilustres, observando como se conduziram nas guerras; examinar os motivos de suas vitórias e derrotas a fim de poder fugir destas e imitar aquelas e, sobretudo, fazer, como no passado, tinham feito alguns ilustres homens, que passavam a imitar outros que, antes deles, tinham sido louvados e elogiados e daqueles que sempre tiveram gestos e ações dignos de memória, como, por exemplo, Alexandre Magno, que imitava Aquiles, César, que imitava Alexandre, Cipião, que imitava Ciro.[384] E quem quer que leia a vida de Ciro, escrita por Xenofonte, reconhecerá depois, ao ler a vida de Cipião, quão valiosa lhe foi essa imitação e quanto, na castidade, na afabilidade, na humanidade e na liberalidade Cipião fazia as mesmas coisas que de Ciro[385] foram ditas por Xenofonte. Tais exemplos devem ser seguidos por um príncipe sábio, que jamais também deverá estar ocioso nos tempos de paz, mas sim com habilidade prover-se para lograr proveito na adversidade, a fim de que, se a sorte mudar, esteja preparado para resistir ao que ocorrer.

---

383. Infeliz o estadista que não as lê! (*Desterrado na Ilha de Elba*).
384. Por que não selecionar mais de um, que fosse superior a todos os outros? Gostei de Carlos Magno, contudo César, Átila e Tamerlão não são para desprezar-se (*General*).
385. Observação idiota (*General*).

## Capítulo XV
## DAS COISAS PELAS QUAIS OS HOMENS, ESPECIALMENTE OS PRÍNCIPES, SÃO LOUVADOS OU CENSURADOS

"É indispensável que o príncipe se prepare para aprender a não ser bom."

**80.** Cabe considerar agora quais devem ser os modos de governo de um príncipe com os súditos e com os amigos. E porque eu sei que muitos já escreveram sobre isto, duvido que, escrevendo também eu, não me considerem presunçoso, afastando-me, principalmente, ao discutir esse assunto, das opiniões alheias.[386] Sendo, porém, minha intenção, escrever algo útil para quem o entenda, pareceu-me mais conveniente ir direto à verdade real da coisa,[387] do que usar a imaginação.[388] E muitos imaginaram repúblicas e principados, que jamais foram vistos ou conhecidos como verdadeiros;[389] pois é tão distante o modo como se vive, do modo como se deveria viver, que quem deixa que se faça o que se deveria fazer, contribui mais à ruína que à sua preservação, pois o homem que deseja fazer, em toda parte, profissão de bondade, arruína-se em meio a tantos que não são bons.[390] É necessário a um príncipe, que pretenda manter-se, aprender a não ser bom, usando ou não usando isso, segundo a necessidade.[391]

"Os príncipes são notados por algumas qualidades que despertam crítica ou louvor."

**81.** Deixando, então, de lado, as coisas que se imaginam sobre um príncipe e discorrendo sobre as verdadeiras, de que se fala, principalmente os príncipes, por estar

---

386. Primeira observação que se deve fazer para a boa compreensão do pensamento de Maquiavel (*1.º Cônsul*).
387. Ver sempre as coisas como elas são (*1.º Cônsul*).
388. Na prática, as fantasias de Platão valem quase tanto quanto as de Jean Jacques (*1.º Cônsul*).
389. Os estadistas são julgados pelos visionários da moral e da filosofia, segundo os prismas destes (*1.º Cônsul*).
390. Se nem todos são maus, os que o são possuem recursos e atividades que fazem como se todos o fossem. Os mais perversos são os que, por seu lado, parecem ser os melhores (*Imperador*).
391. Diga-se o que se disser, o essencial é a manutenção da boa ordem do Estado (*1.º Cônsul*).

em postos mais elevados, são notados por algumas destas qualidades, que despertam crítica ou louvor, isto é, alguns são tidos como liberais, outros miseráveis (usando o termo toscano, porque *avaro*, em nossa língua, é ainda aquele que deseja possuir pela rapina; e *chamamos* de miseráveis os que se abstêm de usar muito o que possuem); alguns são considerados generosos, outros rapaces; alguns cruéis, outros piedosos; uns perjuros, outros fiéis; uns efeminados e pusilânimes, outros ferozes e audazes; uns humanos, outros soberbos; uns lascivos, outros castos; uns íntegros, outros astutos; uns obstinados, outros flexíveis; uns sérios, outros levianos; uns religiosos, outros incrédulos, e assim por diante.[392] Sei que cada um confessará que saberia encontrar coisas louváveis num príncipe, e, dentre todas as qualidades citadas, as que são tidas como boas.[393] Mas, como não lhe é possível possuí-las, nem observá-las inteiramente, porque as condições humanas não o permitem, é necessário que seja tão prudente, que saiba evitar a infâmia dos vícios[394] que lhe tiraria o governo e acautelar-se dos que não chegam a ameaçá-lo disso, se lhe for possível;[395] não o podendo, porém, pode--se deixar as coisas seguirem com menos preocupação. Por outro lado, não se trata de incorrer na infâmia dos defeitos, sem os quais dificilmente pode salvar o Estado, pois, considerando bem tudo, encontrar-se-á algo que pareça virtude, e seguindo-a, seria sua ruína; e outra que parecerá vício e, seguida, lhe traria segurança e bem-estar.

---

392. Escolham, se puderem (*1.º Cônsul*).
393. Sim, como Luís XVI, também se acaba perdendo o reino e a cabeça (*Imperador*).
394. Conselho de moralista (*Imperador*).
395. Quanto a isso, pouco se me dá o que possam dizer (*Imperador*).

## Capítulo XVI
## DA LIBERALIDADE E DA PARCIMÔNIA

Certa liberalidade não tira a pecha de avaro; grande liberalidade é danosa.

**82.** Comecemos, portanto, pelas primeiras qualidades supra-mencionadas e direi como seria bom alguém ser considerado liberal, mas a liberalidade, usada de modo que sejas tido como liberal, é prejudicial, porque se usada virtuosamente, como deve ser usada, não será conhecida e não recairá sobre ti a infâmia do seu contrário.[396] Se se quiser, porém, manter entre os homens a fama de liberal, é preciso deixar para trás toda demonstração de suntuosidade, de tal modo que um príncipe, em semelhantes obras, gastará todas as suas rendas e será necessário, no fim, se quiser manter a fama de liberal, gravar os povos de maneira extraordinária e ser fiscal, fazendo tudo que se pode fazer, para obter dinheiro, o que começará a torná-lo odiado pelos súditos[397] e pouco estimado por nenhum,[398] tornando-o, ao mesmo tempo, pobre. De modo que, tendo acarretado dano a muitos e beneficiado poucos, sentirá todas as desvantagens, periclitando em algum primeiro perigo,[399] e que, quando o percebe, e quer retrair-se, incorre logo na pecha de miserável.[400]

"O príncipe deve desprezar o nome de miserável." Exemplos: Júlio II, Luís XII e Fernando, o Católico.

**83.** Não podendo, então, o príncipe, usar esta virtude de liberal, sem prejuízo seu, de modo que seja conhecida, deve, se for prudente, não aceitar a pecha de miserável, porque, assim, com o tempo, será considerado sempre mais liberal, vendo o povo que, com sua economia, as suas rendas lhe bastam, pode defender-se de quem lhe faz guerra e lançar-se a empreendimentos que não onerem o povo[401] e, desse modo, está usando de liberalidade para todos aqueles de quem nada tira,

---

396. Isto também é indiscutível verdade. De que valeria ser liberal, se não fosse por interesse e vaidade? (*1.º Cônsul*).
397. Isso me atinge até certo ponto, mas recuperarei a estima com façanhas artificiosas (*Imperador*).
398. Irei buscar dinheiro, em todos os países estrangeiros (*Imperador*).
399. Ave de mau agouro, espero que nisso tenhas mentido (*Imperador*).
400. Apenas eu me inquietaria com isso (*Imperador*).
401. Que falta de coragem! (*Imperador*).

os quais são em número infinito, e miserável para todos aqueles a quem nada dá, que são poucos.[402] Em nossos tempos, não temos visto fazer grandes coisas senão àqueles que estão na miséria; os outros estão extintos. O Papa Júlio II, a quem deram o nome de liberal após ter chegado ao papado,[403] não pensou depois em mantê-lo, para poder fazer guerra. O atual rei da França fez tanta guerra sem cobrar imposto extraordinário de seus súditos, somente porque as suas despesas supérfluas foram providas por sua longa parcimônia.[404] O atual rei da Espanha, se tivesse sido liberal, não teria empreendido nem vencido tantas guerras.[405]

Quando um príncipe pode ser liberal.

**84.** Portanto, o príncipe não deve preocupar-se muito, para não ter de despojar seus súditos, para poder defender-se, para não se tornar pobre e desprezado, para não ser forçado a se tornar rapace, para não se tornar miserável, pois este é um dos vícios que o fazem reinar.[406] E se alguém dissesse: César, com a liberalidade, chegou ao império e muitos outros,[407] por serem e se manterem liberais, chegaram a altíssimos postos, respondo: ou tu te fizeste príncipe ou estás em vias de sê-lo; no primeiro caso, esta liberalidade é prejudicial; no segundo, é necessário conservar-se liberal.[408] César foi um dos que desejava chegar ao principado em Roma, mas se depois que chegasse a ele, sobrevivesse e não tivesse moderado as despesas, teria destruído o império. E se alguém replicasse: muitos foram príncipes e fizeram grandes coisas com os exércitos, que mantiveram liberalíssimos,[409] eu respondo: ou o príncipe gasta o que é seu ou gasta o que é de seus súditos ou de outros; no primeiro caso, deve ser moderado, no outro, não deve deixar para trás nenhuma liberalidade.[410] E o príncipe que segue com seus exércitos, que faz presas, saques e resgates, maneja o que é dos outros, necessita dessa liberalidade, senão não seria seguido por seus

---

402. Pobre homem! (*Imperador*).
403. A palavra "liberal" entendida metafisicamente, serviu-me quase do mesmo modo. As expressões "ideias liberais", "modo de pensar liberal" que pelo menos não arruínam e ativam os ideólogos, são, contudo, de minha autoria. Idealizado por mim, este talismã servirá à minha causa e sempre falará a meu favor do meu reinado, ainda que em poder daqueles que me irão destronar (*Desterrado na Ilha de Elba*).
404. Ideia mesquinha (*Imperador*).
405. Parvoíce (*Imperador*).
406. Não é com este que eu contaria (*1.º Cônsul*).
407. Os meus generais sabem o que lhes dei antes e onde teria que chegar para conferir-lhes ducados e insígnias do marechalato (*Imperador*).
408. Assim fui, em palavras e obras. Quantos não se enganam com a falsa aparência das ideias liberais! (*1.º Cônsul*).
409. Sei que te preparas para me julgar (*1.º Cônsul*).
410. Quem fez isso melhor do que eu? (*Imperador*).

soldados.⁴¹¹ E do que não é teu ou de teus súditos, podes ser generoso doador, como o foi Ciro, César ou Alexandre, pois, gastar o que pertence aos outros, não mancha tua reputação, mas te eleva⁴¹² e, se gastares só o que é teu, te prejudica. E não há nada que consuma tanto quanto a liberalidade, a qual, enquanto a usas, perdes a faculdade de usá-la e ou te tornas pobre ou necessitado, ou, para fugir à pobreza, rapace e odioso.⁴¹³ Entre todas as coisas de que um príncipe deve acautelar-se é o de ser necessitado ou odioso;⁴¹⁴ a liberalidade te conduz a uma coisa ou outra.⁴¹⁵ Portanto, é mais prudente ter o nome de miserável, do que ter má fama, sem ódio, ou, por querer ser chamado de liberal, ter de ser chamado de rapace, o que causa uma infâmia odiosa.⁴¹⁶

---

411. Aqui está o segredo do consentimento que dei a saques e pilhagens. Dava-lhes tudo quanto podiam tomar. Daí a imutável afeição que dedicam à minha pessoa (*Desterrado na Ilha de Elba*).
412. E eu (*Imperador*).
413. Que serve para aumentar a outra (*Imperador*).
414. Quando não se conhecem outros meios para sustentá-la (*Imperador*).
415. Isso quase não me inquieta (*Imperador*).
416. Pouco me importa, no final das contas. Terei sempre a estima e o amor dos meus soldados, dos meus senadores, e prefeitos (*Imperador*).

## Capítulo XVII
## DA CRUELDADE E PIEDADE E SE É MELHOR SER AMADO QUE TEMIDO OU MELHOR SER TEMIDO QUE AMADO

"Todo príncipe deve desejar ser considerado piedoso e não cruel; no entanto, deve ter cuidado para não usar mal essa piedade."

**85.** Continuando, depois, a enumerar as qualidades anteriores, afirmo que todo príncipe deve desejar ser considerado piedoso e não cruel; entretanto, deve acautelar-se para não usar mal esta piedade.[417] César Bórgia era considerado cruel; apesar de sua crueldade, tinha reconstruído a Romanha, unindo-a e limitando-a, em paz e fidelidade.[418] O que, bem considerado, demonstrará que aquele foi muito mais piedoso do que o povo florentino, que, para fugir à pecha de cruel, deixou destruir Pistóia. Portanto, o príncipe não deve importar-se com a fama de cruel, para manter seus súditos unidos e confiantes,[419] pois, com pouquíssimos exemplos, será mais piedoso que aqueles que, por piedade demais, deixarem acontecer as desordens, das quais surgem morte e rapina; estes prejudicam uma comunidade inteira e as execuções, ordenadas pelo príncipe, prejudicam um só particular.[420] E dentre todos os príncipes, ao novo é impossível fugir à pecha de cruel; por estarem os estados novos repletos de perigos.[421] E Virgílio, pela boca de Dido,[422] diz:

> Res dura et regni novitas me talia cogunt moliri, et late fines custode tueri (Virgilio, Eneida, I, 563-564).

---

417. Isso sempre acontece sempre que alguém atinge com grandes pretensões à glória da clemência (*Desterrado na Ilha de Elba*).
418. Continuem a clamar que este Bórgia era um monstro do qual cumpria afastar os olhos. Não deixeis de fazê-lo para que não aprendam com ele aquilo que poderia prejudicar-me os planos (*Desterrado na Ilha de Elba*).
419. Livra-me de aludir a isso. Eles, por outro lado, não parecem dispostos a compreender-te (*Desterrado na Ilha de Elba*).
420. Convém-me que todos fiquem ofendidos, mesmo que apenas pela impunidade de alguns (*Desterrado na Ilha de Elba*).
421. São novos. O Estado é novo para eles. Desejam, tão só, ser clementes (*Desterrado na Ilha de Elba*).
422. Felizmente, porém, Virgílio não é o poeta que apreciaríamos (*Desterrado na Ilha de Elba*).

**86.** Não obstante, deve o príncipe ser cauteloso ao acreditar e agir, nem deverá ter medo de si mesmo[423] e proceder equilibradamente, com prudência e humanidade, para que a confiança demasiada não o torne incauto e a desconfiança excessiva não o torne intolerante.[424]

"Melhor é ser amado que temido" e vice-versa.

**87.** Surge disso a seguinte discussão: é melhor ser amado que temido ou vice-versa.[425] Responder-se-á que é melhor ser ambas as coisas, mas como é difícil reuni-las, ao mesmo tempo, é muito mais seguro ser temido que amado, quando se pode falhar em uma ou em outra,[426] porque dos homens se pode dizer que, geralmente, são ingratos, volúveis, simulados e dissimulados, covardes e gananciosos de ganhos[427] e, enquanto lhes fizeres benefícios, estão todos de teu lado, oferecendo-te o sangue, os bens, a vida, os filhos,[428] como acima se disse, quando a necessidade é dispensável. Quando, porém, a necessidade se avizinha, dirigem-se para outro lugar. E o príncipe, que se fiou apenas em palavras,[429] não tendo tomado nenhum cuidado, arruína-se, porque as amizades que se adquirem por dinheiro e não por grandeza ou nobreza de alma,[430] são compradas, com elas não se podendo contar no momento oportuno. E os homens têm menos respeito aos que se fazem amar do que aos que se fazem temidos,[431] porque o amor é conservado por um vínculo de obrigação, o qual se rompe por serem os homens maldosos, em todo momento que quiserem, ao passo que o temor é alimentado pelo medo do castigo que nunca te abandona.[432]

"Pode-se muito bem, ao mesmo tempo, ser temido e não odiado."

**88.** Deve, entretanto, o príncipe fazer-se temer de modo que, se não conquista o amor, afugente o ódio,[433] porque pode muito bem, ao mesmo tempo, ser temido, e não odiado, o que fará sempre, se não se abstiver de tirar as propriedades e as mulheres[434]

---

423. É fácil dizer (*1.º Cônsul*).
424. Perfeito! Sublime! (*1.º Cônsul*).
425. Não é problema para mim (*1.º Cônsul*).
426. Não preciso mais de uma delas (*1.º Cônsul*).
427. Pretendiam enganar os príncipes os que diziam que todos os homens são bons (*1.º Cônsul*).
428. Conta com isto (*Desterrado na Ilha de Elba*).
429. Bom bilhete o que está para sair no sorteio de La Châtre! (*Desterrado na Ilha de Elba*).
430. É necessário, porém, saber em que consiste, no que se refere a um Estado tão difícil de governar (*Desterrado na Ilha de Elba*).
431. Todos estão enganados (*Desterrado na Ilha de Elba*).
432. É mister que o castigo seja imediato (*1.º Cônsul*).
433. Isto é muito difícil (*Imperador*).
434. É restringir muito as prerrogativas do príncipe (*Imperador*).

de seus cidadãos e súditos. E quando, da mesma forma, precisar proceder contra os familiares de alguém, só o fará se houver justificativa conveniente e causa manifesta;[435] deve sobretudo, abster-se de tirar as propriedades alheias, uma vez que os homens se esquecem mais rápido da morte do pai, do que da perda do patrimônio.[436] Depois, as razões de tirar o que é dos outros não faltam jamais[437] e o que começa a viver com rapinagem sempre encontra motivos de apossar-se do que é dos outros[438] e, ao contrário, são mais raros contra o próprio sangue[439] e faltam mais rapidamente.

> "Quando o príncipe está bem com seus exércitos, é necessário não se preocupar com a fama de cruel."

**89.** Quando, porém, o príncipe está bem com seus exércitos e há no governo multidões de soldados, é necessário não se preocupar com a fama de cruel, porque, sem esta mácula, não se tem, jamais, exército unido e disposto a qualquer empresa militar.[440] Entre as admiráveis ações de Aníbal, enumera-se esta: que, tendo um exército muito forte, misto de muitas estirpes de homens, conduzidos por militares em terras estranhas,[441] jamais surgiu uma divergência, nem entre eles,[442] nem contra o príncipe, tanto na má, como na boa sorte, o que é gerado apenas por sua desumana crueldade,[443] a qual, junto com suas infinitas qualidades, o faz, sempre, venerado e temido por seus soldados, e sem aquela, para tornar seus soldados corajosos, suas outras virtudes não lhe bastavam. E alguns escritores pouco considerados, por um lado, admiram sua ação e, por outro, condenam a principal razão desta.[444]

## Cipião

**90.** E para demonstrar que as outras qualidades, por elas mesmas, não seriam suficientes, podemos analisar o caso de Cipião, homem fora de série não somente

---

435. Quando não existem as reais, temos de forjá-las. Para minhas importantes providências governamentais tenho homens mais preparados do que Gabriel Naudé (*1.º Cônsul*).
436. Foi a única decepção que sua carta me deu (*Desterrado na Ilha de Elba*).
437. Profunda observação que eu não percebi (*Desterrado na Ilha de Elba*).
438. A facilidade em encontrar pretextos é uma das vantagens da minha autoridade (*1.º Cônsul*).
439. Que ignorante! Não sabia que poderiam ser gerados (*1.º Cônsul*).
440. Iniciei por aí com o fito de fazer entrar na Itália o exército cujo comando me foi conferido em 1796 (*General*).
441. O meu não apresentava menos elementos de discórdia e de rebelião quando o fiz entrar na Itália (*General*).
442. Outro tanto se pode dizer em relação a mim (*General*).
443. Sem dúvida! (*General*).
444. Assim nos julgamos sempre (*General*).

na sua época, mas em todos os fatos que a história depois registra, cujas tropas, na Hispânia, se rebelaram,[445] fato resultante de sua excessiva tolerância, que concedera a seus soldados mais liberdade do que a disciplina militar permite,[446] motivo por que teve sua conduta reprovada, no Senado, por Fábio Máximo, que o chamou de corruptor do exército romano. E os habitantes de Locri, na Sicília, morto por um delegado de Cipião, não foram por este punidos, nem a insolência desse delegado foi castigada, nascendo tudo isso de sua índole bondosa, de tal modo que, no Senado, querendo alguém desculpá-lo, disse que havia muitos homens que achavam melhor não errar do que corrigir os erros alheios,[447] natureza essa que teria, com o tempo, destruído a glória de Cipião, tivesse ele perseverado em continuar no comando. Entretanto, vivendo sob o governo do Senado, esta sua qualidade danosa não somente foi cancelada como até o levou à glória.[448] Voltando ao tema de saber se é melhor ser temido ou ser amado, concluo, então, que o príncipe, amando os súditos, como devem, e temendo os súditos seu governante, deve o príncipe sábio basear-se no medo que infunda, não no que é dos outros,[449] isto é, deve somente empenhar-se em evitar o ódio, como se disse.[450]

---

445. Adoração bem tola (*General*).
446. Ninguém deve autorizá-la senão quando isso não lhe traz vantagem (*General*).
447. Valem mais as segundas que as primeiras (*General*).
448. Que louvores tão extravagantes! (*General*).
449. É sempre o mais seguro (*1.º Cônsul*).
450. A não ser que isso dê muito trabalho e problemas (*1.º Cônsul*).

## Capítulo XVIII
## DE QUE MODO DEVEM OS PRÍNCIPES CUMPRIR A PALAVRA DADA

"É necessário que o príncipe saiba usar bem o animal e o homem."

**91.** Todos compreendem como é louvável que o príncipe mantenha a palavra dada e viva com integridade.[451] Entretanto, a observação do que ocorre, em nossos tempos, de que houve príncipes que realizaram grandes feitos,[452] mas pouca importância deram à palavra dada,[453] tendo sabido com astúcia perturbar os cérebros dos homens,[454] superando, também os que acreditaram em sua lealdade.[455]

**92.** Deveis, pois, saber, que há dois modos de combater: um, pelas leis, outro, pela força, o primeiro, inerente ao homem, o segundo, inerente aos animais, mas como o primeiro muitas vezes não basta, convém recorrer ao segundo[456] e, desse modo, fica bem claro ser necessário que o príncipe saiba utilizar-se devidamente do animal e do homem. Isto foi ensinado, em segredo, aos príncipes pelos antigos escritores, que escreveram como Aquiles e muitos outros príncipes antigos, nutridos pelo centauro Quirão para que os educasse,[457] o que significa que ter, como preceptor, algo que seja meio animal e meio homem, nada mais é do que o príncipe passar a empregar uma e outra natureza, pois uma sem a outra não é durável.

O príncipe "precisa ser raposa para conhecer as armadilhas e leão para espantar os lobos".

**93.** Sendo, pois, o príncipe obrigado a bem utilizar-se do animal, deverá dele extrair as qualidades da raposa e do leão, porque o leão sabe defender-se das arma-

---

451. Admirando até esse ponto a lealdade, a honradez, a sinceridade, Maquiavel nem parece estadista (*General*).
452. Ou seja, o vulgo.
453. Arte que ainda pode ser aperfeiçoada (*General*).
454. Os grandes exemplos levam-no a falar, de acordo com o meu modo de ver, de outros semelhantes (*General*).
455. Os tolos aqui estão para nos servirmos deles (*General*).
456. É o melhor, partindo do princípio que temos que lidar apenas com animais (1.º Cônsul).
457. Explicação que pessoa alguma soube dar antes de Maquiavel (*General*).

dilhas e a raposa não sabe defender-se dos lobos,[458] precisando, pois, ser raposa para conhecer as armadilhas e leão para afugentar os lobos. Ignoram a arte de governar aqueles que são simplesmente leões.[459] Não pode, assim, o príncipe prudente, nem deve, cumprir a palavra dada, quando esse cumprimento o prejudique ou quando desaparecerem os motivos que o fizeram prometer.[460] E, se os homens todos fossem bons, este preceito seria mau,[461] porém, como são maus e não o observariam em relação a ti, tu não o deves observar em relação a eles.[462] Nem jamais faltaram motivos legítimos ao príncipe para dissimular a inobservância da promessa.[463] Disto poderiam ser dados infinitos exemplos modernos e demonstrar quantos pactos, quantas promessas não válidas e vãs foram feitas, pela infidelidade do príncipe;[464] e aquele que melhor soube usar as qualidades da raposa é o que melhor se encontra. Mas é necessário saber dissimular bem esta qualidade, sendo um grande simulador e dissimulador;[465] e os homens são tão ingênuos e obedecem tanto às necessidades presentes, que aquele que engana encontrará sempre quem se deixe enganar.[466]

## Alexandre VI

**94.** Não desejo omitir nenhum exemplo recente. Alexandre VI jamais fez outra coisa, nem cogitou, senão enganar os homens e sempre encontrou meios para poder fazê-lo.[467] E jamais houve homem que tivesse maior segurança em afirmar e que afirmasse com juramentos mais solenes, aquilo que depois não cumpriria; não obstante, suas tramas sempre saíam como desejava, porque conhecia muito bem esta faceta do mundo.[468]

O príncipe "não deve possuir o bem, podendo, mas deve saber usar o mal, se necessário".

---

458. Tudo é certo quando aplicado à política do modo como o faz Maquiavel (*General*).
459. O modelo, no entanto, é admirável (*General*).
460. Não há outro partido a seguir (*General*).
461. Retratação pública dos moralistas (*General*).
462. *Par pari refertur* (*General*).
463. Tenho homens argutos para isso (*Imperador*).
464. Em geral, isso traz mais benefícios que escândalos para os governados (*Imperador*).
465. Nem os mais hábeis me poderão refutar. O Papa haverá de dar testemunho disto (*1.º Cônsul*).
466. Mentes com todo atrevimento. O mundo é formado de tolos. Entre a multidão essencialmente crédula, contar-se-ão pouquíssimos céticos e esses não ousarão manifestar sua opinião (*1.º Cônsul*).
467. Não faltam ocasiões (*1.º Cônsul*).
468. Que homem terrível! Se não dignificou a cadeira pontifícia, pelo menos aumentou bem seus domínios e a Santa Fé muito lhe deve. Chegou a hora do ajuste de contas (*Imperador*).

**95.** Ao príncipe, então, não é necessário possuir, de fato, todas as qualidades acima mencionadas, mas é necessário que pareça possuí-las. Assim, ousarei dizer isto: que, possuindo-as e observando-as todas, tornam-se prejudiciais, enquanto que, aparentando possuí-las, lhe são úteis.[469] Por exemplo, de um lado deverá ser piedoso, fiel, humano, íntegro, religioso.[470] E sê-lo realmente; e, de outro lado, quando precisar não ser mais piedoso, ter o ânimo, poder e saber para ser o oposto. E deve-se entender o seguinte: que um príncipe, e principalmente um príncipe novo, não pode observar tudo aquilo que faz os homens ser tidos como bons, sendo muitas vezes obrigado, para conservar o poder, a agir contra a fé, a caridade, a humanidade e a religião.[471] E é preciso que tenha ânimo disposto a girar ao sabor dos ventos do destino e das variações das coisas que o impelem e, como dissemos acima, que não se afaste do bem, se puder, mas saiba entrar no mal, se necessário.[472]

> "Esforce-se então, o príncipe, para vencer e manter o poder; os meios serão sempre considerados honrosos e louvados por todos."

**96.** Deve, então, o príncipe, ter o maior cuidado e não deixar escapar da boca, jamais, palavras que não estejam imbuídas das cinco qualidades acima mencionadas, mas deve dar a impressão, a quem o contempla e o ouve, que é todo piedade, fé, integridade, humanidade e religião.[473] Nada é mais relevante do que aparentar esta última qualidade.[474] Os homens, em geral, julgam mais com os olhos, do que com a mãos, porque todos podem ver, mas poucos podem sentir. Todos veem o que pareces, poucos percebem o que és[475] e esses poucos percebem o que és e esses poucos ousam opor-se à opinião de muitos, que defendem a majestade do Estado.[476] Nas ações de todos os homens, principalmente na dos príncipes, onde não existe tribunal ao qual recorrer, importa o fim. Trate, pois, o príncipe, de vender e conservar o poder; os meios serão sempre julgados honrosos e louvados por todos, porque o vulgo sempre se deixa levar pela aparência e pelo resultado das coisas;[477] e no mundo só existe o vulgo e a minoria não tem lugar quando a maioria tem onde

---

469. Os tolos que julgaram que este conselho era para todos não avaliam que enorme diferença há entre o príncipe e seus vassalos (*Imperador*).
470. Nos dias atuais, mais vale parecer homem honrado do que sê-lo de verdade (*Imperador*).
471. Caso tenha realmente uma (*1.º Cônsul*).
472. Maquiavel é severo (*1.º Cônsul*).
473. Isso também é exigir muito. A coisa não é tão fácil assim. Faz-se o que se pode (*1.º Cônsul*).
474. Conselho bom para o tempo dele (*1.º Cônsul*).
475. Ainda se eles o compreendessem (*1.º Cônsul*).
476. Precisamente nisso é que confio (*Imperador*).
477. Triunfai sempre, pouco importando como, e tereis sempre razão (*Imperador*).

se apoiar.⁴⁷⁸ Um príncipe de nossos tempos, cujo nome não convém mencionar, somente prega a paz e a fé, mas é inimigo de uma e outra e, se tivesse observado uma ou outra, teria muitas vezes perdido a reputação e o poder.

---
478. Fatal, mil vezes fatal, a retirada de Moscou! (*Desterrado na Ilha de Elba*).

## Capítulo XIX
### DE COMO SE DEVE EVITAR SER DESPREZADO E ODIADO

"O príncipe deve evitar tudo o que o torne odiado ou desprezado."

**97.** Como, dentre as qualidades acima mencionadas, já falei das mais importantes, desejo agora discorrer brevemente sobre generalidades; que o príncipe procure, como já foi dito acima, evitar tudo o que o torne odiado ou desprezado;[479] sempre que evitar isso, terá cumprido sua parte e não encontrará perigo algum em outros.[480] O que o torna odiado, sobretudo, como eu já disse, é ser ganancioso e usurpador das propriedades e das mulheres dos súditos,[481] devendo-se abster disso; se não se tirar da maioria dos homens, nem os bens nem a honra, vivem contentes e só se terá de combater a ambição de poucos, o que se pode conter de vários modos, facilmente. Desprezado, faz que seja tido como volúvel, leviano, efeminado, pusilânime, irresoluto, o que o príncipe deve evitar, como o nauta evita o rochedo, e empenhar-se para que em suas ações se reconheça grandeza, coragem, seriedade e fortaleza; quanto às ações privadas dos súditos, fazer com que sua sentença seja irrecorrível, mantendo a opinião de modo que ninguém pense em enganá-lo ou demovê-lo.[482]

"Um dos mais poderosos remédios que um príncipe tem contra conspirações é não ser odiado pela maioria."

**98.** O príncipe que tiver tal opinião de si mesmo, será bastante considerado; e contra quem é assim conceituado, dificilmente se conspirará e dificilmente será atacado, pois é tido como excelente e reverenciado pelos súditos.[483] O príncipe deve ter dois temores: um interno, proveniente dos súditos, outro externo, originado dos potentados externos.[484] Destes, pode-se defender com bons exércitos e bons

---

479. Não preciso temer o desprezo. Realizei grandes coisas e, queiram ou não, admirar-me-ão contra a vontade. Quanto ao ódio opor-lhes-ei fortes contrapesos.
480. Isto me é preciso (*1.º Cônsul*).
481. *Est modus in rebus* (*1.º Cônsul*).
482. Não tão facilmente (*Imperador*).
483. Esforçar-se é impossível, quando não se começou por aí (*Desterrado na Ilha de Elba*).
484. Essencial para tirar toda a esperança de perdão aos conspiradores, sem o que perecerás (*1.º Cônsul*).

aliados;[485] e sempre que tiver bons exércitos, terá bons aliados;[486] e os negócios internos estarão parados se os externos também estiverem, se já não foram perturbados por uma conspiração;[487] mas quando, apesar disso, os externos se agitarem, se o príncipe for organizado e experiente, como eu o disse,[488] se for corajoso, sempre resistirá aos ataques, como afirmei que o fizera o espartano Nabis.[489] Quanto aos súditos, se as coisas de fora não se moverem, se se temer que conspirem secretamente, do que o príncipe pode resguardar-se, evitando ser odiado ou desprezado e mantendo o povo satisfeito com ele, será necessário conseguir ou que foi dito acima.[490] Um dos mais poderosos remédios que o príncipe possui contra conspirações é não ser odiado pela maioria, porque, sempre, quem conspira, crê que com a morte do príncipe satisfará o povo;[491] mas quando crê prejudicá-lo, não tem coragem de tomar semelhante atitude, já que as dificuldades, por parte dos conjurados, são infinitas.[492] Vê-se, por experiência, que houve muitas conspirações e poucas terminaram bem, porque quem conspira não pode estar só, nem pode ter, como comparsas, senão quem estiver descontente;[493] e assim que revelares tuas intenções ao descontente,[494] lhe darás motivo para ficar contente, porque, na verdade, ele não pode esperar nenhuma vantagem; de sorte que, vendo um ganho certo, de um lado, e, de outro, vendo-o com dúvidas e cheio de perigos,[495] convém que seja um grande amigo[496] ou que seja um inimigo obstinado do príncipe, e nesse caso, cumprirá a palavra. Para reduzir o assunto a breves palavras, digo que, da parte do conspirador, não há senão medo, inveja e suspeita de punição, que o desanimas, mas da parte do príncipe existe a majestade do poder, as leis, o apoio dos amigos e do Estado, que o defendem;[497] se a tudo isso se juntar a benevolência do povo, é impossível que alguém seja temerário a ponto de conspirar.[498] O que, comumente, um conspirador tem a temer, diante

---

485. Tem-se muito mais que o pensamento: a esperança e a facilidade com a certeza da vitória (*Desterrado na Ilha de Elba*).
486. Há sempre valentes que não o amam (*Desterrado na Ilha de Elba*).
487. Disso dei admiráveis provas e meu casamento foi sua maior expressão (*Imperador*).
488. Esmaguei as que se apresentaram (*Imperador*).
489. Tenho de dirigi-los com rédeas curtas.
490. Que bobagem! (*Imperador*)
491. No que se refere a mim, não é o que ocorre (*1.º Cônsul*).
492. Tu me deixas preocupado (*1.º Cônsul*).
493. Atire-se-lhe aos braços um suposto descontente e depois atribui-se tudo à providência (*1.º Cônsul*).
494. Especialmente se o comprei antes (*1.º Cônsul*).
495. Pode contar com bom prêmio (*1.º Cônsul*).
496. De um lado só receios, de outro só lucros (*1.º Cônsul*).
497. Minhas precauções deste tipo chegam ao mais alto grau de eficiência (*Imperador*).
498. Restam sempre numerosos rivais, mas os que zelam se encarregarão deles.

da execução do mal, neste caso, deverá temer também depois de executá-lo (tendo por inimigo o povo) não podendo, por isso, esperar refúgio algum.[499]

## Os Bentivoglio

**99.** Desta matéria se poderá dar infinitos exemplos,[500] mas contentar-me-ei com um único, recordação de nossos pais. O nobre Aníbal Bentivoglio, avô do atual nobre Aníbal, príncipe de Bolonha, só restando os de Canneschi, tendo conspirado contra ele, matando-o, não restou ninguém mais dentre eles senão o nobre João, que era ainda criancinha e, após tal homicídio, o povo se sublevou e eliminou todos os Canneschi. Isso se deveu à benevolência popular, com a qual a casa dos Bentivoglio contava naqueles tempos, a qual foi tanta, não restando, em Bolonha, um só representante daquela família, que pudesse, morto Aníbal, governar o Estado e havendo notícia de que havia em Florença um jovem descendente dos Bentivoglio, considerado, até, então, filho de um ferreiro, os Bolonheses foram ali buscá-lo e lhe deram o governo da cidade, que por ele foi governada até que o nobre João atingisse idade suficiente para governar.[501]

O príncipe não deve descontentar os poderosos, mas satisfazer o povo. O reino da França.

**100.** Concluo, portanto, que o príncipe não deve levar a sério as conspirações, se ele for querido pelo povo,[502] mas quando este lhe for hostil e lhe tiver ódio, deve temer tudo e todos.[503] Os Estados bem organizados e os príncipes prudentes pensaram, com todo cuidado, em não descontentar os poderosos[504] e em satisfazer o povo,[505] mantendo-o contente, sendo, pois, esta, uma das mais importantes preocupações que o príncipe deve ter em mente.

**101.** Nos dias de hoje, deverá incluir-se entre os mais bem organizados e governados reinos, a França, pois nele se encontram infinitas instituições boas, das quais dependem a liberdade e a segurança do rei, sendo a primeira delas o Parlamento e a

---

499. Povo! Não é ingrato e não se põe sempre ao lado do vencedor, sobretudo quando este o deslumbra (*Imperador*).
500. O efeminado espírito de nossa época não permite que eles se renovem.
501. Se pudessem fazer algo semelhante em Viena! Já que não puderam vir buscar-me *camus et non* (Desterrado na Ilha de Elba).
502. Aqui Maquiavel se esquece de haver dito antes que os homens são maus (*Imperador*).
503. Fugiram-se as ilusões (*Imperador*).
504. Aqueles que me vi obrigado a tornar nobres enfurecem-se, quando, por um momento, deixo de cumulá-los de favores (*Imperador*).
505. Não posso sufocar esses ambiciosos a não ser provocando o descontentamento do povo (*Imperador*).

autoridade real.⁵⁰⁶ Porque aquele que organizou esse reino, tendo ciência da ambição dos poderosos e da respectiva arrogância deles, e julgando necessário colocar-lhes um freio na boca para contê-los e, por outro lado, conhecendo o ódio de todos contra os grandes, fundado no medo, e desejando por outro lado, protegê-los, não permitiu que essa iniciativa ficasse nas mãos do rei, a fim de livrá-lo da acusação dos poderosos, quando favorecesse o povo⁵⁰⁷ e, do povo, quando beneficiasse os poderosos, razão por que criou um terceiro juiz, o parlamento que, deixando o rei imune a todo tipo de responsabilidade, diminuísse os grandes e favorecesse os pequenos. Nem poderia tal determinação ser melhor nem mais prudente, nem se poderia negar também que fosse a maior causa de segurança do rei e do reino, do que se pode extrair outra notável instituição, a saber, que os príncipes devem entregar aos outros as tarefas mais ingratas, as penas, mas a eles próprios deverão caber as missões de conceder benefícios.⁵⁰⁸ De novo concluo que o príncipe deve estimar os poderosos, mas não deve tornar-se odiado pelo povo.

Imperadores romanos de Marco Aurélio a Maximino. Ânimo do povo e dos soldados.

**102.** A muitos pode, talvez parecer, considerando-se a vida e a morte de alguns imperadores romanos, que fossem exemplos contrários à minha opinião, tendo alguns sempre vivido honestamente e demonstrado grande valor, apesar de ter perdido o império ou terem sido mortos pelos que conspiraram contra eles. Pretendendo, portanto, responder a essas objeções, discorrerei sobre as qualidades de alguns imperadores, mostrando as causas de sua ruína, não diversas daquela que acrescentei; entretanto, levarei em consideração as coisas que são importantes para quem lê sobre as ações daqueles tempos.⁵⁰⁹ Basta-me citar todos os imperadores que sucederam ao império de Marco, o filósofo, a Maximino e que foram: Marco, Cômodo, seu filho, Pertinax, Juliano, Severo, Antonino Caracala, seu filho, Macrino, Heliogábalo, Alexandre e Maximino. Primeiramente, nota-se que, enquanto nos outros principados só se tem de lutar contra a ambição dos poderosos e a insolência do povo, os imperadores romanos enfrentaram uma terceira dificuldade: ter de suportar a crueldade e a avidez dos soldados.⁵¹⁰ Tal

---

506. Tens razão de te admirares com isto, mas era preciso dissolvê-lo para acabar com o trono dos Bourbons, sem o que, afinal de contas, não teria podido eu erguer o meu. Redigirei o mesmo Estatuto o mais rapidamente possível (*Imperador*).
507. Admirável (*Imperador*).
508. No Estado atual, referem-se-lhe todos os assuntos que exigem rigor e seus Ministros reservam, para si, a outorga de todos os benefícios. Às mil maravilhas (*Desterrado na Ilha de Elba*).
509. Que lemos como simples romance (*1.º Cônsul*).
510. Sei disso (*Imperador*).

situação era tão difícil que foi causa da ruína de muitos, sendo difícil satisfazer a soldados e ao povo, porque o povo amava a paz e, por isso, amava os príncipes pacíficos e os soldados amavam os príncipes de ânimo militar, além de insolentes, cruéis e ambiciosos,[511] qualidades que queriam que exercitassem no povo, para poder dobrar o soldo e desafogar sua avareza e crueldade.[512] Isto fazia com que os imperadores que, por natureza ou por habilidade política, não tinham boa reputação, e a adquiriam, controlando um e outro,[513] sempre se arruinavam; a maior parte deles, principalmente os que chegavam ao principado como gente nova, conhecendo a dificuldade destes dois diferentes ânimos, volvia-se à satisfação dos soldados,[514] pouco se importando em irritar o povo,[515] pois, não podendo o príncipe deixar de ser odiado por alguém,[516] devia esforçar-se primeiro para não ser odiado por todos. Não podendo conseguir isso, devem esforçar-se, com todo o empenho, de escapar do ódio da maioria mais poderosa.[517] Entretanto, os imperadores que, por serem novos, têm necessidade de favores extraordinários, aderiram antes aos soldados que ao povo, o que os tornava, não obstante, úteis ou não, conforme o príncipe soubesse manter sua reputação perante eles.[518]

### Marco, Pertinax, Alexandre

103. Das causas acima mencionadas, mesmo que Marco, Pertinax e Alexandre, fossem todos de vida modesta, amantes da justiça, inimigos da crueldade, humanos, benignos,[519] tiveram todos, exceto Marco, um triste fim.[520] Somente Marco viveu e morreu cercado de muitas honrarias, porque sucedeu ao império por direito de sucessão, e não teve de reconhecer nem o dos soldados, nem o do povo;[521] depois, possuidor de muitas virtudes, que o tornaram venerado, sempre teve, enquanto vi-

---

511. Minha situação é delicada. E não se me atribuía ambição bélica, porém a meus soldados e generais que a transformaram em gênero de primeira necessidade. Matar-me-iam se os deixasse mais de dois anos sem o engodo de uma guerra (*Imperador*).
512. A isso me obrigam razões idênticas. Os soldados são iguais em toda parte, quando dependemos deles (*Imperador*).
513. Consegui deter a ambos, mas ainda isso não é o suficiente (*Imperador*).
514. Não preciso fazer-me de desentendido, mas, sob todos esses aspectos, acho-me na mesma situação (*Imperador*).
515. Eis a minha desculpa diante da posteridade (*Imperador*).
516. Eis a grande verdade (*Imperador*).
517. É sempre o exército, quando o meu tem tantos soldados (*Imperador*).
518. Hei-de fazer tudo para consegui-lo. Assim me vejo impelido (*Imperador*).
519. Virtudes fora de tempo, neste caso. Digno de compaixão é aquele que não sabe empregar as virtudes políticas conforme as circunstâncias (*Imperador*).
520. Nem poderia ser de outra maneira. Tê-lo-ia previsto (*Imperador*).
521. Destino reservado apenas a meu filho (*Imperador*).

veu, um organizado e o outro controlado, jamais tendo sido odiado ou desprezado.[522] Pertinax, porém, tornado imperador contra a vontade dos soldados, os quais, acostumados a viver licenciosamente, sob o império de Cômodo, não puderam suportar a vida honesta à qual Pertinax queria sujeitá-los,[523] criando então ódio[524] e, acrescido a este, o desprezo, por ser velho,[525] arruinou-se logo no princípio de sua administração.

**104.** Deve-se notar aqui que o ódio se adquire tanto pelas boas como pelas más ações e, como eu disse acima, se um príncipe quiser manter o poder, muitas vezes é forçado a não ser bom,[526] porque, quando a maioria, seja o povo, os soldados ou os poderosos, aos quais julgas precisar, para te manteres, é corrupta, convém seguir-lhes a inclinação, para satisfazê-lo;[527] então, as boas ações te prejudicarão.[528] Voltemos, porém, a Alexandre, que foi tão bondoso que, entre outros predicados, os louvores que lhe são atribuídos, há este: em quatorze anos de império, jamais mandou executar alguém, sem julgamento; não obstante, tendo sido considerado efeminado[529] e dominado pela mãe,[530] foi desprezado, o exército conspirou contra ele e o matou.

## Outros imperadores

**105.** Discorrendo, agora, ao contrário, sobre as qualidades de Cômodo, Severo, Antonino Caracala e Maximino, vereis que foram crudelíssimos e extremamente ávidos e, para satisfazer os soldados, não se abstiveram de nenhum tipo de ofensa que se pudesse cometer contra o povo; e todos, exceto Severo, tiveram um triste fim. Severo foi tão valoroso que, embora o povo fosse oprimido por ele, os soldados se mantiveram seus amigos, podendo ele reinar feliz,[531] já que seu valor o tornava tão admirável para seus soldados e para o povo, que este ficava atônito e estupefato[532] e aqueles reverentes e satisfeitos.[533]

---

522. Se me fosse dada a graça de ressuscitar para suceder a meu filho, sem dúvida eu seria venerado (*Imperador*).
523. Natural que assim o seja (*Desterrado na Ilha de Elba*).
524. Inevitável (*Desterrado na Ilha de Elba*).
525. Isto não me diz respeito (*Desterrado na Ilha de Elba*).
526. Eles não conseguem deixar de sê-lo (*Desterrado na Ilha de Elba*).
527. É, com certeza, o que pretendem fazer, mas corrompem e desconhecem a força de seus partidários (*Desterrado na Ilha de Elba*).
528. Coisa inevitável (*Desterrado na Ilha de Elba*).
529. Quem é sempre bom não pode evitar tal reputação (*Desterrado na Ilha de Elba*).
530. Pior quando se é obrigado a sê-lo nas mãos de Ministros incompetentes e desprestigiados (*Imperador*).
531. Modelo sublime que não deixei de admirar! (*Imperador*).
532. Do mesmo modo que admiraram em mim as grandes coisas que fiz por intermédio deles (*General*).
533. O respeito e a admiração nos fazem agir como se o estivessem (*Imperador*).

## Severo

**106.** E porque suas ações foram valorosas e notáveis para um príncipe jovem, quero mostrar rapidamente como soube usar bem a pessoa da raposa e do leão, qualidades que, como já disse acima, devem ser imitadas pelo príncipe. Conhecendo Severo a indolência do imperador Juliano, persuadiu o exército, do qual era capitão na Ilíria,[534] que deveria ir a Roma, para vingar a morte de Pertinax, que fora morto pelos soldados pretorianos.[535] E, sob esta aparência, sem mostrar que aspirava ao poder, levou o exército contra Roma e chegou à Itália[536] antes que se soubesse de sua partida. Chegando a Roma, foi eleito, por medo, imperador pelo senado[537] e Juliano foi morto.[538] Depois deste começo, Severo ainda enfrentou duas dificuldades, ao querer assenhorear-se de todo o Estado:[539] uma, na Ásia, onde Pecênio Nigro, chefe dos exércitos asiáticos, se fizera imperador; e a outra, no Ocidente, onde se encontrava Albino, que ainda a aspirava ao império. Como julgasse perigoso mostrar-se inimigo de ambos, resolveu atacar Nigro e enganar Albino.[540] Escreveu a este que, tendo sido eleito imperador pelo senado, queria partilhar essa honra com ele, enviou-lhe o título de César e, por deliberação do senado, tornou-o seu colega, o que Albino aceitou como sendo verdade.[541] Mas depois que Severo venceu e matou Nigro, pacificado o Oriente, retornou a Roma, queixando-se, no senado, de Albino que, pouco reconhecido pelos benefícios que dele recebera, tentara, dolosamente, matá-lo, o que lhe tornara necessário punir sua ingratidão. Depois, foi encontrá-lo nas Gálias, tirando-lhe o poder e a vida.[542]

---

534. É do que sempre estive convencido (*Imperador*).
535. Quis imitar este feito em Frutidor (1797), quando dizia a meus soldados da Itália, que o corpo legislativo matara a liberdade republicana na França; mas não pude conduzi-los para lá, nem eu próprio ir. O tiro não fora certeiro (*Imperador*).
536. Exatamente como meu retorno do Egito (*Imperador*).
537. Fui nomeado chefe das tropas reunidas em Paris e arredores e, consequentemente, árbitro de ambos os Conselhos (*Imperador*).
538. Didier não era mais do que o Diretório. Bastaria tê-lo dissolvido para destruí-lo (*1.º Cônsul*).
539. Meu Négus não foi mais do que Barras e Albino não passou do abade Sieyès. Não eram excepcionais. Nenhum deles atuava por conta própria e eu queria que fossem diferentes nos objetivos. O primeiro queria a restauração da monarquia e o segundo a subida ao trono de eleitor de Brunswick. Contudo minha intenção era outra e não haveria nada melhor que Sétimo, no meu lugar (*Imperador*).
540. Bastava-me remover o Négus e me seria fácil ludibriar o Albino (*Imperador*).
541. Fiz com que fosse nomeado o abade Sieyès, para colega meu, na comissão consular, pois Roger-Ducos, que também aprovei como membro, só podia ser contrapeso à minha disposição.
542. Para desembaraçar-me de Sieyès, não precisaria de tais expedientes. Mais vivo que ele, integrei-o facilmente em minha junta de 22 de Frimário, onde consegui a constituição

## Antonino

**107.** Quem examinar, então, minuciosamente, suas ações, perceberá que é um leão feroz[543] e astuta raposa e verá que foi temido e reverenciado por todos e não odiado pelo exército; e não se espantará se ele, homem novo, tiver possuído tanto poder, pois sua ótima reputação[544] o defendeu sempre do ódio que os povos, por sua astúcia pudessem sentir por ele. Antonino, seu filho, foi também homem de excelentes qualidades, que o tornaram maravilhoso no conceito do povo e amado pelos soldados, porque era militar, suportava todo tipo de fadiga, desprezando todos os alimentos requintados e quaisquer outras comodidades, o que o fazia amado por todos os soldados;[545] não obstante, sua ferocidade e crueldade foram tantas e tão inauditas, por ter, após infinitas matanças de particulares, morto grande parte do povo de Roma e todo o povo de Alexandria, que se tornou odiado por todos;[546] começou a ser temido até por aqueles que o cercavam, sendo, por fim, morto por um centurião, em meio às suas tropas. Note-se, neste particular, que tais assassinatos, praticados por deliberação de um ânimo obstinado, são inevitáveis por parte dos príncipes, porque todo aquele que não teme a morte, poderá executá-lo; mas o príncipe deve temê-lo menos, porque são raríssimos.[547] Só deve ter cuidado em não causar grave dano a algum dos que se serve[548] e que tem a seu lado, a serviço do seu principado, como o fez Antonino, o qual assassinara, de modo indigno, um irmão daquele centurião e ainda o ameaçava todos os dias. Mesmo assim, conservou-o no seu corpo de guarda, o que era temerário[549] e poderia arruiná-lo, o que de fato aconteceu.

## Cômodo

**108.** Mas voltemos a Cômodo,[550] ao qual era muito fácil conservar o império, por tê-lo recebido como herança, sendo filho de Marco. Bastava-lhe seguir os passos do pai, para satisfazer aos soldados e ao povo. Sendo, porém, de ânimo

---

  que me nomeou 1.º Cônsul e relegou os dois colegas junto com a reforma do Senado (*Imperador*).
543. Não me censurarão por não havê-lo sido, em tal circunstância (*Imperador*).
544. A minha não poderá ser maior por enquanto e a sustentarei (*Imperador*).
545. Aproveitarei as oportunidades para conquistar-lhe o amor por esse meio (*Imperador*).
546. Pouco hábil (*Imperador*).
547. Nunca acontecem, quando o príncipe impõe respeito com grande e genial integridade (*Imperador*).
548. Quando os tivermos ofendido, deveremos removê-los, transferi-los, exilá-los, com honrarias ou não (*Imperador*).
549. Tolo, estúpido, idiota (*Imperador*).
550. Lastimável. Indigno de simples olhar meu (*Imperador*).

cruel e bestial, para poder usar seu poder contra o povo, favoreceu os soldados e permitiu-lhes muitas licenciosidades; por outro lado, não se importando com a própria dignidade, descia muitas vezes à arena, para lutar com gladiadores e fazendo outras coisas vis e pouco dignas da majestade imperial, tornou-se desprezado pelos soldados. E, sendo odiado pelo povo e desprezado pelos soldados, conspiraram contra ele e o mataram.[551]

### Maximino

**109.** Resta-nos falar das qualidades de Maximino. Era um homem muito belicoso e, estando os exércitos cansados da indolência de Alexandre, do qual falei acima, quando este foi morto, elegeram aquele para o império. Maximino reinou pouco tempo, porque dois motivos o fizeram odiado e desprezado:[552] o primeiro, porque era de origem muito humilde,[553] pois já fora pastor na Trácia (fato conhecido por todos e que muito lhe diminuía o conceito, por parte do povo); o segundo, porque, na época de assumir o principado, deixara de ir a Roma, para entrar na posse do seu trono imperial e atraíra para si reputação de muito cruel, e, em Roma e em toda parte, cometera muitas perversidades, através de seus prefeitos.[554] Assim, levado o povo ao desdém por sua ascendência vil e pelo ódio à sua ferocidade, rebelou-se primeiro a África, depois o Senado, com todo o povo de Roma, tendo toda a Itália conspirado contra ele. A isso juntou-se seu próprio exército, que se achava em campanha, cercando Aquiléia e encontrando muita dificuldade para isso,[555] enraivecido pela crueldade do príncipe e, vendo-o cercado por tantos inimigos que já não o temiam, matou-o.

> "Os príncipes de nossa época têm menos dificuldade em dar satisfações aos soldados." O sultão da Turquia e o do Egito.

**110.** Não desejo discorrer nem sobre Heliogábalo, nem sobre Macrino, nem sobre Juliano, os quais, por terem sido totalmente menosprezados, logo desapareceram; passarei, então, à conclusão deste discurso. E digo que os príncipes de nossa época têm menos dificuldade em dar grandes satisfações[556] aos soldados ou a seus governos, porque, embora se tenha de ter consideração para com eles, esta dificuldade se resolve rapidamente, pois nenhum destes príncipes têm exércitos junto a eles e que sejam inveterados com os governos e com a administração das

---

551. Justo. Não é possível ser mais indigno de reinar (*Imperador*).
552. Ser desprezado é a pior das desgraças (*Imperador*).
553. Sempre se pode esconder isto (*Imperador*).
554. Por que não as desaprova mandando depois castigá-lo? (*Imperador*).
555. Merece que as coisas cheguem a tal ponto (*Imperador*).
556. Não me causa dificuldades, de fato (*Imperador*).

províncias,⁵⁵⁷ como eram os exércitos do império romano. Entretanto, se então era necessário satisfazer mais aos soldados que ao povo, era porque os soldados podiam mais que o povo.⁵⁵⁸ Disso excetuo o Turco, que tem sempre a seu redor doze mil infantes e quinze mil cavaleiros, dos quais depende a segurança e a força do seu reino;⁵⁵⁹ e é necessário que, deixando de lado qualquer outro respeito, o governante os mantenha amigos.⁵⁶⁰ Do mesmo modo, o reino do Sultão, estando todo nas mãos dos soldados, convém ainda que ele, sem respeito ao povo,⁵⁶¹ os mantenha amigos. E note-se que este Estado do sultão é diferente de todos os outros principados, porque é semelhante ao pontificado cristão, que, não pode ser chamado nem de principado hereditário, nem de principado novo,⁵⁶² pois não são os filhos do velho príncipe os herdeiros e senhores, mas aquele que é eleito a este posto é que tem autoridade.⁵⁶³ Sendo esta ordem antiga, não se pode chamá-la de principado novo, pois neles não há nenhuma das dificuldades que há nos novos e, embora o príncipe seja novo, as leis daquele Estado são antigas e estabelecidas para recebê-lo como se fosse seu senhor hereditário.⁵⁶⁴

"Um príncipe novo não pode imitar as ações de Marco, nem seguir as de Severo."

**111.** Voltemos, porém, ao nosso tema. Digo que quem quer que considere o discurso acima, verá o ódio e o desprezo como sendo a causa da ruína dos imperadores mencionados e verá, ainda, que alguns deles procederam de um modo e outros, ao contrário de qualquer deles, sendo um bem sucedido e os outros, não. Para Pertinax e Alexandre, por serem príncipes novos,⁵⁶⁵ foi inútil e prejudicial querer imitar Marco, que se tornou príncipe por direito de sucessão. Também para Caracala, Cômodo e Maximino foi prejudicial imitar Severo, por não terem qualidades suficientes para seguir-lhe os passos. Portanto, príncipe novo, em prin-

---

557. Mudemos frequentemente as guarnições (*Imperador*).
558. Meu interesse exige que haja certo equilíbrio entre uns e outros, sem inclinação para um ou outro lado (*1.º Cônsul*).
559. Minha guarda imperial, pode, se necessário, desempenhar o papel de janízaros (*Imperador*).
560. Deverá fazer o mesmo (*Imperador*).
561. Preocupemo-nos ou não, precisamos de forte guarda, em quem possamos confiar, ainda que haja deserções nas outras forças (*Imperador*).
562. A comparação é curiosa, ousada, mas verdadeira aos olhos de todo pensador político (*Imperador*).
563. Os cardeais efetivamente dirigem o governo temporal de Roma do mesmo modo que os magnatas do Egito procediam com o sultão (*Imperador*).
564. Sendo assim, poder-se-á dizer que se trata do acaso mais feliz da roda da fortuna (*Imperador*).
565. Há algo de bom em cada um desses modelos, sendo preciso apenas saber escolher. Só os tolos se prendem a um e o imitam em tudo.

cipado novo, não pode imitar as ações de Marco, nem lhe é necessário seguir as de Severo, mas deve copiar de Severo[566] as partes necessárias para fundar seu Estado, e de Marco as que forem convenientes e cheias de glória para conservar um Estado já estabelecido e firme.[567]

---

566. Quem será capaz de imitar os meus feitos? (*Imperador*).
567. Conclusão perfeita, mas não posso negligenciar os processos de Severo (*Imperador*).

## Capítulo XX
## SE AS FORTALEZAS E MUITAS OUTRAS COISAS, QUE TODOS OS DIAS FAZEM OS PRÍNCIPES, SÃO ÚTEIS OU NÃO

Diversas maneiras "para manter, em segurança, o Estado".

**112.** Alguns príncipes, para manter, em segurança, o Estado, desarmaram seus súditos; outros, mantiveram divididas as terras subjugadas; alguns nutriram inimizades contra si mesmos; outros, ainda, voltaram-se a conquistar os que lhes eram suspeitos no início do governo; alguns edificaram fortalezas, outros as arruinaram e destruíram.[568] E, embora de tudo isso não se possa formar determinado juízo, se não se examinarem particularidades dos Estados, dos quais se teria de tirar alguma ilação, mesmo assim direi de que modo o assunto se trata por si mesmo.[569]

**113.** Nunca houve príncipe novo que desarmasse seus súditos; ao contrário, encontrando-os desarmados, sempre os armou,[570] porque, armando-os, essas armas se tornam tuas, tornam-se fiéis os que te eram suspeitos, os que eram fiéis conservam-se assim e os súditos se tornam teus partidários. E porque nem todos os súditos podem ser armados, desde que beneficies aqueles que armaste, com os outros se pode ter mais segurança;[571] e a diferença de tratamento que conhecem, os tornam reconhecidos; os outros te escusam, julgando ser necessário dar mais recompensa por haver mais perigo e mais deveres. Quando tu, porém, os desarmas, começas a ofendê-los; mostras

---

568. O mesmo príncipe pode ver-se obrigado a fazer tudo isto no decurso do seu reinado, conforme a época e as circunstâncias (*Imperador*).
569. Fala, que eu me encarregarei das providências práticas (*Imperador*).
570. Este foi o procedimento dos dignos fautores da Revolução. Fazendo-se príncipes de França transformaram os Estados Gerais em Assembleia Nacional, armaram logo o povo para com ele formar o exército "nacional" em seu próprio proveito. Por que razão conservaram as guardas urbanas e municipais o título de nacionais, que hoje não mais se justifica? Cada uma delas, porventura, monta guarda a toda nação? É, porém necessário que gradualmente o percam. Não passam nem devem passar de guardas urbanos ou provinciais. Assim o exigem a ordem e o bom senso (*Imperador*).
571. Os grandes responsáveis pela Revolução Francesa queriam apenas armar o povo. Os nobres que deixaram entrar na guarda nacional não lhes causavam temores. Sabiam que não tardariam a ser expulsos e o povo, julgando-se o único favorecido, só a eles pertenceu (*Imperador*).

que desconfias deles.⁵⁷² ou por te temerem ou por pouca confiança, tanto uma como outra destas opiniões suscita ódio contra ti. E porque não podes ficar desarmado, convém que te voltes para os soldados mercenários,⁵⁷³ cuja qualidade mencionamos acima. E se esta for boa, não poderá ser tanta que te defenda de inimigos poderosos e súditos suspeitos.⁵⁷⁴ Mas, como eu já disse, um príncipe novo, num principado novo, sempre organizou os exércitos.⁵⁷⁵ E destes exemplos a história está repleta.

Num principado misto, os exércitos devem ser confiados aos soldados do "Estado antigo".

**114.** Quando, porém, um príncipe conquista um Estado novo que, como membro, se junta ao antigo, torna-se necessário desarmar aquele Estado, exceto aqueles que o tenham ajudado a conquistá-lo;⁵⁷⁶ e então, aqueles, com o tempo e as ocasiões, devem ser necessariamente enfraquecidos e debilitados;⁵⁷⁷ e organizados de modo que somente os exércitos de todo o teu Estado sejam compostos de teus próprios soldados, que no teu Estado antigo viviam perto de ti.⁵⁷⁸

As discórdias nas cidades não fazem bem a ninguém.

**115.** Costumavam vossos antepassados, os considerados sábios, dizer como era necessário manter Pistóia com os partidos e Pisa com as fortalezas; e por isso nutriam discórdias em terras conquistadas, para poder mantê-las mais facilmente. Isto, nos tempos em que a Itália estava, de certo modo, mais equilibrada, era o melhor; mas não creio que já se possa erigir-se hoje em preceito,⁵⁷⁹ porque não creio que divisões trouxessem quaisquer benefícios; assim, é necessário, quando

---

572. Como escapariam eles de situação tão difícil, se existem tantos corpos de guardas nacionais que não os obedecem? (*Desterrado na Ilha de Elba*).
573. Não há mais soldados deste tipo (*Desterrado na Ilha de Elba*).
574. Duvido que os aliados que estão em França possam impedir isso. Além do mais, irão embora logo (*Desterrado na Ilha de Elba*).
575. Impossível, neste momento, embora fosse urgente. Conservam, porém, os meus soldados, para os quais sou tudo (*Desterrado na Ilha de Elba*).
576. Na Itália, atribuí a maior atenção a isto (*1.º Cônsul*).
577. Com prazer observei-os adquirirem pavor ao serviço e estava convencido de que, passado o 1.º de fevereiro, se cansariam dele (*1.º Cônsul*).
578. Melhor é colocar para guarda do país conquistado apenas regimentos de cuja fidelidade não se duvide (*1.º Cônsul*).
579. Este raciocínio não deve ser tomado *ad litteram*, porque no tempo de Maquiavel, os cidadãos eram também soldados quando havia algum ataque à sua cidade. Hoje, para a defesa de uma cidade, ninguém conta com os cidadãos, mas com boas tropas nela sediadas. Penso, pois, como os antigos florentinos, que bom é manter facções de qualquer espécie nas cidades e províncias, a fim de ocupá-las quando se mostrem conturbadas, mas com a condição, é claro, de que nenhuma delas me combata (*1.º Cônsul*).

o inimigo se aproxima, que as cidades divididas se percam logo; porque sempre a parte mais fraca se aliará às forças externas e a outra não poderá resistir.

### Veneza

**116.** Os Venezianos, movidos, creio eu, pelas razões acima mencionadas, fomentavam as facções dos guelfos e dos guibelinos, nas cidades que dominavam; e, embora não os deixassem, jamais, ir à luta, alimentavam, entre si, esses conflitos, para que os cidadãos, ocupados em combater-se, não se unissem contra eles.[580] Isso, como se viu, não os beneficiou, porque, sendo derrotados em Vailà, logo algumas daquelas cidades criaram coragem e tomaram seu Estado. Demonstram, portanto, semelhantes modos, a fragilidade[581] do príncipe, porque, num principado poderoso, jamais se permitiriam tais divisões, pois só o aproveitam em tempo de paz, podendo-se, mediante aquelas, manejar mais facilmente os súditos.[582] Vindo, porém, a guerra, semelhante orientação mostra sua inutilidade.

"O destino, quando quer enaltecer um príncipe novo, fornece-lhe inimigos."

**117.** Sem dúvida, os príncipes tornam-se grandes quando superam as dificuldades e oposições que se lhes fazem;[583] o destino, porém, principalmente quando quer enaltecer um novo príncipe, que tem mais necessidade de adquirir fama que um hereditário, lhe traz inimigos e lhe faz guerra, para que tenha oportunidade de superá-los e subir mais alto pela escada que seus inimigos lhe trouxeram.[584] Alguns acham, entretanto, que um príncipe sábio deve, quando tiver ocasião, cultivar com astúcia algumas inimizades para que, vencidas estas, sua grandeza aumente mais.[585]

Da fidelidade dos "suspeitos" e dos "confiáveis", no início do novo Estado.

**118.** Os príncipes, principalmente os novos, acharam mais fé e mais utilidade nos homens que, no início de seu governo, lhes eram suspeitos, do que nos que, a princípio, lhes inspiravam confiança.[586] Pandolfo Petrucci, príncipe de Siena, governava o Estado mais com os que lhe eram suspeitos que com os

---

580. Utilizei-me desta estratégia com pleno êxito. Às vezes, lanço no meio deles alguns pomos de discórdia particulares, quando quero desviar-lhes a atenção dos negócios do Estado ou, quando elaboro, em segredo, alguma lei extraordinária (*Imperador*).
581. Às vezes também, certa prudência e habilidade (*Imperador*).
582. Para contentá-los é preciso distrai-los de outro modo, em tempo de guerra (*Imperador*).
583. Poderiam superá-las melhor do que eu as superei? (*Imperador*).
584. As escadas que me ofereceram, aproveitei-as todas bem (*Imperador*).
585. Maquiavel deve estar radiante com o bom proveito que extraí desse conselho (*Imperador*).
586. Isto pode ser verdade para outros, mas para mim nunca é (*Imperador*).

outros. Mas sobre este assunto não se pode falar de modo geral, porque isso varia conforme o caso.[587] Só direi isto: que os homens que, no início de um principado eram inimigos, para manter-se têm necessidade de apoio e, nesse caso, o príncipe sempre poderá conquistá-lo com grande facilidade.[588] Por seu lado, eles são forçados a servi-lo com lealdade maior, porque sentem necessidade de anular, com suas ações, a péssima opinião que se tinha deles.[589] E assim o príncipe tirará mais proveito destes, do que daqueles que, servindo-o com mais segurança, descuidaram de seus interesses.[590]

> O príncipe "verá ser-lhe muito mais fácil conquistar como amigos os homens que antes se contentavam com o Estado".

**119.** Uma vez que a matéria o exige, não quero deixar de recordar aos príncipes que tomaram a direção de um Estado novo, mediante o apoio daqueles que antes consideravam qual a razão que o tenha favorecido, para favorecê-lo; e se não houver afeição natural para com eles, mas sim descontentamento com o governo antigo, com esforço e grande dificuldade será possível mantê-los amigos,[591] porque é impossível que se possa contentá-los. E, discorrendo bem, com os exemplos extraídos dos fatos antigos e modernos, com relação a isso, ver-se-á que será muito mais fácil conquistar amigos[592] entre os homens, que se contentavam com o governo,[593] sendo, pois, seus inimigos, aqueles que, por estarem descontentes, tornaram-se seus amigos e o apoiaram na conquista.[594]

"A melhor força que há é não ser odiado pelo povo" – Niccolò Vitelli, Guidobaldo di Urbino, Bentivoglio, Francesco Sforza.

**120.** Tem sido costume dos príncipes, para poder manter mais seguramente seu Estado, edificar fortalezas, que sejam rédea e freio dos que pensassem atacá-

---

587. Em bom momento (*Imperador*).
588. Assim como conquistei alguns nobres que, por ambição ou falta de dinheiro, precisavam de empregos e os emigrados aos quais voltei a abrir as portas da França e restituir-lhes os bens (*Imperador*).
589. Que não fizeram eles comigo para que isso ocorresse (*Imperador*).
590. É preciso saber perturbar essa tranqüilidade quando se desconfia que fraquejam, e mesmo que não haja motivo para suspeitar, algumas violências intempestivas surtem sempre um bom efeito (*Imperador*).
591. Aceitaram-me, como amigo, apenas para que eu os cumulasse de bens e, como são insaciáveis, quereriam da mesma forma a outro príncipe que me substituísse, a fim de enriquecerem com ele ainda mais. A alma deles é como o tonel das Danaides e sua ambição se assemelha ao abutre de Prometeu (*Imperador*).
592. Do mesmo modo que os realistas moderados (*Imperador*).
593. Por suspeita de ambição (*Imperador*).
594. Reflexão de sumo valor (*Imperador*).

-lo⁵⁹⁵ e ter um refúgio seguro contra um ataque repentino.⁵⁹⁶ Louvo esta conduta, porque é usada desde a antiguidade; não obstante, o nobre Niccolò Vitelli, em nossos dias, ter sido obrigado a destruir duas fortalezas na cidade de Castelo, para manter aquele Estado. Guido Ubaldo, duque de Urbino, de volta a seu domínio, de onde o expulsara César Bórgia, destruiu, a partir dos alicerces, todas as fortalezas daquela província e achou que, sem elas, mais dificilmente perderia seu Estado;⁵⁹⁷ os Bentivoglio, retornando a Bolonha, tiveram conduta semelhante. As fortalezas, pois, são úteis ou não, conforme as épocas; e, se por um lado te fazem bem, por outro lado te prejudicam. E podes explicar este fato assim: o príncipe que tiver mais medo do seu povo do que dos estrangeiros, deverá construir fortificações,⁵⁹⁸ mas o que tiver mais medo dos estrangeiros que do povo, não precisa preocupar-se. A casa dos Sforza fez e fará mais guerras e o castelo de Milão, edificado por Francesco Sforza, causou mais desordens do que qualquer outra coisa naquele Estado. A melhor fortaleza que existe, porém, é não ser odiado pelo povo,⁵⁹⁹ porque, ainda que tenhas fortalezas e o povo te odeie, elas não te salvarão;⁶⁰⁰ pois não faltam jamais a povos, que tenham exércitos, estrangeiros que os socorram.⁶⁰¹ Em nossos dias, observam-se fortalezas, que não foram úteis a nenhum príncipe, exceto à condessa de Forlì, quando morreu o conde Girolamo, seu consorte; porque, mediante aquelas, pôde fugir à fúria popular e esperar socorro de Milão, recuperando assim o Estado.⁶⁰² E os tempos eram tais, que o estrangeiro não podia socorrer o povo.⁶⁰³ Mas, depois, pouco lhe adiantaram as fortalezas, quando César Bórgia a invadiu e o povo, inimigo dele, se uniu ao estrangeiro.⁶⁰⁴ Portanto, quer naquela época,

---

595. Assim se construíram a Bastilha, no reinado de Carlos, o Sábio, para manter calma a cidade de Paris e o Castelo Trombeta, de Bordéus, no reinado de Carlos XIII, para fazer o mesmo aos bordoleses. Não percamos isto de vista (*Imperador*).
596. Na primeira ocasião, mandarei construir uma no alto de Montmartre para impor respeito aos parisienses. Não tive, porém, nenhuma, quando, covardemente, me entregaram aos aliados! O Castelo Trombeta acolherá os traidores do Garona! (*Desterrado na Ilha de Elba*).
597. Destruirei todas da Itália, excetuando-se as de Mântua e de Alexandria, que fortificarei o mais que puder.
598. Quando se receia a uns e outros, convém erguê-las em todos os pontos fracos (*Desterrado na Ilha de Elba*).
599. Se nos odeiam, o mal que nos causam é frequentemente superior ao bem que, talvez, nos faça uma centena de amigos (*Desterrado na Ilha de Elba*).
600. Não acredito (*Desterrado na Ilha de Elba*).
601. Naquele tempo. Hoje a coisa é diversa (*Desterrado na Ilha de Elba*).
602. Certamente, isto é o bastante para justificar as fortalezas (*Desterrado na Ilha de Elba*).
603. Não tinha exército como o meu (*Desterrado na Ilha de Elba*).
604. Se não tinha senão isso para defender-se, acredito piamente (*Desterrado na Ilha de Elba*).

quer agora, mais segura estaria se não fosse odiada pelo povo, do que tendo fortalezas.[605] Considerando-se, portanto, todos estes fatos, louvarei quem construir fortalezas e quem não o fizer, e lamentarei aqueles que, confiando nas fortalezas, não se preocuparem de ser odiados pelo povo.[606]

---

605. Ter a amizade a benevolência do povo? Sempre volta esta puerilidade. As fortalezas valem, com certeza, o amor do povo (*Desterrado na Ilha de Elba*).
606. Podes aplaudir-me antecipadamente (*Desterrado na Ilha de Elba*).

## Capítulo XXI
## O QUE CONVÉM AO PRÍNCIPE PARA SER ESTIMADO

Nada torna um príncipe tão querido, quanto os grandes empreendimentos e os bons exemplos que der.[607] Fernando de Aragão, atual rei da Espanha.

**121.** Pode-se chamá-lo quase de príncipe novo,[608] porque, de rei fraco se tornou, pela fama e pela glória, o primeiro rei da Cristandade,[609] e, se considerardes suas ações, vereis que são muito grandes e algumas extraordinárias.[610] No princípio do seu reinado, atacou Granada[611] e este ato foi o fundamento do seu Estado. Primeiro agiu tranqüilo e sem suspeitar que seria impedido; os barões de Castela, com os ânimos voltados para aquela guerra, não pensavam em inovar e Fernando adquiriu, naquele meio, fama e poder sobre eles, que nada disso percebiam;[612] pôde manter exércitos, com dinheiro da Igreja e do povo, durante longa guerra, e assentou os fundamentos de sua milícia, a qual depois o honrou.[613] Além disso, para poder empreender maiores ações, servindo-se sempre da religião, dedicou-se a uma piedosa crueldade, perseguindo e libertando seu reino dos Marranos: este exemplo não pode ser mais triste,[614] nem mais extraordinário. Atacou, sob este mesmo pretexto, a África, conquistou a Itália e ultimamente atacou a França. E assim sempre fez e ordenou grandes coisas, que deixaram em suspenso e admirados os

---

607. Com elas me elevei e unicamente com elas me posso manter. Se não me lançasse em novas que sobrepujassem as anteriores, arruinar-me-ia (*Imperador*).
608. Há-os de muitas espécies (*Desterrado na Ilha de Elba*).
609. Hei-de chegar a sê-lo (*Desterrado na Ilha de Elba*).
610. Não mais do que os meus (*Imperador*).
611. Fazer o mesmo com a Espanha (*1.º Cônsul*).
612. Quando ataquei a Espanha os meus objetivos eram muito diferentes dos deles, não me permitia alcançar semelhantes triunfos no meu império. Além disso, eu podia passar sem isso (*Imperador*).
613. Fernando foi mais feliz do que eu e encontrou ocasiões mais favoráveis. Mandar meu irmão (oh! que irmão!), não seria o mesmo que seu eu tivesse ido? (*Imperador*).
614. A minha devoção à concordata não evitou simplesmente que eu expulsasse os sacerdotes que se haviam mostrado e continuavam a mostrar-se, ainda, renitentes ao cumprimento das promessas e juramentos. Necessito apenas dos dóceis e jesuíticos, como eu os queria. De vez em quando maltratarei os "Padres da fé". Fesch protegê-los-á e eles o elegerão Papa! (*1.º Cônsul*).

súditos, encantados com esses feitos.[615] Assim surgiram suas ações, de modo que, entre uma e outra,[616] jamais houve tempo para os homens poderem agir tranqüilamente contra ele.[617]

> "Um príncipe deve empenhar-se em mostrar em todas as suas ações, fama de grande homem e de grande talento."

**122.** É interessante ainda ao príncipe dar bons exemplos[618] no governo interno, semelhantes aos que se contam do nobre Barnabé de Milão, quando há ocasião para se fazer algo extraordinário, de bem ou de mal, na vida civil e procurar um modo de premiá-lo[619] ou puni-lo,[620] para que se fale bastante dele. E sobretudo[621] um príncipe deve empenhar-se em mostrar, em todas as suas ações, fama de grande homem e de grande talento.

> "Um príncipe é estimado ainda quando é verdadeiro amigo e verdadeiro inimigo."

**123.** Um príncipe é estimado ainda quando é verdadeiro amigo e verdadeiro inimigo, isto é, quando, sem nenhuma preocupação, se declara a favor de um e contra outro.[622] Tomar partido é sempre mais útil que ficar neutro,[623] porque, se dois poderosos vizinhos teus venham a brigar, ou acontecer que um vença, deves temer ou não o vencedor.[624] Em qualquer destes dois casos, será sempre mais útil manifestar-te[625] e fazer guerra,[626] porque, no primeiro caso, se não te manifestares, serás sempre presa de quem vencer, com prazer e satisfação do que é vencido[627] e não terás razão nem coisa alguma que te defenda, nem que te acolha. Quem vence

---

615. Distrair os povos sob meu jugo, dando-lhes razão para falar continuamente de meus triunfos ou dos meus projetos engrandecidos pelo gênio da ambição, não pode deixar de me ser utilíssimo (*1.º Cônsul*).
616. Dediquei-me a isso especialmente nos meus tratados de paz, mandando inserir sempre cláusulas passíveis de suscitar pretexto para nova guerra imediata (*Imperador*).
617. Esse é também um de meus objetivos, na confusa sucessão de meus feitos (*Imperador*).
618. Convém, certamente, que essas coisas deslumbrem pelo fausto e que não estejam inteiramente destituídas de alguma aparência de utilidade pública (*Imperador*).
619. A instituição dos meus prêmios decenais (*Imperador*).
620. Nesta matéria, nada mais se pode criar (*Imperador*).
621. Compreendo-te e aceito os teus conselhos (*Imperador*).
622. Salvo se se fizer depois um acordo (*1.º Cônsul*).
623. Sintoma da maior fraqueza de armas e caráter (*1.º Cônsul*).
624. No receio nenhum em particular e mantê-los-ei divididos até que possa reuni-los a mim (*1.º Cônsul*).
625. Não há coisa alguma a fazer (*Imperador*).
626. Assim como os neutros e outras ligas se tornaram minhas presas (*Imperador*).
627. Estado de ânimo de que me aproveito a custa deles (*Imperador*).

não quer amigos suspeitos, que não o ajudem na adversidade; quem perde, não te acolhe, porque não quiseste, de armas na mão, arriscar-te por ele.[628]

## Antíoco

**124.** Antíoco foi à Grécia, chamado pelos Etólios, para expulsar os Romanos. Mandou embaixadores aos Aqueus, que eram amigos dos Romanos, para pedir-lhes que ficassem neutros; e, por outro lado, os Romanos os persuadiram a pegar em armas por eles.[629] Este assunto foi discutido no concílio dos Aqueus, onde o legado de Antíoco os persuadia a permanecerem neutros, ao que o legado romano respondeu: "Quod autem isti dicunt non interponendi vos bello, nihil magis alienum rebus vestris est; sine gratia, sine dignitate, praemium victoris eritis".

> "E os príncipes irresolutos, para fugir aos perigos presentes, seguem o mais das vezes o caminho da neutralidade e muitas vezes são derrotados."[630]

**125.** E sempre intervirá aquele que não é amigo para te pedir neutralidade e o que é teu amigo pedirá que combatas a seu lado. E os príncipes irresolutos, para fugir aos perigos presentes, seguem o mais das vezes o caminho da neutralidade e muitas vezes são derrotados. Mas quando o príncipe se resolve galhardamente a favor de uma parte, se aquele com quem te aliaste vence, ainda que seja poderoso e que permaneças à mercê dele, ele tem obrigações contigo e te dedica amizade; e os homens não são jamais tão desonestos, que com tanto exemplo de ingratidão te oprimam;[631] depois, as vitórias nunca são tão precisas, que o vencedor não tenha de ter algum respeito, principalmente pela justiça.[632] Mas se aquele com quem te aliaste perde, serás auxiliado por ele e, enquanto pode, te ajuda, e se torna companheiro de um destino que pode ressurgir.[633]

**126.** No segundo caso, quando os que combatem juntos são de um jeito que nada tenhas a temer daquele que vence, tanto maior será a prudência em aliar-se, porque irás à derrota de um, com o auxílio de quem deveria salvá-lo,[634] se fosse

---

628. Boa reflexão para os outros e principalmente para os que nunca tiveram bom senso bastante para fazê-la (*Imperador*).
629. Farei com que os príncipes da Alemanha assim discorram, quando se tratar da minha ofensiva à Rússia. Farei com que os outros fujam sem isso (*Imperador*).
630. Mostraram-se fracos e, por isso mesmo, podiam considerar-se perdidos (*Imperador*).
631. Porventura teriam mais valor os homens de antanho que os de hoje, em que tais considerações não têm cabimento nem se fazem? Nosso século de luzes aumentou magnificamente a esfera da ciência política (*Imperador*).
632. Cada um a entende a seu modo (*Imperador*).
633. Bom para os principiantes (*Imperador*).
634. A Rússia não viu isto quando abandonou a Áustria às minhas armas. Verei melhor quando tiver de tratar da Rússia. A Áustria e a Prússia por mais interessadas que estejam nela, poderão deixar-se arrastar por mim (*Imperador*).

sábio; e vencendo, permanece à tua mercê e é impossível, com a tua ajuda, que não vença.[635]

"O príncipe deve evitar aliar-se com alguém mais poderoso do que ele, para atacar outros, a não ser que a necessidade o obrigue."

**127.** É de se notar que o príncipe deve evitar aliar-se com alguém mais poderoso do que ele, para atacar outros, a não ser que a necessidade o obrigue, como se disse acima;[636] porque, vencendo, fica seu prisioneiro;[637] e os príncipes devem evitar, quanto puderem, ficar à mercê dos outros.[638] Os Venezianos se aliaram à França contra o duque de Milão e poderiam ter evitado essa aliança, da qual resultou sua derrota.[639] Quando, porém, não se pode evitá-la (como aconteceu aos Florentinos quando o papa e a Espanha atacaram, com seus exércitos, a Lombardia) então o príncipe deve aliar-se pelas razões acima mencionadas. Nenhum governo deve crer que possa sempre tomar partido seguro;[640] assim, deve pensar em tomar partidos dúbios, pois isso está sempre na ordem das coisas e nunca se pode evitar um inconveniente, sem que se incorra em outro;[641] a prudência consiste em saber reconhecer a natureza dos inconvenientes e escolher o melhor.

"Cuidados do príncipe com a vida tranqüila de seu Estado."

**128.** Deve ainda o príncipe mostrar-se amante das virtudes, estimulando os homens valorosos e honrando os que se destacam nas artes.[642] Depois, deve animar os cidadãos a exercer, tranqüilamente, suas atividades, no comércio, na agricultura e em todas as atividades humanas, e que eles não temam em melhorar suas propriedades, por medo de lhes serem tomadas ou de abrir um negócio por medo dos impostos.[643] Deve o príncipe dar prêmios aos que quiserem fazer essas coisas e a todos os que pretendem melhorar sua cidade ou seu Estado.[644] Deve, além disso, nas épocas apropriadas, manter, durante o ano, o povo ocupado[645] com festas e

---

635. Todos haverão de chegar a isto (*Imperador*).
636. É isso apenas o que lhes ofereço (*Imperador*).
637. E haverão mesmo de ficar (*Imperador*).
638. Não é preciso que possam evitá-lo (*Imperador*).
639. Que belo exemplo! (*1.º Cônsul*).
640. Podemos contar com a boa sorte (*1.º Cônsul*).
641. Sempre há mais, ou mais graves, de um lado do que do outro (*1.º Cônsul*).
642. Multiplicar os privilégios inventados (*1.º Cônsul*).
643. Os impostos nunca assustam a cobiça mercantil (*1.º Cônsul*).
644. Alguém já os multiplicou tanto tais meios como eu o fiz? (*Imperador*).
645. Festas e ofícios religiosos não poderiam servir-me. Sua extinção é compensada com maior utilidade para mim pela pompa de minhas festas civis (*Imperador*).

espetáculos. E, como toda cidade é dividida em corporações⁶⁴⁶ ou classes sociais, deve levar-se em conta aqueles agrupamentos, reunir-se com eles algumas vezes,⁶⁴⁷ dar de si exemplo de humanidade e generosidade,⁶⁴⁸ mantendo, entretanto, sempre integral a majestade de sua dignidade, a qual não pode faltar em momento algum.⁶⁴⁹

---

646. É bem popular (*1.º Cônsul*).
647. Basta certamente que eu me mostre nas reuniões teatrais (*1.º Cônsul*).
648. Nisto é preciso ser sóbrio (*1.º Cônsul*).
649. Isto é muito certo, por mais cuidado que se tenha.

## Capítulo XXII
## DOS MINISTROS QUE OS PRÍNCIPES TÊM JUNTO DE SI

"Não é de pouca importância para o príncipe a escolha dos ministros."

**129.** Para o príncipe não é coisa de somenos a escolha de seus ministros, que são bons ou não, conforme a prudência daquele.[650] E o primeiro juízo que se faz da mente de um príncipe[651] é observar os homens que ele tem a seu lado. Quando eles são capazes e fiéis,[652] podemos considerá-lo sábio, porque soube reconhecê-los suficientemente e mantê-los fiéis;[653] quando, porém, não forem assim, pode-se fazer mau juízo dele, pois o primeiro erro que comete é o desta escolha.[654]

"As mentes são de três gerações" – Antonio de Venafro, ministro de Pandolfo Petrucci.

**130.** Não houve ninguém que, conhecendo o nobre Antonio de Venafro, como ministro de Pandolfo Petrucci, príncipe de Siena, não julgasse Pandolfo um homem muito valoroso, tendo-o como ministro.[655] Existem três tipos de mentes: uma, que entende por si mesma,[656] outra capaz de discernir o que outros entendem[657] e a terceira não entende nem a si, nem a outros;[658] a primeira é ótima, a segunda, excelente, a

---

650. Esta sabedoria deve acomodar-se às circunstâncias. Por vezes, o mais difamado é o mais recomendável para o cargo de Ministro (*1.º Cônsul*).
651. Que teriam pensado de mim se houvesse nomeado para ministros e conselheiros amigos notórios dos Bourbons, condecorados com as cruzes de São Luís e cumulados de mercês por aquele que eu substituía e que aspirava a superar-me? (*Imperador*).
652. Pode-se encontrar tudo isso muito mais facilmente em indivíduo desacreditado do que naquele cuja reputação cheira a bálsamo (*1.º Cônsul*).
653. Aqui reside a dificuldade e ali a desgraça deles (*Desterrado na Ilha de Elba*).
654. Não sabe evitá-lo quem não conhece os homens e se deixa guiar por outrem nas escolhas (*Desterrado na Ilha de Elba*).
655. Vede as escolhas e julgai (*Desterrado na Ilha de Elba*).
656. Prefiro a este (*1.º Cônsul*).
657. Não desprezo esse, desde que aparente uma superioridade intelectual (*1.º Cônsul*).
658. São estúpidos e primitivos. Maquiavel esqueceu os espíritos metódicos e presos a seu sistema.

terceira inútil;[659] portanto, era necessário que, se Pandolfo não estivesse no primeiro caso, que estivesse no segundo, porque todas as vezes em que se deve julgar o bem ou o mal que alguém faz ou diz,[660] ainda que não tenha a intenção, reconhece as obras más ou boas do ministro e estas ele as exalta e as outras, corrige. E o ministro não pode esperar enganá-lo e conservar-se fiel.

"Como um príncipe pode conhecer o ministro."

**131.** Mas para que um príncipe possa conhecer bem um ministro, há um modo que não falha jamais. Quando perceberes que um ministro pensa mais em si do que em ti e que, em todas as suas ações procura proveito pessoal, este não é bom ministro e nunca poderás confiar nele,[661] porque quem tem o Estado em mãos, não deve nunca pensar em si mesmo, mas sempre no príncipe[662] e jamais recordar-lhe coisas que não lhe digam respeito.[663] E, por outro lado, o príncipe, para mantê-lo bem,[664] deve pensar nele, tornando-o rico, fazendo com que se obrigue para contigo,[665] fazendo-o participar de honras e cargos, de modo que perceba não poder passar sem ti e que essas honrarias não o façam desejar outras e as riquezas não o façam desejar mais riquezas, assim como os muitos cargos façam com que tema as mudanças. Quando, portanto, os ministros e o príncipe, com relação a eles, são assim, podem confiar um no outro,[666] mas se acontecer de modo diferente, o fim será sempre prejudicial a ambos.[667]

---

659. As sentinelas perdem-se, acreditando, piamente que fazem o melhor (*Desterrado na Ilha de Elba*).
660. José possui, pelo menos, esse tipo de cabeça (*Imperador*).
661. É tratar de fazer o possível para que, ao pensar em seus interesses, pense também nos nossos (*1.º Cônsul*).
662. O "nunca" é um exagero. Mas, se ele pensar mais em si do que em mim, percebê--lo-ei a tempo e, então, "adeus" (*1.º Cônsul*).
663. Como sabem esconder seus interesses sob os do meu reinado! (*Imperador*).
664. Quando não são como a minha gente que perdeu toda a vergonha. Há mais honestidade no meu reino da Itália (*Imperador*).
665. Que trapaceiros! Aprenderam agora a tornar-se importantes em todos os governos, mesmo os mais disparatados e opostos (*Desterrado na Ilha de Elba*).
666. Bom para outros países que não a França e para outras épocas (*Imperador*).
667. Quem teria acreditado que o lesado tivesse sido eu? Hei de reparar nisso (*Desterrado na Ilha de Elba*).

## Capítulo XXIII
## DE COMO SE EVITAM OS ADULADORES

"Um erro do qual os príncipes se defendem com dificuldade: os aduladores."

**132.** Não quero deixar de lado um assunto importante, erro do qual os príncipes se defendem com dificuldade, a não ser que sejam muito prudentes ou não tenham feito boas escolhas. Estes são os aduladores,[668] dos quais as cortes estão repletas, porque os homens se comprazem tanto com os próprios problemas e, desse modo, se enganam, e é com dificuldade que se defendem desta peste e, ao defender-se, correm o perigo de ser desprezados.[669] Não há outro modo de evitar a adulação, se não fazendo os homens entenderem que não te ofendem se te disserem a verdade;[670] mas quando qualquer um pode dizer-te a verdade, faltar-te-ão ao respeito.[671] Portanto, o príncipe prudente deve ter uma alternativa, escolhendo, em seu Estado, homens sábios e somente a eles deve dar liberdade de falar a verdade[672] e apenas nas coisas que ele lhes perguntar. Deve, porém, perguntar-lhes de tudo,[673] ouvir-lhes as opiniões e depois deliberar sozinho, do seu jeito;[674] com estes conselhos e com cada um deles, devem portar-se de modo que cada um saiba que, quanto mais livremente falar, tanto mais será aceito;[675] exceto eles, ninguém mais deverá ser ouvido, deverá escutar diretamente a coisa decidida e ser obstinado em suas deliberações. Quem o fizer de outro modo ou se prejudica com os aduladores ou muda,[676] muitas vezes, de opinião; o que lhe acarreta pouco prestígio.

---

668. São necessários. Um príncipe precisa da bajulação deles: mas não deve deixar-se influenciar e isso é difícil (*Imperador*).
669. Se não me elogiassem com critério, o povo me julgaria inferior a um homem vulgar (*Imperador*).
670. Consinto nisso. Porém quem diria isso a mim? (*1.º Cônsul*).
671. Já é demais permiti-lo a dois ou três (*1.º Cônsul*).
672. Mesmo a estes, deve-se proibir que abram a boca, a menos que sejam dignos (*1.º Cônsul*).
673. É muito (*Imperador*).
674. Lembrei-me disso e estou satisfeito (*Imperador*).
675. Nunca deixo de fazer isso (*Imperador*).
676. Acrescentem-se as circunstâncias atuais que tornam esses dois perigos ainda mais difíceis de evitar e vereis aonde levam os bajuladores (*Desterrado na Ilha de Elba*).

## Maximiliano imperador

**133.** Quero, a esse propósito, dar um exemplo moderno. O padre Lucas, homem de confiança do atual imperador Maximiliano, falando de sua majestade, disse que ele jamais se aconselhava com alguém e somente fazia as coisas a seu modo,[677] o que provinha de ter ideias contrárias ao mencionado acima. O imperador é homem discreto, não conta seus planos a ninguém, nem lhes pede conselhos, mas quando, ao executá-los, esses desígnios começam a ser conhecidos e descobertos, começam a ser criticados[678] pelos que o cercam,[679] o imperador os põe de lado. Disso resulta que as coisas que faz num dia, desfaz no outro, não se sabendo nunca o que deseja ou decide fazer, e que não se pode confiar em suas deliberações.[680]

"Os bons conselhos provêm da prudência do príncipe e não a prudência do príncipe dos bons conselhos."

**134.** Um príncipe, portanto, deve aconselhar-se sempre, mas quando o deseja[681] e não quando outros o querem; antes, deve desencorajar[682] a todos a aconselhá-lo em algumas coisas, a não ser que lhes pergunte. Deve ser, porém, grande perguntador e depois, em relação ao perguntado, paciente interlocutor da verdade; antes, ao compreender que alguém, por respeito, não lhe diz a verdade, deve ficar aborrecido.[683] E os que pensam que o príncipe, que for prudente, é assim considerado não por sua natureza, mas pelos bons conselhos dos que o cercam,[684] enganam-se, pois esta é uma regra geral que nunca falha; o príncipe, que não for sábio por si mesmo, não pode ser bem aconselhado,[685] a não ser que, por sorte, se aconselhasse com alguém muito prudente. Neste caso, isso poderia ser bom, mas

---

677. Teve boas idéias, sobretudo quando quis equiparar-se ao Papa, até em matéria de religião e com este objetivo tomou o título de *pontifex maximus*. Mas não possuía minha grande perseverança. Contentou-se em dizer que "se fosse Deus e tivesse dois filhos, o primeiro seria Deus e o segundo rei de França". Quanto a mim, todo poderoso na Europa, farei com que meu filho, se for único, seja soberano da Santa Sé e do império (*Imperador*).
678. Infeliz quem o imaginasse! (*Imperador*).
679. Bela imaginação para um cérebro débil (*Imperador*).
680. Só somos realmente ajudados quando as pessoas pelas quais desejamos sê-lo compreendem que somos firmes (*Imperador*).
681. Depende: não os dariam se não vissem meu humor e aceito minha opinião.
682. Ele fez com que perdessem totalmente a vontade disso (*Imperador*).
683. Maquiavel é muito exigente. Entendo melhor do que ele o que convém na minha posição (*Imperador*).
684. Conhece-se a opinião. Sabe-se que posso dizer como Luís XI: "meu verdadeiro conselho está em minha mente" (*Imperador*).
685. Quem for Luís XIII em nossos dias perceberá logo que Armand fará como Pepino (*Imperador*).

duraria pouco, pois esse conselheiro, em pouco tempo, lhe tomaria o poder. Ao contrário, se se aconselhar com mais de um, o príncipe que não for sábio,[686] não terá jamais conselhos coerentes, nem saberá, por isso, tomar deliberações; cada conselheiro só pensará no próprio interesse e o príncipe não saberá corrigir nem reconhecer isso.[687] E não pode ser de outro modo, pois os homens sempre te deixarão mal, se, por necessidade, não te fizerem bem.[688] Conclui-se, porém, que os bons conselhos, venham de onde vierem, devem nascer da prudência do príncipe e não a prudência do príncipe dos bons conselhos.[689]

---

686. Não deve, nesse caso, impor sua opinião a outrem (*Imperador*).
687. É o que verificaremos (*Desterrado na Ilha de Elba*).
688. Verdade irrefutável, bastando ela para levar os Ministros e cortesãos a ocultarem do príncipe toda a leitura de Maquiavel (*Desterrado na Ilha de Elba*).
689. Onde está a cabeça reinante capaz disto? Numa ilhota do Mediterrâneo (*Desterrado na Ilha de Elba*).

## Capítulo XXIV
## POR QUAL MOTIVO OS PRÍNCIPES DA ITÁLIA PERDERAM SEUS ESTADOS?⁶⁹⁰

"As coisas acima mencionadas, observadas prudentemente, farão um príncipe novo parecer velho."

**135.** As coisas acima mencionadas, observadas prudentemente, fazem um príncipe novo parecer velho e o tornam rapidamente seguro e mais firme no poder, do que se fosse mesmo velho.⁶⁹¹ Pois um príncipe novo é muito mais observado em suas ações que um hereditário e se estas forem consideradas valorosas são muito mais aceitas pelos homens e os obrigam muito mais que o sangue antigo.⁶⁹² Os homens são muito mais apegados ao presente⁶⁹³ que ao passado e quando, no presente, encontram o bem, ficam tão felizes que não procuram outro, defendendo-o,⁶⁹⁴ se não lhe faltar nenhuma outra coisa.⁶⁹⁵ Assim, terá dupla glória: de haver começado um novo principado, melhorando-o e fortalecendo-o com boas leis, bons exércitos e bons exemplos,⁶⁹⁶ enquanto que, o que for nascido príncipe, terá dupla vergonha, por tê-la perdido por sua pouca prudência.⁶⁹⁷

Frederico de Aragão; Ludovico, o Mouro; Felipe V da Macedônia.

**136.** Se se considerarem os governantes, que, em nossos tempos, na Itália, perderam seus Estados, como o rei de Nápoles, o duque de Milão e outros, encontrar-se-á neles, primeiro, um defeito comum, em relação aos exércitos, pelas razões que enumeramos acima, longamente. Depois, ver-se-á alguns dentre eles que tiveram

---

690. O capítulo mais curioso (*Desterrado na Ilha de Elba*).
691. Comprovarei isto (*Imperador*).
692. A afeição que a maioria de seus nobres tem por mim constitui prova que quase já os esqueceram (*Imperador*).
693. Especialmente quando se trata de emigrados aos quais foram restituídos os bens ou fidalguinhos pobres aos quais dei riqueza. Os ricos também me agradecem por ter eu consentido que aumentassem seus haveres (*Imperador*).
694. Estou tendo esta feliz experiência (*Imperador*).
695. Atirar-me-ão ao rosto uma dessas faltas como justificativa por me haverem voltado as costas (*Desterrado na Ilha de Elba*).
696. Não me falta nenhuma destas glórias (*Imperador*).
697. Isto não me diz respeito (*Imperador*).

por inimigo o povo,⁶⁹⁸ ou, se tiveram o povo como amigo, não souberam conquistar os grandes;⁶⁹⁹ porque, sem esses defeitos, não se perdem os Estados que têm tanto poder militar que possam trazer um exército para o campo de batalha.⁷⁰⁰ Felipe da Macedônia, não o pai de Alexandre, mas o que foi vencido por Tito Quinto, não tinha muito poder, em relação à grandeza dos Romanos e da Grécia, que o atacou; não obstante, por ser militar e saber contemporizar com o povo e com os grandes,⁷⁰¹ sustentou a guerra contra aqueles, por muitos anos; e se, no fim, perdeu algumas cidades, permaneceu-lhe, não obstante, o reino.⁷⁰²

"Somente são boas, certas e duráveis, as defesas que dependem de ti próprio e do teu valor."

**137.** Portanto, nossos príncipes, que ficaram muitos anos em seus principados, por tê-los depois perdido, acusem não o destino, mas sua própria ignorância;⁷⁰³ porque, não tendo nunca, nos tempos de paz, pensado que poderiam mudar (o que é um defeito comum dos homens, não imaginar, na bonança,⁷⁰⁴ uma tempestade), quando chegam os tempos adversos pensam em fugir e não em defender-se⁷⁰⁵ e esperam que o povo, cansado da insolência dos vencedores, os chamem de volta.⁷⁰⁶ Essa atitude, quando faltam as outras, é boa, mas é bem ruim ter deixado outras soluções por estas, pois não se poderia nunca acreditar em encontrar quem te acolha; o que, ou não ocorre ou, se ocorre, não é com tua segurança, por tua defesa ter sido vil e não depender de ti.⁷⁰⁷ E somente são boas, certas, e duráveis, as defesas que dependem de ti próprio e do teu valor.⁷⁰⁸

---

698. Deve ser suficiente apenas a inimizade de alguns inimigos (*Desterrado na Ilha de Elba*).
699. Impossível com os que agora o rodeiam (*Desterrado na Ilha de Elba*).
700. Sim, quando porém, forem disponíveis... (*Desterrado na Ilha de Elba*).
701. Terei melhor posição relativamente à confederação, caso se esta for renovada (*Desterrado na Ilha de Elba*).
702. Ainda que eu aceitasse a cessão já feita aos países por mim conquistados e me ativesse às novas fronteiras demarcadas, continuaria a ser Imperador dos franceses (*Desterrado na Ilha de Elba*).
703. Não podem queixar-se de não haverem sido favorecidos por ela.
704. Examinemos como isso ocorre. Os favoritos envaidecem-se no meio das suas manifestações e receariam agir mal se guardassem a menor inquietação. Imaginando que tornassem a ver-me, não gostariam de acreditar na possibilidade de meu retorno. Sua natural disposição presta-se muito às minhas estratégias paralisantes (*Desterrado na Ilha de Elba*).
705. Não terão lugar para onde ir (*Desterrado na Ilha de Elba*).
706. Comportar-me-ei como um príncipe que se tornou moderado, sábio e humano (*Desterrado na Ilha de Elba*).
707. Terão eles outra? É possível que os abandonem ao ver minha disposição e, de outro lado, reafirmar-me-ei imediatamente (*Desterrado na Ilha de Elba*).
708. Nunca fiz questão senão destas e as terei (*Desterrado na Ilha de Elba*).

## Capítulo XXV
## QUANTO PODE O DESTINO NAS COISAS HUMANAS E DE QUE MODO SE LHE PODE RESISTIR

O destino "demonstra seu poder onde a coragem não lhe resiste". A Itália.

**138.** Não ignoro como muitos foram e são de opinião que as coisas do mundo são governadas pelo destino e por Deus, que os homens, com sua prudência, não podem corrigi-lo, de modo que não possuem, assim, nenhum remédio.[709] Por isso, podem julgar que é melhor não se preocupar muito com as coisas, mas deixar-se governar pelo destino. Esta opinião é a mais aceita em nossos tempos, pelas grandes modificações das coisas, que foram vistas e se veem fora de qualquer conjetura humana.[710] Pensando nisso, algumas vezes, em certas coisas, inclinei-me à opinião deles. Não obstante, para que nosso livre arbítrio não seja em vão, creio poder ser verdade que o destino seja árbitro de metade de nossas ações, mas que nos deixe governar a outra metade,[711] ou quase. E comparo aquela a um desses rios destruidores,[712] que, quando se enfurecem, alagam as planícies, destroem árvores e edifícios, arrastam terras, levam-nas para outra parte; todos fogem diante deles, todos cedem a seu ímpeto, sem poder opor-lhes qualquer obstáculo. E, embora seja assim, nada impede que os homens, em épocas tranqüilas, não possam tomar providências com proteções e diques,[713] de modo que quando crescessem, ou entrassem num canal, o seu ímpeto não seria tão livre, nem tão prejudicial.[714] O mesmo se dá com o destino,[715] que mostra seu poder onde não encontra resistência, que volve seus ímpetos[716] para onde não foram feitos diques e proteções. E, se considerardes a Itália, que é sede destas transformações e que as iniciou, vereis que é como um campo sem diques e sem

---

709. É o método dos preguiçosos ou dos fracos. Com imaginação e atividade podemos superar a sorte mais adversa (*Desterrado na Ilha de Elba*).
710. Acaso as teria visto mais numerosas e maiores do que as concebidas por mim e que ainda posso produzir mais? (*Desterrado na Ilha de Elba*).
711. Santo Agostinho não observou melhor o livre arbítrio. O meu dominou a Europa e a natureza (*Imperador*).
712. Minha sorte, sou eu mesmo (*Imperador*).
713. Minha técnica no assunto não lhes deu lugar par fazê-lo (*Imperador*).
714. Meus bens não se reduzirão desta forma (*Imperador*).
715. Como seria a de meus inimigos (*Imperador*).
716. Encontrar-me-á sempre prestes a diminuí-la com o peso da minha!

nenhuma proteção: se estivesse protegida[717] por suficientes forças militares, como a Alemanha, a Espanha e a França, ou esta enchente não teria produzido as grandes transformações que houve[718] ou nem teria acontecido.[719] E basta dizer isso quanto a opor-se ao destino em geral.[720]

> "O príncipe que se apóia completamente na sorte, arruína-se, conforme esta varia; creio ainda que seja feliz aquele que adapta seu modo de proceder às condições dos tempos."

**139.** Restringindo-me, porém, mais ao particular, digo que se vê hoje este príncipe próspero e amanhã arruinado, sem ter-lhe visto mudar a natureza ou qualquer qualidade.[721] Creio que isso provém, primeiro, das razões que foram longamente discutidas antes, isto é, que o príncipe que se apóia completamente na sorte, arruína-se, conforme esta varia;[722] creio ainda que seja feliz aquele que adapta seu modo de proceder às condições dos tempos e, igualmente, seja infeliz aquele que com seu procedimento não se adapta aos tempos.[723] Porque se veem os homens, nas coisas que os conduzem ao fim que têm pela frente, isto é, a glória e as riquezas, procederem de maneira variada; uns, com respeito, outros, com ímpeto; uns, com violência, outros com astúcia; uns com paciência, outros ao contrário; e cada qual, por estes diversos modos, pode conseguir seu objetivo.[724] Veem-se, ainda, dois príncipes, um conseguindo seus desígnios, outro não; e, de maneira semelhante, dois terem igualmente sucesso, por dois sistemas diversos, sendo um respeitoso, o outro impetuoso; o que não provém de outra coisa senão das condições dos tempos, que se adaptam ou não ao procedimento deles.[725] Acontece então o que eu disse, que dois, procedendo de maneiras diferentes, conseguem o mesmo efeito; e dois, procedendo de maneira igual, um consegue seu objetivo e o outro, não.

---

717. Há-de ser (*General*).
718. Verá muitas outras (*General*).
719. Se conhecesses meus planos e se nos visses hoje por lá! (*General*).
720. Apesar de tua discrição sei o que pensas e me aproveitarei disso (*General*).
721. Tristes formalistas! (*Imperador*).
722. É preciso que nos ajustemos às suas variações, sem confiar nela inteiramente, embora aparentando segurança no sucesso (*1.º Cônsul*).
723. Minha boa sorte nunca esteve tão descompassada com tal situação (*Desterrado na Ilha de Elba*).
724. Quando não se age com intempestividade, mas seguindo sempre a sua natureza (*1.º Cônsul*).
725. Mudar conforme as circunstâncias e as necessidades, sem perder nada de nosso vigor, é o que existe de mais difícil e o que mais perseverança requer. Em breve, serão sem dúvida reconhecidas a excelência e a flexibilidade da minha (*Desterrado na Ilha de Elba*).

Disso depende ainda a variação dos bens, porque se alguém governa com respeito e paciência, os tempos e as coisas variam, de modo que seu governo será bom e estará prosperando; mas se os tempos e as coisas mudam, ele se arruína, pois não muda seu modo de proceder. Nem se encontra homem tão prudente que saiba acomodar-se a isso, pois não pode desviar-se daquilo a que sua natureza o inclina;[726] nem porque, tendo alguém prosperado, caminhando por uma via, não pode persuadir-se a afastar-se dela.[727] Mas o homem respeitoso, quando for tempo de recorrer à violência, não sabe fazê-lo,[728] o que o arruína, pois mesmo que mudasse sua natureza, com os tempos e as coisas,[729] não mudaria sua sorte.

## Júlio II

**140.** O Papa Júlio II procedeu em tudo impetuosamente[730] e encontrou de tal modo os tempos e as coisas conforme seu modo de proceder, que sempre alcançou êxito. Considerai a primeira expedição que realizou em Bolonha, quando ainda o nobre Giovanni Bentivoglio estava vivo. Os Venezianos não o aprovaram, nem o rei da Espanha;[731] com a França havia tratados sobre tal expedição[732] e, não obstante, com sua altivez e ímpeto, lançou-se pessoalmente a esse empreendimento. Esta fez com que estivessem suspensas e firmes a Espanha e os Venezianos, estes pelo medo e a outra pelo desejo que tinha de recuperar todo o reino de Nápoles; por outro lado, foi direto ao rei da França, porque, vendo que ele se movia, e desejando torná-lo amigo para abater os Venezianos,[733] julgou não poder negar-lhe sua gente, sem ofendê-lo abertamente. Conseguiu, então, Júlio, com sua impetuosidade, aquilo que nunca outro pontífice, com toda a prudência humana, teria conseguido,[734] porque, se esperasse partir de Roma, com todos os tratados concluídos e todas as coisas

---

726. Difícil, mas lá conseguirei chegar (*Desterrado na Ilha de Elba*).
727. Mostrar-se bom durante o reinado, só porque assim se mostrou antes e para reinar, é a pior das condutas (*Desterrado na Ilha de Elba*).
728. Espero fazê-lo com absoluta confiança na minha boa estrela (*Desterrado na Ilha de Elba*).
729. Impossível, com toda impossibilidade.
730. Felizmente para mim, não há mais papas como aquele que atirou no Tibre as chaves de São Pedro para empunhar a espada de São Paulo (*General*).
731. Recorri a esta estratégia, não por paixão, como ele, mas calculadamente e com oportunidade (*Imperador*).
732. Se depois de meu retorno os aliados pensarem em empunhar armas novamente, é preciso que eu faça algo semelhante entre eles (*Desterrado na Ilha de Elba*).
733. Imaginar algo igual para os aliados, segundo o curso de sua política (*Desterrado na Ilha de Elba*).
734. Imprudências são frequentemente necessárias, mas convém sopesá-las (*Desterrado na Ilha de Elba*).

organizadas, como qualquer outro pontífice[735] teria feito, jamais o conseguiria, pois o rei de França teria dado mil escusas e os outros lhe teriam causado mil temores.[736] Quero deixar de lado suas outras ações, todas semelhantes e todas bem sucedidas; e a brevidade da vida[737] não permitiu que sentisse o contrário, pois se tivesse vindo o tempo em que fosse necessário proceder com cautela, isso teria sido sua ruína: nem ele se teria desviado jamais dos rumos a que sua natureza o impelia.[738]

A sorte se deixa vencer mais pelos audaciosos que pelos prudentes.

**141.** Concluo, então, que, variando a sorte e ficando os homens, a seu modo, obstinados, são felizes enquanto concordam entre si e infelizes quando discordam, o que julgo bom: que é melhor ser impetuoso que prudente,[739] porque a sorte é mulher e é necessário, para dominá-la, bater-lhe e agredi-la. Vê-se que ela se deixa vencer mais por estes, que por aqueles que procedem friamente, mas, sempre, como mulher, é amiga dos jovens,[740] porque são menos prudentes, mais agressivos e a dominam com mais audácia.

---

735. Quantos reis, não pertencentes ao clero, agem com essa prudência lenta e tola (*Desterrado na Ilha de Elba*).
736. Se não conseguir impedir isto, admito que me considerem indigno de reinar (*Desterrado na Ilha de Elba*).
737. É fantástico poder, durante dez anos, continuar usando, com êxito, a mesma tática. Maquiavel deveria ter dito que Júlio II sabia confundir com pactos de amizade a potência que queria surpreender (*1.º Cônsul*).
738. Quando tal procedimento nos traz bons resultados e está de acordo com o nosso temperamento, temos bons motivos para não desprezá-lo, muito embora adicionando-lhe um pouco da hipócrita moderação diplomática (*Imperador*).
739. De fato. As reiteradas experiências que disso tive afastam quaisquer dúvidas (*Desterrado na Ilha de Elba*).
740. Demonstrei-o por diversas vezes e, se eu fosse mais jovem, não contaria com ela. Devo apressar-me (*Desterrado na Ilha de Elba*).

## Capítulo XXVI
## EXORTAÇÃO PARA TOMAR A ITÁLIA, LIBERTANDO-A DAS MÃOS DOS BÁRBAROS[741]

A Itália "sem chefe, sem ordem, vencida, espoliada, lacerada e invadida".

**142.** Consideradas, então, todas as coisas acima narradas e pensando, comigo mesmo se, atualmente, na Itália seria tempo de prestar honras a um novo príncipe, e se haveria matéria que desse ocasião a um prudente e valoroso príncipe, para introduzir uma forma que o honrasse e fizesse bem à generalidade dos homens,[742] parece-me que tanta coisa concorre em benefício de um príncipe novo, que não sei qual o tempo mais propício para isso.[743] E se, como eu disse, era necessário, querendo ver o valor de Moisés, que o povo de Israel fosse escravo no Egito, e, para conhecer a grandeza de alma de Ciro, que os Persas fossem oprimidos pelos Medas e a excelência de Teseu, que os Atenienses estivessem dispersos, do mesmo modo, no presente, querendo conhecer o valor de um espírito italiano, seria necessário que a Itália se reduzisse ao ponto em que hoje se encontra: e que fosse mais escravizada que os Hebreus, mais oprimida que os Persas, mais dispersa que os Atenienses; sem chefe, sem ordem, vencida, espoliada, lacerada, invadida e tivesse suportado toda espécie de desgraças.[744]

A Itália está "inteiramente pronta e disposta a seguir uma bandeira, desde que haja alguém que a erga".

**143.** E até que se tenha mostrado um raio de luz em alguém, que se pudesse achar que foi mandado por Deus para sua redenção, viu-se, depois, como, no momen-

---

741. Maquiavel raciocinava como romano, sempre tendo em mente os franceses. Por outro lado, os bárbaros que devo afastar da Itália são as casas de Áustria, Espanha, bem como o papado (*General*).
742. Plano magnífico, cuja execução me estava reservada. Com italianos efeminados como os de nossos dias não me teria sido possível fazê-lo, mas, como eu sou italiano, posso fazê-lo relativamente aos franceses com quem os italianos aprenderão a substituí-los sob minha ordens nos atos de cunho bélico (*General*).
743. A atualidade é muito mais propícia ainda, que, ao ser repelida a Revolução Francesa na Itália, já se tenham operado profundas alterações na ordem pública e grande agitação nos espíritos (*General*).
744. Colocá-la na mesma situação para depois restabelecê-la sob cetro único (*1.º Cônsul*).

to decisivo de suas ações, foi abandonado pela sorte. De modo que, permanecendo sem vida,[745] a Itália aguarda quem lhe possa curar as feridas e ponha fim aos saques da Lombardia, aos impostos do Reino de Nápoles e da Toscana e que a livre de suas chagas, já há muito tempo infectadas.[746] Vê-se que ela roga a Deus que lhe envie alguém que a redima das crueldades e insolências dos estrangeiros.[747] Vê-se ainda que está pronta e disposta a seguir uma bandeira, desde que haja alguém que a erga. Nem se vê, no presente, em quem se possa esperar mais do que na Vossa ilustre Casa,[748] a qual, com sorte e valor, auxiliada pela Igreja, da qual agora é príncipe, possa fazer-se chefe desta redenção.[749] Isso não será muito difícil, se vos voltardes às ações e para a vida dos acima mencionados.[750] E, embora aqueles homens tenham sido excepcionais e maravilhosos,[751] não obstante eram homens,[752] e cada um teve ocasiões menos favoráveis que a presente, pois seus feitos não foram mais justos que este, nem mais fáceis, nem Deus foi mais amigo deles do que nosso. Aqui há uma grande justiça: *iustum enim est bellum quibus necessarium, et pia arma ubi nulla nisi in armis spes est*. Aqui a disposição é muito grande; nem pode haver, onde há grande disposição, grande dificuldade,[753] embora aquela receba ordens de quem propus como alvo. Além disso, veem-se feitos extraordinários, sem exemplos, conduzidos por Deus: o mar se abriu, uma nuvem mostrou o caminho, da pedra jorrou água, aqui choveu maná;[754] tudo isso concorreu para a vossa grandeza. O resto vós deveis fazer.[755] Deus não quer fazer tudo, para não nos tolher o livre arbítrio e parte da glória que nos toca.[756]

"Na Itália, grande é o valor do povo, quando não faltam chefes."

**144.** E não há que espantar-se se algum dos proeminentes italianos não puder fazer aquilo que se pode esperar que faça a Vossa ilustre Casa e se, em tantas revo-

---

745. Tanto como em mim? Não (*General*).
746. Eis-me aqui, mas é preciso, para salvá-la, em meu proveito, antes, introduzir ferro e fogo em suas feridas (*General*).
747. Mesmo com estas bárbaras tiranias ouvirei teus pedidos (*General*).
748. Sim, se eu, então, tivesse tomado parte nela (*General*).
749. Empreendê-la, sim, consumá-la, não. Não faria eu mais do que ela fez (*General*).
750. Para imitá-los bem é preciso ter mesma força (*General*).
751. Lorenzo não era nada disso.
752. Raciocínio incorreto: há homens e Homens (*General*).
753. Há alguma verdade em tudo isto, mas o que vejo de mais evidente, em tudo isso, é o grande ardor, empregado por Maquiavel nesta operação (*General*).
754. Milagres que se renovaram a meu favor de modo mais favorável do que para Lorenzo de Médicis (*1.º Cônsul*).
755. Dependerá (*1.º Cônsul*).
756. Percebe-se que Maquiavel queria ter o seu quinhão. Concordo, porque tem sido útil para mim (*Imperador*).

luções na Itália e em tantas manobras de guerra, parece que o valor militar sempre se tenha extinguido nela. Daí surge que os ordenamentos antigos desta não eram bons e não havia ninguém que soubesse encontrar novos,[757] e nada traz tanta honra a um homem que surja de novo, quanto as novas leis e os novos ordenamentos que encontra.[758] São estes, quando bem fundados e dotados de grandeza, que o fazem reverenciado e admirado.[759] E na Itália não falta motivo para introduzir novas formas,[760] pois é grande o valor do povo quando não lhe faltam chefes. Vede, nos duelos e nos torneios, quanto os italianos são superiores em força, destreza e engenho,[761] mas em relação aos exércitos, não fazem boa figura. E tudo provém da fraqueza dos chefes, pois, aqueles que sabem não são obedecidos e todos pensam que sabem, não tendo aparecido ninguém que se tenha destacado pelo valor e pela sorte, quando os outros cederam.[762] Daí se conclui que, em tanto tempo, em tantas guerras feitas nestes últimos vinte anos, quando era um exército totalmente italiano,[763] sempre fez má figura, do que são testemunhas, primeiro Taro, depois Alexandria, Cápua, Gênova, Vailà, Bolonha e Mestre.

### É necessário preparar os exércitos

**145.** Desejando, então, Vossa ilustre Casa, seguir o exemplo daqueles excelentes homens, que redimiram suas províncias, é necessário, antes de tudo, como verdadeiro fundamento de qualquer empreendimento, prover-se de exércitos próprios, porque não pode haver soldados mais fiéis, mais verdadeiros ou melhores do que eles. E, embora cada um deles seja bom, todos juntos se tornarão melhores, quando se virem comandados por um Príncipe, que os honra e os trata bem.[764] É necessário, portanto, preparar-se com esses exércitos, para poder, com o valor itálico, defender-se dos estrangeiros.[765] E, embora a infantaria suíça e a espanhola sejam consideradas temíveis, ambas, não obstante, têm defeitos, pelos quais um

---

757. Com as minhas, tão vitoriosamente experimentadas em França, e que serão experimentadas por eles, o triunfo é infalível (*1.º Cônsul*).
758. Minha estratégia é invenção minha e todos os potentados da Europa curvaram-se diante dela (*Imperador*).
759. Toda Europa tributou homenagem às minhas.
760. É bem verdade que anima (*General*).
761. Também sou italiano! Meus rivais, porém, são franceses!
762. Apenas ao século XVIII estava reservado apontar tal homem, até então impossível de ser encontrado (*General*).
763. Somente me será útil se houver uma incorporação preliminar com o exército francês (*General*).
764. O que não farei eu, quando puder dispor, como príncipe, de um exército italiano e de um francês! (*General*).
765. Fala apenas de defender-se dos estrangeiros. Aspiro a conquistá-los e a torná-los meus súditos (*General*).

terceiro poderia não apenas se lhes opor, mas achar que os venceria.[766] Porque os espanhóis não podem deter os cavalos e os suíços têm medo da infantaria, quando se enfrentam com eles, num obstinado combate; donde se vê, e vê-se por experiência, que os espanhóis não podem deter uma cavalaria francesa e os suíços não podem ser derrotados por uma infantaria espanhola.[767] E embora deste último caso não se tenha tido total experiência, teve-se uma amostra na batalha de Ravena, quando a infantaria espanhola se defrontou com os batalhões alemães, que usavam a mesma tática que os suíços; lá, os espanhóis, com agilidade de corpo e a ajuda de seus pequenos escudos, avançaram contra as lanças deles e estavam certos de derrotá-los, sem que os alemães tivessem salvação. Não fosse a cavalaria, que os atacou, todos os espanhóis teriam sido mortos. Pode-se, então, conhecido o defeito de uma e de outra infantaria, organizar uma nova,[768] que resista à cavalaria e não tenha medo dos soldados: isso gerará novo exército e nova organização. Estas são as coisas que, organizadas novamente, fazem a reputação e a grandeza de um Príncipe novo.[769]

"Não se deve deixar passar esta ocasião, a fim de que a Itália, após tanto tempo, encontre seu redentor."

**146.** Não se deve, então, repetimos, deixar passar esta ocasião, a fim de que a Itália, após tanto tempo, encontre seu redentor.[770] Nem mesmo posso exprimir o amor com que esse redentor seria recebido em todas as províncias, que passaram por estas invasões externas; com que sede de vingança, com que fé obstinada, com que piedade e com que lágrimas! Quais portas se lhe cerrariam? Que povos lhe negariam obediência? Que inveja se lhes oporia? Que italiano lhe negaria devoção? A todos repugna este domínio bárbaro.[771] Leve adiante, portanto, Vossa ilustre Casa, esta missão, com o mesmo ânimo e esperança com que se empreendem missões justas, a fim de que, sob o seu estandarte, esta pátria[772] seja enobrecida e, sob seus auspícios, se concretize o vaticínio deste verso de Petrarca:[773]

---

766. Costume lamentável que a pólvora relegou ao esquecimento. Estes pseudo-mestres da arte bélica não passavam de meros infantes (*General*).
767. O mesmo acontecerá atualmente, e preparar-me-ei de verdade, quando o momento chegar (*General*).
768. Tudo está feito (*General*).
769. Minha estratégia, desconhecida ainda pelo inimigo, proporcionar-me-á grandeza muito superior à que Lorenzo jamais poderia ter conseguido (*General*).
770. Por fim, até ela, a Itália, me reconheceu como seu redentor (*Imperador*).
771. Vi que todos esses vaticínios se verificaram. Todos, até os habitantes da Cidade Eterna, se alegram de estar sob meu cetro (*Imperador*).
772. Haverá de enobrecer-se ainda mais, se não constituir perigo algum para mim (*Imperador*).
773. Graças a mim, revive, hoje, quase por inteiro. Não deixarei, porém, que se reúnam em uma só nação, a não ser que eu pretendesse a destruição da França, da Alemanha e de toda a Europa (*Imperador*).

*Virtù contro furore Prenderà l'arme; e fia el combatter corto: Chè l'antico valore Nell' italici cor non è ancor morto.*\*

---

\* "A coragem- empunhará armas contra o furor, mas o combate será curto, pois o antigo valor, nos corações italianos, não está ainda morto" (Versos extraídos da 6.ª estrofe do poema *All'Italia*, de Petrarca, 1304-1374).

Diagramação eletrônica:
Editora Revista dos Tribunais Ltda. – CNPJ 60.501.293/0001-12
Impressão e encadernação:
Geo-Gráfica e Editora Ltda., CNPJ 44.197.044/0001-29

AS.L. 3736